Heinrich Hermann Fitting

**Der Reichs-Civilprocess,**

Lehrbuch des bürgerlichen Verfahrens nach der Civilprecess Ordnung für das deutsche Reich und den ergänzenden Reichsgesetzen

Heinrich Hermann Fitting

**Der Reichs-Civilprocess,**
Lehrbuch des bürgerlichen Verfahrens nach der Civilprecess Ordnung für das deutsche Reich und den ergänzenden Reichsgesetzen

ISBN/EAN: 9783743689213

Hergestellt in Europa, USA, Kanada, Australien, Japan

Cover: Foto ©ninafisch / pixelio.de

Weitere Bücher finden Sie auf **www.hansebooks.com**

# Der Reichs-Civilproceß.

Lehrbuch

des bürgerlichen Verfahrens

nach der

## Civilproceßordnung für das Deutsche Reich

und den ergänzenden Reichsgesetzen

von

### Dr. Hermann Fitting,

ordentlichem Professor der Rechte in Halle.

Dritte Auflage.

Berlin.

Verlag von J. Guttentag.

(D. Collin.)

1879.

# Vorwort.

Je weiter das Verfahren, wie es sich nach der deutschen Civilproceßordnung gestalten wird, von dem bisherigen Verfahren in den meisten Theilen Deutschlands abweicht, um so dringlicher macht sich für den praktischen Juristen, dem neben seinen laufenden Arbeiten die Aufgabe gesetzt ist, bis zum 1. Oktober 1879 nicht allein die Civilproceßordnung, sondern auch die übrigen neuen Justizgesetze zu beherrschen, das Bedürfniß eines Hülfsmittels fühlbar, welches ihn in den Stand setzt, mit dem möglichst geringen Aufwande von Mühe und Zeit eine hinreichend gründliche Kenntniß des neuen bürgerlichen Verfahrens zu erwerben. Daß dieses Bedürfniß nicht durch ausführliche Commentare und eben so wenig durch die Motive und sonstigen Vorarbeiten des Gesetzbuches, sondern bloß durch eine thunlichst knappe systematische Darstellung befriedigt werden kann, ist mehrfach ausgesprochen und braucht keiner besonderen Ausführung.

Daneben besteht aber, kaum minder dringlich, die weitere Anforderung, durch eine dem Verständnisse auch der Nichtjuristen zugängliche Darstellung des neuen Proceßrechtes den weitesten Kreisen des deutschen Volkes eine nicht ganz oberflächliche Kenntniß desselben zu vermitteln. Denn nicht nur, daß jeder Deutsche den berechtigten Anspruch hat, sich von den eingreifenden Veränderungen, welche in den deutschen Rechtseinrichtungen bevorstehen, genauer zu unterrichten, so ist eine nähere Bekanntschaft gerade mit der neuen Gestaltung des Civilprocesses auch aus den gewichtigsten praktischen Rücksichten so zu sagen für Jedermann unentbehrlich. Vor Allem natürlich für Diejenigen, welche als Handelsrichter, Gerichtsschreiber, Gerichtsvollzieher oder in einer anderen Stellung bei dem Verfahren irgendwie mitzuwirken haben. Aber auch für den Geschäftsmann, der sich vor Schaden hüten will, überhaupt für Jeden, der am Geschäftsverkehr einen Antheil nimmt. Denn das neue Verfahren, welches den Parteien weit mehr Selbständigkeit gibt als das bisherige, sichert zwar bei kundiger Handhabung eine ungleich schnellere Rechtshülfe, bedroht aber dafür den Unkundigen auch mit erheblich größeren Gefahren.

Das vorliegende Lehrbuch hat die Bestimmung, diesem doppelten Bedürfnisse, demjenigen der Juristen sowohl als der Nichtjuristen, zu dienen. Beide Bedürfnisse lassen sich, scheint mir, sehr füglich vereinigen, wenn nur, wie zu hoffen, der Jurist an den für den Nichtjuristen erforderlichen Erklärungen juristischer Kunstausdrücke und Veranschaulichungen durch Beispiele, dieser hinwiederum an gewissen für jenen berechneten Winken und Fingerzeigen keinen Anstoß nehmen will. Im Uebrigen wird sogar der Versuch einer solchen Vereinigung der Interessen für beide Theile nicht anders als nützlich sein können, da einerseits die durch die Rücksicht auf den Nichtjuristen gebotene Einfachheit, Klarheit und Gleichförmigkeit der Sprache auch dem Juristen, andererseits die im Hinblick auf den letzteren geforderte Genauigkeit und Schärfe auch dem Nichtjuristen zu Statten kommen muß.

Dem juristischen Praktiker, hoffe ich, soll das Werkchen so viel bieten, daß er bei Benutzung desselben und der Civilproceßordnung selbst, namentlich wenn er die in den Anmerkungen enthaltenen Andeutungen und Verweisungen auf andere als die unmittelbar beweisenden Gesetzesstellen berücksichtigt, der Hülfe eines Commentars oder des Zurückgehens auf die Motive nur selten benöthigen wird. Schon die Verschiedenheit des Ausdruckes wird ihm vielfach statt jedes weiteren Commentars dienen können.

Ob und wie weit auch die Lösung des zweiten, schwierigeren Theils der Aufgabe, der Versuch gemeinfaßlicher Darstellung, geglückt sei, wird der Erfolg beweisen müssen. Daß sie wenigstens nicht gänzlich mißglückt sei, glaube ich aus dem Urtheil der Verlagsbuchhandlung schließen zu dürfen, welche mir überdies eine höchst schätzbare und dankenswerthe Hülfe dadurch geleistet hat, daß sie mich bei der Correctur auf alles aufmerksam machte, was für den Nichtrechtskundigen als nicht völlig klar und leicht verständlich erschien.

Eine wissenschaftliche Arbeit im strengen Sinn konnte mit dem Büchlein seinen Zwecken nach nicht beabsichtigt sein. Doch wird vielleicht auch ein nach dieser Seite anspruchsloser Versuch einer möglichst klaren und bündigen systematischen Darstellung des neuen Proceßrechtes auf Grund nicht bloß der Civilproceßordnung, sondern auch aller ergänzenden Reichsgesetze: der Rechtsanwaltsordnung, des Gerichtskostengesetzes und der Gebürenordnung für Gerichtsvollzieher sowie für Zeugen und Sachverständige, etwas dazu beitragen können, daß dieses Recht möglichst rasch den Grad von theoretischer Durchbildung erhalte, dessen jedes Recht zu richtiger Anwendung und wahrhaft fruchtbarer Wirksamkeit unumgänglich bedarf.

Ich entlasse das Werkchen mit dem Wunsche, daß es etwas dazu möge beitragen können, die unleugbar großen Schwierigkeiten des Uebergangszustandes leichter überwinden zu helfen.

Halle im August 1878.

H. Fitting.

## Vorwort zur zweiten Auflage.

Wenn es für das Bedürfniß eines Werkes wie das vorliegende noch irgend eines Beweises gebraucht hätte, so wäre er sattsam erbracht durch die selbst die kühnsten Hoffnungen weit überflügelnde Thatsache, daß kaum einen Monat nach der Ausgabe der ersten wiewohl in einer ziemlich großen Zahl von Exemplaren abgezogenen Auflage bereits die schleunigste Herstellung einer zweiten nothwendig geworden ist. Daß diese in allem Wesentlichen nichts weiter als ein unveränderter Abdruck sein konnte, versteht sich unter solchen Umständen von selbst. Nur einige wenige Verbesserungen sind bei der Correctur gemacht worden, und außerdem hat das Register eine für Viele vielleicht nicht unerwünschte Erweiterung dadurch erfahren, daß die bisher üblichen juristischen Kunstausdrücke noch mehr als in der ersten Auflage berücksichtigt worden sind.

Halle im November 1878.

H. Fitting.

# Inhaltsverzeichniß.

**Einleitung.**

Seite

Geschichte der Civilproceßordnung für das Deutsche Reich. §. 1.  3

**Erster Theil.**

**Die am bürgerlichen Verfahren betheiligten Behörden, Amtspersonen und öffentlichen Anstalten.**

Uebersicht. §. 2 . . . . . . . . . . . . . .  9
I. Die Gerichte.
   1) Gerichtsbarkeit. §. 3 . . . . . . . . .  10
   2) Besetzung der Gerichte. §. 4 . . . . . . .  14
   3) Ausschließung und Ablehnung von Gerichtspersonen.
     §. 5 . . . . . . . . . . . . . . .  17
   4) Gliederung der Gerichte. §. 6 . . . . . . .  19
   5) Ausdehnung der Gerichtsgewalt und Rechtshülfe.
     §. 7 . . . . . . . . . . . . . . .  22
   6) Zuständigkeit der Gerichte.
     a. Allgemeines. §. 8 . . . . . . . . .  24
     b. Gesetzlich bestimmte Zuständigkeit.
       aa. Sachliche Zuständigkeit. §. 9 . . . .  25

bb. Oertliche Zuständigkeit.
    a. Allgemeine Gerichtsstände.
        aa. Allgemeiner Gerichtsstand des Wohnsitzes. §. 10 . . . . 28
        bb. Sonstige allgemeine Gerichtsstände. §. 11 . . . . . 30
    b. Besondere Gerichtsstände. §. 12 . 31
  c. Richterlich bestimmte Zuständigkeit. §. 13 . . 36
  d. Durch Vereinbarung bestimmte Zuständigkeit. §. 14 . . . . . . . . . . . . 37
II. Die Rechtsanwälte.
  1) Zulassung zur Rechtsanwaltschaft. §. 15 . . . 38
  2) Rechte und Pflichten der Rechtsanwälte. §. 16 . 42
  3) Verhältniß des Rechtsanwaltes zu seinem Auftraggeber. §. 17 . . . . . . . . . . . . . 45
III. Die Gerichtsvollzieher. §. 18 . . . . . . . . 46

## Zweiter Theil.
## Die Parteien.

I. Proceßfähigkeit. §. 19 . . . . . . . . . . . 49
II. Streitgenossenschaft. §. 20 . . . . . . . . . . 52
III. Betheiligung Dritter am Rechtsstreite.
  Uebersicht der möglichen Fälle. §. 21 . . . . 55
  1) Hauptintervention. §. 22 . . . . . . . . 55
  2) Nebenintervention. §. 23 . . . . . . . . 56
  3) Streitverkündung. §. 24 . . . . . . . . 58
  4) Benennung des Auctors. §. 25 . . . . . . 60
IV. Proceßbevollmächtigte und Beistände. §. 26 . . . 62
V. Veränderungen auf Seite der Parteien. §. 27 . . . 67

## Dritter Theil.
## Das Verfahren.
### Erster Abschnitt.
### Allgemeines.

                                            Seite

- I. Leitende Grundsätze des Verfahrens. §. 28 . . . . 71
- II. Zustellungen und Ladungen. §. 29 . . . . . . 74
- III. Entscheidungen. §. 30 . . . . . . . . . . . 80
- IV. Fristen. §. 31 . . . . . . . . . . . . . . 81
- V. Termine. §. 32 . . . . . . . . . . . . . 85
- VI. Folgen der Versäumung und Wiedereinsetzung in den vorigen Stand. §. 33 . . . . . . . . . . . 85
- VII. Gang des Verfahrens im Allgemeinen.
  - 1) Einleitung. §. 34 . . . . . . . . . . 88
  - 2) Vorbereitende Schriftsätze. §. 35 . . . . . . 91
  - 3) Mündliche Verhandlung. §. 36 . . . . . . 92
- VIII. Stillstand des Verfahrens. §. 37 . . . . . . . 99

### Zweiter Abschnitt.
### Verfahren in erster Instanz.
#### Erstes Capitel.
### Ordentliches Verfahren.

- I. Vor den Landgerichten.
  - A. Abgesehen von dem Fall der Versäumniß.
    - 1) Klageerhebung. §. 38 . . . . . . . . 100
    - 2) Klagebeantwortung und weitere vorbereitende Schriftsätze. §. 39 . . . . . . . . . 105

|  | Seite |
|---|---|
| 3) Mündliche Verhandlung. §. 40 | 109 |
| 4) Beweisverfahren. | |
|     a. Beweis und Glaubhaftmachung. §. 41 | 113 |
|     b. Beweispflicht. §. 42 | 116 |
|     c. Allgemeine Regeln über die Beweisaufnahme. §. 43 | 118 |
|     d. Beweismittel. | |
|         aa. Augenschein. §. 44 | 121 |
|         bb. Zeugen. §. 45 | 121 |
|         cc. Sachverständige. §. 46 | 129 |
|         dd. Urkunden. | |
|             a. Beweiskraft. §. 47 | 132 |
|             b. Verbindlichkeit zur Vorlegung von Urkunden. §. 48 | 137 |
|             c. Verfahren beim Urkundenbeweise. §. 49 | 139 |
|         ee. Eid. | |
|             a. Allgemeine Regeln. §. 50 | 142 |
|             b. Zugeschobener Eid. §. 51 | 145 |
|             c. Richterlicher Eid. §. 52 | 151 |
|     e. Sicherung des Beweises. §. 53 | 153 |
| 5) Urtheil. | |
|     a. Ohne Rücksicht auf den besonderen Inhalt. §. 54 | 156 |
|     b. In Rücksicht auf den besonderen Inhalt. §. 55 | 158 |
|     c. Rechtskraft des Urtheils. §. 56 | 163 |
| B. Versäumnißverfahren. §. 57 | 166 |
| II. Verfahren vor den Amtsgerichten. §. 58 | 171 |

Inhalt.

### Zweites Capitel.
## Besondere Arten des Verfahrens.

Seite

I. Vorbereitendes Verfahren in Rechnungssachen, Auseinandersetzungen und ähnlichen Processen. §. 59 . 175
II. Urkunden- und Wechselproceß. §. 60 . . . . . 177
III. Mahnverfahren. §. 61 . . . . . . . . . 182
IV. Verfahren in Ehesachen. §. 62 . . . . . . 187
V. Verfahren in Entmündigungssachen. §. 63 . . . 192

### Dritter Abschnitt.
## Rechtsmittel.

Einleitung. §. 64 . . . . . . . . . . . 198
I. Berufung.
   1) Voraussetzungen und Wirkungen der Einlegung. §. 65 . . . . . . . . . . . . . . 199
   2) Verfahren. §. 66 . . . . . . . . . . 202
II. Revision.
   1) Voraussetzungen und Wirkungen der Einlegung. §. 67 . . . . . . . . . . . . . . 210
   2) Verfahren. §. 68 . . . . . . . . . . 214
III. Beschwerde.
   1) Im Allgemeinen. §. 69 . . . . . . . . 221
   2) Sofortige Beschwerde. §. 70 . . . . . . 224

### Vierter Abschnitt.
## Wiederaufnahme des Verfahrens.

1) Voraussetzungen. §. 71 . . . . . . . . 225
2) Verfahren. §. 72 . . . . . . . . . . 230

## Fünfter Abschnitt.
## Zwangsvollstreckung.
### Erstes Capitel.
## Allgemeines.

                                                             Seite

I. Voraussetzungen der Zwangsvollstreckung.
    1) Vollstreckbarer Schuldtitel. §. 73 . . . . . 232
    2) Vollstreckbare Ausfertigung des Schuldtitels. §. 74  241
    3) Weitere Voraussetzungen. §. 75 . . . . . . 246
II. Organe der Zwangsvollstreckung. §. 76 . . . . . . 248
III. Einwendungen im Vollstreckungsverfahren. §. 77 . . 252
IV. Einstellung und Beschränkung der Zwangsvollstreckung.
    §. 78 . . . . . . . . . . . . . . . . . 257

### Zweites Capitel.
## Einzelne Arten und Mittel der Zwangsvollstreckung.

Uebersicht. §. 79 . . . . . . . . . . . . . . 259
I. Zwangsvollstreckung wegen Geldforderungen.
  A. Zwangsvollstreckung in bewegliches Vermögen.
    1) Allgemeines. §. 80 . . . . . . . . 260
    2) Zwangsvollstreckung in körperliche Sachen.
       §. 81 . . . . . . . . . . . . . 263
    3) Zwangsvollstreckung in Forderungen und
       andere unkörperliche Vermögensstücke.
       a. Allemeine Vorbemerkung. §. 82 . . 268
       b. Zwangsvollstreckung in Geldforderungen.
          §. 83 . . . . . . . . . . . 268
       c. Zwangsvollstreckung in Ansprüche auf
          die Herausgabe oder die Leistung körper-
          licher Sachen. §. 84 . . . . . . . 275

Inhalt.

|  | Seite |
|---|---|
| d. Mehrheit von Gläubigern bei der Zwangsvollstreckung in Geldforderungen oder Ansprüche auf die Herausgabe oder die Leistung körperlicher Sachen. §. 85 | 276 |
| e. Zwangsvollstreckung in sonstige Ansprüche und unkörperliche Vermögensstücke. §. 86 | 279 |
| 4) Vertheilungsverfahren. §. 87 | 280 |
| B. Zwangsvollstreckung in unbewegliches Vermögen. §. 88 | 283 |
| II. Zwangsvollstreckung zur Erwirkung der Herausgabe von Sachen und zur Erwirkung von Handlungen oder Unterlassungen. §. 89 | 285 |
| III. Offenbarungseid. §. 90 | 290 |
| IV. Haft. §. 91 | 291 |

### Drittes Capitel.
## Sicherung der zukünftigen Zwangsvollstreckung.

| I. Arrest. §. 92 | 294 |
|---|---|
| II. Einstweilige Verfügungen. §. 93 | 301 |

### Vierter Theil.
## Proceßkosten und Sicherheitsleistungen.

| I. Proceßkosten. | |
|---|---|
| 1) Verschiedene Arten der Proceßkosten. §. 94 | 305 |
| 2) Verpflichtung zur Kostentragung. §. 95 | 310 |
| II. Sicherheitsleistungen. §. 96 | 316 |
| III. Armenrecht. §. 97 | 319 |

## Anhang.

## Aufgebotsverfahren und schiedsrichterliches Verfahren.

                    Seite

I. Aufgebotsverfahren.
  1) Im Allgemeinen. §. 98 . . . . . . . . . 322
  2) Kraftloserklärung von Urkunden. §. 99 . . . 327
II. Schiedsrichterliches Verfahren. §. 100 . . . . . 330

# Abkürzungen.

a. E. = am Ende.
Abs. = Absatz.
Anm. = Anmerkung.
Begr. z. CP. Entw. = Begründung zum Entwurfe der Civilproceßordnung.
Begr. z. GV. Entw. = Begründung zum Entwurfe des Gerichtsverfassungsgesetzes.
Conc.O. = Concursordnung.
CP. = Civilproceßordnung.
d. h. = das heißt.
EG. z. Conc.O. = Einführungsgesetz zur Concursordnung.
EG. z. CP. = Einführungsgesetz zur Civilproceßordnung.
EG. z. GV. = Einführungsgesetz zum Gerichtsverfassungsgesetze.
ff. = und die folgenden.
folg. = und die folgende.
Geb. O. f. GVollz. = Gebürenordnung für Gerichtsvollzieher.
Geb. O. f. Zeugen u. Sachverst. = Gebürenordnung für Zeugen und Sachverständige.
GKostenG. = Gerichtskostengesetz.
GV. = Gerichtsverfassungsgesetz.
Nr. = Nummer.
ob. = oben.
RAO. = Rechtsanwaltsordnung.
R. C. Prot. = Protokolle der Justiz-Commission des Deutschen Reichstags, betreffend die Berathung der Civilproceßordnung und des Einführungsgesetzes. Berlin, 1876.
S. oder s. = siehe.
S. vor einer Zahl (z. B. S. 30) = Seite.
sog. = sogenannt.
u. a. = und andere.
u. dgl. = und dergleichen.
u. dgl. m. = und dergleichen mehr.
u. v. a. = und viele andere.
unt. = unten.
Vbd. = Verbinde damit.
vbd. = verbinde damit, oder: verbunden mit.
Vgl. = Vergleiche.
vgl. = vergleiche, oder: verglichen mit.

# Einleitung.

## §. 1.
### Geschichte der Civilproceßordnung für das Deutsche Reich.

Das Verfahren in bürgerlichen Rechtsstreitigkeiten hatte bisher in den verschiedenen Theilen Deutschlands eine sehr verschiedene Gestalt. Nicht einmal die allgemeinen Grundsätze, welche seit Jahrhunderten unter dem Namen des gemeinen deutschen Civilproceßrechtes bestanden und, wo es an besonderen landesrechtlichen Vorschriften fehlte, bei allen deutschen Gerichten befolgt werden sollten, hatten ihre Geltung überall in Deutschland zu retten vermocht. Ueberdies war das fast durchaus schriftliche, höchst künstliche und mit Förmlichkeiten überladene Verfahren, wie es in den meisten deutschen Rechtsgebieten in Uebung war, dem Verständnisse des Volkes fremd und veranlaßte durch seine Langsamkeit und Schwerfälligkeit allgemeine Klagen. Ein volksthümliches und allgemein beliebtes Verfahren bestand bis zur Mitte dieses Jahrhunderts nur auf dem linken Rheinufer, in Rheinpreußen, Rheinbayern und Rheinhessen, wo seit der französischen Herrschaft das französische mündliche und öffentliche Verfahren sich erhalten und unter dem Einflusse des deutschen Gerichtsgebrauches eine sehr einfache, natürliche, jeden unbefangenen Sinn ansprechende Gestalt angenommen hatte.

So kam es, daß die öffentliche Stimme, wie sie namentlich in den Bewegungen des Jahres 1848 laut wurde, die Einführung eines neuen, nicht allein für ganz Deutschland gleichen, sondern auch nach dem Vorbilde des rheinischen Verfahrens auf die Grundsätze der Mündlichkeit und Oeffentlichkeit gebauten bürgerlichen Verfahrens dringend verlangte.

Dieses Verlangen blieb freilich gleich den meisten übrigen Einheitsbestrebungen des Jahres 1848 ohne Erfolg. Dafür begann jetzt eine große Rührigkeit der Landesgesetzgebung zur Verbesserung des bürgerlichen Verfahrens. Namentlich wurde in Hannover durch die **Allgemeine bürgerliche Processordnung** vom 8. November 1850 ein dem rheinischen verwandtes Verfahren eingeführt, welches sich ebenfalls vortrefflich bewährte und in ganz Deutschland ungetheilten Beifall erwarb. Der gleiche Schritt geschah 1857 in Oldenburg, 1864 in Baden, 1868 in Württemberg, 1869 in Bayern.

Schon im Jahre 1862 hatte aber auch der Deutsche Bundestag, jedoch ohne Betheiligung Preußens, in Hannover eine Commission niedergesetzt, welche mit vorzugsweiser Anlehnung an die hannöverische Processordnung den „Entwurf einer allgemeinen Civilproceßordnung für die deutschen Bundesstaaten" ausarbeiten sollte. Der von ihr verfaßte sog. Hannover'sche Entwurf wurde in erster Lesung 1864, in zweiter im Frühjahr 1866 vollendet und veröffentlicht.

Bereits vorher im Jahre 1861 war in Preußen eine Commission eingesetzt worden zur Ausarbeitung einer Civilproceßordnung, die sich zur Einführung in alle Theile des preußischen Staates und, wo möglich, auch zur Herbeiführung einer gemeinsamen deutschen Gesetzgebung eigne. Das Ergebniß war der „Entwurf einer Proceß-Ordnung in bürgerlichen Rechtsstreitigkeiten für den Preußischen Staat", welcher gleichfalls im Jahre 1864 vollendet und der Oeffentlichkeit übergeben wurde.

In dieser Sachlage erfolgte die Auflösung des Deutschen Bundes und die Errichtung des Norddeutschen Bundes. In der Verfassung desselben, welche am 1. Juli 1867 in Kraft trat, war (Art. 4 Nr. 13) ausdrücklich auch „das gerichtliche Verfahren" als einer der Gegenstände der gemeinsamen Gesetzgebung bezeichnet, und die Abfassung einer gemeinsamen Civilproceßordnung wurde unverweilt in Angriff genommen. Auf Antrag Preußens wurde zur Ausarbeitung eines Entwurfes bereits im Oktober 1867 vom Bundesrathe eine aus zehn Mitgliedern bestehende Commission ernannt, welche ihren Sitz in Berlin hatte und ihre Berathungen am 3. Januar 1868 eröffnete. Sie legte ihrer Arbeit den erwähnten sog. Hannover'schen Entwurf von 1866 zu Grunde, berücksichtigte aber daneben fortwährend auch den preußischen Entwurf von 1864. Der von ihr verfaßte „Entwurf einer Civilproceßordnung für den Norddeutschen Bund" oder sog. Norddeutsche Entwurf wurde in ihrer Schlußsitzung am 20. Juli 1870 zur Vorlegung an den Bundesrath endgültig festgestellt.

Zu dieser Zeit hatte aber bereits der französische Krieg begonnen, und die Errichtung des Deutschen Reiches, welche er zur Folge hatte, führte von selbst zu einer Erweiterung der Aufgabe, zu dem Plan einer gemeinsamen Civilproceßordnung für das Deutsche Reich. Zur Vorbereitung wurde schon im Frühjahr 1871 von dem preußischen Justizministerium der Entwurf einer deutschen Civilproceßordnung aufgestellt und nunmehr durch Beschluß des Bundesrathes vom 8. Mai 1871 zur endgültigen Feststellung eines Entwurfes eine aus zehn Mitgliedern gebildete Commission unter dem Vorsitze des preußischen Justizministers Dr. Leonhardt berufen. Sie trat am 7. September 1871 in Berlin zusammen und schloß ihre Arbeiten am 7. März 1872. Der daraus hervorgegangene Entwurf wurde durch Beschlüsse des Bundesrathes noch mehrfach abgeändert und in dieser neuen Gestalt gemeinsam mit dem Entwurfe eines Gerichtsverfassungsgesetzes und einer Strafproceßordnung für das Deutsche Reich im Herbste 1874 dem Reichstage vorgelegt. Am Anfange des Jahres 1875 folgte die Vorlegung des Entwurfes einer Concursordnung für das Deutsche Reich. Jedem dieser Entwürfe war zur Darlegung der allgemeinen Grundsätze und zur Rechtfertigung oder Erklärung der einzelnen Bestimmungen eine ausführliche „Begründung" (sog. Motive) beigegeben, welche für die Auslegung von höchster Wichtigkeit ist.[1]

Sämmtliche Entwürfe wurden nun zunächst noch einer gründlichen Durchberathung durch Commissionen des Reichstages unterworfen, und zwar die drei erstgenannten durch eine gemeinsame Commission von 28 Mitgliedern (die sog. Reichs-Justizcommission), der Entwurf der Concursordnung durch eine besondere Commission. Diese Berathungen hatten wichtige Abänderungen vornehmlich im Entwurfe des

---

[1] Sämmtliche Entwürfe nebst ihren Begründungen sind außer den amtlichen zur Vorlage an den Reichstag bestimmten Ausgaben auch in Privatausgaben bei Fr. Kortkampf. Berlin 1874. erschienen. Eine Ausgabe aller Vorarbeiten der vier Justizgesetze (Entwürfe nebst Begründungen, Reichstagsverhandlungen, Protokolle und Berichte der Commissionen) ist jetzt (seit Anfang 1878) auf Veranlassung des Kaiserlichen Reichs-Justizamtes unter dem Titel: „Die gesammten Materialien zu den Reichs-Justizgesetzen" von C.Hahn, Kgl.Preuß. Obertribunalsrath, (Berlin, R. v. Decker's Verlag) begonnen. Um die Benutzung einer jeden Ausgabe zu ermöglichen, werden in diesem Lehrbuche die Begründungen nach den betreffenden Paragraphen der Entwürfe angeführt.

Gerichtsverfassungsgesetzes, aber auch im Entwurfe der Civilprozeßordnung zur Folge.² Die beiden anderen Entwürfe kommen für dieses Lehrbuch nicht weiter in Betracht.

Im Herbste 1876 erstatteten die Commissionen dem Reichstage ihre Berichte, und, nachdem zwischen dem Bundesrathe und dem Reichstage auch über eine Anzahl zuletzt noch übrig gebliebener gewichtiger Streitpunkte durch wechselseitiges Nachgeben eine Verständigung erreicht war, so wurden die sämmtlichen vier Justizgesetze nebst den dazu gehörigen Einführungsgesetzen in der vereinbarten Gestalt in der Reichstagssitzung am 21. Dezember 1876 endgültig angenommen, das Gerichtsverfassungsgesetz mit großer Mehrheit, die Civilprozeßordnung fast mit Einstimmigkeit. Zugleich wurde im Einverständnisse mit dem Bundesrathe beschlossen, daß alle diese Gesetze im ganzen Umfange des Reiches an einem durch Kaiserliche Verordnung mit Zustimmung des Bundesrathes festzusetzenden Tage, spätestens aber am 1. Oktober 1879, gleichzeitig mit einer noch zu erlassenden Gebürenordnung zur Regelung des Kostenwesens in bürgerlichen Rechtsstreitigkeiten in Kraft treten sollten.³ Ferner gab der Bundesrath die Zusage, dem Reichstage bei seinem nächsten oder spätestens übernächsten Zusammentreten den Entwurf einer Rechtsanwaltsordnung vorzulegen.

Nach erfolgter Zustimmung des Bundesrathes wurden das **Gerichtsverfassungsgesetz** nebst **Einführungsgesetz** als Gesetze vom 27. Januar 1877, die **Civilprozeßordnung** nebst **Einführungsgesetz** als Gesetze vom 30. Ja-

---

² Daher sind auch die Protokolle der Reichstags-Commission ein wichtiges Hülfsmittel für die Auslegung. Sie werden in diesem Lehrbuche nach den Seitenzahlen des Abdruckes angeführt, in welchem sie dem Reichstage vorgelegt wurden.
³ §§. 1 der Einführungsgesetze zu jedem der Justizgesetze.

nuar 1877, jene in Nr. 4 (S. 41 ff.), diese in Nr. 6 (S. 83 ff.) des Reichsgesetzblattes von 1877 verkündigt.

In Erfüllung seiner Zusage legte der Bundesrath dem Reichstage im Februar 1878 den Entwurf einer Rechts= anwaltsordnung vor. Im März folgte sodann die Vor= legung der Entwürfe eines Gerichtskostengesetzes zur Regelung der Gerichtskosten nicht bloß für die bürgerlichen Rechtsstreitigkeiten sondern auch für die Concurs= und Straf= sachen, ferner einer Gebürenordnung für Gerichts= vollzieher und einer Gebürenordnung für Zeugen und Sachverständige. Allen diesen Entwürfen sind Mo= tive beigefügt.[4] Nach vorgängiger Durchberathung durch zwei verschiedene Reichstagscommissionen wurden das Gerichts= kostengesetz und die beiden Gebürenordnungen in der Reichs= tagssitzung am 21. Mai, die Rechtsanwaltsordnung in der Sitzung am 23. Mai endgültig angenommen, worauf nach erfolgter Zustimmung des Bundesrathes das Gerichts= kostengesetz als Gesetz vom 18. Juni 1878 in Nr. 22 des Reichsgesetzblattes von 1878 S. 141 ff., die Gebüren= ordnung für Gerichtsvollzieher als Gesetz vom 24. Juni 1878 ebendaselbst S. 166 ff., die Gebürenord= nung für Zeugen und Sachverständige als Gesetz vom 30. Juni 1878 ebendaselbst S. 173 ff., endlich die Rechts= anwaltsordnung als Gesetz vom 1. Juli 1878 in Nr. 23 des Reichsgesetzblattes von 1878 S. 177 ff. verkündigt wurden.

---

[4] Sie werden in diesem Lehr= buche nach den betreffenden Pa= ragraphen der Entwürfe oder, soweit dies nicht angeht, nach den Seitenzahlen der dem Reichs= tage gemachten Vorlagen ange= führt.

# Erster Theil.
## Die am bürgerlichen Verfahren betheiligten Behörden, Amtspersonen und öffentlichen Anstalten.

### §. 2.
#### Uebersicht.

Die vorzugsweise für das bürgerliche Verfahren bestimmten öffentlichen Organe sind die Gerichte, die Rechtsanwälte und die Gerichtsvollzieher. Nur nebensächlich kommt auch der Post und der Staatsanwaltschaft ein Antheil am bürgerlichen Verfahren zu.

Die Gerichte haben den Rechtsstreit zu verhandeln und zu entscheiden. Auch geschehen die Zwangsvollstreckungen unter ihrer Mitwirkung und zu einem Theil durch ihre Vermittelung.

Die Hauptaufgabe der Rechtsanwälte ist, als Vertreter der Parteien die Verhandlung des Rechtsstreites in geeigneter Weise vorzubereiten und zu betreiben, bei der Verhandlung selbst aber die Sache geordnet und sachkundig vorzutragen, um durch das alles nicht allein den Parteien eine Hülfe zu gewähren, sondern auch die Aufgaben des Gerichtes zu erleichtern und zu fördern. Aus dieser Rücksicht besteht für alle Rechtsstreitigkeiten, die vor Collegialgerichten verhandelt werden, der sog. Anwaltszwang, d. h. die Noth=

wendigkeit für die Parteien, sich durch je einen bei dem Processgerichte zugelassenen Rechtsanwalt vertreten zu lassen (daher sog. **Anwaltsprocesse**).

Die **Gerichtsvollzieher** haben die Ladungen und sonstigen Zustellungen sowie den größeren Theil der Zwangsvollstreckungen selbständig und im unmittelbaren Auftrage der Parteien auszuführen.

Die **Post** ist am bürgerlichen Verfahren insofern betheiligt, als die Zustellungen ebensowohl als durch die Gerichtsvollzieher auch durch die Post geschehen können.

Die **Staatsanwaltschaft** endlich hat an demselben nur in Ehe- und Entmündigungssachen einen Antheil, weil dabei neben dem Privatinteresse der Parteien auch das öffentliche Interesse mit in Frage kommt.

Da für die Post und die Staatsanwaltschaft die Mitwirkung am bürgerlichen Verfahren nur eine verhältnißmäßig untergeordnete Nebenaufgabe ist, so soll in den folgenden Paragraphen bloß von den Gerichten, den Rechtsanwälten und den Gerichtsvollziehern näher die Rede sein.

## I. Die Gerichte.

### §. 3.
#### 1. Gerichtsbarkeit.

I. **Gerichtsbarkeit** ist das Recht zu richterlicher Thätigkeit. Es steht ausschließlich dem Staate zu und wird im Namen des Staates und seines Oberhauptes durch die von ihm aufgestellten Gerichte ausgeübt. Die Privatgerichtsbarkeit, welche bisher noch in einigen Theilen Deutschlands als standesherrliche Gerichtsbarkeit oder als städtische oder gutsherrliche Patrimonialgerichtsbarkeit bestand, ist aufgehoben. Ebenso ist die bürgerliche Wirkung beseitigt, welche früher in einzelnen deutschen Staaten den Aussprüchen der geistlichen Gerichte in gewissen weltlichen Angelegenheiten, namentlich in Ehe= und Verlöbnißsachen, zuerkannt war.[1]

II. Die Gerichtsbarkeit zerfällt in streitige und freiwillige, je nachdem die richterliche Thätigkeit auf die Beseitigung schon bestehenden oder aber auf die Verhütung zukünftigen Unrechtes abzweckt. Zu der freiwilligen Gerichtsbarkeit gehört die Führung der Obervormundschaft, die Sorge für die Verwaltung des Vermögens Verschollener oder einer Erbschaft u. dgl., die Führung der Hypotheken= oder Grundbücher und der Handelsregister, endlich und vornehmlich die Mitwirkung bei Rechtsgeschäften. Doch sind diese Aufgaben nicht überall sämmtlich den Gerichten übertragen. Insbesondere kann die öffentliche Beglaubigung von Rechtsgeschäften auch durch die Notare und in manchen Theilen Deutschlands bloß durch die Notare geschehen. In diesem Lehrbuche handelt es sich nur um die streitige Gerichtsbarkeit.

Sie zerfällt wieder in ordentliche und außerordentliche. Ordentliche streitige Gerichtsbarkeit ist diejenige, welche durch die ordentlichen, d. h. regelmäßig zuständigen, Gerichte ausgeübt wird, außerordentliche diejenige, welche durch andere Behörden ausgeübt wird, sei es durch Verwaltungsbehörden oder Verwaltungsgerichte, sei es durch reichsgesetzlich bestellte oder zugelassene besondere Gerichte. Vor die ordentlichen Gerichte gehören alle bürgerlichen Rechtsstreitigkeiten und Strafsachen, welche nicht durch Reichs= oder Landesgesetz solchen anderen Behörden besonders zugewiesen sind.[2] In

---

[1] GV. §. 15 und Reichsgesetz über die Beurkundung des Personenstandes und die Eheschlie=ßung vom 6. Februar 1875 §. 76.

[2] GV. §. 13. S. aber auch

Fällen des Zweifels, ob eine Sache zur Zuständigkeit der ordentlichen Gerichte oder anderer Behörden gehöre, gilt als Regel, daß die Gerichte selbst über die Zulässigkeit des Rechtsweges, d. h. der Angehung der Gerichte, entscheiden.[3] Doch kann die Landesgesetzgebung die Entscheidung von sog. Competenzconflicten zwischen den Gerichten einerseits und den Verwaltungsbehörden oder Verwaltungsgerichten andererseits, d. h. von Streitigkeiten zwischen jenen und diesen über die Zulässigkeit des Rechtsweges, besonderen Behörden übertragen, muß aber dabei gewisse reichsgesetzliche, die Unabhängigkeit derselben sichernde Vorschriften beobachten.[4] Auch kann für einen Bundesstaat auf seinen Antrag und mit Zustimmung des Bundesrathes die Erledigung solcher Streitigkeiten durch Kaiserliche Verordnung dem Reichsgerichte zugewiesen werden.[5]

Die deutschen Justizgesetze beziehen sich nur auf die ordentliche streitige Gerichtsbarkeit.[6] Die außerordentliche wird theils

---

EG. z. CP. §§. 4, 5 a. E. — Rechtsstreitigkeiten, welche reichsgesetzlich gewiesen sind

1) vor Verwaltungsbehörden: s. z. B. Gewerbeordnung vom 21. Juni 1869 §. 108 (jetzt — nach dem Gesetze vom 17. Juli 1878 — §. 120a) Abs. 1 u. 2, Militär-Pensionirungs-Gesetz vom 27. Juni 1871 §§. 114, 115, Rayon-Gesetz vom 21. Dezember 1871 §. 41 u. a;

2) vor Verwaltungsgerichte: s. z. B. Gesetz über den Unterstützungswohnsitz v. 6. Juni 1870 §§. 41 ff., Seemanns-Ordnung vom 27. Dez. 1872 §§. 105, 106, Patentgesetz vom 25. Mai 1877 §§. 13, 14, 27—31 u. a.

Das einzige Beispiel reichsgesetzlich bestellter besonderer Gerichte bilden für bürgerliche Rechtsstreitigkeiten die Consulargerichte: Consulats-Gesetz vom 8. Nov. 1867 §§. 21, 22. Wegen der reichsgesetzlich zugelassenen besonderen Gerichte s. GB. §. 14 und außerdem Reichs-Militär-Gesetz vom 2. Mai 1874 §. 39 Abs. 3 vbd. EG. z. CP. §.13 Abs. 1; EG. z. GB. §§.5, 7; Gewerbeordnung §. 108 Abs. 4 (jetzt §. 120a Abs. 3).

[3] GB. §. 17 Abs. 1.

[4] GB. §. 17 Abs. 2. Vbd. EG. z. GB. §. 17 Abs. 2.

[5] EG. z. GB. §. 17 Abs. 1.

[6] EG. z. GB. §. 2. Vgl. EG. z. CP. §. 3 Abs. 1.

durch einzelne besondere Reichsgesetze, theils durch die Landes=
gesetzgebung geregelt.⁷ Sie liegt außerhalb der Aufgabe dieses
Lehrbuches.

III. Für die ordentliche streitige Gerichtsbarkeit ist es
oberster, reichsgesetzlicher Grundsatz, daß sie durch unab=
hängige, nur dem Gesetze unterworfene Gerichte ausgeübt
wird.⁸ Hienach ist vor allen Dingen die sog. Cabinets=
justiz, d. h. ein Eingreifen des Staatsoberhauptes in die
Ausübung der Gerichtsbarkeit, ausgeschlossen. Ferner ist die
Ausübung der Gerichtsbarkeit von der Verwaltung getrennt;
weder darf einer Verwaltungsbehörde die Ausübung der
ordentlichen streitigen Gerichtsbarkeit, noch auch dürfen einem
ordentlichen Gerichte Verwaltungsgeschäfte übertragen werden,
es wären denn Geschäfte der Justizverwaltung.⁹

Eine weitere Gewähr für die Unabhängigkeit der Aus=
übung der ordentlichen Gerichtsbarkeit von jedem willkürlichen
äußeren Einflusse liegt in der Unstatthaftigkeit der Ausnahme=
gerichte, d. h. von der reichsgesetzlichen Gerichtsverfassung ab=
weichender Gerichte.¹⁰ Endlich ist die Unabhängigkeit der
Ausübung der Gerichtsbarkeit auch noch durch reichsgesetz=
liche Bestimmungen gesichert, welche den Richtern für ihre
Person der Regierung gegenüber eine unabhängige Stellung
geben.¹¹

---

⁷ Vgl. EG. z. GV. §. 3, EG.
z. CP. §. 3 Abs. 2.
⁸ GV. §. 1.
⁹ EG. z. GV. §. 4. Eine
Ausnahme von der Regel ist die
Zulässigkeit der Gemeindege=
richte für die Entscheidung über
vermögensrechtliche Ansprüche
von ganz geringem Betrage:
GV. §. 14 Nr. 3.
¹⁰ GV. §. 16.
¹¹ GV. §§. 6—9. Auf Han=
delsrichter (sowie Schöffen und
Geschworene) finden diese Bestim=
mungen keine Anwendung: GV.
§. 11. S. auch EG. z. GV. §. 13.

§. 4.
## 2. Besetzung der Gerichte.

I. Zu jedem Gerichte gehören wesentlich zweierlei Gerichtspersonen: Richter und Gerichtsschreiber. Den Richtern liegt die eigentlich richterliche Thätigkeit ob; die Gerichtsschreiber dagegen führen in den Gerichtssitzungen das Protokoll, ertheilen die Ausfertigungen, Auszüge und Abschriften aus den Acten, besorgen überhaupt den mehr geschäftlichen Theil der gerichtlichen Aufgaben und vermitteln den geschäftlichen Verkehr zwischen den Gerichten und dem Publicum.

Um dem Richterstande im gesammten Reichsgebiete ein genügendes und im Wesentlichen gleiches Maß der Tüchtigkeit zu sichern, sind die Vorbedingungen für die Anstellung zum Richteramte reichsgesetzlich festgestellt.[1] Die Einrichtung der Gerichtsschreibereien ist der Justizverwaltung der einzelnen Bundesstaaten überlassen.[2]

II. Die Gerichte zerfallen in solche, die mit Einzelrichtern besetzt sind, und in Collegialgerichte, je nachdem die eigentlich richterliche Thätigkeit immer nur von einem einzelnen Richter allein geübt wird, oder aber von einem Richtercollegium, d. h. von mehreren Richtern zusammen, so daß der Beschluß der Mehrheit als Beschluß des Gerichtes gilt. Nur die Amtsgerichte sind mit Einzelrichtern besetzt; alle übrigen Gerichte sind Collegialgerichte.

An der Spitze jedes Collegialgerichtes steht ein Präsident, welchem die oberste Leitung und Vertretung des Gerichtes

---

[1] GV. §§. 2—5. Auf Handelsrichter (sowie Schöffen und Geschworene) finden diese Vorschriften keine Anwendung: GV. §. 11.

[2] GV. §. 154.

sowie der Vorsitz in den Plenarversammlungen, d. h. den Versammlungen sämmtlicher Gerichtsmitglieder, zukommt.³ Jedes Collegialgericht hat aber mehrere Abtheilungen, welche bei den Landgerichten **Kammern**, bei den Oberlandesgerichten und dem Reichsgerichte **Senate** heißen und theils für die Erledigung bürgerlicher Rechtsstreitigkeiten, theils für Strafsachen bestimmt sind.⁴ Die für die bürgerlichen Rechtsstreitigkeiten bestimmten Kammern der Landgerichte (**Civilkammern** und **Kammern für Handelssachen**) bestehen aus je drei, die Senate der Oberlandesgerichte aus je fünf, diejenigen des Reichsgerichtes aus je sieben Mitgliedern, jedesmal mit Einschluß des Vorsitzenden.⁵ Die Rechtsprechung geschieht immer nur durch eine dieser Abtheilungen, deren jede für sich ein besonderes Collegium mit einem eigenen Vorsitzenden darstellt. Und zwar wird der Vorsitz in einer derselben von dem Gerichtspräsidenten selbst geführt, in den übrigen bei den Landgerichten von je einem **Director**, bei den Oberlandesgerichten und dem Reichsgerichte von je einem besonderen **Senatspräsidenten**.⁶ Bei den Kammern für Handelssachen führt das rechtsgelehrte Mitglied den Vorsitz.⁷

Die Bildung der Kammern oder Senate und die Vertheilung der Geschäfte unter sie geschieht vor Beginn des Geschäftsjahres auf seine ganze Dauer durch das sog. **Präsidium**, d. h. ein besonderes Collegium, bestehend aus dem

---

³ GV. §§. 58, 61, 64, 66; 119, 121; 126, 133. Ueber die Art der Vertretung des Präsidenten im Falle der Verhinderung s. GV. §. 65 Abs. 2.
⁴ GV. §§. 59, 120, 132.
⁵ GV. §§. 77, 109; 124; 140.

⁶ GV. §§. 58, 61; 119, 121; 126, 133. Ueber die Vertretung des ordentlichen Vorsitzenden im Fall der Verhinderung s. GV. §. 65.
⁷ GV. §§. 109, 110.

Gerichtspräsidenten als Vorsitzendem, aus den Directoren oder den Senatspräsidenten und außerdem bei den Landgerichten aus dem nach dem Dienstalter ältesten Gerichtsmitgliede, bei den Oberlandesgerichten aus den zwei, bei dem Reichsgerichte aus den vier ältesten Gerichtsmitgliedern.[8] Im Laufe des Geschäftsjahrs kann die getroffene Anordnung nur aus bestimmten dringenden Gründen geändert werden.[9] Innerhalb der einzelnen Kammern oder Senate vertheilt der Vorsitzende die Geschäfte auf die Mitglieder.[10]

III. Was den Geschäftsgang bei den Kammern oder Senaten der Collegialgerichte anlangt, so können gewisse einzelne Proceßhandlungen einem einzelnen Mitgliede als sog. **beauftragtem Richter** aufgetragen werden, wie z. B. die Einnahme eines Augenscheins, die Vernehmung von Zeugen u. dgl. Urtheile und Beschlüsse dagegen können immer nur von der Kammer oder dem Senate selbst ausgehen, und zwar darf dabei nur die gesetzlich bestimmte Anzahl von Richtern mitwirken.[11] Die Berathung und Abstimmung wird von dem Vorsitzenden geleitet und geschieht nicht öffentlich. Der nach dem Dienstalter (bei den Kammern für Handelssachen nach dem Lebensalter) Jüngste stimmt zuerst, der Vorsitzende zuletzt; ist ein Berichterstatter ernannt, so gibt dieser vor allen Andern seine Stimme ab. Als Entscheidung des Collegiums gilt diejenige Meinung, welche die sog. absolute Mehrheit, d. h. mehr als die Hälfte sämmtlicher Stimmen, für sich hat.[12]

---

[8] GV. §§. 63, 121, 133.
[9] GV. §. 62 Abs. 2; s. auch GV. §. 66.
[10] GV. §§. 68, 121, 133.
[11] GV. §. 194.
[12] Näheres GV. §§. 195—199.

## §. 5.
### 3. Ausschließung und Ablehnung von Gerichtspersonen.

I. In gewissen Sachen ist ein Richter oder Gerichtsschreiber von der Ausübung seines Amtes schon kraft Gesetzes ausgeschlossen; nämlich:[1]

1) in Sachen, in denen er selbst Partei oder sonst als Mitberechtigter, Mitverpflichteter oder Schadensersatzpflichtiger einer Partei am Ausgange unmittelbar betheiligt ist;
2) in Sachen seiner Ehefrau, selbst nach Auflösung der Ehe;
3) in Sachen seiner leiblichen oder Adoptiv-Verwandten in gerader Linie, seiner leiblichen Seitenverwandten bis zum dritten Grade, ferner seiner Verschwägerten in gerader Linie und bis zum zweiten Grade der Seitenlinie, selbst nach Auflösung der Ehe, durch welche die Schwägerschaft begründet ist;
4) in Sachen, in welchen er als gesetzlicher Vertreter oder als Proceßbevollmächtigter oder Beistand einer Partei eine Parteistellung hat oder früher gehabt hat;
5) in Sachen, in welchen er als Zeuge oder Sachverständiger vernommen worden ist;
6) in Sachen, in welchen er in einer früheren Instanz oder im schiedsrichterlichen Verfahren bei der Erlassung der angefochtenen Entscheidung mitgewirkt hat, es wäre denn, daß er nur als beauftragter oder ersuchter Richter thätig gewesen ist.

Wegen eines solchen Ausschließungsgrundes kann ein Richter oder Gerichtsschreiber nicht bloß von jeder Partei abgelehnt werden, und zwar in jeder Lage des Rechtsstreites,

---

[1] CP. §§. 41, 49.

sondern er soll sich auch von selbst der Ausübung seines Amtes enthalten oder in Fällen des Zweifels die Entscheidung des zuständigen Gerichtes herbeiführen. Letzteres kann auch von Seite anderer Gerichtsmitglieder geschehen.[2] Ein Urtheil, bei welchem ein kraft Gesetzes ausgeschlossener Richter mitgewirkt hat, kann nicht allein mit Berufung oder Revision, sondern auch mit der Nichtigkeitsklage angefochten werden.[3]

II. Außerdem kann ein Richter oder Gerichtsschreiber von jeder Partei wegen Besorgniß der Befangenheit abgelehnt werden aus jedem Grunde, welcher geeignet ist, Mißtrauen gegen seine Unparteilichkeit zu rechtfertigen,[4] wie z. B. wegen entfernterer Betheiligung am Ausgange der Sache, nahen Freundschaftsverhältnisses oder umgekehrt entschiedenen Feindschaftsverhältnisses zu einer Partei u. dgl. Zur Ablehnung einer Gerichtsperson wegen Besorgniß der Befangenheit ist jedoch eine Partei nicht mehr befugt, sobald sie bei derselben ohne Geltendmachung des Ablehnungsgrundes sich in eine Verhandlung eingelassen oder Anträge gestellt hat, es wäre denn, daß sie glaubhaft macht, der Ablehnungsgrund sei erst später entstanden oder zu ihrer Kenntniß gelangt.[5] Auch kann ein Urtheil, bei welchem ein Richter mitgewirkt hat, der nur wegen Besorgniß der Befangenheit abgelehnt werden konnte, bloß dann angefochten werden, wenn er wirklich abgelehnt und das Ablehnungsgesuch für begründet erklärt war.[6]

III. Will eine Partei einen Richter oder Gerichtsschreiber wegen eines gesetzlichen Ausschließungsgrundes oder wegen

---

[2] CP. §§. 48, 49.
[3] CP. §§. 513 Nr. 2, 542 Nr. 2.
[4] CP. §§. 42, 49.
[5] CP. §§. 43, 44 Abs. 4, 49. S. aber auch CP. §. 48.
[6] CP. §§. 513 Nr. 3, 542 Nr. 3.

Besorgniß der Befangenheit ablehnen, so muß sie ihr Ablehnungsgesuch bei dem Gerichte anbringen, welchem jener angehört, was stets und selbst in Anwaltsprocessen durch Erklärung vor dem Gerichtsschreiber zu Protokoll geschehen kann. Der Grund der Ablehnung ist anzugeben und glaubhaft zu machen, wofür ausnahmsweise der Eid nicht zulässig, dagegen die Berufung auf das Zeugniß, d. h. die dienstliche Erklärung,[7] der abgelehnten Gerichtsperson zulässig ist. Dieselbe hat sich aber auch ohnedies über den Ablehnungsgrund jedesmal dienstlich zu erklären.[8]

Ueber die Ablehnung eines Gerichtschreibers entscheidet stets das Gericht, dem er angehört.[9] Ueber die Ablehnung eines Richters entscheidet das Gericht, dem er angehört, wenn er trotz seines Ausscheidens beschlußfähig bleibt; anderenfalls entscheidet das zunächst höhere Gericht.[10] Ueber die Ablehnung eines Amtsrichters entscheidet also stets das übergeordnete Landgericht. Hält der Amtsrichter das Ablehnungsgesuch für begründet, so ist eine Entscheidung überhaupt nicht erforderlich.[11]

Vor der Erledigung des Ablehnungsgesuches hat die abgelehnte Gerichtsperson nur solche Handlungen vorzunehmen, die keinen Aufschub gestatten.[12]

### §. 6.
#### 4. Gliederung der Gerichte.

Unter den Gerichten sind Gerichte gleichen Ranges und Gerichte verschiedenen Ranges, über- und untergeordnete, zu

---

[7] S. R.G.Prot. zur Strafproceßordnung S. 1129 fg.
[8] CP. §§. 44 Abs. 1—3, 49. Vgl. CP. §. 266 (s. unt. §. 41).
[9] CP. §. 49.
[10] CP. §. 45 Abs. 1.
[11] CP. §. 45 Abs. 2. — Ueber das Verfahren und die Rechtsmittel s. CP. §. 46.
[12] CP. §§. 47, 49.

unterscheiden. Von den Gerichten gleichen Ranges hat jedes seinen besonderen, örtlich abgegrenzten Gerichtsbezirk oder Gerichtssprengel, in welchem es in der Regel allein zu Amtshandlungen befugt ist. Die Bedeutung der Ueber- und Unterordnung von Gerichten ist die, daß die Entscheidung des untergeordneten unter gewissen Voraussetzungen bei dem übergeordneten mit sog. Rechtsmitteln (Berufung, Revision, Beschwerde) angegriffen werden kann. Die verschiedenen Gerichte, die man hienach in einer und derselben Sache nach einander angehen kann, heißen **Instanzen**; die Ordnung, welche dabei beobachtet werden muß, heißt der **Instanzenzug**. Es gibt Gerichte **erster, zweiter und dritter Instanz**. Dabei sind zur Erzielung möglichster Einheit und Gleichförmigkeit der Rechtsprechung stets mehrere Gerichte gleichen Ranges einem gemeinsamen höheren Gerichte und sämmtliche Gerichte schließlich einem höchsten Gerichte untergeordnet, so daß der Gerichtsbezirk eines höheren Gerichtes allemal die Bezirke mehrerer ihm untergeordneter umfaßt.

Gerichte erster Instanz sind für bürgerliche Rechtsstreitigkeiten die **Amtsgerichte** und die **Landgerichte** in ihren **Civilkammern** oder **Kammern für Handelssachen**. Kammern für Handelssachen können bei den Landgerichten von der Justizverwaltung der einzelnen Bundesstaaten je nach Bedürfniß gebildet werden, sei es für den ganzen Landgerichtsbezirk, sei es für örtlich abgegrenzte Theile desselben. Sie können ihren Sitz auch an anderen Orten des Landgerichtsbezirkes haben als das Landgericht selbst.[1] Jede Kammer für Handelssachen besteht aus einem Mitgliede des

---

[1] GV. §. 100.

Landgerichtes als Vorsitzendem und aus zwei Handelsrichtern; hat die Kammer ihren Sitz nicht an demselben Orte wie das Landgericht, so kann auch ein Amtsrichter Vorsitzender sein.[2] Die Handelsrichter werden aus den im Bezirke der Kammer wohnenden Angehörigen des Handelsstandes auf gutachtlichen Vorschlag des zur Vertretung dieses Standes berufenen Organs (Handelskammer u. dgl.) für je drei Jahre ernannt. Ihr Amt ist ein Ehrenamt.[3]

Als Gerichte zweiter Instanz (Berufungs- und Beschwerdegerichte) stehen über den Amtsgerichten die **Landgerichte** in ihren **Civilkammern**,[4] über den Landgerichten die **Oberlandesgerichte** in ihren **Civilsenaten**.[5]

Als Gericht dritter Instanz (Revisions- und Beschwerdegericht) endlich steht über den Oberlandesgerichten das **Reichsgericht** in seinen **Civilsenaten**[6] oder anstatt desselben ein **oberstes Landesgericht**. Denjenigen Bundesstaaten, in welchen mehrere Oberlandesgerichte bestehen, ist nämlich gestattet, als oberstes Revisions- und Beschwerdegericht für bürgerliche Rechtsstreitigkeiten an Stelle des Reichsgerichtes ein oberstes Landesgericht einzusetzen. Jedoch können bürgerliche Rechtsstreitigkeiten, welche bisher zur Zuständigkeit des Reichs-Oberhandelsgerichtes gehörten, oder welche dem Reichsgerichte durch besondere Reichsgesetze zugewiesen werden, diesem nicht entzogen werden.[7]

Das Reichsgericht hat seinen Sitz in Leipzig.[8]

---

[2] GV. §§. 109, 110.
[3] Näheres GV. §§. 111—117.
[4] GV. §. 71.
[5] GV. §. 123 Nr. 1, 4.
[6] GV. §. 135.
[7] EG. z. GV. §. 8. Vbd. EG. z. GV. §. 10.
[8] Reichsgesetz vom 11. April 1877 (Reichsgesetzblatt S. 415).

### §. 7.
#### 5. Ausdehnung der Gerichtsgewalt und Rechtshülfe.

I. Der Gerichtsgewalt eines jeden deutschen ordentlichen Gerichtes sind alle Personen unterworfen, die sich im Deutschen Reiche aufhalten, auch wenn sie einem anderen Staate angehören als das Gericht. Daher sind die Urtheile eines jeden deutschen Gerichtes ohne Weiteres in ganz Deutschland vollstreckbar. Ferner sind die Ladungen und sonstigen Gebote oder Verbote eines jeden deutschen Gerichtes ohne Weiteres auch für solche Personen verbindlich, die sich in einem anderen Bundesstaate befinden; und zwar insbesondere auch die Ladungen von Zeugen und Sachverständigen.[1] Auch bedarf es für Ladungen, Zustellungen und Zwangsvollstreckungen, welche in dem Bezirke eines anderen deutschen Gerichtes geschehen sollen, nicht der Vermittelung des letzteren; sondern außerhalb wie innerhalb des Bezirkes des Proceßgerichtes und außerhalb wie innerhalb des nämlichen Bundesstaates geschehen die Ladungen oder sonstigen Zustellungen stets durch die Post oder einen unmittelbar beauftragten Gerichtsvollzieher, die Vollstreckungen ebenfalls durch einen unmittelbar beauftragten Gerichtsvollzieher, wenn sie nicht ihrer Art nach ohnehin der gerichtlichen Vermittelung bedürfen.[2] Wegen Ertheilung eines Auftrages an einen Gerichtsvollzieher können aber Gerichte, Staatsanwaltschaften und Gerichtsschreiber die Vermittelung des Gerichtsschreibers desjenigen Amtsgerichtes in Anspruch nehmen, in dessen Bezirke der Auftrag ausgeführt werden soll.[3]

---

[1] GV. §. 166. Ueber das Ganze: Begr. z. GV. Entw. §§. 127—138.

[2] GV. §. 161.

[3] GV. §. 162.

Als Ausnahme von diesen Regeln sind der Gerichtsgewalt der deutschen Gerichte nicht unterworfen diejenigen im Reichsgebiete befindlichen Ausländer, welche nach völkerrechtlichen Grundsätzen das Recht der sog. **Exterritorialität** haben, d. h. rechtlich so behandelt werden, als ob sie sich in ihrem Heimatstaate befänden. Dieses Recht haben sämmtliche Mitglieder der Gesandtschaften, ihre Familienglieder, ihr Geschäftspersonal und diejenigen Personen, welche in ihrem Privatdienste stehen.[4]

II. Amtshandlungen darf ein Gericht regelmäßig nur in seinem eigenen Bezirke vornehmen. Wird in einem Processe eine gerichtliche Amtshandlung erforderlich, die in einem anderen Bezirke vorzunehmen ist (z. B. Zeugenvernehmung, Ortsbesichtigung), so muß das Proceßgericht den Amtsrichter dieses Bezirkes um **Rechtshülfe** ersuchen, d. h. ihm (als sog. **ersuchtem Richter**) die Vornahme der Handlung anstatt des Proceßgerichtes übertragen.[5] Die deutschen Gerichte sind einander die Leistung der Rechtshülfe schuldig, und der ersuchte Amtsrichter darf daher das Ersuchen in der Regel nicht ablehnen. Lehnt er es ab, oder lehnt er es umgekehrt nicht ab in denjenigen Fällen, in denen er es nach GV. §. 159 Abs. 2 ausnahmsweise ablehnen soll, so entscheidet auf Antrag der Betheiligten oder des ersuchenden Gerichtes das Oberlandesgericht, zu dessen Bezirke das ersuchte Gericht gehört.[6]

Will das Proceßgericht ausnahmsweise selbst eine Amtshandlung in einem fremden Bezirke vornehmen, so muß es

---

[4] Näheres GV. §§. 18, 19. S. auch GV. §. 21.
[5] GV. §. 158.
[6] Näheres GV. §§. 157, 159, 160. Ueber die Behandlung des Kostenpunktes in den Fällen der Rechtshülfe s. GV. §. 165.

die Zustimmung des Amtsgerichtes dieses Bezirkes einholen. Bei Gefahr im Verzuge genügt eine bloße Anzeige an dasselbe.[7]

### 6. Zuständigkeit der Gerichte.

#### §. 8.

##### a. Allgemeines.

Zuständigkeit eines Gerichtes für eine Sache ist seine Befugniß zu richterlicher Behandlung und Erledigung derselben.

Die Frage, welches Gericht für eine Sache zuständig sei, entscheidet sich aber einestheils nach einer Rücksicht auf die Beschaffenheit der Sache, anderentheils nach einer Rücksicht auf ihr Verhältniß zu einem gewissen Gerichtsbezirke. Die Zuständigkeit nach jener ersten, sachlichen, Rücksicht heißt die **sachliche**, die Zuständigkeit nach dieser zweiten, örtlichen, heißt die **örtliche**. Aus den Regeln der sachlichen Zuständigkeit ergibt sich, ob die Sache in erster Instanz vor ein Amtsgericht oder ein Landgericht gehört, aus den Regeln der örtlichen, vor das Amts- oder Landgericht welches Bezirkes sie gehört.

Das für eine Sache sachlich und örtlich zuständige Gericht ist für sie der **gesetzliche Richter**. Diesem darf Niemand gegen seinen Willen entzogen werden.[1] Auf der anderen Seite muß der Beklagte vor dem sachlich und örtlich zuständigen Gerichte zu Gerichte stehen, hat also bei demselben für die Sache seinen **Gerichtsstand**.

Die (sachliche oder örtliche) Zuständigkeit eines Gerichtes ist entweder eine **gesetzlich** oder eine **richterlich** oder eine **durch Vereinbarung bestimmte**, je nachdem sie schlechthin durch das Gesetz oder durch die Anordnung eines höheren

---

[7] GV. §. 167.  |  [1] GV. §. 16.

Gerichtes oder durch eine Vereinbarung der Parteien be=
gründet ist.

Ferner ist die Zuständigkeit eines Gerichtes entweder eine
**ausschließliche**, d. h. die Zuständigkeit jedes anderen Ge=
richtes ausschließende, oder eine **nicht ausschließliche**.

Endlich hat jede Person in einem gewissen Gerichtsbezirke
einen **allgemeinen** Gerichtsstand, in welchem (bei dem jedes=
mal sachlich zuständigen Gerichte) jede Klage gegen sie erhoben
werden kann, für die nicht anderswo ein ausschließlicher Ge=
richtsstand besteht;[2] daneben hat sie aber in anderen Gerichts=
bezirken auch **besondere** Gerichtsstände, in welchen nur ge=
wisse Arten von Klagen oder gar nur gewisse einzelne Klagen
gegen sie erhoben werden können.

Sind für eine Klage mehrere Gerichte zuständig, so hat
der Kläger zwischen ihnen die Wahl.[3]

#### b. Gesetzlich bestimmte Zuständigkeit.

### §. 9.
#### aa. Sachliche Zuständigkeit.

I. Die sachliche Zuständigkeit der Gerichte erster Instanz,
aus welcher sich von selbst auch diejenige der Gerichte zweiter
und dritter Instanz ergibt, ist folgendermaßen bestimmt.

A. Den **Amtsgerichten** sind in GB. §. 23 zugewiesen:
1) die geringfügigen Sachen, d. h. Streitigkeiten über ver=
mögensrechtliche Ansprüche, deren Gegenstand den Werth
von 300 Mark nicht übersteigt;[1]
2) ohne Rücksicht auf den Werth des Streitgegenstandes

---

[2] CP. §. 12.
[3] CP. §. 35.
[1] Ueber die Art der Feststel= lung dieses Werthes s. CP. §§. 3—9.

gewisse einfache oder schleunige Sachen sowie solche, zu deren sachgemäßer Erledigung eine genauere örtliche Kenntniß gehört, nämlich:

    a) Streitigkeiten zwischen Vermiethern und Miethern von Wohnungs= oder anderen Räumen wegen Ueberlassung, Benutzung oder Räumung derselben sowie wegen Zurückhaltung der vom Miether in die Miethsräume eingebrachten Sachen;

    b) Streitigkeiten zwischen Dienstherrschaft und Gesinde, zwischen Arbeitgebern und Arbeitern hinsichtlich des Dienst= und Arbeitsverhältnisses, sowie die im §. 108 (jetzt — nach dem Gesetze vom 17. Juli 1878 — §. 120a) der Gewerbeordnung bezeichneten Streitigkeiten,[2] insofern dieselben während der Dauer des Dienst=, Arbeits= oder Lehrverhältnisses entstehen;

    c) Streitigkeiten zwischen Reisenden und Wirthen, Fuhrleuten, Schiffern, Flößern oder Auswanderungsexpedienten in den Einschiffungshäfen, welche über Wirthszechen, Fuhrlohn, Ueberfahrtsgelder, Beförderung der Reisenden oder ihrer Habe oder über Verlust oder Beschädigung der letzteren, so=

---

[2] Nämlich Streitigkeiten der selbständigen Gewerbetreibenden mit ihren Arbeitern (Gesellen, Gehülfen, Lehrlingen, Fabrikarbeitern), die sich auf den Antritt, die Fortsetzung oder die Aufhebung des Arbeitsverhältnisses, auf die gegenseitigen Leistungen aus demselben oder auf die Ertheilung oder den Inhalt der Arbeitsbücher oder Zeugnisse (§§.107 —113, 129 der Gewerbeordnung) beziehen. Solche Streitigkeiten gehören zunächst vor die dafür etwa bestehenden besonderen Behörden oder Schiedsgerichte; wo solche nicht bestehen, gehören sie vor die Gemeindebehörde. Gegen die Entscheidung der letzteren steht jedoch den Betheiligten binnen 10 Tagen die Berufung auf den Rechtsweg offen.

Zuständigkeit der Landgerichte. §. 9.

wie Streitigkeiten zwischen Reisenden und Handwerkern, welche aus Anlaß der Reise entstanden sind;
d) Streitigkeiten wegen Viehmängel;
e) Streitigkeiten wegen Wildschadens;
f) Ansprüche aus einem außerehelichen Beischlafe;
g) das Aufgebotsverfahren.³

Außerdem aber sind die Amtsgerichte theils durch das Gerichtsverfassungsgesetz, theils durch die Civilproceßordnung noch in manchen anderen Fällen für sachlich zuständig erklärt.⁴ Insbesondere gehören die Zwangsvollstreckungen, insoweit sie überhaupt durch Vermittelung oder unter Mitwirkung der Gerichte geschehen, in der Regel zur Zuständigkeit der Amtsgerichte.⁵

B. Vor die Landgerichte gehören alle bürgerlichen Rechtsstreitigkeiten, welche nicht den Amtsgerichten zugewiesen sind.⁶ Für gewisse besondere Rechtsstreitigkeiten sind sie ohne Rücksicht auf den Werth des Streitgegenstandes ausschließlich zuständig, und die Landesgesetzgebung darf ihnen auch noch gewisse andere ohne Rücksicht auf den Werth des Streitgegenstandes ausschließlich zuweisen.⁷

---

³ Vgl. CP. §. 823 Abs. 2; s. jedoch CP. §. 834 Abs. 2.
⁴ GV. §. 24. S. GV. §. 158 (Gewährung der Rechtshülfe); CP. §§. 448 (Beweisaufnahme zum ewigen Gedächtnisse); 471 (Sühneversuch vor der Klageerhebung); 571 (Sühneversuch in Ehesachen); 593, 594, 616, 617, 621, 625 (Entmündigungsverfahren); 629 (Mahnverfahren); 759 (Vertheilungsverfahren); 799, 820 (Arreste und einstweilige Verfügungen). S. auch EG. z. CP. §. 13 Abs. 4.
⁵ CP. §. 684.
⁶ GV. §. 70 Abs. 1.
⁷ Näheres GV. §. 70 Abs. 2, 3. Außer den hier genannten Rechtsstreitigkeiten gehören noch zur ausschließlichen Zuständigkeit der Landgerichte nach CP. §. 568 die Ehesachen und nach CP. §§. 606, 620, 624, 626 die An-

Wo bei den Landgerichten besondere Kammern für Handelssachen bestehen, gehören vor dieselben von den bürgerlichen Rechtsstreitigkeiten, für welche die Landgerichte sachlich zuständig sind, alle diejenigen, welche nach den näheren Bestimmungen in GV. §. 101 als Handelssachen erscheinen. Jede Partei kann eine solche Sache vor die Kammer für Handelssachen bringen.[8]

II. In Ansehung der sachlichen Zuständigkeit gelten noch folgende Regeln:

1) Das Urtheil eines Landgerichtes kann nicht aus dem Grunde angefochten werden, weil das Amtsgericht zuständig gewesen sei.[9]

2) Hat in einem Rechtsstreite das zunächst angegangene Gericht sich rechtskräftig für sachlich unzuständig erklärt, so ist diese Entscheidung bindend für dasjenige Gericht, bei welchem die Sache später anhängig gemacht wird.[10]

### bb. Oertliche Zuständigkeit.

#### a. Allgemeine Gerichtsstände.

§. 10.

##### aa. Allgemeiner Gerichtsstand des Wohnsitzes.

I. Seinen allgemeinen Gerichtsstand hat Jeder in demjenigen Gerichtsbezirke, in welchem er seinen Wohnsitz hat,

---

fechtungs- und Wiederaufhebungsklagen in Entmündigungssachen. Ferner sind die Landgerichte, jedoch nicht ausschließlich, zuständig für die Anfechtungsklage im Aufgebotsverfahren: CP. §. 834.

[8] Näheres GV. §§. 102, 104. S. überhaupt GV. §§. 102—108.

[9] CP. §. 10.

[10] CP. §. 11. Vbd. CP. §§. 249, 466, 467. Hat also z. B. das zunächst angegangene Amtsgericht seine sachliche Unzuständigkeit ausgesprochen und ist dieser Ausspruch rechtskräftig geworden: so muß sich das Landgericht, wenn bei ihm später die Sache anhängig gemacht wird, unbedingt für sachlich zuständig erachten.

d. h. den festen Sitz und Mittelpunkt seiner wirthschaftlichen und Lebensthätigkeit.[1]

Als der Wohnsitz einer Militärperson gilt in Ansehung des Gerichtsstandes der Garnisonort; hat aber der betreffende Truppentheil keinen Garnisonort im Deutschen Reiche, der letzte deutsche Garnisonort desselben.[2] Diese Bestimmungen beziehen sich indessen bloß auf die selbständigen Berufssoldaten und sind daher nicht anwendbar auf diejenigen Militärpersonen, die nur zur Erfüllung der Wehrpflicht dienen, oder welche selbständig einen Wohnsitz nicht begründen können.[3]

Deutsche, welche das Recht der Exterritorialität haben, behalten in Ansehung des Gerichtsstandes den Wohnsitz, den sie in ihrem Heimatstaate hatten; hatten sie keinen solchen, so gilt die Hauptstadt des Heimatstaates als ihr Wohnsitz.[4] Hierhin gehören nicht bloß die bei einem außerdeutschen Staate beglaubigten Gesandten des Deutschen Reiches oder eines deutschen Bundesstaates, sondern auch die Gesandten eines deutschen Bundesstaates, die bei einem anderen beglaubigt sind, und die nicht preußischen Mitglieder des Bundesrathes.[5] Die gleichen Bestimmungen gelten für die im Auslande angestellten Beamten des Reiches oder eines Bundesstaates.[6]

II. Der allgemeine Gerichtsstand des Wohnsitzes einer Person ist zugleich der allgemeine Gerichtsstand gewisser an-

---

[1] CP. §. 13.

[2] CP. §§. 14 Abs. 1, 15. Ueber den Begriff der „Militärperson" s. Reichs-Militärgesetz vom 2. Mai 1874 §. 38.

[3] CP. §. 14 Abs. 2; vgl. CP. §. 21 Abs. 2.

[4] CP. §. 16. Ueber den Begriff der Exterritorialität s. ob. §. 7. I.

[5] Vgl. GV. §§. 18, 19.

[6] CP. §. 16. Z. B. für die im Großherzogthum Luxemburg angestellten Zollvereinsbevollmächtigten.

derer, von ihr abhängiger Personen als sog. abgeleiteter Gerichtsstand. So theilt in Ansehung des Gerichtsstandes die Ehefrau den Wohnsitz des Ehemannes, ein eheliches Kind denjenigen des Vaters, ein uneheliches denjenigen der Mutter. Die Kinder behalten diesen Wohnsitz, bis sie ihn in rechtsgültiger Weise aufgeben, was schon vor erlangter Selbständigkeit mit Genehmigung des Vaters oder Vormundes geschehen kann.[7]

§. 11.

bb. Sonstige allgemeine Gerichtsstände.

1) Personen ohne (inländischen oder ausländischen) Wohnsitz haben einen allgemeinen Gerichtsstand des Aufenthaltes[1] in jedem deutschen Gerichtsbezirke, in welchem sie sich aufhalten, wenn auch nur so lange, daß ihnen darin die Klage zugestellt werden kann. Fehlt es an einem bekannten Aufenthaltsorte im Deutschen Reiche, so haben sie ihren allgemeinen Gerichtsstand in demjenigen Gerichtsbezirke, in welchem sie ihren letzten Wohnsitz gehabt haben.[2]

2) Gemeinden und Corporationen sowie diejenigen Gesellschaften, Genossenschaften oder anderen Personenvereine und diejenigen Stiftungen, Anstalten und Vermögensmassen, welche selbständig als Vereine u. s. w. verklagt werden können, haben ihren allgemeinen Gerichtsstand in demjenigen Gerichtsbezirke, in welchem sie ihren Sitz haben. Als Sitz gilt im Zweifel der Sitz der Verwaltung.[3]

---

[7] CP. §. 17.
[1] Besser wäre die Benennung als „allgemeiner Gerichtsstand der Betreffung".
[2] CP. §. 18. Vbb. Begr. z. CP. Entw. §. 18.

[3] CP. §. 19 Abs. 1. Vgl. Handelsgesetzbuch Art. 111, 164, 213; Genossenschaftsgesetz vom 4. Juli 1868 §. 11.

Besondere Gerichtsstände. §. 12.

Gewerkschaften haben ihren allgemeinen Gerichtsstand in demjenigen Gerichtsbezirke, in welchem das Bergwerk liegt.[4]

Wo Behörden als solche verklagt werden können, bestimmt sich ihr allgemeiner Gerichtsstand durch ihren Amtssitz.[4]

In den Fällen dieser Nummer ist neben dem gesetzlich bestimmten allgemeinen Gerichtsstande auch ein durch Statut oder in anderer Weise besonders bestimmter zulässig.[5]

3) Der allgemeine Gerichtsstand des Fiscus bestimmt sich jedesmal durch den Sitz derjenigen Behörde, welche ihn in dem Rechtsstreite zu vertreten hat.[6]

§. 12.
b. Besondere Gerichtsstände.

1) Der Gerichtsstand des dauernden Aufenthaltsortes. Personen, welche sich an einem Orte unter Verhältnissen aufhalten, die ihrer Natur nach auf einen längeren Aufenthalt hinweisen, haben in dem Gerichtsbezirke, in welchem dieser Aufenthaltsort liegt, einen Gerichtsstand für alle Klagen wegen vermögensrechtlicher Ansprüche. Dieses gilt insbesondere für Dienstboten, Hand- und Fabrikarbeiter, Gewerbegehülfen, Studirende, Schüler und Lehrlinge.[1]

Bei Militärpersonen, die nur zur Erfüllung der Wehrpflicht dienen, oder welche selbständig einen Wohnsitz nicht begründen können, ist anstatt des Aufenthaltsortes der Garnisonort maßgebend.[2]

2) Der Gerichtsstand der Niederlassung. Wer zum Betriebe einer Fabrik, einer Handlung oder eines anderen Gewerbes eine dauernde Niederlassung hat, kann in dem

---

[4] CP. §. 19 Abs. 2.
[5] CP. §. 19 Abs. 3.
[6] CP. §. 20.

[1] CP. §. 21 Abs. 1.
[2] CP. §. 21 Abs. 2. Vbd. CP. §. 15.

Gerichtsbezirke, in welchem sich dieselbe befindet, mit allen Klagen belangt werden, die sich auf den Geschäftsbetrieb derselben beziehen. Desgleichen kann, wer eine landwirthschaftliche Niederlassung hat, d. h. ein mit Wohn- und Wirthschaftsgebäuden versehenes Gut als Eigenthümer, Nutznießer oder Pächter bewirthschaftet, in dem Gerichtsbezirke, in welchem das Gut liegt, mit allen Klagen belangt werden, die sich auf diesen Wirthschaftsbetrieb beziehen.[3]

3) **Der Gerichtsstand für Streitigkeiten aus gemeindlichen, gesellschaftlichen und genossenschaftlichen Verhältnissen.** In dem Gerichtsbezirke, in welchem Gemeinden, Corporationen, Gesellschaften, Genossenschaften oder andere Personenvereine ihren gesetzlich bestimmten[4] allgemeinen Gerichtsstand haben (S. 30), ist ein Gerichtsstand für alle Klagen aus dem gemeindlichen, gesellschaftlichen oder genossenschaftlichen Verhältnisse begründet, also auch für diejenigen, welche von der Gemeinde u. s. w. gegen die Mitglieder oder von diesen gegen einander erhoben werden.[5]

4) **Der Gerichtsstand des Vermögens.** Wer im Deutschen Reiche keinen Wohnsitz hat, kann wegen vermögensrechtlicher Ansprüche in jedem deutschen Gerichtsbezirke verklagt werden, in welchem sich Vermögen von ihm oder der mit der Klage in Anspruch genommene Gegenstand befindet. Besteht das Vermögen in einer Forderung, so gilt als der Ort, wo sich dasselbe befindet, der Wohnsitz des Schuldners und, wenn zur Sicherheit der Forderung eine Sache haftbar ist, auch der Ort, wo sich die letztere befindet.[6]

---

[3] CP. §. 22. Vgl. Bankgesetz vom 14. März 1875 §. 38 Abs. 3; Handelsgesetzbuch Art. 21, 86, 152, 212.

[4] S. Begr. z. CP. Entw. §. 23.
[5] CP. §. 23.
[6] CP. §. 24.

Besondere Gerichtsstände. §. 12.

5) **Der Gerichtsstand der Erbschaft.** Klagen, welche sich auf eine Erbschaft beziehen, d. h. Erbrechte, Ansprüche aus Vermächtnissen oder sonstigen Verfügungen auf den Todesfall oder die Theilung der Erbschaft zum Gegenstande haben, können in dem Gerichtsbezirke erhoben werden, in welchem der Erblasser zur Zeit seines Todes seinen allgemeinen Gerichtsstand gehabt hat. In dem Gerichtsstande der Erbschaft können auch die Nachlaßgläubiger aus Ansprüchen an den Erblasser oder an die Erben als solche klagen, so lange sich der Nachlaß noch ganz oder theilweise in dem Bezirke des Gerichtes befindet oder beim Dasein mehrerer Erben der Nachlaß noch nicht getheilt ist.[7]

6) **Der Gerichtsstand des Vertrages.** Auf Feststellung des Bestehens oder Nichtbestehens eines Vertrages, auf Erfüllung oder Aufhebung eines solchen, sowie auf Entschädigung wegen Nichterfüllung oder nicht gehöriger Erfüllung kann in demjenigen Gerichtsbezirke geklagt werden, in welchem die streitige Verpflichtung zu erfüllen ist.[8]

7) **Der Gerichtsstand für Meß- und Marktsachen**, d. h. für Handelsgeschäfte,[9] welche auf Messen und Märkten geschlossen sind, jedoch mit Ausnahme der Jahr- und Wochenmärkte. Klagen aus solchen Geschäften können in dem Gerichtsbezirke erhoben werden, in welchem der Meß- oder Marktort liegt, wenn sich zur Zeit der Klageerhebung der Beklagte oder ein zur Proceßführung berechtigter Vertreter desselben in diesem Bezirke befindet.[10]

8) **Der Gerichtsstand der Vermögensverwaltung.** Aus einer (aufgetragenen oder gesetzlich verordneten)

---

[7] CP. §. 28.
[8] CP. §. 29.
[9] Ueber den Begriff der Handelsgeschäfte s. Handelsgesetzbuch Art. 271 ff.
[10] CP. §. 30.

Vermögensverwaltung kann der Geschäftsherr gegen den Verwalter oder der Verwalter gegen den Geschäftsherrn in demjenigen Gerichtsbezirke klagen, in welchem die Verwaltung geführt worden ist.[11]

9) **Der Gerichtsstand der unerlaubten Handlung.** Aus einer unerlaubten Handlung, gleichviel ob sie unter das Strafgesetzbuch fällt oder nicht, kann in demjenigen Gerichtsbezirke geklagt werden, in welchem die Handlung begangen ist.[12]

10) **Der Gerichtsstand der Widerklage.** Widerklage heißt eine Klage, welche der Beklagte im Laufe des Rechtsstreites und in dem nämlichen Verfahren gegen den Kläger erhebt. In dieser Form kann der Beklagte einen Anspruch bei dem Gerichte der Klage geltend machen, wenn derselbe entweder mit dem in der Klage geltend gemachten Ansprüche oder mit den dagegen vorgebrachten Vertheidigungsmitteln in Zusammenhang steht, so daß die gemeinsame Verhandlung in dem nämlichen Verfahren ohne die Gefahr einer Verwirrung möglich ist.[13] Nur dann kann ein solcher Anspruch nicht durch Widerklage geltend gemacht werden, wenn für eine Klage wegen desselben die Zuständigkeit des Gerichtes auch durch Vereinbarung nicht würde begründet werden können.[14]

11) **Der Gerichtsstand des sachlichen** (materiellen) **Zusammenhanges**, d. h. ein Gerichtsstand, welcher bei einem Gerichte für eine Sache wegen ihres sachlichen Zusammenhanges mit einer anderen begründet ist. Aus diesem

---

[11] CP. §. 31.
[12] CP. §. 32.
[13] CP. §. 33 Abs. 1; vgl. CP. §. 136 Abs. 2.

[14] CP. §. 33 Abs. 2 vbd. §. 40 Abs. 2. S. unt. §. 14.

Besondere Gerichtsstände. §. 12.

Gesichtspunkte können Proceßbevollmächtigte, Beistände, Zustellungsbevollmächtigte und Gerichtsvollzieher wegen ihrer Gebüren und Auslagen bei dem Gerichte klagen, bei welchem der Hauptproceß in erster Instanz anhängig ist oder gewesen ist.[15] Auch noch in manchen anderen Fällen ist aus diesem Gesichtspunkte ein Gerichtsstand begründet.[16]

12) Der dingliche Gerichtsstand, d. h. ein Gerichtsstand, welcher in einem Gerichtsbezirke für gewisse Rechtsstreitigkeiten, die sich auf ein Grundstück beziehen, wegen der Lage desselben in dem Gerichtsbezirke begründet ist. Für die Klagen, durch welche das Eigenthum, eine dingliche Belastung oder die Freiheit von einer solchen geltend gemacht wird, sowie für Grenzscheidungs-, Theilungs- und Besitzklagen besteht er als ausschließlicher, und zwar selbst wenn der Beklagte zu denjenigen Personen gehört, welche das Recht der Exterritorialität haben.[17] Für gewisse andere Klagen besteht er als nicht ausschließlicher. In dem dinglichen Gerichtsstande kann nämlich in Verbindung mit der hypothekarischen Klage die Schuldklage, mit der Klage auf Löschung einer Hypothek die Klage auf Befreiung von der persönlichen Verbindlichkeit, mit der Klage auf Anerkennung einer Reallast die Klage auf rückständige Leistungen erhoben werden, wenn beide Klagen gegen denselben Beklagten gerichtet sind.[18] Ferner können in dem dinglichen Gerichtsstande erhoben werden per-

---

[15] CP. §. 34 vbd. Begr. z. CP. Entw. §. 34.
[16] S. CP. §§. 26, 61, 126, 253, 352, 547, 667, 686, 687, 704 Abs. 3, 778 Abs. 2.
[17] CP. §. 25, GV. §. 20. Ueber die Exterritorialität s. ob. §.7. I., §.10. I. Unter den „Besitzklagen" sind in CP. §. 25 auch die Klagen auf Neuerlangung eines Besitzes (interdicta adipiscendae possessionis) verstanden: Begr. z. CP. Entw. §§. 25—27.
[18] CP. §. 26.

sönliche Klagen, welche gegen den Eigenthümer oder Besitzer eines Grundstückes als solchen gerichtet sind, sowie Klagen wegen Beschädigung eines Grundstückes und Klagen, welche sich auf die Entschädigung wegen Enteignung (Expropriation) eines Grundstückes beziehen.[19]

Alle übrigen genannten besonderen Gerichtsstände sind nicht ausschließliche.

Außer den bisher angegebenen auf allgemeineren Vorschriften der Civilproceßordnung beruhenden gibt es übrigens nach besonderen Vorschriften theils der Civilproceßordnung theils sonstiger Reichsgesetze noch manche andere besondere Gerichtsstände, theils ausschließliche, theils nicht ausschließliche.[20]

§. 13.
c. Richterlich bestimmte Zuständigkeit.

In gewissen außerordentlichen Fällen, in denen die gewöhnlichen Regeln über die Zuständigkeit nicht ausreichen, kann das zuständige Gericht durch ein höheres Gericht bestimmt werden. Nämlich:[1]

1) wenn das an sich zuständige Gericht an der Ausübung des Richteramtes rechtlich (z. B. wegen eines gesetzlichen Ausschließungsgrundes) oder thatsächlich (z. B. wegen eines Krieges) gehindert ist;

2) wenn es in Rücksicht auf die Grenzen verschiedener Gerichtsbezirke ungewiß ist, welches Gericht für den Rechtsstreit zuständig sei;

---

[19] CP. §. 27.
[20] S. z. B. CP. §§. 566, 684, 690, 710, 765, 799, 839, 871 und ob. Anm. 15; ferner Handelsgesetzbuch Art. 315, 455, 475 vbb. EG. z. CP. §. 13. Ausschließlich sind namentlich alle im achten Buche der Civilproceßordnung (von der Zwangsvollstreckung) angeordneten Gerichtsstände: CP. §. 707.

[1] CP. §. 36.

Vereinbarte Zuständigkeit. §. 14.

3) wenn mehrere Personen als Streitgenossen, d. h. gemeinsam mit einer und derselben Klage, verklagt werden sollen und kein gemeinschaftlicher Gerichtsstand, weder ein allgemeiner noch ein besonderer, begründet ist;
4) wenn die Klage in dem dinglichen Gerichtsstande erhoben werden soll, das Grundstück aber in den Bezirken verschiedener Gerichte liegt;
5) wenn in einem Rechtsstreite verschiedene Gerichte sich rechtskräftig für zuständig erklärt haben;
6) wenn verschiedene Gerichte, von denen nothwendig eines für den Rechtsstreit zuständig ist, sich rechtskräftig für unzuständig erklärt haben.

Die Bestimmung des zuständigen Gerichtes geschieht durch das Gericht, welches in dem Fall der Nr. 1 für das verhinderte Gericht, in den anderen Fällen für die sämmtlichen betheiligten Gerichte gemeinsam das zunächst höhere ist;[2] wenn also die betheiligten Gerichte verschiedenen Oberlandesgerichtsbezirken angehören, durch das Reichsgericht.[3]

§. 14.
d. Durch Vereinbarung bestimmte Zuständigkeit.

Ein an sich sachlich oder örtlich unzuständiges Gericht erster Instanz wird zuständig durch die Vereinbarung der Parteien, ihren Rechtsstreit trotzdem von ihm entscheiden zu lassen.[1] Die Vereinbarung kann ausdrücklich oder stillschweigend erklärt werden. Eine stillschweigende Vereinbarung wird

---

[2] CP. §. 36 im Eingange.
[3] EG. z. CP. §. 9. — Ueber das Verfahren s. CP. §. 37 vbb. R. C. Prot. S. 12 folg.

[1] CP. §. 38. Vgl. CP. §§. 467 Abs. 1, 471 Abs. 2.

namentlich dann angenommen, wenn der Kläger die Klage bei dem an sich unzuständigen Gerichte erhoben und der Beklagte, ohne die Unzuständigkeit geltend zu machen, zur Hauptsache mündlich verhandelt hat.²

Die Vereinbarung ist aber nur dann wirksam, wenn sie sich auf (schon bestehende oder zukünftige) Rechtsstreitigkeiten aus einem bestimmten Rechtsverhältnisse, wie z. B. aus einem bestimmten Gesellschaftsverhältnisse oder aus einem bestimmten Versicherungsvertrage, bezieht. Sie ist unzulässig, wenn der Rechtsstreit andere als vermögensrechtliche Verhältnisse betrifft, wie z. B. in Ehe- oder Kindschaftsstreitigkeiten, oder wenn für die Klage ein ausschließlicher Gerichtsstand begründet ist.³

Wenn ein unzuständiges Gericht ohne Vereinbarung oder gültige Vereinbarung der Parteien in einer Sache geurtheilt hat, so kann das Urtheil mit Berufung oder treffenden Falls mit Revision angefochten werden.⁴

## II. Die Rechtsanwälte.

### §. 15.

#### 1. Zulassung zur Rechtsanwaltschaft.

I. Zur Rechtsanwaltschaft ist fähig, wer zum Richteramte fähig ist.¹ Die Rechtsanwaltschaft ist aber freigegeben, d. h. wer zur Rechtsanwaltschaft fähig ist, muß zu derselben in dem Bundesstaate, in welchem er die zum Richteramte befähigende Prüfung bestanden hat, auf seinen Antrag zuge-

---

² CP. §. 39. Vgl. CP. §§. 247 Abs. 3, 465. S. auch CP. §§. 490 Abs. 1, 529.

³ CP. §. 40.
⁴ CP. §§. 490, 513 Nr. 4.
¹ RAO. §. 1.

Zulassung zur Rechtsanwaltschaft. §. 15.

lassen werden, falls nicht einer der gesetzlichen Gründe besteht, aus welchen die Zulassung versagt werden muß oder doch versagt werden kann.² In einem anderen Bundesstaate kann er zugelassen werden.³ Ueber den Antrag auf Zulassung entscheidet die Landesjustizverwaltung nach gutachtlicher Aeußerung des Vorstandes der Anwaltskammer.⁴

Die Zulassung erfolgt immer bei einem bestimmten Gerichte. Kammern für Handelssachen, welche ihren Sitz an einem anderen Orte als das Landgericht haben, gelten dabei für besondere Gerichte.⁵ Der bei einem Amtsgerichte zugelassene Rechtsanwalt kann auf seinen Antrag zugleich bei dem Landgerichte, in dessen Bezirke jenes seinen Sitz hat, sowie bei den Kammern für Handelssachen dieses Landgerichtsbezirkes zugelassen werden.⁶ Der bei einem Collegialgerichte zugelassene ist auf seinen Antrag zugleich bei einem anderen an seinem Wohnorte befindlichen Collegialgerichte zuzulassen, wenn dies durch Plenarbeschluß des Oberlandesgerichtes dem Interesse der Rechtspflege für förderlich erklärt wird.⁷ Gehört das Landgericht, bei welchem ein Rechtsanwalt zugelassen ist, zum Bezirke eines gemeinschaftlichen Oberlandesgerichtes mehrerer Bundesstaaten, so kann er zugleich bei dem letzteren zugelassen werden, auch wenn es seinen Sitz an einem anderen Orte hat.⁸

---

² Näheres RAO. §§. 4—7, 14, 15. Wegen mangelnden Bedürfnisses zur Vermehrung der Rechtsanwälte bei dem Gerichte, welches in dem Antrage bezeichnet ist, darf die Zulassung nicht versagt werden: RAO. §. 13.
³ RAO. §. 2.
⁴ RAO. §. 3. Ueber das Verfahren im Fall der Versagung der Zulassung s. RAO. §. 16.
⁵ RAO. §. 8.
⁶ Näheres RAO. §. 9.
⁷ Näheres RAO. §. 10. S. auch RAO. §. 104.
⁸ RAO. §. 11. S. auch noch RAO. §. 12.

II. Der Rechtsanwalt muß an dem Orte des Gerichtes, bei dem er zugelassen ist, seinen Wohnsitz nehmen. Jedoch kann die Landesjustizverwaltung einem bei einem Amtsgerichte zugelassenen Rechtsanwalte gestatten, seinen Wohnsitz an einem anderen Orte des Amtsgerichtsbezirkes zu nehmen. Der zugleich bei einem Amtsgerichte und einem Landgerichte zugelassene Rechtsanwalt muß seinen Wohnsitz am Orte des Amtsgerichtes, der zugleich bei einem Landgerichte und einem Oberlandesgerichte zugelassene muß ihn am Orte des Landgerichtes nehmen.[9] Immer muß aber der Rechtsanwalt, welcher an dem Orte eines Gerichtes, bei dem er zugelassen ist, nicht wohnt, einen dort wohnhaften ständigen Zustellungsbevollmächtigten, d. h. zur Annahme von Zustellungen für ihn Bevollmächtigten, bestellen.[10]

Ferner muß jeder Rechtsanwalt nach seiner ersten Zulassung zur Rechtsanwaltschaft in einer öffentlichen Sitzung des Gerichtes, bei dem er zugelassen ist, auf gewissenhafte Erfüllung der Pflichten eines Rechtsanwaltes beeidigt werden.[11]

Nach geschehener Beeidigung und Wahl seines Wohnsitzes ist der Rechtsanwalt bei jedem Gerichte, bei welchem er zugelassen ist, mit Angabe seines Wohnsitzes in die Liste der Rechtsanwälte einzutragen. Mit dieser Eintragung beginnt seine Befugniß zur Ausübung der Rechtsanwaltschaft.[12]

---

[9] RAO. §. 18. Die Mehrkosten, die dadurch entstehen, daß eine Partei vor einem Collegialgerichte durch einen Rechtsanwalt vertreten wird, der seinen Wohnsitz nicht am Orte des Gerichtes hat, braucht der Gegner nie zu erstatten: RAO. §. 18 Abs. 5. S. auch RAO. §. 37.

[10] Näheres RAO. §. 19.
[11] RAO. §. 17.
[12] RAO. §. 20. Die Eintragungen und Löschungen werden durch den Deutschen Reichsanzeiger bekannt gemacht: RAO. §§. 20 Abs. 4, 24 Abs. 2.

III. Die Zulassung zur Rechtsanwaltschaft kann nur aus bestimmten Gründen zurückgenommen werden. Sie muß namentlich dann zurückgenommen werden, wenn der Rechtsanwalt nicht binnen drei Monaten seit erhaltener Mittheilung von der Zulassung seinen Wohnsitz genommen hat, oder wenn er seinen Wohnsitz aufgibt. Ferner muß die Zulassung bei einem Gerichte, an dessen Orte der Rechtsanwalt nicht wohnt, zurückgenommen werden, wenn er die Bestellung eines dort wohnhaften Zustellungsbevollmächtigten einen Monat lang versäumt hat.[13] Die Zurücknahme geschieht durch die Landesjustizverwaltung nach Anhörung des Rechtsanwaltes und des Vorstandes der Anwaltskammer.[14]

IV. Die Stellvertretung eines an der Ausübung seines Berufes zeitweise verhinderten Rechtsanwaltes kann nur einem Rechtsanwalt oder einem Rechtskundigen, der schon wenigstens zwei Jahre im Vorbereitungsdienste beschäftigt war, übertragen werden.[15]

V. **Die Zulassung zur Rechtsanwaltschaft bei dem Reichsgerichte** und die Zurücknahme derselben geschieht durch das Präsidium des Reichsgerichtes. Es kann die Zulassung nicht nur wegen Unfähigkeit zur Rechtsanwaltschaft und aus den gesetzlich bestimmten Versagungsgründen, sondern nach freiem Ermessen versagen.[16]

Die Zulassung bei dem Reichsgerichte ist mit der Zulassung bei einem anderen Gerichte unvereinbar.[17]

---

[13] Näheres RAO. §§. 21, 22.
[14] RAO. §. 23.
[15] Näheres RAO. §. 25.
[16] RAO. §. 99. Ueber den Begriff des Präsidiums s. GV. §. 133 vbb. §. 63 und ob. §. 4. II. (S. 15).
[17] RAO. §. 100 Abs. 1.

§. 16.
## 2. Rechte und Pflichten der Rechtsanwälte.

Die Rechtsanwälte sind zwar keine eigentlichen Staatsbeamten,[1] erscheinen aber trotzdem, gleich den Gerichtsvollziehern, nicht als bloße Privatpersonen, sondern als öffentliche Organe und Amtspersonen.[2] Sie haben daher auch bestimmte Amtsrechte und Amtspflichten.

I. Die Rechte der Rechtsanwälte bestehen in Ansehung der bürgerlichen Rechtsstreitigkeiten vornehmlich darin, daß jeder bei einem deutschen Gerichte zugelassene Rechtsanwalt befugt ist, vor jedem Gerichte im Deutschen Reiche als Beistand aufzutreten und, soweit kein Anwaltszwang besteht, auch die Vertretung einer Partei zu übernehmen.[3] Soweit Anwaltszwang besteht, können bloß die bei dem Prozeßgerichte zugelassenen Rechtsanwälte die Vertretung der Parteien übernehmen.[4] Bei der mündlichen Verhandlung ist jedoch jeder Rechtsanwalt zur Ausführung der Parteirechte und, falls ihm der zum Prozeßbevollmächtigten bestellte Rechtsanwalt die Vertretung überträgt, auch zu dieser befugt.[5]

Die bei dem Reichsgerichte zugelassenen Rechtsanwälte dürfen bei keinem anderen Gerichte auftreten.[6] Auch dürfen sie als Prozeßbevollmächtigte die Vertretung keinem bei dem Reichsgerichte nicht zugelassenen Rechtsanwalt übertragen.[7]

---

[1] Motive zum Entwurfe der RAO. S. 23 a. E.

[2] Der sicherste Beweis liegt in ihrer Fähigkeit zur Beglaubigung von Abschriften: CP. §. 156 Abs. 2.

[3] RAO. §. 26.

[4] RAO. §. 27 Abs. 1, CP. §. 74 Abs. 1, 3.

[5] RAO. §. 27 Abs. 2; vbb. CP. §. 77: „Die Prozeßvollmacht ermächtigt — — zur Bestellung eines Vertreters".

[6] RAO. §. 100 Abs. 2.

[7] RAO. §. 101.

Rechte und Pflichten der Rechtsanwälte. §. 16.

II. Die oberste Pflicht der Rechtsanwälte ist, ihre Berufsthätigkeit gewissenhaft auszuüben und sich durch ihr Verhalten innerhalb wie außerhalb der Ausübung ihres Berufes der Achtung würdig zu zeigen, welche derselbe erfordert.[8]

Außerdem haben sie noch folgende besondere Pflichten:

1) Ein Rechtsanwalt, der sich länger als eine Woche von seinem Wohnsitze entfernen will, muß für seine Stellvertretung sorgen und dem Vorsitzenden des Gerichtes, bei dem er zugelassen ist, sowie dem Amtsgerichte seines Bezirkes Anzeige machen.[9]

2) Ein Rechtsanwalt kann zwar den Auftrag zu einer Berufsthätigkeit nach Belieben ablehnen, muß aber die Ablehnung ohne Verzug erklären bei Vermeidung der Haftung für den durch die Verzögerung erwachsenen Schaden.[10] Er ist zur Verweigerung seiner Berufsthätigkeit verpflichtet, wenn sie für eine pflichtwidrige Handlung in Anspruch genommen wird, oder wenn er sie in derselben Rechtssache bereits einer anderen Person im entgegengesetzten Interesse gewährt hat, oder endlich wenn er sie in einer streitigen Angelegenheit gewähren soll, an deren Entscheidung er als Richter theilgenommen hat.[11]

3) Die Rechtsanwälte sind verpflichtet, in den gesetzlich bestimmten Fällen die Vertretung einer Partei auf Anordnung des Processgerichtes zu übernehmen.[12]

4) Ein Rechtsanwalt darf Privatgeheimnisse, die ihm in

---

[8] RAO. §. 28.
[9] RAO. §. 29.
[10] RAO. §. 30.
[11] RAO. §. 31.

[12] Diese Fälle sind bezeichnet in CP. §§. 107 Nr. 3, 609, 620 Abs. 3, 626 Abs. 2, RAO. §§. 33, 34. S. unt. §. 26. I.

Folge seines Berufes anvertraut sind, nicht offenbaren bei Vermeidung strafgerichtlicher Verfolgung.[13]

5) Endlich haben die Rechtsanwälte die Pflicht, den im Vorbereitungsdienste bei ihnen beschäftigten Rechtskundigen Anleitung und Gelegenheit zu praktischen Arbeiten zu geben.[14]

III. Die Aufsicht über die Erfüllung der Pflichten jedes Rechtsanwaltes führt der Vorstand der Anwaltskammer, welcher der Rechtsanwalt angehört.

Eine Anwaltskammer befindet sich am Sitze jedes Oberlandesgerichtes und besteht aus den sämmtlichen Rechtsanwälten des Oberlandesgerichtsbezirkes.[15] Die Anwaltskammer bei dem Reichsgerichte besteht aus den bei demselben zugelassenen Rechtsanwälten.[16]

Jede Anwaltskammer wählt aus ihrer Mitte einen Vorstand von wenigstens neun und höchstens fünfzehn Mitgliedern.[17] Außer der schon genannten Beaufsichtigung der Mitglieder der Kammer hat er auch noch die Aufgaben, Streitigkeiten unter den Mitgliedern der Kammer sowie zwischen einem Mitgliede der Kammer und seinem Auftraggeber zu vermitteln, von der Landesjustizverwaltung oder den Gerichten geforderte Gutachten zu erstatten und das Vermögen der Kammer zu verwalten.[18] Endlich übt er durch ein aus seiner Mitte gebildetes Ehrengericht, welches jedesmal aus dem Vorsitzenden des Vorstandes, dem stellvertretenden Vor-

---

[13] Strafgesetzbuch §. 300. Vbd. EP. §. 348 Abs. 1 Nr. 5, Abs. 3.

[14] RAO. §. 40.

[15] RAO. §. 41.

[16] RAO. §. 102. In Ansehung der bei einem obersten Landesgerichte zugelassenen Rechtsanwälte s. RAO. §. 105.

[17] Näheres RAO. §§. 42 — 47. Weitere Obliegenheiten der Kammer s. RAO. §. 48. S. auch RAO. §. 50.

[18] Näheres RAO. §. 49. S. auch RAO. §. 50.

sitzenden desselben und drei anderen vom Vorstande gewählten Vorstandsmitgliedern besteht, die ehrengerichtliche Strafgewalt über die Mitglieder der Kammer.[19]

Die ehrengerichtliche Bestrafung verwirkt aber derjenige Rechtsanwalt, welcher seine Pflicht zu gewissenhafter Berufsübung und würdigem Verhalten verletzt.[20] Die ehrengerichtlichen Strafen sind:

1) Warnung;
2) Verweis;
3) Geldstrafe bis zu 3000 Mark;
4) Ausschließung von der Rechtsanwaltschaft.

Geldstrafe kann mit Verweis verbunden werden.[21]

Gegen die Urtheile des Ehrengerichtes ist die Berufung an den Ehrengerichtshof zulässig, welcher aus dem Präsidenten des Reichsgerichtes als Vorsitzendem, drei Mitgliedern des Reichsgerichtes und drei Mitgliedern der Anwaltskammer bei dem Reichsgerichte besteht.[22]

§. 17.

### 3. Verhältniß des Rechtsanwaltes zu seinem Auftraggeber.

Zwischen dem Rechtsanwalt und seinem Auftraggeber besteht ein Auftragsverhältniß,[1] und jeder hat daher dem anderen gegenüber die Pflichten, welche nach den Vorschriften des bürgerlichen Rechtes aus diesem Verhältnisse folgen. Insbesondere muß der Rechtsanwalt nach Maßgabe des bürgerlichen Rechtes für den Schaden haften, welcher durch sein

---

[19] RAO. §§. 49 Nr. 1, 67, 68.
[20] RAO. §. 62. S. noch RAO. §§. 64, 65.
[21] RAO. §. 63.

[22] RAO. §. 90. — Ueber das ehrengerichtliche Verfahren s. RAO. §§. 66, 69—89, 91—97.
[1] Motive zu §. 26 des Entwurfes der RAO.

Verschulden für den Auftraggeber entsteht. Zur Tragung von Kosten, welche er durch grobes Verschulden veranlaßt, kann er durch das Proceßgericht schon von Amtswegen verurtheilt werden.²

Auf der anderen Seite hat er gegen den Auftraggeber einen Anspruch auf Erstattung seiner Auslagen und auf Vergütung seiner Mühewaltung durch angemessene Gebüren,³ — beides nach Maßgabe der Gebürenordnung für Rechtsanwälte.⁴ Vor dem Empfange der Auslagen und Gebüren braucht er dem Auftraggeber die Handacten nicht herauszugeben.⁵ Auch kann er dieselben bei dem Gerichte des Hauptprocesses einklagen.⁶ Doch kann er sich immer nur an seinen Auftraggeber halten, es wäre denn, daß ihm zur Deckung seiner Forderungen der Anspruch desselben an den zur Erstattung der Proceßkosten verurtheilten Gegner abgetreten oder gerichtlich überwiesen ist. Bloß derjenige Rechtsanwalt, welcher für eine im Armenrechte streitende Partei bestellt ist, kann seine Gebüren und Auslagen von dem in die Proceßkosten verurtheilten Gegner ohne Weiteres beitreiben.⁷

§. 18.
### III. Die Gerichtsvollzieher.

I. Die Gerichtsvollzieher sind Amtspersonen für die selbständige Ausführung von Zustellungen und Zwangsvollstreckungen. Die Regelung ihrer Dienst- und Geschäftsverhält-

---

² CP. §. 97.
³ CP. §§. 34, 87 Abs. 2, 115 Abs. 1, RAO. §. 32 Abs. 1.
⁴ Sie ist noch zu erlassen.
⁵ RAO. §. 32 Abs. 1. Handacten heißen die auf den Rechtsstreit bezüglichen Schriftstücke, welche den Parteien gehören. Ueber die Dauer der Verpflichtung des Rechtsanwaltes zur Aufbewahrung derselben s. RAO. §. 32 Abs. 2.
⁶ CP. §. 34. S. ob. §. 12 Nr. 11.
⁷ CP. §. 115. S. unt. §. 97. IV.

nisse ist für das Reichsgericht dem Reichskanzler, für die Landesgerichte der Landesjustizverwaltung überlassen.[1]

Ein Gerichtsvollzieher ist von der Ausübung seines Amtes wesentlich in den gleichen Fällen kraft Gesetzes ausgeschlossen wie eine Gerichtsperson; nämlich:[2]

1) in Sachen, in denen er selbst Partei oder gesetzlicher Vertreter einer Partei ist, oder an deren Ausgang er als Mitberechtigter, Mitverpflichteter oder Schadensersatzpflichtiger einer Partei unmittelbar betheiligt ist;

2) in Sachen seiner Ehefrau, selbst nach Auflösung der Ehe;

3) in Sachen seiner leiblichen oder Adoptiv-Verwandten in gerader Linie, seiner leiblichen Seitenverwandten bis zum dritten Grade, ferner seiner Verschwägerten in gerader Linie und bis zum zweiten Grade der Seitenlinie, selbst nach Auflösung der Ehe, durch welche die Schwägerschaft begründet ist.

Amtshandlungen eines kraft Gesetzes ausgeschlossenen Gerichtsvollziehers sind nichtig.[3]

II. Das Verhältniß des Gerichtsvollziehers zu seinem Auftraggeber ist demjenigen des Rechtsanwaltes zu seinem Auftraggeber nahe verwandt. Es ist ebenfalls ein Auftragsverhältniß und erzeugt die wechselseitigen Verpflichtungen, welche aus einem solchen folgen. Insbesondere muß also auch der Gerichtsvollzieher nach Maßgabe des bürgerlichen Rechtes für den Schaden haften, der durch sein Verschulden für den Auftraggeber entsteht. Zur Tragung von Kosten, welche er

---

[1] GV. §. 155.
[2] GV. §. 156. Vgl. CP. §. 41 (ob. §. 5. I.).
[3] Begr. z. GV. Entw. §. 126.

durch grobes Verschulden veranlaßt, kann auch er durch das Proceßgericht schon von Amtswegen verurtheilt werden.[4]

Auf der anderen Seite hat auch er gegen den Auftraggeber[5] einen Anspruch auf Erstattung von Auslagen und auf Gebüren, — beides nach Maßgabe der Gebürenordnung für Gerichtsvollzieher.[6] Er kann die Gebüren und Auslagen alsbald nach der Erledigung des Auftrages fordern und ist berechtigt, sie von dem Auftraggeber durch Postvorschuß zu erheben.[7] Auch kann er sie, wie der Rechtsanwalt, bei dem Gerichte des Hauptprocesses einklagen.[8] An die in die Proceßkosten verurtheilte Gegenpartei kann auch er sich nur halten, wenn ihm der Anspruch seines Auftraggebers an dieselbe abgetreten oder überwiesen, oder wenn er für eine im Armenrechte streitende Partei bestellt ist.[9] Können die Auslagen des für eine solche Partei bestellten Gerichtsvollziehers von dem Ersatzpflichtigen, sei dieser die Partei selbst oder der in die Proceßkosten verurtheilte Gegner, nicht beigetrieben werden, so werden sie aus der Staatskasse ersetzt.[10]

Die einzelnen Bundesstaaten sind befugt, den Gerichtsvollziehern statt der gesetzlichen Gebüren und Auslagen eine andere Vergütung zu gewähren und jene Gebüren und Auslagen für die Staatskasse einzuziehen.[11]

---

[4] CP. §. 97.
[5] Geb. O. f. GVollz. §. 19.
[6] Geb. O. f. GVollz. §. 1.
[7] Geb. O. f. GVollz. §. 20. Ueber das Recht des Gerichtsvollziehers auf einen Kostenvorschuß s. ebendaselbst §. 18.
[8] CP. §. 34. S. ob. §. 12 Nr. 11.
[9] CP. §. 115. S. unt. §. 97. IV.
[10] Geb. O. f. GVollz. §. 21.
[11] Geb. O. f. GVollz. §. 24 Nr. 2.

# Zweiter Theil.
## Die Parteien.

### §. 19.
### I. Proceßfähigkeit.

I. **Parteien** oder streitende Theile sind Diejenigen, welche sich in einem Rechtsstreite als unmittelbar betheiligte Gegner, als **Kläger** und **Beklagter** (oder **Verklagter**), gegenüberstehen. Parteien können nicht bloß einzelne Personen sein, sondern auch der Fiscus, d. h. das Reich oder der Staat, Gemeinden, Corporationen sowie gewisse Gesellschaften, Genossenschaften und andere Personenvereine, ferner gewisse Stiftungen, Anstalten und Vermögensmassen, in einigen deutschen Staaten (z. B. in Mecklenburg und den Hansestädten) auch Behörden als solche.[1]

II. Nicht immer ist aber eine Partei auch **proceßfähig** oder **fähig vor Gericht zu stehen**, d. h. fähig, ihren Proceß selbst zu führen oder durch einen von ihr bestellten Rechtsanwalt oder sonstigen Proceßbevollmächtigten führen zu lassen. Sondern proceßfähig ist eine Partei nur insoweit, als sie sich selbständig durch Verträge verpflichten kann.[2] Inwieweit dieses der Fall, bemißt sich nach den Vorschriften des bürgerlichen Rechtes über Handlungs- und Verfügungsfähigkeit.[3] Jedoch wird trotz abweichender Vorschriften des bürger-

---

[1] CP. §§. 19, 20, 157 Abs. 2.
[2] CP. §. 51 Abs. 1.
[3] CP. §. 50.

lichen Rechtes einzelner deutscher Rechtsgebiete die Proceß=
fähigkeit einer großjährigen Person dadurch, daß sie unter
väterlicher Gewalt steht, und diejenige einer Frau dadurch,
daß sie Ehefrau ist, nicht beschränkt. Auch die Geschlechts=
vormundschaft, wo sie nach den Vorschriften des bürgerlichen
Rechtes noch besteht, kommt bei der Proceßführung nicht in
Rücksicht.[4] Die übrigen Personen, welche nach den Vor=
schriften des bürgerlichen Rechtes unter Vormundschaft stehen
(Minderjährige, wegen Geisteskrankheit oder Verschwendung
Entmündigte u. s. w.), sind im Allgemeinen prozeßunfähig.

Bei einem Ausländer genügt es, wenn er entweder nach
dem Rechte seines Landes oder nach dem Rechte, welches
am Orte des Proceßgerichtes gilt, prozeßfähig ist.[5]

III. Für eine prozeßunfähige Partei muß der Proceß
durch ihren gesetzlichen Vertreter geführt werden, d. h.
durch Denjenigen, der sie nach den Vorschriften des bürger=
lichen Rechtes überhaupt in Rechtsangelegenheiten zu ver=
treten hat: Vormund, Gewalthaber u. s. w.[6] Der gesetzliche
Vertreter steht bei der Proceßführung der Partei gleich und
hat gleiche Befugnisse und Pflichten, soweit nicht die Civil=
proceßordnung besondere Ausnahmen macht.[7]

Ob eine Partei oder der gesetzliche Vertreter einer proceß=
unfähigen Partei zu der Proceßführung einer besonderen Er=
mächtigung von Seite der Vormundschaftsbehörde oder einer
sonstigen Behörde bedarf, richtet sich nach den Vorschriften des
bürgerlichen Rechtes.[8] Ist aber, sei es durch solche Ermäch=

---

[4] CP. §. 51 Abs. 2, 3.
[5] CP. §. 53.
[6] CP. §. 50.
[7] Begr. z. CP. Entw. §§. 50 bis 55 a. E. Ausflüsse dieser
Regel in CP. §§. 82, 157, 219, 223, 391 Abs. 3, 433, 435, 436, 438.
[8] CP. §. 50.

tigung, sei es ohne dieselbe, die Befugniß zur Proceßführung im Allgemeinen vorhanden, so ist damit allemal auch die Befugniß zu allen einzelnen Proceßhandlungen gegeben, selbst zu denjenigen, zu welchen bisher nach den Vorschriften des bürgerlichen Rechtes eine besondere Ermächtigung erforderlich war.[9]

IV. Auf den Mangel der Proceßfähigkeit, auf denjenigen der Legitimation eines gesetzlichen Vertreters, d. h. des Ausweises über seine Berechtigung als solcher aufzutreten, endlich auf denjenigen der erforderlichen Ermächtigung zur Proceßführung hat das Gericht schon von Amtswegen Rücksicht zu nehmen.[10] Wäre trotz eines solchen Mangels ein Endurtheil erfolgt, so könnte es je nach Umständen durch Berufung, Revision oder Nichtigkeitsklage angefochten werden.[11]

Nur dann, wenn für die Partei Gefahr auf dem Verzuge steht, kann sie oder ihr gesetzlicher Vertreter trotz eines solchen Mangels vorläufig zur Proceßführung zugelassen werden. Jedoch ist dann für die Beseitigung desselben eine Frist zu setzen, nach deren Ablauf erst das Endurtheil erlassen werden darf.[12]

V. Soll eine nicht proceßfähige Partei, die zur Zeit keinen gesetzlichen Vertreter hat, verklagt werden, so muß ihr, wenn Gefahr auf dem Verzuge steht, der Vorsitzende des Proceßgerichtes auf Antrag des Gegners einen besonderen Vertreter bestellen, dessen Vertretungsbefugniß bis zum

---

[9] CP. §. 52. Vgl. CP. §§. 77 bis 79 (unt. §. 26. III.).
[10] CP. §. 54 Abs. 1. Vgl. CP. §. 84 Abs. 1.
[11] CP. §§. 490, 513 Nr. 5, 542 Nr. 4.
[12] CP. §. 54 Abs. 2. Vgl. CP. §. 85 Abs. 1. Ist der Mangel nicht beseitigt, so kann der Gegner die Erlassung eines Versäumnißurtheils nach CP. §§. 295 ff. beantragen: R. C. Prot. S. 24 folg. Dabei ist aber CP. §. 300 Nr. 1, 2 zu beachten. Vgl. auch unt. §. 26 Anm. 18.

Eintritte des gesetzlichen Vertreters dauert.[13] Der Vorsitzende kann nach seinem Ermessen einen solchen Vertreter bis zum Eintritte des gesetzlichen Vertreters auch dann bestellen, wenn eine nicht proceßfähige Person in dem besonderen Gerichtsstande des dauernden Aufenthaltsortes oder Garnisonortes verklagt werden soll.[14]

§. 20.
## II. Streitgenossenschaft.

I. **Streitgenossen** heißen zwei oder mehrere Personen, welche zusammen klagen oder verklagt werden. In den Fällen, in denen dieses überhaupt statthaft ist, ist es begünstigt durch Gewährung eines gemeinschaftlichen Gerichtsstandes, auch wo nach den gewöhnlichen Regeln ein solcher nicht bestünde.[1]

Mehrere Personen können aber als Streitgenossen klagen oder verklagt werden:

1) wenn sie hinsichtlich des Streitgegenstandes in Rechtsgemeinschaft stehen, wie z. B. mehrere Miteigenthümer der Sache, welche einem Dritten mit der Eigenthumsklage abgefordert werden soll;[2]

2) wenn sie aus demselben thatsächlichen und rechtlichen Grunde berechtigt oder verpflichtet sind, wie z. B. mehrere aus einem gemeinsam vorgenommenen Rechtsgeschäfte Berechtigte oder Verpflichtete, mehrere Erben des Gläubigers oder Schuldners;[2]

3) wenn sie aus einem im Wesentlichen gleichartigen thatsächlichen und rechtlichen Grunde gleichartige Ansprüche oder Verpflichtungen haben, wie z. B. mehrere Miether eines und

---

[13] CP. §. 55 Abs. 1.
[14] CP. §. 55 Abs. 2. Vgl. ob. §. 12 Nr. 1.

[1] CP. §. 36 Nr. 3 (ob. §. 13 Nr. 3).
[2] CP. §. 56.

desselben Vermiethers aus wesentlich gleichlautenden Miethverträgen.³

Manchmal ist die Streitgenossenschaft sogar eine noth=
wendige, so daß, wenn nicht alle Betheiligte klagen oder
verklagt werden, der Beklagte die Verhandlung zur Hauptsache
ablehnen kann, bis auch die übrigen Betheiligten mitklagen
oder mitverklagt werden. Wann dieses der Fall sei, bemißt
sich nach den Vorschriften des bürgerlichen Rechtes.⁴

II. Zwischen mehreren Streitgenossen besteht in der
Regel nur die äußerliche Verbindung, daß über ihre An=
sprüche oder Verpflichtungen in dem nämlichen Verfahren
gemeinsam verhandelt wird; im Uebrigen ist jeder so zu beur=
theilen, als ob er allein mit dem Gegner im Processe stünde,
und was er thut oder unterläßt, gereicht daher den anderen
weder zum Vortheil noch zum Nachtheil. Auch kann der
Ausgang des Processes für jeden Streitgenossen ein verschie=
dener sein.⁵

Diese Regel erleidet jedoch Ausnahmen, theils wo sie aus
Vorschriften des bürgerlichen Rechtes, theils wo sie aus be=
sonderen Bestimmungen der Civilproceßordnung⁶ folgen. Sie
beziehen sich vornehmlich auf die Fälle, wenn die Streitge=
nossenschaft eine nothwendige ist, oder wenn das streitige
Rechtsverhältniß allen Streitgenossen gegenüber nur einheitlich
festgestellt werden kann, wie z. B. die streitige Wege= oder
Wasserleitungsgerechtigkeit, welche für ein Grundstück in An=
spruch genommen wird, gegenüber mehreren Miteigenthümern

---

³ CP. §. 57.
⁴ CP. §§. 58, 59. Von einem anderen als diesem gewöhnlichen Begriffe der nothwendigen Streit=
genossenschaft geht CP. §. 59 aus, woraus sich die Fassung dessel=
ben (s. Anm. 7) erklärt.
⁵ CP. §. 58; vgl. CP. §. 95 Abs. 3.
⁶ CP. §§. 59, 434, 438.

desselben.⁷ Stehen in solchen Fällen die Erklärungen der Streitgenossen im Widerspruche mit einander, wie z. B. wenn der eine gesteht, der andere leugnet: so hat das Gericht nach freier Ueberzeugung zu entscheiden, ob die Thatsache für bewiesen zu erachten sei.⁸ Ferner werden, wenn ein Termin oder eine Frist nur von einzelnen Streitgenossen versäumt wird, die nicht säumigen als Vertreter der säumigen angesehen. Doch sind die letzteren in dem späteren Verfahren wieder in der gewöhnlichen Weise zuzuziehen.⁹

In allen Fällen der Streitgenossenschaft steht das Recht der Betreibung des Processes einem jeden Streitgenossen zu. Jedoch muß der Streitgenosse, welcher den Gegner zu einem Termin ladet, auch die übrigen Streitgenossen laden.¹⁰

---

⁷ Der Wortlaut in CP. §. 59: „Kann das streitige Rechtsverhältniß allen Streitgenossen gegenüber nur einheitlich festgestellt werden, oder ist die Streitgenossenschaft aus einem sonstigen Grunde eine nothwendige" könnte zu der Annahme führen, als ob in den Fällen der ersten Art nach der Civilproceßordnung stets und ohne Rücksicht auf die (in verschiedenen Rechtsgebieten verschiedenen) Vorschriften des bürgerlichen Rechtes eine nothwendige Streitgenossenschaft in dem angegebenen gewöhnlichen Sinn bestünde; allein dieses sollte nach der Begründung (zu CP. Entw. §. 58 in Abs. 6) mit jenen Worten nicht gesagt werden. S. Anm. 4.

⁸ CP. §. 259 und Begr. z. CP. Entw. §. 58 a. E. Ueber die Behandlung des Eides s. CP. §§. 434, 438.

⁹ CP. §. 59.

¹⁰ CP. §. 60. Nichtladung der übrigen Streitgenossen hätte nach CP. §. 300 Nr. 2 die Unmöglichkeit eines Versäumnißurtheils gegen den Gegner und nach CP. §§. 206, 90 die Vertagung der Verhandlung auf Kosten des betreibenden Streitgenossen zur Folge. — Ueber die Behandlung des Kostenpunktes in den Fällen der Streitgenossenschaft im Allgemeinen s. CP. §. 95.

### III. Betheiligung Dritter am Rechtsstreite.

#### §. 21.
##### Ueberſicht der möglichen Fälle.

Mitunter kann ein Dritter in einem Proceſſe interveniren, d. h. ſich in denſelben aus eigenem Rechte oder Intereſſe einmiſchen. Dieſe Einmiſchung heißt Hauptintervention, wenn ſie geſchieht, um als Gegner der beiden Hauptparteien den Gegenſtand ihres Rechtsſtreites für ſich in Anſpruch zu nehmen, Nebenintervention, wenn ſie geſchieht, um als Nebenpartei eine der Hauptparteien zu unterſtützen. Die Nebenintervention geſchieht entweder aus eigenem Antriebe und wird dann von der Civilproceßordnung vorzugsweiſe als Nebenintervention bezeichnet, oder ſie geſchieht in Folge einer Aufforderung von Seite einer der Hauptparteien. Die letztere kann wieder entweder in einer Streitverkündung oder in Benennung des Auctors beſtehen.

#### §. 22.
##### 1. Hauptintervention.

Ein Dritter, welcher im Laufe eines Rechtsſtreites den Gegenſtand deſſelben, z. B. die ſtreitige Sache oder Erbſchaft, für ſich in Anſpruch nehmen will, kann ſich ein gegen beide Parteien wirkſames Urtheil dadurch verſchaffen, daß er ſeinen Anſpruch im Wege der Hauptintervention geltend macht, d. h. mittels einer Klage, welche er bei dem Gerichte, vor dem der ſchwebende Hauptproceß in erſter Inſtanz anhängig geworden iſt, gemeinſam gegen die beiden Parteien als Streitgenoſſen erhebt.[1]

---
[1] CP. §. 61. Bbd. CP. §. 78. S. auch GB. §. 108.

Die Hauptintervention ist zulässig, gleichviel ob der streitige Gegenstand in einer Sache, d. h. einem körperlichen, oder in einem Rechte, d. h. einem unkörperlichen Vermögensstücke, wie z. B. einer Erbschaft oder Forderung, besteht, und ob der Dritte ihn ganz oder nur theilweise für sich in Anspruch nimmt. Sie kann aber nur geschehen, so lange der Hauptproceß noch nicht rechtskräftig entschieden ist.[2] Der letztere kann auf Antrag einer Partei oder auch von Amtswegen bis zur rechtskräftigen Entscheidung über die Hauptintervention ausgesetzt werden.[3]

§. 23.
### 2. Nebenintervention.

I. Einem Rechtsstreite kann zur Unterstützung einer Partei ein Jeder beitreten, der an dem Obsiegen derselben ein rechtliches Interesse hat, d. h. dem ihr Unterliegen einen rechtlichen Nachtheil brächte, was namentlich dann der Fall ist, wenn er durch das Unterliegen der Partei auch seinerseits ein Recht verlieren würde, oder wenn die Partei, gesetzt daß sie unterläge, auf ihn wegen Entschädigung zurückgreifen könnte.[1]

Der Beitritt geschieht durch Zustellung eines Schriftsatzes an beide Hauptparteien, welche außer der Erklärung des Beitrittes die Bezeichnung der Parteien und des Rechtsstreites sowie die bestimmte Angabe des Interesses des Nebenintervenienten enthalten muß, außerdem aber den allgemeinen Vorschriften über die vorbereitenden Schriftsätze (CP. §§. 121, 122) entsprechen soll.[2] Widerspricht keine der Parteien, so

---

[2] CP. §. 61. Im Zwangsvollstreckungsverfahren könnte der Dritte im Wege der Klage Widerspruch gegen die Vollstreckung erheben: CP. §. 690.

[3] CP. §§. 62, 139.
[1] CP. §. 63 Abs. 1.
[2] CP. §. 67.

wird der Nebenintervenient ohne Weiteres zugelassen. Stellt dagegen eine der Parteien den Antrag auf Zurückweisung, so muß darüber nach vorgängiger mündlicher Verhandlung zwischen den Parteien und dem Nebenintervenienten durch ein Zwischenurtheil entschieden werden Der Nebenintervenient ist zuzulassen, wenn er sein Interesse glaubhaft macht. So lange die Unzulässigkeit der Nebenintervention nicht rechtskräftig ausgesprochen ist, wird der Intervenient im Hauptverfahren zugezogen.³

II. Die Nebenintervention kann in jeder Lage des Rechtsstreites bis zur rechtskräftigen Entscheidung desselben geschehen. Insbesondere auch, nachdem bereits ein Urtheil ergangen ist, zum Zwecke der Einlegung eines Rechtsmittels gegen dasselbe.⁴ Jedoch ist der Intervenient als bloße Nebenpartei stets an die Lage gebunden, in welcher sich der Rechtsstreit zur Zeit seines Beitrittes befindet, und er kann daher namentlich nur solche Angriffs= und Vertheidigungsmittel geltend machen, die nicht nach der Lage des Rechtsstreites ausgeschlossen sind. Im Uebrigen kann er die Mittel, die er zur Unterstützung der Hauptpartei gebrauchen will, selbständig wählen, mit der einzigen Beschränkung, daß seine Erklärungen und Handlungen mit denjenigen der Hauptpartei nicht in Widerspruch treten dürfen.⁵ Mit Einwilligung aller Theile kann er auch die Führung des Processes anstatt der Hauptpartei allein übernehmen.⁶

III. Obgleich das Urtheil, welches in dem Rechtsstreite ergeht, an sich nur über das Rechtsverhältniß zwischen den

---

³ CP. §. 68. Gegen das Zwischenurtheil kann sofortige Beschwerde eingelegt werden: CP. §. 68 Abs. 2.

⁴ CP. §. 63 Abs. 2.
⁵ CP. §. 64.
⁶ Begr. z. CP. Entw. §. 64 in Abs. 3.

Hauptparteien entscheidet, so übt es doch auch auf das Verhältniß zwischen dem Intervenienten und der von ihm unterstützten Partei einen gewissen Einfluß. Jener wird nämlich dieser gegenüber mit der Behauptung unrichtiger Entscheidung des Rechtsstreites gar nicht, und mit der Behauptung mangelhafter Führung desselben durch die Hauptpartei nur insoweit gehört, als er seinerseits durch die Lage des Rechtsstreites zur Zeit seines Beitrittes oder durch das Verhalten der Hauptpartei an der Geltendmachung von Rechtsbehelfen verhindert war, oder die Hauptpartei ihm unbekannte Rechtsbehelfe absichtlich oder durch grobes Verschulden nicht geltend gemacht hat.[7]

Mitunter ist nach den Vorschriften des bürgerlichen Rechtes die Entscheidung des Rechtsstreites auch für das Rechtsverhältniß des Nebenintervenienten zu der Gegenpartei maßgebend. In solchen Fällen gilt er als Streitgenosse der von ihm unterstützten Hauptpartei, steht daher der Gegenpartei ganz selbständig gegenüber und ist in der Wahl der Mittel zur Wahrung seiner Interessen durch das Verhalten der Hauptpartei nirgends gebunden.[8]

## §. 24.
### 3. Streitverkündung.

I. Streitverkündung ist eine Anzeige von dem Rechtsstreite an einen Dritten mit der Aufforderung zur Beistandsleistung. Sie geschieht, um für den Fall des Unterliegens dem Dritten den Einwand abzuschneiden, der Rechtsstreit sei mangelhaft geführt oder unrichtig entschieden, und sie ist statt-

---

[7] CP. §. 65. Eine Ausnahme s. in CP. §. 236
[8] CP. §. 66. Vbd. CP. §. 414. Abs. 2.

haft, so oft einer Partei an der Abschneidung dieses Ein=
wandes gelegen sein muß, sei es weil sie im Fall ihres Un=
terliegens an den Dritten ihren Rückgriff nehmen will, sei
es weil sie in diesem Fall Ansprüche von Seite des Dritten
zu besorgen hat.[1] Der Dritte kann, wenn er aus einem der
genannten Gründe ein Interesse daran hat, seinerseits eine
weitere Streitverkündung vornehmen.[2]

Die Streitverkündung ist bis zur rechtskräftigen Entschei=
dung des Rechtsstreites möglich.[3] Sie kommt fast nur als
gerichtliche vor, und nach dem Rechte mancher deutscher
Rechtsgebiete ist sie überhaupt nur als gerichtliche statthaft.
Die gerichtliche Streitverkündung geschieht aber durch Zu=
stellung eines Schriftsatzes, welcher den Grund der Streitver=
kündung und die Lage des Rechtsstreites angeben muß.[4] Der
Gegenpartei ist Abschrift mitzutheilen.[5]

Wenn der Dritte dem Streitverkünder beitritt, so hat er
die rechtliche Stellung eines Nebenintervenienten, und es sind
daher überall die Grundsätze über die Nebenintervention maß=
gebend.[6] Lehnt der Dritte den Beitritt ab, oder erklärt er
sich nicht, so wird der Rechtsstreit ohne Rücksicht auf ihn
fortgesetzt.[7] In jedem Fall aber ist für ihn der Ausgang
des Processes gegenüber dem Streitverkünder in gleicher
Weise bindend, wie nach CP. §. 65 für den Nebeninterve=
nienten gegenüber der Hauptpartei; nur mit dem Unterschiede,
daß anstatt der Zeit des Beitrittes hier diejenige Zeit entscheidet,

---

[1] CP. §. 69 Abs. 1.
[2] CP. §. 69 Abs. 2.
[3] CP. §. 69 Abs. 1.
[4] CP. §. 70 Abs. 1. Der Dritte kann außerdem Einsicht der Proceßacten verlangen: CP. §. 271 Abs. 2.
[5] CP. §. 70.
[6] CP. §. 71 Abs. 1.
[7] CP. §. 71 Abs. 2.

zu welcher der Beitritt in Folge der Streitverkündung möglich war.⁸

II. Besondere Regeln gelten dann, wenn ein Schuldner von Jemandem wegen einer Forderung verklagt wird, die auch ein Anderer als ihm zustehend in Anspruch nimmt, wie z. B. wenn der ursprüngliche Gläubiger gegen den Schuldner klagt, während dieser von einem Dritten die Anzeige erhalten hat, daß die Forderung an ihn abgetreten sei. In solchen Fällen ist es billig, daß der Schuldner den beiden Anderen den Austrag des Streites, wer von ihnen der wahre Berechtigte sei, allein überlassen kann. Um dieses zu erreichen, muß er zuvörderst dem Dritten den Streit verkünden. Tritt nun der Dritte in den Rechtsstreit ein, so kann der Beklagte den Betrag der Forderung zu Gunsten der streitenden Gläubiger gerichtlich hinterlegen und ist dann auf seinen Antrag aus dem Rechtsstreite zu entlassen, jedoch, wenn er gegen die Forderung unbegründeten Widerspruch erhoben hatte, unter Verurtheilung in die dadurch veranlaßten Kosten. Alle übrigen Kosten, auch diejenigen der Hinterlegung, werden dem unterliegenden Gläubiger auferlegt, dem obsiegenden dagegen wird der hinterlegte Betrag zugesprochen.⁹

§. 25.

#### 4. Benennung des Auctors.

Manche Klagen, wie namentlich die Eigenthumsklage, können gegen Jeden erhoben werden, welcher eine Sache thatsächlich innehat. Hat aber der Beklagte die Sache nur im Namen eines Dritten inne, z. B. Desjenigen, der sie ihm ge-

---

⁸ CP. §. 71 Abs. 3. Vgl. ob. §. 23. III.

⁹ CP. §. 72.

liehen oder zum Aufheben übergeben hat, so hat er an dem Ausgange des Rechtsstreites meist gar kein wesentliches eigenes Interesse und muß daher wünschen, sich von der Vertretung der Sache gänzlich zu befreien. Um dieses zu erreichen, muß er vor der Verhandlung zur Hauptsache seinem Auctor, d. h. Demjenigen, in dessen Namen er die Sache innehat, den Streit verkünden und ihn zur Erklärung in einem bestimmten Termine laden, gleichzeitig aber dem Kläger den Auctor benennen, d. h. anzeigen, daß er im Namen des und des Anderen besitze. Bis zur Erklärung des Benannten oder bis zum Schlusse des Termins, in welchem sie zu erfolgen hat, kann der Beklagte die Verhandlung zur Hauptsache verweigern.[1]

Bestreitet der Benannte, daß er der Auctor des Beklagten sei, oder erklärt er sich nicht, so ist der Beklagte berechtigt, dem Klageantrage zu genügen, ohne sich jenem dadurch verantwortlich zu machen.[2] Erkennt der Benannte an, daß er der Auctor des Beklagten sei, so kann er diesem als Nebenintervenient beitreten; er kann aber mit Zustimmung des Beklagten auch die Führung des Processes anstatt desselben übernehmen, selbst gegen den Willen des Klägers. Nur insoweit ist die Zustimmung des letzteren erforderlich, als er gegen den Beklagten Ansprüche geltend macht, welche dieser, weil sie nicht bloß durch die Innehabung der Sache begründet sind, in eigenem Namen zu vertreten hat. Hat der Benannte den Proceß übernommen, so ist der Beklagte auf seinen Antrag von der Klage zu entbinden. Das Urtheil ist aber auch dann gegen ihn wirksam und vollstreckbar.[3]

---

[1] CP. §. 73 Abs. 1.
[2] CP. §. 73 Abs. 2.
[3] CP. §. 73 Abs. 3, 4.

§. 26.
### IV. Proceßbevollmächtigte und Beistände.

Proceßbevollmächtigter ist Derjenige, welcher vermöge erhaltener Vollmacht eine Partei bei der Proceßführung vertritt, Beistand Derjenige, welcher mit ihr vor Gericht erscheint, um ihr bei der Proceßführung zu helfen, namentlich für sie das Wort zu führen.

I. Für das Verfahren vor den Landgerichten und allen Gerichten höherer Instanz besteht der sog. Anwaltszwang, d. h. jede Partei muß sich durch einen bei dem Proceßgerichte zugelassenen Rechtsanwalt als Bevollmächtigten vertreten lassen, wenn sie nicht selbst zu diesen Rechtsanwälten gehört.[1] Die Rechtsstreitigkeiten, welche vor Landgerichten oder höheren Gerichten verhandelt werden, heißen daher Anwaltsprocesse.[2] Der Anwaltszwang fällt jedoch selbst in Anwaltsprocessen weg für das Verfahren vor einem beauftragten oder ersuchten Richter und für diejenigen Proceßhandlungen, welche vor dem Gerichtsschreiber vorgenommen werden können.[3] Für die Rechtsstreitigkeiten, welche vor Amtsgerichten verhandelt werden, besteht überhaupt kein Anwaltszwang. Diese Rechtsstreitigkeiten heißen daher Parteiprocesse.[4]

Wo kein Anwaltszwang besteht, kann jede Partei ihre Sache entweder selbst führen oder durch irgend eine proceßfähige Person als Bevollmächtigten führen lassen.[5] Jedoch kann das Gericht Bevollmächtigte zurückweisen, welche das

---

[1] CP. §. 74 Abf. 1, 3. RAO. §. 27 Abf. 1.
[2] CP. §. 74 Abf. 1. S. auch CP. §§. 120, 152 Abf. 2, 192, 221.
[3] CP. §. 74 Abf. 2.
[4] Begr. z. CP. Entw. §§. 72, 73. III.
[5] CP. §. 75.

mündliche Verhandeln vor Gericht geschäftsmäßig betreiben.[6]

Wenn in einem Anwaltsprocesse eine Partei keinen zu ihrer Vertretung geneigten Anwalt findet, so muß ihr auf ihren Antrag das Proceßgericht einen Rechtsanwalt beiordnen, vorausgesetzt daß ihre Rechtsverfolgung oder Rechtsvertheidigung nicht muthwillig oder aussichtslos erscheint.[7] Einer Partei, welcher das Armenrecht bewilligt ist, muß in einem Anwaltsprocesse jedesmal ein Rechtsanwalt zu vorläufig unentgeltlicher Wahrnehmung ihrer Rechte beigeordnet werden;[8] in einem Parteiprocesse kann es auf ihren Antrag geschehen.[9] Die Auswahl des Rechtsanwaltes geschieht in allen diesen Fällen durch den Vorsitzenden des Proceßgerichtes aus der Zahl der bei diesem zugelassenen Rechtsanwälte.[10]

In Anwaltsprocessen wie in Parteiprocessen darf aber die Partei stets neben ihrem Bevollmächtigten vor Gericht erscheinen und seine Vorträge ergänzen oder berichtigen.[11] Auch kann von dem Proceßgerichte zur Aufklärung des Sachverhaltes oder zum Zwecke eines Sühneversuches das persönliche Erscheinen der Parteien angeordnet werden.[12]

---

[6] CP. §. 143 Abs. 2. S. unt. §. 36. II.
[7] RAO. §. 33. Vgl. CP. §. 106 Abs. 1. Der beigeordnete Rechtsanwalt kann die Uebernahme der Vertretung von einem Kostenvorschusse abhängig machen: RAO. §. 38.
[8] CP. §. 107 Nr. 3.
[9] RAO. §. 34. — Andere Fälle, in denen einer Partei ein Rechtsanwalt beigeordnet werden muß oder kann, s. in CP. §§. 609, 620 Abs. 3, 626 Abs. 2. Gegen die Entscheidung, durch welche die Beiordnung eines Rechtsanwaltes abgelehnt wird, steht der Partei die Beschwerde zu: RAO. §. 35.
[10] RAO. §. 36 Abs. 1. Gegen die Verfügung steht der Partei und dem Rechtsanwalte die Beschwerde zu: RAO. §. 36 Abs. 2.
[11] CP. §§. 81, 128 Abs. 4. S. unt. §. 36. II.
[12] CP. §§. 132, 268 Abs. 2.

II. Die vertretene Partei selbst muß die Proceßführung immer schon dann gegen sich gelten lassen, wenn sie auch nur mündlich Vollmacht ertheilt, oder wenn sie die Proceßführung ausdrücklich oder stillschweigend genehmigt hat.[13] Der Bevollmächtigte braucht aber zur Proceßführung nicht zugelassen zu werden, wenn er nicht eine schriftliche Vollmacht zu den Gerichtsacten gibt.[14] Ist dieselbe eine Privaturkunde, so kann der Gegner auch die gerichtliche oder notarielle Beglaubigung verlangen.[15]

Den Mangel einer gehörigen Vollmacht kann der Gegner in jeder Lage des Rechtsstreites geltend machen;[16] in Parteiprocessen hat ihn das Gericht schon von Amtswegen zu berücksichtigen.[17]

Das Gericht kann aber in Anwalts- wie in Parteiprocessen nach seinem Ermessen Jemanden auch ohne Vollmacht oder gehörige Vollmacht einstweilen als Vertreter einer Partei zulassen, sei es gegen Bestellung einer Sicherheit für Kosten und Schäden oder auch ohne solche. Doch ist dann jedesmal eine Frist für die Beibringung der Genehmigung von Seite der Partei zu setzen, nach deren Ablauf erst das Endurtheil erlassen werden darf.[18]

III. In Anwaltsprocessen kann die Vollmacht nur als

---

[13] CP. §. 85 Abs. 2.
[14] CP. §. 76 Abs. 1.
[15] CP. §. 76 Abs. 2. Ueber den Begriff der Privaturkunde s. unt. §. 47. I. Mündliche Erklärung der Vollmacht zum Sitzungsprotokoll steht der schriftlichen und beglaubigten Vollmacht gleich: CP. §. 146 Abs. 3, Begr. z. CP. Entw. §. 74.
[16] CP. §. 84 Abs. 1.

[17] CP. §. 84 Abs. 2. Vbd. CP. §§. 130 Abs. 2, 300 Nr. 1.
[18] CP. §. 85 Abs. 1. Vgl. CP. §. 54 Abs. 2. Ist die Genehmigung nicht beigebracht, so kann der Gegner die Erlassung eines Versäumnißurtheils nach CP. §§. 295 ff. beantragen: R. C. Prot. S. 517. Dabei ist aber CP. §. 300 Nr. 1, 2 zu beachten. Vgl. auch ob. §. 19 Anm. 12.

Proceßvollmacht, d. h. allgemein auf die Führung des Rechtsstreites lautende Vollmacht, ertheilt werden; in Parteiprocessen ist auch eine Vollmacht nur für einzelne Proceßhandlungen zulässig.[19]

Die Proceßvollmacht gibt stets die Ermächtigung zu allen den Rechtsstreit betreffenden Proceßhandlungen mit Einschluß derjenigen, welche durch eine Widerklage, eine Wiederaufnahme des Verfahrens und die Zwangsvollstreckung veranlaßt werden; insbesondere auch zu der Bestellung eines sog. Substituten, d. h. eines Vertreters des Bevollmächtigten, und eines Bevollmächtigten für die höheren Instanzen, ferner zur Beseitigung des Rechtsstreites durch Vergleich, Verzichtleistung auf den Streitgegenstand oder Anerkennung des von dem Gegner geltend gemachten Anspruches, endlich zur Empfangnahme der von dem Gegner zu erstattenden Kosten.[20] Auch enthält die Vollmacht für den Hauptproceß von selbst zugleich die Vollmacht für das Verfahren, welches sich auf eine Hauptintervention, einen Arrest oder eine einstweilige Verfügung bezieht.[21] Sind mehrere Bevollmächtigte aufgestellt, so können sie die Partei sowohl einzeln als gemeinschaftlich vertreten.[22] Abweichende Bestimmungen der Vollmacht haben der Gegenpartei gegenüber keine rechtliche Wirkung; nur die Beseitigung des Rechtsstreites durch Vergleich, Verzicht oder Anerkennung kann wirksam ausgeschlossen werden.[23]

Soweit die Befugnisse des Bevollmächtigten reichen, haben

---

[19] CP. §. 79 Abs. 2.
[20] CP. §. 77.
[21] CP. §. 78.
[22] CP. §. 80. S. jedoch Handelsgesetzbuch Art. 41 Abs. 3, Art. 86 Nr. 4, Art. 100 Abs. 1; vbb. EG. z. CP. §. 13 Abs. 1.
[23] CP. §§. 79 Abs. 1, 80. Vgl. CP. §. 52 (ob. §. 19. III).

seine Handlungen oder Unterlassungen für die Partei die gleiche Wirkung, wie wenn sie eigene Handlungen oder Unterlassungen derselben wären. Doch kann die Partei, wenn sie neben ihrem Bevollmächtigten vor Gericht erschienen ist, Geständnisse und andere thatsächliche Erklärungen desselben sofort widerrufen.[24]

IV. Die, sei es für den Proceß, sei es für einzelne Proceßhandlungen ertheilte Vollmacht wird weder durch den Tod des Vollmachtgebers aufgehoben, noch durch eine Veränderung, welche hinsichtlich der Proceßfähigkeit oder der gesetzlichen Vertretung der Partei vor sich geht, wie z. B. Entmündigung derselben wegen Geisteskrankheit oder Verschwendung, Eintritt ihrer Großjährigkeit, Eintritt eines anderen Vormundes an Stelle des bisherigen u. dgl.[25] Die Kündigung des Vollmachtsverhältnisses wird der Gegenpartei gegenüber erst wirksam durch die Anzeige des Erlöschens der Vollmacht; in Anwaltsprocessen erst durch die Anzeige der Bestellung eines anderen Anwaltes. Ferner kann der Bevollmächtigte, wenn die Kündigung von seiner Seite erfolgt ist, trotzdem noch so lange für den Vollmachtgeber handeln, bis dieser auf andere Weise für die Wahrnehmung seiner Rechte gesorgt hat.[26]

V. Die Zuziehung von Beiständen ist, soweit der Anwaltszwang besteht, nur in der Weise statthaft, daß die Ausführung der Parteirechte in der mündlichen Verhandlung durch einen anderen als den zum Proceßbevollmächtigten bestellten Rechtsanwalt, und zwar selbst durch einen bei dem Proceßgerichte nicht zugelassenen, geschehen kann.[27] Wo kein Anwaltszwang besteht, kann dagegen eine Partei mit jeder proceß-

---

[24] CP. §. 81.
[25] CP. §. 82.
[26] CP. §. 83.
[27] RAO. §. 27 Abs. 2.

Veränderungen auf Seite der Parteien. §. 27.

fähigen Person als Beistand erscheinen.[28] Jedoch kann das Gericht Beistände zurückweisen, welche das mündliche Verhandeln vor Gericht geschäftsmäßig betreiben.[29]

Was der Beistand vorträgt, wird rechtlich so angesehen, als ob es von der Partei selbst vorgebracht wäre, insoweit es von ihr nicht sofort widerrufen oder berichtigt wird.[30]

§. 27.
## V. Veränderungen auf Seite der Parteien.

Im Laufe eines Rechtsstreites können auf Seite einer Partei Veränderungen eintreten, welche auf den Rechtsstreit einen Einfluß haben. Und zwar kommen namentlich folgende Fälle in Betracht:

1) Der Tod einer Partei bewirkt eine Unterbrechung, d. h. einen von selbst eintretenden Stillstand, des Verfahrens so lange, bis es durch die Rechtsnachfolger aufgenommen wird, d. h. bis sie durch Zustellung eines Schriftsatzes an die Gegenpartei erklären, daß sie das Verfahren fortsetzen wollen.[1] Wird die Aufnahme verzögert, so kann sie der Gegner seinerseits herbeiführen dadurch, daß er die Rechtsnachfolger durch Zustellung eines Schriftsatzes zur Aufnahme des Verfahrens und zugleich zur Verhandlung der Hauptsache ladet. Erscheinen sie nicht, so wird auf Antrag des Gegners ihre Eigenschaft als Rechtsnachfolger für zugestanden angenommen und durch Versäumnißurtheil die Aufnahme des Verfahrens als erfolgt ausgesprochen.[2]

---

[28] CP. §. 86 Abs. 1. Ausnahme: CP. §. 572 Abs. 1.
[29] CP. §. 143 Abs. 2. S. unt. §. 36. II.
[30] CP. §. 86 Abs. 2. Vgl. CP. §. 81 (ob. III. a. E.).

[1] CP. §. 217 Abs. 1 vbd. §. 227.
[2] Näheres CP. §. 217 Abs. 2—4. Ueber den Einfluß des Todes des Schuldners auf Beginn und Fortgang der Zwangs-

2) Verliert eine Partei die Proceßfähigkeit, oder fällt der gesetzliche Vertreter einer Partei bei fortdauernder Proceß= unfähigkeit derselben weg, so wird das Verfahren ebenfalls unterbrochen so lange, bis durch Zustellung eines Schriftsatzes entweder der gesetzliche Vertreter oder neue gesetzliche Ver= treter der Partei dem Gegner seine Bestellung oder dieser jenem seine Absicht der Fortsetzung des Verfahrens anzeigt.[3] Gleiches gilt, wenn nach Unterbrechung des Verfahrens durch den Tod einer Partei für den Nachlaß ein Curator be= stellt ist.[4]

3) In den sämmtlichen genannten Fällen (Nr. 1 und 2) tritt (wegen CP. §. 82) keine Unterbrechung des Verfahrens ein, wenn, sei es in Anwalts= oder in Parteiprocessen, die Partei durch einen Proceßbevollmächtigten vertreten war. Jedoch kann dieser und im Fall des Todes auch die Gegen= partei von dem Gerichte die Aussetzung des Verfahrens ver= langen, deren Dauer und Beseitigung sich dann nach den unter Nr. 1 und 2 angegebenen Regeln bemißt.[5]

4) Fällt in einem Anwaltsprocesse der Anwalt einer Partei durch Tod oder Unfähigkeit zur Fortführung der Ver= tretung weg, so wird das Verfahren unterbrochen so lange, bis der bestellte neue Anwalt dem Gegner seine Bestellung durch Zustellung eines Schriftsatzes anzeigt. Bei Verzögerung dieser Anzeige kann der Gegner die Partei selbst entweder unter Aufforderung zur Bestellung eines Anwaltes zur Ver=

---

vollstreckung s. CP. §§. 665, 693—696 (unt. §. 74. I., §. 75 a. E.).

[3] CP. §. 219 vbd. §. 227.
[4] CP. §. 220.
[5] CP. §. 223. Tritt der Be=

vollmächtigte nach Aussetzung des Verfahrens für den Nach= folger im Rechtsstreite auf, so muß er eine Vollmacht desselben beibringen: CP. §. 82.

handlung der Hauptsache laden oder zuvörderst nur zur Bestellung eines neuen Anwaltes innerhalb einer vom Gerichtsvorsitzenden zu bestimmenden Frist auffordern. Ist die Aufforderung erfolglos, so wird das Verfahren als aufgenommen angesehen.[6]

5) Wird über das Vermögen einer Partei der Concurs eröffnet, so wird in allen Processen, welche die Concursmasse betreffen, das Verfahren unterbrochen so lange, bis es nach den Vorschriften der Concursordnung aufgenommen oder bis das Concursverfahren aufgehoben wird.[7]

6) Befindet sich eine Partei zu Kriegszeiten im Militärdienste, oder hält sich eine Partei an einem Orte auf, der durch obrigkeitliche Anordnung oder durch Krieg oder andere Zufälle von dem Verkehr mit dem Proceßgerichte abgeschnitten ist, so kann dieses auf Antrag oder auch von Amtswegen die Aussetzung des Verfahrens bis zur Beseitigung des Hindernisses anordnen.[8]

7) Wird während des Rechtsstreites die Sache, um welche er sich dreht, von einer der Parteien veräußert oder der geltend gemachte Anspruch vom Kläger an einen Anderen abgetreten (cedirt), so ist die Veräußerung oder Cession zwar gültig, hat aber auf den Proceß keinen Einfluß. Der Rechtsnachfolger kann ohne Zustimmung der Gegenpartei weder den Proceß anstatt seines Rechtsvorgängers als Hauptpartei übernehmen, noch auch als Hauptintervenient auftreten. Tritt er als Nebenintervenient auf, so findet CP. §. 66 ausnahms-

---

[6] CP. §. 221 vbb. §. 227 und §. 192. Ueber die Art, wie bei Erfolglosigkeit der Aufforderung die Zustellungen an die Partei geschehen können, s. CP. §. 221 Abs. 2 a. E.

[7] CP. §. 218; vbb. Conc. O. §§. 8, 9, 132 Abs. 2, 134 Abs. 3. S. auch noch CP. §. 220.

[8] CP. §. 224.

weise keine Anwendung. Das Urtheil ist jedoch stets auch gegen den Rechtsnachfolger wirksam und vollstreckbar, selbst wenn er sich gar nicht an dem Processe betheiligt hat.[9]

8) Schwebt zwischen dem Besitzer eines Grundstückes und einem Anderen ein Rechtsstreit über eine Berechtigung, welche für das Grundstück in Anspruch genommen wird, oder über eine Verpflichtung, welche auf demselben lasten soll, und wird das Grundstück während des Rechtsstreites veräußert, so hat der Rechtsnachfolger das Recht und auf Antrag der Gegenpartei die Pflicht, den Rechtsstreit anstatt seines Rechtsvorgängers als Hauptpartei zu übernehmen.[10]

9) Die unter Nr. 7 und 8 angegebenen Grundsätze erleiden Einschränkungen durch gewisse Vorschriften des bürgerlichen Rechtes, welche in CP. §. 238 näher bezeichnet sind.[11]

---

[9] CP. §. 236. Vbd. CP. §. 665.
[10] CP. §. 237.
[11] CP. §. 238: „Die Bestimmungen des §. 236 Abs. 3 und des §. 237 kommen insoweit nicht zur Anwendung, als ihnen Vorschriften des bürgerlichen Rechts über den Erwerb beweglicher Sachen, über den Erwerb auf Grund des Grund- oder Hypothekenbuchs und über den Erwerb in gutem Glauben entgegenstehen. In einem solchen Falle kann dem Kläger, welcher veräußert oder cedirt hat, der Einwand der nunmehr mangelnden Sachlegitimation entgegengesetzt werden."

# Dritter Theil.
# Das Verfahren.

## Erster Abschnitt.
## Allgemeines.

### §. 28.

**I. Leitende Grundsätze des Verfahrens.**

Für die Gestaltung des Verfahrens haben der Civilprozeßordnung folgende allgemeine Grundsätze zur Richtschnur gedient:

1) Der sog. Grundsatz des wechselseitigen Gehörs, d. h. der Satz, daß das Gericht nicht auf einseitiges Vorbringen der einen Partei eine Entscheidung zu Ungunsten der anderen erlassen darf, sondern nur, nachdem ihr Gelegenheit zur Vertheidigung gegeben war.[1] Ein mit Verletzung dieses Grundsatzes erlassenes Urtheil wäre nichtig und könnte nicht allein mit Berufung oder Revision, sondern auch mit der Nichtigkeitsklage angefochten werden.[2] Nur die Verhängung eines Arrestes und der Erlaß einstweiliger Verfügungen in Betreff des Streitgegenstandes kann schon auf

---

[1] Vgl. CP. §§. 860 Abs. 1, 867 Nr. 4.
[2] Dieses ist aus CP. §§. 513 Nr. 5, 542 Nr. 4, 867 Nr. 4 zu folgern.

einseitiges Gesuch geschehen, muß dann aber auf begründeten Widerspruch der Gegenpartei wieder aufgehoben werden.³

2) Die sog. Verhandlungsmaxime, d. h. der Grundsatz, daß die Gerichte bei ihren Entscheidungen an die Vorträge und Anträge der Parteien gebunden sind. An die Vorträge, d. h. sie dürfen nur diejenigen Thatsachen und Beweismittel berücksichtigen, auf welche sich die Parteien selbst bei der Verhandlung berufen haben. An die Anträge, d. h. sie dürfen nichts erkennen, was nicht beantragt ist, und namentlich keiner Partei mehr zusprechen, als sie selbst beantragt hat; nur über die Verpflichtung zur Tragung der Proceßkosten haben sie auch ohne Antrag zu erkennen.⁴

3) Der Grundsatz der Mündlichkeit und Unmittelbarkeit der Verhandlung, d. h. der Satz, daß das Gericht, welches den Rechtsstreit zu entscheiden hat, den Inhalt und Stand desselben nicht aus Schriften der Parteien und durch die Berichterstattung eines seiner Mitglieder, sondern durch Rede und Gegenrede der Parteien oder ihrer Vertreter erfahren soll.⁵ Die Schriftsätze, welche vor der mündlichen Verhandlung zwischen den Parteien gewechselt werden, haben im Allgemeinen bloß den Zweck, dieselbe vorzubereiten. Für die richterliche Entscheidung ist allein die mündliche Verhandlung maßgebend. Das Gericht darf also nichts berücksichtigen, was bei der mündlichen Verhandlung nicht vorgetragen worden ist, auch wenn es in den vorbereitenden Schriftsätzen enthalten wäre, und es muß alles berücksichtigen, was bei der mündlichen Verhandlung vorgetragen worden ist, auch wenn es in den vorbereitenden Schriftsätzen nicht enthalten wäre.

---

³ CP. §§. 800—805, 814—820.

⁴ CP. §. 279.
⁵ CP. §. 119.

4) **Der Grundsatz der Oeffentlichkeit der Verhandlung.** Die mündliche Verhandlung vor dem erkennenden Gerichte sowie die Verkündung seiner Urtheile und Beschlüsse geschieht öffentlich.[6] In Entmündigungssachen ist jedoch im Ganzen das Verfahren nicht öffentlich;[7] in Ehesachen muß die Oeffentlichkeit auf Antrag einer Partei ausgeschlossen werden,[8] und in jeder Sache kann sie für die ganze Verhandlung oder einen Theil derselben ausgeschlossen werden, wenn sie nach dem Ermessen des Gerichtes mit Gefahr für die öffentliche Ordnung oder für die Sittlichkeit verbunden sein würde.[9] Die Verkündung des Urtheils muß aber jedesmal öffentlich geschehen.[10] Ebenso diejenige des Beschlusses, welcher die Oeffentlichkeit ausschließt.[11] Unerwachsenen Personen und solchen, die sich nicht im Besitze der bürgerlichen Ehrenrechte befinden oder welche in einer der Würde des Gerichtes nicht entsprechenden Weise erscheinen, kann auch zu öffentlichen Verhandlungen der Zutritt versagt werden; umgekehrt kann er einzelnen Personen auch zu nicht öffentlichen gestattet werden.[12]

5) **Der Grundsatz des unmittelbaren Proceßbetriebes durch die Parteien:** d. h. die Ladungen, Zustellungen und sonstigen Schritte (Pfändungen u. dgl.), welche erforderlich sind, um den Proceß einzuleiten oder weiter zu treiben, geschehen in der Regel nicht durch Vermittelung des Gerichtes, sondern unmittelbar von Seite der Parteien durch die von ihnen beauftragten Gerichtsvollzieher oder bei La-

---

[6] GV. §. 170. Folge der Verletzung dieser Vorschrift: CP. §. 513 Nr. 6 (unt. §. 67. II. Nr. 6).
[7] Näheres GV. §. 172.
[8] GV. §. 171.
[9] GV. §. 173.
[10] GV. §. 174.
[11] GV. §. 175.
[12] GV. §. 176.

bungen und sonstigen Zustellungen auch durch die Post. Je=
doch erleidet diese Regel zahlreiche Ausnahmen.

§. 29.
**II. Zustellungen und Ladungen.**

Zustellung ist die gehörige Mittheilung eines Schrift=
stückes durch Uebergabe (Behändigung) des Schriftstückes selbst
oder einer beglaubigten Abschrift desselben: jenes, wenn eine
Ausfertigung zugestellt werden soll, dieses in allen übrigen
Fällen.[1] Derjenige, von welchem eine Zustellung ausgeht,
heißt der betreibende Theil, Derjenige, an welchen sie
geschehen soll, der Requisit.

I. Zustellungen an eine nicht proceßfähige Partei ge=
schehen durch Zustellung an einen ihrer gesetzlichen Vertreter;
bei Behörden, Gemeinden, Corporationen und anderen Per=
sonenvereinen, welche als solche klagen oder verklagt werden
können, können sie auch durch Zustellung an einen der Vor=
steher geschehen.[2]

Ist aber der Rechtsstreit schon anhängig geworden und
ist für eine (proceßfähige oder proceßunfähige) Partei ein
Proceßbevollmächtigter bestellt, so müssen alle für sie be=
stimmten Zustellungen an diesen geschehen.[3]

Hat eine Partei keinen Proceßbevollmächtigten bestellt, oder
wohnt der bestellte Proceßbevollmächtigte nicht innerhalb des

---

[1] CP. §. 156 Abs. 1. Von wem die Beglaubigung geschieht, s. CP. §§. 156 Abs. 2, 179.

[2] CP. §. 157. Ueber Zustel= lungen an Unterofficiere oder Gemeine des activen Heeres oder der activen Marine s. CP. §. 158, über Zustellungen an Generalbevollmächtigte und Pro= curisten s. CP. §. 159.

[3] Näheres CP. §. 162 vbd. §§. 163, 164.

Amtsgerichtsbezirkes, in welchem das Proceßgericht seinen Sitz hat, so kann ihr, wenn sie selbst ebenfalls nicht in diesem Bezirke wohnt, auf Antrag der Gegenpartei das Gericht die Aufstellung eines daselbst wohnhaften Zustellungsbevollmächtigten, d. h. einer zum Empfange von Schriftstücken für sie bevollmächtigten Person, aufgeben. Wohnt sie aber nicht einmal im Deutschen Reiche, so ist sie auch ohne richterliche Auflage zur Aufstellung eines Zustellungsbevollmächtigten verbunden. In beiden Fällen muß sie den Zustellungsbevollmächtigten bei der nächsten gerichtlichen Verhandlung oder, wenn sie dem Gegner vorher einen Schriftsatz zustellen läßt, in diesem namhaft machen. Geschieht dieses nicht, so gilt die Post als Zustellungsbevollmächtigte, und die Zustellung wird daher als bewirkt angesehen, sobald das Schriftstück unter der Adresse der Partei oder ihres Proceßbevollmächtigten (CP. §. 162) durch den beauftragten Gerichtsvollzieher zur Post aufgegeben ist, selbst wenn die Sendung als unbestellbar zurückkäme.[4]

II. Die Zustellungen im Deutschen Reiche können in dreifacher Form geschehen: durch einen Gerichtsvollzieher, durch die Post, endlich unmittelbar von Anwalt zu Anwalt.[5] Die letzte Form ist aber nur anwendbar, wenn beide Parteien durch Anwälte vertreten und diese darüber einverstanden sind.[6] Die regelmäßigen Zustellungsformen sind daher die Zustellung durch Gerichtsvollzieher und die Zustellung durch die Post. Zwischen beiden hat der betreibende Theil an sich die Wahl. Wählt er aber ohne Noth

---

[4] Näheres CP. §§. 160, 161. S. auch RAO. §. 19 Abs. 3.
[5] CP. §§. 152 Abs. 1, 176, 181.
[6] Näheres CP. §. 181. S. auch RAO. §. 19 Abs. 2.

die Zustellung durch Gerichtsvollzieher in Fällen, wo sie kostspieliger ist als die Zustellung durch die Post, so hat er auf Erstattung der Mehrkosten unter keinen Umständen Anspruch.[7]

Soll die Zustellung durch einen Gerichtsvollzieher geschehen, so muß ihm der Auftrag, sei es schriftlich, sei es auch nur mündlich, von der Partei oder ihrem Anwalt ertheilt werden. Im Parteiprocesse kann der Auftrag auch durch Vermittelung des Gerichtsschreibers ertheilt werden, und dieses gilt als Wille der Partei, wenn sie nicht ausdrücklich das Gegentheil erklärt hat.[8] Bei Zustellungen, die von Amtswegen erfolgen, wird der Auftrag stets vom Gerichtsschreiber ertheilt.[9]

Zustellungen durch die Post müssen im Anwaltsprocesse immer durch Vermittelung eines Gerichtsvollziehers geschehen. Im Parteiprocesse können sie, und dieses gilt wiederum stillschweigend als Wille der Partei, auch durch Vermittelung des Gerichtsschreibers geschehen: entweder so, daß er einen Gerichtsvollzieher zur Angehung der Post beauftragt, oder so, daß er dieselbe unmittelbar angeht.[10] Die Angehung der Post geschieht jedesmal in der Weise, daß der Gerichtsvollzieher oder Gerichtschreiber die zu behändigende Ausfertigung oder beglaubigte Abschrift in einem mit seinem Dienstsiegel verschlossenen und mit der Adresse des Requisiten versehenen Briefumschlage der Post zur Besorgung der Zu-

---

[7] CP. §. 180. S. auch Geb. O. f. GVollz. §. 2 Abs. 3.
[8] Näheres CP. §§. 152—155.
[9] Vgl. CP. §. 173 Abs. 4.
[10] CP. §. 179. Zwischen dem einen oder dem anderen Wege kann der Gerichtsschreiber, wenn die Partei keine Bestimmung getroffen hat, ebenso wie zwischen der Zustellung durch einen Gerichtsvollzieher oder derjenigen durch die Post nach bestem Ermessen wählen.

stellung übergibt. Die geschehene Uebergabe hat er auf der Urschrift des Schriftstückes zu bezeugen.[11]

III. Die Zustellung kann an jedem Orte geschehen, wo der Requisit angetroffen wird. Hat er jedoch an diesem Orte eine, wenn auch nur vorübergehende, Wohnung oder ein Geschäftslocal, so darf er außerhalb derselben die Annahme verweigern.[12] An Sonntagen und allgemeinen Feiertagen darf die Annahme überhaupt verweigert werden, wenn nicht für die Zustellung an einem solchen Tage eine besondere richterliche Erlaubniß ertheilt ist und diese bei der Zustellung abschriftlich mitgetheilt wird.[13] Wird der Requisit in seiner Wohnung oder in seinem Geschäftslocal nicht angetroffen, so kann eine sog. Ersatzzustellung an andere Personen: Familienangehörige, Dienstboten, Hausgenossen u. s. w., stattfinden mit der gleichen Wirkung, als wenn die Zustellung an den Requisiten selbst erfolgt wäre.[14] Wird die Annahme der Zustellung ohne gesetzlichen Grund verweigert, so ist das zu behändigende Schriftstück am Orte der Zustellung zurückzulassen, womit dann die letztere als bewirkt gilt.[15]

Ueber die Zustellung hat der Gerichtsvollzieher oder Postbote eine Urkunde aufzunehmen. Der betreibende Theil erhält die Urschrift derselben, der Requisit eine Abschrift.[16]

IV. Zustellungen außerhalb des Deutschen Reiches geschehen stets durch Vermittelung des Proceßgerichtes, welches die zuständige Behörde des fremden Staates

---

[11] Näheres CP. §§. 177, 179.
[12] CP. §. 165.
[13] Näheres CP. §. 171.
[14] Näheres CP. §§. 166—169.
[15] CP. §. 170. — Ueber Zustellungen an den Vertreter mehrerer Betheiligter, an einen von mehreren Vertretern, endlich an den Zustellungsbevollmächtigten mehrerer Betheiligter s. CP. §. 172.
[16] Näheres CP. §§. 173—175, 178, 179.

oder den dort residirenden Consul oder Gesandten des Deutschen Reiches um die Besorgung der Zustellung ersucht.[17]

V. Wenn der Aufenthalt einer Partei unbekannt, oder wenn eine im Auslande zu bewirkende Zustellung im gewöhnlichen Wege unausführbar oder voraussichtlich erfolglos ist, so kann eine **öffentliche Zustellung**, d. h. Zustellung durch öffentliche Bekanntmachung, eintreten.[18] Sie geschieht immer durch Vermittelung des Proceßgerichtes und wird, nachdem sie von demselben bewilligt ist, durch den Gerichtsschreiber von Amtswegen besorgt. Sie besteht in der Anheftung einer beglaubigten Abschrift des zuzustellenden Schriftstückes an die Gerichtstafel. Enthält es eine Ladung, so ist außerdem die mindestens zweimalige Einrückung eines Auszuges in das amtliche Verkündigungsblatt des Gerichtsbezirkes und die mindestens einmalige Einrückung desselben in den Deutschen Reichsanzeiger erforderlich.[19]

VI. Unter den Zustellungen sind diejenigen besonders hervorzuheben, welche eine **Ladung** enthalten, d. h. die Aufforderung an eine Person, in einem gewissen Termine zu einem gewissen Zwecke vor Gericht zu erscheinen.

Soll in dem Termin über die Hauptsache oder über einen Zwischenstreit mündlich verhandelt werden, so ist es in

---

[17] CP. §§. 182, 185. Durch Vermittelung des Proceßgerichtes geschehen in ähnlicher Weise auch Zustellungen an Deutsche, die das Recht der Exterritorialität haben, worüber CP. §. 183, und Zustellungen an Personen, die zu einem im Auslande befindlichen oder zu einem mobilen Truppentheil oder zur Besatzung eines in Dienst gestellten Kriegsfahrzeuges gehören, worüber CP. §. 184.

[18] CP. §. 186.

[19] Näheres CP. §§. 187, 188. Ueber die Zeitpunkte, zu welchen eine durch Vermittelung des Proceßgerichtes zu bewirkende Zustellung als erfolgt gilt oder doch die Wirkungen der Zustellung eintreten, s. CP. §§. 189, 190.

der Regel Sache derjenigen Partei, welche die Verhandlung herbeiführen will, die übrigen Betheiligten: Gegenpartei, Streitgenossen, Intervenienten u. s. w., zu dem Termin zu laden. Ist zugleich eine Klageschrift oder ein anderer Schriftsatz zuzustellen, so ist die Ladung in den Schriftsatz selbst aufzunehmen.[20] In Anwaltsprocessen muß die Ladung zur mündlichen Verhandlung, so oft die Zustellung an die Gegenpartei selbst, und nicht an einen Rechtsanwalt geschieht, auch die Aufforderung zur Bestellung eines bei dem Proceßgerichte zugelassenen Anwaltes enthalten.[21] Der Verhandlungstermin selbst wird von dem Gerichtsvorsitzenden bestimmt. Zu diesem Zwecke ist die Ladung vor der Zustellung bei dem Gerichtsschreiber einzureichen, der dafür zu sorgen hat, daß die Terminsbestimmung binnen 24 Stunden erfolgt.[22]

Ausnahmen von dieser Regel treten ein:

1) wenn ein Verhandlungstermin in einer verkündeten richterlichen Entscheidung bestimmt ist. Eine Ladung der Parteien zu demselben ist dann in der Regel nicht erforderlich;[23]

2) wenn ein solcher Termin von Amtswegen in einer nicht verkündeten Entscheidung bestimmt ist. Die Parteien werden dann zu demselben von Amtswegen geladen.[24]

Die Ladung von Zeugen und Sachverständigen zur gerichtlichen Vernehmung geschieht stets von Amtswegen.[25]

---

[20] CP. §. 191.
[21] CP. §. 192.
[22] CP. §. 193 Abs. 1, 2.
[23] CP. §. 195. Ausnahmen: CP. §§. 300 Abs. 2, 302, 316 Abs. 1, 578 Abs. 2, 611, 620 Abs. 4, 624 Abs. 4, 626 Abs. 4.
[24] CP. §. 294 Abs. 3 vbd. §. 354 Abs 2.
[25] CP. §§. 342, 367.

## §. 30.
### III. Entscheidungen.

Entscheidung ist der allgemeine Name für alles, was richterlich erkannt oder angeordnet wird. Die Entscheidungen zerfallen in Urtheile, d. h. Erkenntnisse, einerseits, Beschlüsse und Verfügungen, d. h. Anordnungen, andererseits.[1] Beschlüsse heißen die Anordnungen des Prozeßgerichtes selbst, Verfügungen diejenigen des Vorsitzenden oder eines beauftragten oder ersuchten Richters.[2]

Entscheidungen werden den Betheiligten bekannt gemacht entweder durch Verkündung, d. h. mündlichen Ausspruch in der Gerichtssitzung, oder durch Zustellung von Amtswegen. Urtheile müssen jedesmal verkündet werden,[3] Beschlüsse dann, wenn sie auf Grund einer mündlichen Verhandlung ergehen.[4] Nicht verkündete Beschlüsse und Verfügungen werden den Parteien von Amtswegen zugestellt.[5]

Die Verkündung eines Urtheils oder Beschlusses soll sich in der Regel unmittelbar und in dem gleichen Termin an die mündliche Verhandlung anschließen. Wird sie auf einen späteren Termin verschoben, so muß dieser wenigstens sofort anberaumt und soll nicht über eine Woche hinausgerückt werden.[6]

Die Anwesenheit der Parteien ist zur Wirksamkeit der Verkündung einer Entscheidung nicht erforderlich. Auch ist neben der Verkündung eine Zustellung an die Gegenpartei in der Regel nicht nothwendig; namentlich ist sie nicht noth=

---

[1] Vgl. CP. §. 146 Nr. 5.
[2] CP. §. 294.
[3] CP. §. 281.
[4] CP. §. 294 Abs. 1.
[5] CP. §. 294 Abs. 3. Ausnahmen: CP. §§. 730 Abs. 2, 802 Abs. 2.
[6] CP. §§. 281, 294 Abs. 2.

wendig zur Fortsetzung des Verfahrens in derselben Instanz.⁷ Bei Endurtheilen bedarf es jedoch für den Beginn des Laufes der Rechtsmittelfristen oder der Einspruchsfrist und für die Zulässigkeit der Zwangsvollstreckung auch noch einer Zustellung.⁸ Wo aber die Zustellung einer verkündeten Entscheidung erfolgen muß oder doch nach dem Willen einer Partei erfolgen soll, ist sie von der betreffenden Partei selbst zu betreiben.⁹

## §. 31.
### IV. Fristen.

I. Frist ist ein Zeitraum, der zur Vornahme oder Vorbereitung einer gewissen Handlung frei gelassen ist. Die Fristen sind entweder **richterliche** oder **gesetzliche**: richterliche, wenn ihre Dauer bloß vom Richter bestimmt wird, gesetzliche, wenn dieselbe schon vom Gesetze bestimmt ist, sei es ganz genau, sei es wenigstens durch Festsetzung eines höchsten oder geringsten Maßes. Unter den gesetzlichen Fristen sind folgende besonders hervorzuheben:

1) die **Einlassungsfristen**, d. h. diejenigen, welche zwischen der Zustellung des Schriftsatzes, der eine Instanz eröffnet (Klageschrift, Berufungsschrift, Revisionsschrift), und dem Termin zur mündlichen Verhandlung liegen sollen;¹

2) die **Ladungsfristen**, d. h. diejenigen, welche im Laufe einer Instanz zwischen der Zustellung der Ladung zu einem Termin und dem letzteren liegen sollen. Sie betragen in Anwaltsprocessen mindestens eine Woche, in Parteipro-

---

⁷ CP. §§. 283, 294 Abs. 2.
⁸ Vgl. CP. §§. 304 Abs. 1, 477 Abs. 1, 514 Abs. 1, 540 Abs. 2, 671.

⁹ CP. §§. 288 Abs. 1, 294 Abs. 2.
¹ CP. §§. 234, 459, 481, 517, 567 Abs. 2.

cessen mindestens drei Tage, in Meß- und Marktsachen (ob. §. 12 Nr. 7) mindestens 24 Stunden;[2]

3) die Fristen für die Zustellung vorbereitender Schriftsätze;[3]

4) die **Nothfristen**, d. h. Fristen, welche weder verlängert noch abgekürzt werden können, gegen deren Versäumung aber unter Umständen Wiedereinsetzung in den vorigen Stand ertheilt wird.[4] Nothfristen sind nur diejenigen Fristen, welche in der Civilproceßordnung ausdrücklich als Nothfristen bezeichnet sind.[5]

II. Der Lauf einer richterlichen Frist beginnt, wenn nicht bei der Festsetzung derselben ein Anderes bestimmt ist, bei verkündeten Fristbestimmungen mit der Verkündung derselben, bei nicht verkündeten mit der Zustellung des Schriftstückes, worin die Frist festgesetzt ist.[6] Der Beginn jeder gesetzlichen Frist ist vom Gesetze an ein bestimmtes processualisches Ereigniß geknüpft, welches nicht selten ebenfalls in einer Zustellung besteht. Wo aber der Beginn einer, sei es gesetzlichen oder richterlichen, Frist von einer Zustellung abhängt, wird durch diese, wenn sie von einer Partei ausgeht, die Frist nicht bloß gegen den Requisiten, sondern auch gegen den betreibenden Theil in Lauf gebracht.[7]

---

[2] CP. §. 194. Besondere Bestimmungen in CP. §§. 217 Abs. 3, 636 Abs. 2.

[3] S. CP. §§. 123, 244, 484, 519.

[4] CP. §§. 202 Abs. 1, 228 Abs. 1, 211.

[5] CP. §. 201 Abs. 3. Die einzelnen Nothfristen s. CP. §§. 304, 477, 514, 540 Abs. 2, 549, 835, 870. Darunter befindet sich ausnahmsweise eine richterliche: CP. §. 304 Abs. 2.

[6] CP. §. 198 Abs. 1.

[7] CP. §. 198 Abs. 2. So bringt z. B. die Partei, welche der Gegenpartei ein Endurtheil zustellt, die Berufungsfrist nicht bloß für diese, sondern auch für sich selbst in Lauf.

III. Die Fristen können nach Stunden, Tagen, Wochen, Monaten oder Jahren bestimmt sein. Bei allen nicht nach Stunden bestimmten kommen immer nur ganze Kalendertage in Rechnung. Dabei wird, wenn die Frist nach Tagen bestimmt ist, der Tag des Ereignisses, wodurch die Frist in Lauf gebracht wird, z. B. der dazu erforderlichen Zustellung oder der Verkündung der Fristbestimmung, nicht mitgerechnet.[8] Ist die Frist nach Wochen, Monaten oder Jahren bestimmt, so endigt sie mit dem Ablaufe desjenigen Tages der letzten Woche, des letzten Monates oder letzten Jahres, der durch seine Benennung oder Zahl dem Tage des bezeichneten Ereignisses entspricht. Fehlt dieser Tag in dem letzten Monate, so endigt die Frist mit dem Ablaufe des letzten Monatstages.[9] Ist der letzte Tag einer Frist ein Sonntag oder allgemeiner Feiertag, so endigt die Frist mit dem Ablaufe des nächstfolgenden Werktages.[10]

Die Zeit der Gerichtsferien[11] wird bei der Berechnung der Fristen nicht mitgerechnet, mit Ausnahme der Nothfristen und der Fristen in Feriensachen, d. h. gewisser dringlicher Sachen, auf welche sich die Gerichtsferien nicht beziehen.[12] Auch auf die nach Jahren bestimmten Fristen kann die Regel nicht angewendet werden, eben so wenig als auf die nach Stunden bestimmten.[13]

---

[8] CP. §. 199. Vgl. Handelsgesetzbuch Art. 328 Nr. 1, Wechselordnung Art. 32 Nr. 1.

[9] CP. §. 200 Abs. 1. Vgl. Handelsgesetzbuch Art. 328 Nr. 2, Wechselordnung Art. 32 Nr. 2.

[10] CP. §. 200 Abs. 2. Vgl. Handelsgesetzbuch Art. 329, Wechselordnung Art. 92.

[11] 15. Juli bis 15. September: GB. §. 201.

[12] CP. §. 201 Abs. 1 u. 2. Die Feriensachen s. GB. §§. 202, 204.

[13] Denn die Civilprozeßordnung spricht in den §§. 199—201 überhaupt nur von der Berechnung der nach Tagen,

IV. Nothfristen können weder durch Vereinbarung der Parteien noch auch durch das Gericht verlängert oder abgekürzt werden.[14] Alle übrigen Fristen können durch Vereinbarung der Parteien verlängert oder abgekürzt werden.[15] Auch das Gericht kann auf Antrag eines Betheiligten Fristen verlängern oder abkürzen, wenn erhebliche Gründe glaubhaft gemacht sind, gesetzliche Fristen jedoch nur in den vom Gesetze besonders bestimmten Fällen.[16] Im Fall der Verlängerung wird die neue Frist vom Ablaufe der vorigen an berechnet, wenn nicht im einzelnen Fall ein Anderes bestimmt ist.[17]

Bei den Einlassungsfristen, Ladungsfristen und Fristen für die Zustellung vorbereitender Schriftsätze ist die Abkürzung besonders erleichtert. Sie können nämlich auf Antrag eines Betheiligten abgekürzt werden, ohne daß die Glaubhaftmachung erheblicher Gründe erforderlich ist, und selbst ohne Rücksicht darauf, daß in Folge der Abkürzung die Vorbereitung der mündlichen Verhandlung durch Schriftsätze nicht möglich ist. Auch kann der Vorsitzende bei der Terminsbestimmung die Abkürzung ohne Weiteres verfügen.[18]

---

Wochen und Monaten bestimmten Fristen. Wollte man CP. §. 201 wegen seiner anscheinend ganz allgemeinen Fassung auch auf die nach Jahren bestimmten Fristen anwenden, so müßte er eben so gut auf die nach Stunden bestimmten angewendet werden, was doch offenbar widersinnig wäre.

[14] CP. §. 202 Abs. 1 vbd. §. 228 Abs. 1. S. ferner Anm. 16.

[15] CP. §. 202 Abs. 1. Ausnahme: die Wiedereinsetzungsfrist, welche durch Uebereinkunft der Parteien nicht verlängert werden kann: CP. §. 212 Abs. 2.

[16] CP. §. 202 Abs. 2. Zu diesen Fällen gehören alle Nothfristen nicht. — Ueber das Verfahren s. CP. §. 203.

[17] CP. §. 202 Abs. 3.

[18] CP. §. 204. Verwandt CP. §. 125 Abs. 2. — S. noch CP. §. 207.

## §. 32.
### V. Termine.

Termin oder Tagfahrt ist ein Zeitpunkt, in welchem etwas bei Gericht geschehen soll. Termine werden immer vom Gerichte bestimmt, und zwar in der Regel durch den Vorsitzenden.[1] Auf Sonntage und allgemeine Feiertage dürfen sie nur in Nothfällen anberaumt werden.[2]

Die Termine werden an der Gerichtsstelle abgehalten. Ausnahmen treten nur ein bei Handlungen, welche an der Gerichtsstelle nicht vorgenommen werden können, wie z. B. Einnahme eines Augenscheins an Ort und Stelle, Verhandlung mit einer am Erscheinen an der Gerichtsstelle verhinderten Person.[3]

Der Termin beginnt mit dem Aufrufe der Sache. Er ist aber von einer Partei erst dann versäumt, wenn sie bis zu seinem Schlusse nicht verhandelt hat.[4]

Die Parteien können die Aufhebung eines Termins vereinbaren.[5] Die Verlegung eines Termins (auf einen späteren oder früheren Zeitpunkt) kann nur durch richterliche Anordnung geschehen, auf Antrag oder auch von Amtswegen.[6]

## §. 33.
### VI. Folgen der Versäumung und Wiedereinsetzung in den vorigen Stand.

I. Versäumung einer Prozeßhandlung von Seite einer Partei ist die Nichtvornahme derselben innerhalb der dafür

---

[1] CP. §. 193 Abs. 2 vbd. §§. 195, 207.
[2] CP. §. 193 Abs. 3.
[3] CP. §. 196 Abs. 1. Vorrecht der Landesherren und ihrer Familien: CP. §. 196 Abs. 2.
[4] CP. §. 197 vbd. §. 127 Abs. 4. Vgl. auch CP. §. 209 Abs. 2.
[5] CP. §. 205 Abs. 1 vgl. §. 228 Abs. 1.
[6] CP. §§. 205 Abs. 2, 206.

bestimmten Frist oder in dem dafür bestimmten Termin. Sie zieht als allgemeine Folgen den Ausschluß der Partei mit dieser Prozeßhandlung und ihre Verpflichtung zur Tragung der durch die Versäumung verursachten Kosten nach sich.[1] Daneben kann die Versäumung auch noch besondere Folgen haben, die je nach Verschiedenheit der Fälle verschieden sind, z. B. Annahme eines Zugeständnisses oder der Anerkennung einer Urkunde oder der Verweigerung eines Eides u. dgl.

Eine vorgängige besondere Androhung der gesetzlichen Folgen der Versäumung ist zur Herbeiführung derselben nicht erforderlich;[2] sondern die Fristen und Termine sind ohne Weiteres und kraft Gesetzes peremptorisch, d. h. Ausschluß bewirkend. Nur in wenigen Ausnahmefällen kommen in der Civilprozeßordnung dilatorische Termine vor, d. h. solche, deren Versäumung noch keinen Ausschluß bewirkt.[3]

Ferner treten die Rechtsnachtheile der Versäumung in der Regel von selbst ein, ohne daß es dazu einer sie verhängenden richterlichen Entscheidung auf Grund einer sog. Ungehorsamsbeschuldigung, d. h. eines auf Erlassung einer solchen Entscheidung gerichteten Antrages von Seite der Gegenpartei, bedarf. Doch bestehen davon mannigfache Ausnahmen, namentlich in allen denjenigen Fällen, in welchen bei Versäumung eines Termins ein förmliches Versäumnißurtheil ergehen muß.[4] Wo aber eine Ungehorsamsbeschuldigung erforderlich ist, kann die versäumte Handlung nachgeholt

---

[1] CP. §§. 208, 90 vgl. §§. 216 Abs. 3, 309.

[2] CP. §. 209 Abs. 1. Ausnahmen: CP. §§. 632, 824 Nr. 3, 841.

[3] S. CP. §§. 316 Abs. 1, 578 Abs. 1, 611, 620 Abs. 4, 624 Abs. 4, 626 Abs. 4.

[4] S. unt. §. 57. Weitere Ausnahmen: CP. §§. 144, 217 Abs. 4.

Wiedereinsetzung in den vorigen Stand. §. 33.

werden, so lange die mündliche Verhandlung über die Ungehorsamsbeschuldigung noch nicht geschlossen ist.[5]

II. Mitunter können die nachtheiligen Folgen einer Versäumung nachträglich wieder beseitigt werden. Und zwar genügt zur Aufhebung eines wegen Versäumung eines Verhandlungstermins erlassenen Versäumnißurtheils der einfache Einspruch.[6] Ferner kann in gewissen Fällen eine versäumte Proceßhandlung aus bestimmten Entschuldigungsgründen nachgeholt werden.[7] Gegen die Versäumung einer Nothfrist endlich wird der Partei auf ihren Antrag **Wiedereinsetzung in den vorigen Stand** ertheilt, aber nur aus folgenden Gründen:

1) wenn sie durch sog. höhere Gewalt, d. h. durch Naturereignisse oder andere unabwendbare Zufälle, an der Einhaltung der Nothfrist verhindert worden ist; gegen die Versäumung der Einspruchsfrist auch dann, wenn sie ohne ihr Verschulden von der Zustellung des Versäumnißurtheils keine Kenntniß erlangt hat;[8]

2) wenn das Schriftstück, dessen Zustellung zur Wahrung der Nothfrist erforderlich war, spätestens am dritten Tage vor Ablauf derselben dem Gerichtsvollzieher oder, wo die Zustellung durch Vermittelung des Gerichtsschreibers zulässig ist, dem letzteren zum Zwecke der Zustellung übergeben worden ist.[9]

---

[5] CP. §. 209 Abs. 2. Vgl. CP. §. 105. Fälle, in denen die Nachholung sogar noch bis zum Erlasse der richterlichen Entscheidung statthaft ist, s. CP. §§. 634, 828.

[6] S. unt. §. 57. IV.

[7] S. CP. §§. 44 Abs. 4, 247 Abs. 3, 319 Abs. 2, 332 Abs. 2, 490 Abs. 1, 869.

[8] CP. §. 211.

[9] CP. §. 213 Abs. 1. — Wegen Minderjährigkeit einer Partei wird keine Wiedereinsetzung ertheilt. Eben so wenig wegen Verschuldung des (gesetzlichen

In den Fällen der Nr. 1 muß die Wiedereinsetzung innerhalb einer Frist von zwei Wochen beantragt werden, welche von der Beseitigung des Hindernisses an läuft und durch Vereinbarung der Parteien nicht verlängert werden kann. Nach Ablauf eines Jahres seit dem Ende der versäumten Nothfrist ist der Antrag auf Wiedereinsetzung überhaupt nicht mehr zulässig.[10] In den Fällen der Nr. 2 muß dieser Antrag innerhalb eines Monates seit Ablauf der versäumten Nothfrist gestellt werden.[11]

Der Antrag auf Wiedereinsetzung muß außer der Angabe des Grundes, welcher die Wiedereinsetzung rechtfertigt, und der Mittel zur Glaubhaftmachung desselben immer auch die Nachholung der versäumten Proceßhandlung oder, wenn sie schon vorher nachgeholt ist, die Bezugnahme hierauf enthalten.[12] Er wird processualisch im Allgemeinen ganz und gar ebenso behandelt, wie die versäumte Proceßhandlung bei rechtzeitiger Vornahme zu behandeln gewesen wäre.[13] Die Kosten der Wiedereinsetzung fallen selbst bei günstigem Erfolge dem Antragsteller zur Last, soweit sie nicht durch unbegründeten Widerspruch des Gegners entstanden sind.[14]

### VII. Gang des Verfahrens im Allgemeinen.
#### §. 34.
##### 1. Einleitung.

I. Im Verfahren erster Instanz kann man drei Hauptabschnitte unterscheiden, von denen jeder durch ein Urtheil abgeschlossen wird: das Vorverfahren, das Hauptver=

---

oder bevollmächtigten) Vertreters einer Partei: CP. §. 210.
[10] CP. §. 212.
[11] CP. §. 213 Abf. 2.
[12] CP. §. 214 Abf. 1.
[13] Näheres: CP. §§. 214—216.
[14] CP. §. 216 Abf. 3.

fahren und das Nachverfahren. Das Vorverfahren dreht sich um die Frage, ob der Beklagte gehalten sei, sich auf die eigentliche Verhandlung des Rechtsstreites einzulassen. Das Hauptverfahren oder die Verhandlung zur Hauptsache besteht in dieser eigentlichen Verhandlung des Rechtsstreites selbst. Das Nachverfahren endlich hat die Erledigung eines durch Eidesleistung bedingten Endurtheils zur Aufgabe.

Das Hauptverfahren kann selbst wieder in mehrere Abschnitte zerfallen, die selbständig durch Urtheile entschieden werden. Als ein solcher Abschnitt erscheint namentlich jeder Zwischenstreit über einen einzelnen besonderen Streitpunkt, sei es zwischen den Parteien selbst (z. B. über die Vorlegung einer Urkunde),[1] sei es zwischen einer Partei und einem Dritten (z. B. über die Zulässigkeit einer Nebenintervention). Außerdem aber kann das Gericht auf Antrag oder auch von Amtswegen die Verhandlung nach seinem Ermessen aus Rücksichten der Zweckmäßigkeit und Uebersichtlichkeit in Abschnitte zerlegen, um einzelne dazu geeignete Fragen durch Theilurtheil oder Zwischenurtheil zu erledigen.[2] Unstatthaft ist jedoch die Zerlegung des Hauptverfahrens in der Weise, daß ein erster Abschnitt für die Behauptungen der Parteien, ein zweiter auf Grund eines bindenden Beweisurtheils für den Beweis bestrittener Behauptungen bestimmt wäre. Vielmehr gilt der Grundsatz der sog. Beweisverbindung, d. h.

---

[1] In welchen Fällen es zwischen den Parteien zu einem Zwischenstreite komme, ist in der Civilproceßordnung nicht näher gesagt. (Einen einzelnen Fall s. CP. §. 331.) Es hängt daher vom Ermessen des Gerichtes ab, einen Streitpunkt als Zwischenstreit zu erklären, woran sich dann gewisse praktische Folgen knüpfen: CP. §§. 123, 312 Abs. 2, 426 Abs. 1. S. Begr. z. CP. Entw. §§. 262 —265, 279 in Abs. 4.

[2] CP. §§. 137, 273—276.

die Parteien müssen ihre Beweisantretungen mit ihren Behauptungen verbinden, und der Beweisbeschluß, welcher die Aufnahme angebotener Beweise anordnet, hat bloß die Natur einer proceßleitenden und also nicht bindenden Entscheidung.

II. Das Verfahren selbst beruht auf folgender Regel, die überall gilt, wo eine richterliche Entscheidung durch eine vorgängige mündliche Verhandlung bedingt ist: Die Partei, welche die Entscheidung herbeiführen will, muß die Gegenpartei in eine vom Gerichtsvorsitzenden bestimmte Gerichtssitzung laden durch Zustellung eines Schriftsatzes, worin sie den Antrag, welchen sie in der Sitzung stellen will, und die Gründe desselben angibt. Die Gegenpartei muß ihr vor dem Termin, ebenfalls durch Zustellung eines Schriftsatzes, mittheilen, was gegen den Antrag vorgebracht werden soll. In dem Termin endlich stellen die Parteien ihre Anträge und verhandeln zur Sache.

Eine Ausnahme von dieser Regel macht das Verfahren vor den Amtsgerichten insofern, als hier vorbereitende Schriftsätze nicht vorgeschrieben sind und die Gegenpartei auf einen ordentlichen Gerichtstag geladen werden kann, ohne daß eine Terminsbestimmung durch den Amtsrichter vorausgegangen ist.

Die Unterscheidung eines ordentlichen und eines summarischen oder beschleunigten Verfahrens ist der Civilproceßordnung fremd. Dagegen schreibt sie neben dem ordentlichen, d. h. regelmäßigen, Verfahren für gewisse besondere Fälle ein besonderes, d. h. von dem regelmäßigen abweichendes, vor. Hierhin gehört das vorbereitende Verfahren in Rechnungssachen, Auseinandersetzungen und ähnlichen Processen, der Urkunden= und Wechselproceß, das Mahnverfahren und das Verfahren in Ehe= und Entmündigungssachen. Endlich auch der

Arrestproceß, der jedoch aus Zweckmäßigkeitsrücksichten in Verbindung mit der Zwangsvollstreckung darzustellen ist.

### §. 35.
#### 2. Vorbereitende Schriftsätze.

Für die Anwaltsprocesse ist eine Vorbereitung der mündlichen Verhandlung durch Schriftsätze vorgeschrieben. Doch hat die Unterlassung Rechtsnachtheile in der Sache selbst nicht zur Folge, sondern nur die Auferlegung der Kosten der dadurch herbeigeführten Proceßverzögerung.[1] Für die Parteiprocesse ist die Vorbereitung der Verhandlung durch Schriftsätze in das Ermessen der Parteien gestellt.[2]

Die vorbereitenden Schriftsätze sollen in möglichster Kürze alles enthalten, was der Gegner und das Gericht zum raschen und geordneten Verlaufe der mündlichen Verhandlung und zur sachgemäßen Leitung derselben wissen müssen, insbesondere die Anträge, welche die Partei zu stellen beabsichtigt, die Thatsachen, welche sie zur Begründung derselben anführen will, und die Beweismittel, deren sie sich bedienen will, sowie die Erklärungen über die thatsächlichen Behauptungen und Beweismittel des Gegners.[3] Eine Urkunde, auf welche eine Partei in einem vorbereitenden Schriftsatze Bezug genommen und die sie in Händen hat, ist dem Schriftsatze in Abschrift beizufügen.[4] Auf rechtzeitige Aufforderung von Seite des Geg-

---

[1] CP. §. 90. Ueberdies kann das Gericht zur Strafe eine besondere Verhandlungsgebür auferlegen: GKostenG. §. 48.
[2] CP. §. 120 vdb. §. 90.
[3] Näheres CP. §. 121.
[4] Näheres CP. §. 122. Es heißt hier: „in Urschrift oder Abschrift". Das will aber nur sagen, daß der Urschrift des vorbereitenden Schriftsatzes, welche in den Händen der Partei bleibt, die Urkunde in Urschrift oder Abschrift beigefügt werden kann. Der Gegner und das Gericht erhalten immer nur Abschriften. S. R. C. Prot. S. 43.

ners ist ihm vor der mündlichen Verhandlung auch die Einsicht der Urschrift durch Niederlegung auf der Gerichtsschreiberei zu gewähren.[5] Rechtsanwälte können einander Urkunden auch von Hand zu Hand gegen Empfangschein mittheilen.[6]

Ein vorbereitender Schriftsatz, welcher neue Thatsachen oder ein anderes neues Vorbringen (namentlich neue Beweismittel) enthält, ist der Gegenpartei mindestens eine Woche vor der mündlichen Verhandlung zuzustellen; betrifft er einen Zwischenstreit, mindestens drei Tage vor derselben. Die Zustellung eines vorbereitenden Schriftsatzes, welcher eine Gegenerklärung auf neues Vorbringen enthält, muß mindestens drei Tage vor der mündlichen Verhandlung geschehen; in einem Zwischenstreit ist die Zustellung einer schriftlichen Gegenerklärung nicht erforderlich.[7] Diese Fristen gelten jedoch nur für diejenigen vorbereitenden Schriftsätze, für deren Zustellung nicht besondere Fristen festgesetzt sind, wie dieses hinsichtlich aller wichtigeren vorbereitenden Schriftsätze der Fall ist.[8]

Jede Partei muß ihre vorbereitenden Schriftsätze auch dem Proceßgerichte mittheilen durch Niederlegung einer Abschrift auf der Gerichtsschreiberei.[9]

### §. 36.
### 3. Mündliche Verhandlung.

I. Die mündliche Verhandlung findet in der Gerichtssitzung statt. Sie darf bloß in deutscher Sprache geschehen,

---

[5] Näheres CP. §. 125.
[6] CP. §. 126 Abs. 1. Ueber das Verfahren bei nicht rechtzeitiger Rückgabe s. CP. §. 126 Abs. 2, 3.
[7] CP. §. 123.
[8] S. CP. §§. 234, 244, 245, 481, 484, 517, 519, 548.
[9] Näheres CP. §. 124.

Mündliche Verhandlung. §. 36.

welche überhaupt im Gebiete der ordentlichen streitigen Gerichtsbarkeit die allein zulässige Geschäftssprache ist.[1] Sind bei einer Verhandlung Personen betheiligt, welche des Deutschen nicht mächtig sind, so muß ein Dolmetscher zugezogen werden, es wäre denn, daß die betheiligten Personen sämmtlich der fremden Sprache mächtig sind. Als Dolmetscher kann auch der Gerichtsschreiber dienen.[2]

Die Verhandlung wird von dem Vorsitzenden geleitet,[3] der überhaupt die Ordnung in der Sitzung aufrechtzuhalten hat und zur Verhütung oder Unterbrückung von Störungen nach seinem Ermessen die geeigneten Anordnungen treffen kann.[4] Parteien, Zeugen, Sachverständige oder bei der Verhandlung nicht betheiligte Personen, welche solchen Anordnungen nicht gehorchen, können auf Beschluß des Gerichtes aus dem Sitzungszimmer entfernt oder bis zu 24 Stunden in Haft abgeführt werden.[5] Machen sie sich in der Sitzung einer Ungebühr schuldig, so kann das Gericht, unbeschadet etwaiger strafgerichtlicher Verfolgung, eine Ordnungsstrafe bis zu 100 Mark oder bis zu drei Tagen Haft gegen sie verhängen und sofort vollstrecken lassen.[6] Gegen einen bei der Verhandlung betheiligten Rechtsanwalt, der sich in der Sitzung einer Ungebühr schuldig macht, kann das Gericht, unbeschadet etwaiger strafgerichtlicher oder ehrengerichtlicher Verfolgung, eine Ordnungsstrafe bis zu 100 Mark verhängen.[7]

---

[1] GV. §. 186. Eine Ausnahme für Elsaß-Lothringen macht EG. z. GV. §. 12.

[2] Näheres GV. §§. 187—193.

[3] Im amtsgerichtlichen Verfahren ist unter dem Vorsitzenden der Amtsrichter selbst zu verstehen.

[4] GV. §. 177 vgl. §. 176.

[5] GV. §. 178. Auf Antrag kann dann gegen solche Personen in gleicher Weise verfahren werden, wie wenn sie sich freiwillig entfernt hätten: CP. §. 144.

[6] GV. §. 179.

[7] GV. §. 180 vbd. RAO. §. 62. Ueber die Vollstreckung

Der Vorsitzende eröffnet und schließt die mündliche Verhandlung. Er ertheilt das Wort und kann es wegen Nichtbefolgung seiner Anordnungen entziehen; er bestimmt erforderlichen Falls die Sitzung für die Fortsetzung der Verhandlung und verkündet die Urtheile und Beschlüsse des Gerichtes.[8]

II. Der Termin beginnt stets mit dem Aufrufe der Sache.[9] Nach Eröffnung der mündlichen Verhandlung durch den Vorsitzenden stellen die Parteien zuvörderst beiderseits ihre Anträge und halten sodann zur Begründung derselben ihre Vorträge. Die letzteren müssen das Streitverhältniß in thatsächlicher und rechtlicher Beziehung erörtern und in freier Rede geschehen. Ein Ablesen der vorbereitenden Schriftsätze oder eine Bezugnahme auf Schriftstücke anstatt mündlicher Verhandlung ist unzulässig. Nur insoweit ist die Vorlesung von Schriftstücken statthaft, als es auf den Wortlaut derselben ankommt.[10] In Anwaltsprocessen muß neben dem Anwalt auf Antrag auch der Partei selbst das Wort gestattet werden.[11] Parteien, Bevollmächtigten und Beiständen, denen die Fähigkeit zum geeigneten Vortrage fehlt, kann jedoch das Gericht den weiteren Vortrag untersagen. Auch kann es, zur Verhütung der Entstehung einer sog. Winkeladvocatur, Bevollmächtigte und Beistände zurückweisen, welche das mündliche Verhandeln vor Gericht geschäftsmäßig betreiben.[12] Wenn in diesem oder dem vorigen Fall in dem neuen Termin, auf welchen die Verhandlung zu vertagen ist,

---

dieser Ordnungsstrafen s. GV. §. 181; über die Zulässigkeit einer Beschwerde gegen dieselben: GV. §. 183. S. noch GV. §. 182.

[8] CP. §. 127.

[9] CP. §. 197 Abs. 1.
[10] CP. §. 128 Abs. 1—3.
[11] CP. §. 128 Abs. 4.
[12] CP. §. 143 Abs. 1, 2. Diese Anordnungen sind unanfechtbar: CP. §. 143 Abs. 3.

Mündliche Verhandlung. §. 36.

gleichwohl wieder die nämliche Person als Partei oder Bevollmächtigter erscheint, so wird die betreffende Partei als nicht erschienen behandelt und es tritt auf Antrag des Gegners das Versäumnißverfahren gegen sie ein. Rechtsanwälten und ihren Stellvertretern gegenüber hat aber das Gericht die Befugniß zur Zurückweisung oder zur Untersagung des weiteren Vortrages nicht.[14]

III. Abgesehen von einzelnen Ausnahmen ist die Geltendmachung von Rechtsbehelfen, d. h. Angriffs-, Vertheidigungs- und Beweismitteln, an eine bestimmte Stufe der Verhandlung nicht gebunden; vielmehr können bis zum Schlusse derjenigen mündlichen Verhandlung, auf welche das Urtheil folgt, immer noch neue Rechtsbehelfe geltend gemacht werden.[15] Verzögerungen des Processes, welche durch ein nach dem Ermessen des Gerichtes verspätetes Vorbringen von Rechtsbehelfen entstehen, können jedoch durch gänzliche oder theilweise Auferlegung der Proceßkosten gestraft werden.[16] Auf der anderen Seite muß als Folge des Grundsatzes der Mündlichkeit bei jeder Fortsetzung einer unterbrochenen Verhandlung die ganze Sache von Neuem verhandelt werden, wenn auch nur in der Form kurzer Erinnerung an die früheren Vorträge.[17] Diejenige mündliche Verhandlung, welche der Urtheilsfällung unmittelbar vorhergeht, ist daher grundsätzlich die allein entscheidende.

---

[13] CP. §. 144 und Begr. z. CP. (Entw. §. 137.
[14] CP. §. 143 Abs. 4, RAO. §. 25 Abs. 3.
[15] CP. §§. 251 Abs. 1, 256 Abs. 1.
[16] CP. §§. 251 Abs. 2, 256 Abs. 2. Außerdem kann das Gericht zur Strafe eine besondere Gebür für die neue Verhandlung und, wenn eine neue Beweisanordnung erforderlich wird, auch für diese auferlegen: GKostenG. §. 48. Weiteren Schutz gegen Mißbrauch geben die Vorschriften in CP. §§. 252, 339, 398. S. unt. §. 40. IV. a. E.
[17] Vgl. CP. §. 258 Abs. 1.

IV. Jede Partei muß sich über die von dem Gegner behaupteten Thatsachen erklären. Thatsachen, welche nicht ausdrücklich bestritten werden, gelten als zugestanden, wenn nicht die Absicht ihrer Bestreitung aus den übrigen Erklärungen der Partei hervorgeht. Eine Erklärung mit Nichtwissen ist nur über solche Thatsachen zulässig, welche weder in eigenen Handlungen der Partei bestehen noch von ihr selbst wahrgenommen worden sind.[18]

V. Zur Erzielung sachgemäßer, erschöpfender und ununterbrochener Verhandlung steht dem Gerichte ein weitgehendes Proceßleitungsamt zu, welches durch den Vorsitzenden ausgeübt wird.[19] Insbesondere hat der Vorsitzende ein umfassendes Fragerecht, durch dessen Ausübung er auf die Erläuterung unklarer Anträge, auf die Ergänzung ungenügender thatsächlicher Angaben, auf die Bezeichnung der Beweismittel, überhaupt auf die Abgabe aller für die Feststellung des Sachverhältnisses erheblicher Erklärungen hinzuwirken hat.[20] Auch hat er auf die Bedenken aufmerksam zu machen, die in Ansehung der von Amtswegen zu berücksichtigenden Punkte bestehen.[21] Er muß auch jedem Mitgliede des Gerichtes auf Verlangen die Stellung von Fragen gestatten.[22] Wird die rechtliche Zulässigkeit einer die Sachleitung betreffenden Anordnung des Vorsitzenden oder einer von ihm oder von einem Gerichtsmitgliede gestellten Frage von einer bei der Verhandlung betheiligten Person beanstandet, so entscheidet das Gericht.[23] Zur Aufklärung des Sachverhaltes kann das Gericht auch das persönliche Erscheinen einer Partei

---

[18] CP. §. 129.
[19] CP. §. 127 Abs. 3.
[20] CP. §. 130 Abs. 1. Vbd. CP. §§. 319 Abs. 1, 420, 468.
[21] CP. §. 130 Abs. 2. Vgl. z. B. CP. §. 54 Abs. 1, §. 84 Abs. 2.
[22] CP. §. 130 Abs. 3.
[23] CP. §. 131.

Mündliche Verhandlung. §. 36.

anordnen.[24] Es kann ferner anordnen, daß eine Partei die in ihren Händen befindlichen Urkunden, worauf sie sich bezogen hat, sowie Stammbäume, Pläne, Risse oder sonstige Zeichnungen vorlege, desgleichen die in ihrem Besitze befindlichen Acten, soweit sie die Verhandlung und Entscheidung der Sache betreffen.[25] Endlich kann es die Einnahme eines Augenscheins sowie die Begutachtung durch Sachverständige anordnen.[26]

Ferner kann das Gericht vermöge seines Proceßleitungsamtes mehrere in einer Klage erhobene Ansprüche zur Verhandlung in getrennten Processen von einander sondern. Gleiches gilt, wenn der Beklagte, sei es durch Einrede oder durch Widerklage, eine Gegenforderung geltend gemacht hat, welche mit der in der Klage geltend gemachten Forderung nicht in rechtlichem Zusammenhange steht.[27] Bei mehreren selbständigen Angriffs- oder Vertheidigungsmitteln, die sich auf denselben Anspruch beziehen, kann das Gericht die Verhandlung zunächst auf eines oder einige derselben beschränken.[28] Umgekehrt kann das Gericht mehrere bei ihm anhängige Processe der nämlichen oder auch verschiedener Parteien zu gemeinsamer Verhandlung und Entscheidung verbinden.[29] Hängt die Entscheidung des Rechtsstreites ganz oder zum Theil von dem Ausgange eines anderen anhängigen Rechtsstreites oder eines sonstigen Verfahrens ab, so kann bis zur Beendigung desselben die Aussetzung der Verhandlung angeordnet wer-

---

[24] CP. §. 132.
[25] Näheres CP. §§. 133, 134. S. auch Handelsgesetzbuch Art. 79 Abs. 1 vbd. EG. z. CP. §. 13 Abs. 1.
[26] CP. §. 135.
[27] CP. §. 136. Vbd. CP. §§. 273, 274.
[28] CP. §. 137. Vbd. CP. §. 275. Vgl. ob. §. 34. I.
[29] CP. §. 138 vbd. §§. 56, 57, 232. S. auch CP. §. 272 Abs. 2.

den.[30] Das Gericht kann eine von ihm angeordnete Trennung, Verbindung oder Aussetzung auch wieder aufheben.[31] Endlich kann es nach Bedürfniß die Wiedereröffnung einer bereits geschlossenen Verhandlung anordnen.[32]

VI. Ueber die mündliche Verhandlung vor dem Proceßgerichte wird von dem Gerichtsschreiber ein Protokoll aufgenommen, das sog. Sitzungsprotokoll. Es muß stets die Angabe der wesentlichen Förmlichkeiten enthalten, und die Beobachtung derselben kann bloß durch das Protokoll bewiesen werden.[33] Der Gang der Verhandlung wird nur im Allgemeinen angegeben; dagegen müssen gewisse einzelne Punkte, namentlich Anträge und Entscheidungen, Anerkenntnisse, Verzichtleistungen und Vergleiche, stets durch das Sitzungsprotokoll oder eine schriftliche Anlage desselben festgestellt werden.[34]

In den Sitzungsprotokollen mit ihren Anlagen, den dem Gerichte übergebenen Abschriften der vorbereitenden Schriftsätze nebst Anlagen und den übrigen dem Gerichte gehörigen Schriftstücken, welche sich auf den Rechtsstreit beziehen, bestehen die gerichtlichen Proceßacten.[35] Die Parteien haben das Recht, von denselben Einsicht zu nehmen und sich daraus durch den Gerichtsschreiber Ausfertigungen (d. h. beglaubigte Abschriften von Urtheilen oder Beschlüssen), Auszüge und Abschriften ertheilen zu lassen. Dritte Personen dagegen dürfen die Acten nur einsehen, wenn es der Vorstand des Gerichtes gestattet, was ohne Einwilligung beider Parteien

---

[30] Näheres CP. §§. 139, 140.
[31] CP. §. 141.
[32] CP. §. 142.
[33] Näheres CP. §§. 145, 150.
[34] Näheres CP. §§. 146, 147.

Ueber die Vorlesung und Unterschreibung des Protokolls s. CP. §§. 148, 149.
[35] S. CP. §§. 271, 76 Abs. 1, 124, 506, 529, 646 Abs. 1.

Stillstand des Verfahrens. §. 37.

bloß dann geschehen darf, wenn ein rechtliches Interesse glaubhaft gemacht wird.[36]

## §. 37.
### VIII. Stillstand des Verfahrens.

Die Parteien können jederzeit und in jeder Lage des Rechtsstreites durch ausdrückliche oder stillschweigende Vereinbarung das Verfahren ruhen lassen.[1] Insbesondere ruht das Verfahren, wenn in einem zur mündlichen Verhandlung bestimmten Termin beide Parteien ausbleiben, und zwar so lange, bis eine der Parteien den Gegner von Neuem zur mündlichen Verhandlung ladet.[2]

Schon von selbst wird aber eine Unterbrechung, d. h. ein kraft Gesetzes eintretender Stillstand, des Verfahrens herbeigeführt durch sog. Gerichtsstillstand, d. h. Aufhören der Thätigkeit des Gerichtes wegen Krieges oder anderer Ursachen, für die Zeit seiner Dauer.[3] Ferner durch Tod einer Partei, Verlust ihrer Proceßfähigkeit oder Wegfall ihres gesetzlichen Vertreters, wenn der Proceß nicht durch einen Bevollmächtigten für sie geführt wird; durch Eröffnung des Concurses über das Vermögen einer Partei, falls der Proceß die Concursmasse betrifft; in Anwaltsprocessen auch durch Tod des Anwaltes oder Unfähigkeit desselben zur Fortführung der Vertretung.[4]

Endlich kann das Gericht in gewissen Fällen auf Antrag,

---

[36] CP. §. 271 Abs. 1, 2. Eine Beschränkung s. CP. §. 271 Abs. 3.
[1] CP. §. 228 Abs. 1. Auf den Lauf der Nothfristen hat aber eine solche Vereinbarung keinen Einfluß: CP. §. 228 Abs. 1 vgl. CP. §. 202 Abs. 1. S. ob. §. 31. IV.
[2] CP. §. 228 Abs. 2. S. aber CP. §§. 283 Abs. 1, 294 Abs. 2, 332 Abs. 1.
[3] CP. §. 222.
[4] S. ob. §. 27 Nr. 1—5.

in anderen auch schon von Amtswegen die Aussetzung des Verfahrens anordnen.[5]

Die Wirkungen der Unterbrechung und der Aussetzung sind die nämlichen. Durch beides wird der Lauf einer jeden Frist, selbst einer Nothfrist, in der Weise aufgehoben, daß nach Beendigung der Unterbrechung oder Aussetzung die volle Frist von Neuem läuft. Ferner haben Proceßhandlungen, welche eine Partei während der Unterbrechung oder Aussetzung vornimmt, der Gegenpartei gegenüber keine rechtliche Wirkung, wenn es nicht solche sind, welche die Beseitigung der Unterbrechung oder Aussetzung herbeiführen sollen. Dagegen wird durch eine Unterbrechung, welche erst nach dem Schlusse einer mündlichen Verhandlung eintritt, die Verkündung der daraufhin zu erlassenden Entscheidung nicht gehindert.[6]

## Zweiter Abschnitt.
## Verfahren in erster Instanz.

### Erstes Capitel.
### Ordentliches Verfahren.
#### I. Vor den Landgerichten.
##### A. Abgesehen von dem Fall der Versäumniß.

§. 38.
1. Klageerhebung.

I. Die Erhebung der Klage geschieht dadurch, daß der Kläger dem Beklagten die Klageschrift zustellen

---

[5] Aussetzung auf Antrag z. B. CP. §§. 62, 223 Abs. 1; Aussetzung von Amtswegen z. B. CP. §§. 139, 140, 224, 580.

Ueber das Verfahren, wenn die Aussetzung beantragt wird, s. CP. §§. 225, 229.
[6] CP. §. 226.

## Klageerhebung. §. 38.

läßt.[1] Sie muß von einem Rechtsanwalt unterschrieben sein[2] und als Grundlage des Rechtsstreites enthalten:
1) die Bezeichnung der Parteien und des Gerichtes,
2) die bestimmte Angabe des Gegenstandes und des Grundes des erhobenen Anspruches sowie einen bestimmten Antrag,
3) die Ladung des Beklagten vor das Proceßgericht zur mündlichen Verhandlung des Rechtsstreites, verbunden mit der Aufforderung zur Anwaltsbestellung.[3]

Außerdem soll die Klageschrift den allgemeinen Vorschriften über die vorbereitenden Schriftsätze entsprechen[4] und, wenn die Zuständigkeit des Gerichtes von dem Werthe des Streitgegenstandes abhängt, auch diesen angeben.[5]

Der Termin für die mündliche Verhandlung wird vor der Zustellung der Klageschrift von dem Vorsitzenden des Proceßgerichtes bestimmt, und die Klageschrift ist zu diesem Zwecke bei dem Gerichtsschreiber einzureichen.[6] Sie muß sodann so zeitig zugestellt werden, daß zwischen der Zustellung und dem Verhandlungstermine dem Beklagten eine Einlassungsfrist von mindestens einem Monat, in Meß- und Marktsachen von mindestens 24 Stunden frei bleibt.[7]

---

[1] CP. §§. 230 Abs. 1, 233 Abs. 2.
[2] CP. §§. 74 Abs. 1, 121 Nr. 6.
[3] CP. §§. 230 Abs. 2 (vgl. §. 191 Abs. 2), 192. Fehlt es der Klageschrift an einem dieser nothwendigen Erfordernisse, so treten die Wirkungen der Klageerhebung (CP. §§. 235 ff.) nicht ein, und es kann gegen den ausgebliebenen Beklagten kein Versäumnißurtheil (CP. §. 296) erlassen werden.
[4] CP. §. 230 Abs. 4 vbd. §§. 121, 122 (ob. §. 35).
[5] CP. §. 230 Abs. 3.
[6] CP. §. 233 vbd. §. 193. S. ob. §. 29. VI.
[7] CP. §. 234 Abs. 1. S. ob. §. 31. I. Vor den Kammern für Handelssachen beträgt die Einlassungsfrist mindestens zwei Wochen: GV. §. 102 Abs. 1. Muß die Zustellung der Klage-

Unter dem „Grunde des erhobenen Anspruches" oder „Klagegrunde" versteht das Gesetz diejenigen Thatsachen, welche aus einem bestimmten rechtlichen Gesichtspunkte (wie z. B. Eigenthum, Besitzstand, Darlehnsforderung u. dgl.) den gestellten Klageantrag rechtfertigen. Zur gehörigen Begründung der Klage muß aber der Kläger Thatsachen anführen, welche nach Maßgabe des bürgerlichen Rechtes unter regelmäßigen Verhältnissen genügen, um für ihn den erhobenen Anspruch dem Beklagten gegenüber zur Entstehung zu bringen.

Der Klageantrag (auch „Klagegesuch") geht gewöhnlich auf Verurtheilung des Beklagten zu einer gewissen Leistung. Er kann aber auch bloß auf richterliche Feststellung des Bestehens oder Nichtbestehens eines gewissen Rechtsverhältnisses, z. B. einer Forderung, eines Besitzverhältnisses, Kindschaftsverhältnisses u. dgl., oder der Echtheit oder Unechtheit einer Urkunde gehen. Dergleichen Feststellungsklagen sind statthaft, so oft dem Kläger an einer solchen Feststellung aus einem billigenswerthen Grunde gelegen ist.[8]

II. Der Kläger kann mehrere Ansprüche, die er gegen den Beklagten, wenn auch aus verschiedenen Gründen, macht, gemeinsam in einer und derselben Klage erheben, wenn nur für die sämmtlichen Ansprüche das Proceßgericht zuständig und die gleiche Art des Verfahrens zulässig ist: sog. objective Klagenhäufung.[9] Die sachliche Zuständigkeit des

---

schrift im Auslande geschehen, so wird die Einlassungsfrist vom Gerichtsvorsitzenden bei der Terminsfestsetzung bestimmt: CP. §. 234 Abs. 2. Ueber Abkürzung der Einlassungsfrist s. CP. §. 204 (ob. §. 31. IV.).

[8] CP. §. 231. Eine besondere Gestalt der Feststellungsklage ist die Incident-Feststellungsklage: CP. §. 253. Darüber unt. §. 56. II. a. E.

[9] CP. §. 232 Abs. 1. Ausnahmen: CP. §. 232 Abs. 2, 575 Abs. 2, 587 Abs. 1, 608 Abs. 1, 620 Abs. 4, 624 Abs. 4,

Landgerichtes ist für die sämmtlichen Ansprüche begründet, wenn sie zusammen den Werth von 300 Mark übersteigen.[10]

III. Durch die Klageerhebung entsteht die **Rechtshängigkeit der Streitsache**.[11] Sie hat zuvörderst wichtige Wirkungen nach Maßgabe des bürgerlichen Rechtes;[12] sodann aber folgende processualische:[13]

1) Wenn während der Dauer der Rechtshängigkeit die Streitsache von einer Partei anderweit anhängig gemacht wird, so kann der Gegner mittels der proceßhindernden Einrede der Rechtshängigkeit die Einlassung ablehnen.[14]

2) Wenn die Zuständigkeit des Gerichtes nach den Umständen zur Zeit der Klageerhebung begründet war, so dauert sie trotz späterer Veränderung derselben bis zum Ende des Rechtsstreites fort.[15]

3) Ohne Einwilligung des Beklagten ist der Kläger nicht mehr zu einer Klageänderung berechtigt.

Als unzulässige **Aenderung der Klage** erscheint jedoch nur die Aenderung des Klagegrundes (wie z. B. Veränderung der erhobenen Besitzklage in eine Eigenthumsklage), und es ist also zulässig, wenn ohne Aenderung des Klagegrundes

1) die thatsächlichen oder rechtlichen Anführungen ergänzt oder berichtigt werden,

2) der Klageantrag in der Hauptsache oder in Bezug auf Nebenforderungen erweitert oder beschränkt wird,

---

626 Abs. 4. Ueber die Trennungsbefugniß des Gerichtes s. CP. §. 136, über die Trennung bei der Entscheidung: CP. §. 272 Abs. 2.

[10] CP. §. 5.
[11] CP. §. 235 Abs. 1.
[12] CP. §§. 236—239. S. auch unt. §. 56. III.
[13] CP. §. 235 Abs. 2.
[14] Vgl. CP. §. 247 Nr. 3 (unt. §. 39. II. Nr. 3).
[15] Vgl. CP. §. 4.

3) statt des ursprünglich geforderten Gegenstandes wegen einer später eingetretenen Veränderung ein anderer Gegenstand oder das Interesse, d. h. Ersatz des Werthes, welcher dem Vermögen des Klägers in Folge der Nichterlangung des ursprünglich geforderten Gegenstandes abgeht, gefordert wird.[16]

Auch wird die Einwilligung des Beklagten in eine Klageänderung schon dann angenommen, wenn er sich in einer mündlichen Verhandlung ohne Widerspruch auf die abgeänderte Klage eingelassen hat.[17]

Bei Ansprüchen, welche erst im Laufe des Processes durch Erweiterung oder Aenderung des Klageantrages (ob. Nr. 2. 3), Klageänderung, Widerklage, Einrede, Incident=Feststellungsklage erhoben werden, tritt die Rechtshängigkeit mit ihren Wirkungen nicht schon durch die Zustellung des vorbereitenden Schriftsatzes, in welchem der Anspruch angekündigt wird, sondern erst durch die Geltendmachung desselben in der mündlichen Verhandlung ein.[18]

IV. Die Zurücknahme der Klage ist selbst ohne Einwilligung des Beklagten so lange statthaft, bis dieser seine mündliche Verhandlung zur Hauptsache begonnen hat. Sie geschieht durch Erklärung bei der mündlichen Verhandlung oder durch Zustellung eines Schriftsatzes und bewirkt, daß die Rechtshängigkeit mit ihren Folgen als nicht eingetreten angesehen wird. Ferner verpflichtet sie den Kläger zur Tragung der Kosten des Rechtsstreites, und der Beklagte kann

---

[16] CP. §. 240. Die Entscheidung, daß eine Klageänderung nicht vorhanden sei, ist unanfechtbar: CP. §. 242.

[17] CP. §. 241.
[18] CP. §. 254. Vgl. CP. §§. 251 Abs. 1, 253, 467 Abs. 1.

Klagebeantwortung. §. 39.

bei neuer Erhebung der Klage die Einlassung bis zu geschehener Kostenerstattung verweigern.[19]

§. 39.
2. Klagebeantwortung und weitere vorbereitende Schriftsätze.

I. Der Beklagte muß innerhalb der ersten zwei Drittheile seiner Einlassungsfrist dem Kläger eine von einem Rechtsanwalt unterschriebene Klagebeantwortung zustellen lassen, d. h. einen vorbereitenden Schriftsatz, worin er dem Kläger angibt, was er bei der mündlichen Verhandlung auf die Klage erwidern will.[1] Unterläßt er dies schuldhafter Weise, so muß er, wenn dadurch eine Vertagung der Verhandlung veranlaßt wird, die Kosten derselben tragen.[2] Er ist aber bei der mündlichen Verhandlung an den Inhalt der Klagebeantwortung nicht gebunden, und das Gericht darf immer nur Dasjenige berücksichtigen, was er bei der mündlichen Verhandlung auf die Klage erwidert.

Diese Erwiderung kann in zwiefachem Sinne erfolgen:

1) Der Beklagte erkennt den gestellten Klageantrag ganz oder zu einem Theil als berechtigt an. Auch ein solches Anerkenntniß wird nur beachtet, wenn es bei der mündlichen Verhandlung gemacht wird. Es ist dann in das Sitzungsprotokoll aufzunehmen, und auf Antrag des Klägers ist ohne Weiteres ein dem Anerkenntnisse entsprechendes Endurtheil zu erlassen.[3]

---

[19] Näheres CP. §. 243. Vgl. CP. §. 247 Nr. 5 (s. unt. §. 39. II. Nr. 5).
[1] CP. §. 244 vbd. §. 121.
[2] CP.§ 90. S.auch G.KostenG. §. 48 (ob. §. 35 Anm. 1).

[3] CP. §§. 146 Abs. 2 Nr. 1, 278. Das Urtheil ist, wenn es eine Verurtheilung ausspricht, von Amtswegen für vorläufig vollstreckbar zu erklären: CP. §. 648 Nr. 1 (s. unt. §. 73. II. A. Nr. 1).

2) Der Beklagte widersetzt sich dem gestellten Klagean=
trage und sucht ihn als unberechtigt hinzustellen. Dieses kann
geschehen:

a) durch rechtliche Gegenausführung, d. h. Nach=
weis, daß aus den vom Kläger angeführten Thatsachen die
Berechtigung zu einem solchen Antrage gar nicht folge,

b) durch verneinende Einlassung, d. h. Bestreitung
aller oder einzelner dieser Thatsachen,

c) durch Einreden, d. h. Anführung anderer That=
sachen, wegen welcher trotz der Triftigkeit und Wahr=
heit der vom Kläger angeführten doch nicht dem ge=
stellten Klageantrage gemäß erkannt werden dürfe, sei es
weil sie ausnahmsweise die Entstehung des vom Kläger
erhobenen Anspruches verhindert haben (wie z. B. Wahn=
sinn einer Vertragspartei), oder weil sie den Anspruch ver=
nichtet haben (wie z. B. Bezahlung einer Forderung), oder
weil sie denselben in seiner Wirksamkeit hemmen (wie z. B.
Nießbrauch den Anspruch des Eigenthümers auf Herausgabe
der Sache). Die hemmenden Einreden hemmen mitunter die
Wirksamkeit des Anspruches nur eine Zeit lang (wie z. B. eine
dem Schuldner gewährte Stundung). Sie führen dann nur
zu einer einstweiligen Abweisung der Klage und heißen da=
her verzögerliche (dilatorische) Einreden. Die Einreden,
welche zu einer Abweisung der Klage ein für alle Male
führen, heißen zerstörliche (peremptorische).

II. Mitunter braucht sich aber der Beklagte aus Gründen
des Proceßrechtes auf die Verhandlung der Frage, ob der
vom Kläger gestellte Antrag ein berechtigter sei, gar nicht
einzulassen, sondern kann unter den Umständen, wie sie liegen,
die Einlassung auf die Verhandlung des Rechtsstreites durch

Geltendmachung einer **prozeßhindernden** Einrede ab=
lehnen. Die zulässigen prozeßhindernden Einreden sind:[4]
1) die Einrede der Unzuständigkeit des Gerichtes,[5]
2) die Einrede der Unzulässigkeit des Rechtsweges,[6]
3) die Einrede der Rechtshängigkeit,[7]
4) die Einrede der mangelnden Sicherheit für die Prozeß=
kosten,[8]
5) die Einrede, daß die zur Erneuerung des Rechtsstreites
erforderliche Erstattung der Kosten des früheren Ver=
fahrens noch nicht erfolgt sei,[9]
6) die Einrede der mangelnden Prozeßfähigkeit oder der
mangelnden gesetzlichen Vertretung.[10]

Unter diesen prozeßhindernden Einreden treten wieder be=
sonders hervor diejenigen, auf welche der Beklagte nicht wirksam
verzichten kann, weil sie sich auf prozeßhindernde Umstände be=
ziehen, welche das Gericht auch schon von Amtswegen und
ohne Rücksicht auf den Willen der Parteien beachten muß.[11]
Dahin gehören die unter Nr. 2 und Nr. 6 genannten, ferner
die Einrede der Unzuständigkeit (Nr. 1), soweit eine Ver=
einbarung über die Zuständigkeit unzulässig ist.[12]

III. Will der Beklagte der Klage eine **Widerklage**[13] ent=

---

[4] CP. §. 247 Abs. 2. Obwohl
diese prozeßhindernden Einreden
für die einzigen erklärt sind, so
gehört doch zweifellos auch noch
hierher die Einrede der meh=
reren Streitgenossen in den
Fällen der nothwendigen Streit=
genossenschaft. S. ob. §. 20. I.
[5] Vgl. CP. §. 39.
[6] Vgl. GB. §§. 13, 17, EG.
z. GB. §. 11.
[7] Vgl. CP. §. 235 Nr. 1 (s.
ob. §. 38. III.).

[8] Vgl. CP. §§. 102—105 (s.
unt. §. 96).
[9] Vgl. CP. §. 243 Abs. 3, 4
(s. ob. §. 38. IV.).
[10] Vgl. CP. §. 54 (ob. §. 19.
IV.).
[11] Vgl. CP. §. 247 Abs. 3.
Vbd. GKostenG. §. 26 Nr. 2.
[12] Vgl. CP. §. 40 Abs 2 (s.
ob. §. 14).
[13] Ueber den Begriff s. ob.
§. 12 Nr. 10.

gegenſetzen, ſo ſoll er dieſelbe ebenfalls in der Klagebeantwortung angeben. Auch in Anſehung der Widerklage hat aber die Klagebeantwortung nicht die Natur und bindende Bedeutung einer Klageſchrift, ſondern bloß die Natur eines vorbereitenden Schriftſatzes, ſo daß der Beklagte an ihren Inhalt bei der mündlichen Verhandlung nicht gebunden iſt. Ueberhaupt wird die Widerklage proceſſualiſch wie die Einreden behandelt. Ihre wirkliche Erhebung geſchieht daher einerſeits erſt durch die Geltendmachung bei der mündlichen Verhandlung, kann aber andererſeits geſchehen bis zum Schluſſe derjenigen mündlichen Verhandlung, auf welche das Urtheil ergeht.[14]

IV. Klageſchrift und Klagebeantwortung ſind in der Regel zur Vorbereitung der mündlichen Verhandlung genügend. Nur dann genügen ſie ausnahmsweiſe nicht, wenn eine Partei in der mündlichen Verhandlung noch weitere Thatſachen, Beweismittel oder Anträge vorbringen will, worauf der Gegner vorausſichtlich ohne vorgängige Erkundigung keine Erklärung abzugeben im Stande iſt. So z. B., wenn der Kläger gegen die Widerklage Einreden oder gegen die Einreden des Beklagten Repliken, d. h. Einreden gegen die Einreden, ferner wenn der Beklagte gegen die Widerklagseinreden Repliken oder gegen die Repliken des Klägers Dupliken, d. h. Einreden gegen die Repliken, geltend machen will. Die Partei muß dann das beabſichtigte weitere Vorbringen dem Gegner durch einen neuen vorbereitenden Schriftſatz ſo zeitig mittheilen, daß er die erforderliche Erkundigung noch vor der mündlichen Verhandlung einzuziehen vermag.[15] Unterläßt ſie dies ſchuldhafter Weiſe, ſo muß ſie, wenn da=

---

[14] CP.§§.251 Abſ.1, 253, 254.
[15] CP. §. 245 Abſ. 1. Die Einhaltung der in CP. §. 123 vorgeſchriebenen Friſten iſt nicht erforderlich: Begr. z. CP. Entw. §§. 235, 236 in Abſ. 3.

Mündl. Verhandl. Prozeßhindernde Einreden. §. 40. 109

durch eine Vertagung der Verhandlung veranlaßt wird, die Kosten derselben tragen.[16]

So oft die Verhandlung wegen nicht genügender Vorbereitung durch Schriftsätze vertagt wird, kann das Gericht die Fristen für die Zustellung der noch erforderlichen vorbereitenden Schriftsätze bestimmen.[17]

§. 40.
3. Mündliche Verhandlung.

I. Die mündliche Verhandlung geschieht nach Maßgabe der allgemeinen Vorschriften.[1] Die Stellung der Anträge muß bei Vermeidung der Nichtberücksichtigung durch Verlesung derselben geschehen, entweder aus den vorbereitenden Schriftsätzen oder, soweit sie nicht in solchen enthalten sind, aus einem Schriftsatze, der dem Protokoll als Anlage beizufügen ist. Das letzte gilt auch von Anträgen, die von früher verlesenen in wesentlichen Punkten abweichen.[2] Auf Antrag sind in der gleichen Form auch anderweite nicht in vorbereitenden Schriftsätzen enthaltene wesentliche Erklärungen oder wesentliche Abweichungen von dem Inhalte solcher Schriftsätze, ferner Geständnisse und die Erklärungen über Annahme oder Zurückschiebung zugeschobener Eide festzustellen.[3]

II. Prozeßhindernde Einreden muß der Beklagte bei Vermeidung des Verlustes gleichzeitig und vor dem Beginn seiner Verhandlung zur Hauptsache geltend machen. Nach dem Beginn derselben kann er solche Einreden nur dann noch geltend machen, wenn er glaubhaft macht, daß er sie ohne sein Verschulden vorher nicht habe geltend machen

---

[16] CP.§.90.S.auchG.KostenG. §. 48 (ob. §. 35 Anm. 1).
[17] CP. §. 245 Abs. 2.

[1] CP. §. 246. S. ob. §. 36.
[2] CP. §. 269.
[3] CP. §. 270.

können, oder wenn sie zu denjenigen gehören, auf die er nicht wirksam verzichten kann.[4] Zu einem besonderen Vorverfahren und einem besonderen Urtheil über die proceßhindernden Einreden kommt es nur dann, wenn der Beklagte auf Grund derselben die Verhandlung zur Hauptsache verweigert, oder wenn das Gericht, sei es auf Antrag oder von Amtswegen, eine besondere Verhandlung über dieselben anordnet. Erweisen sich darin die geltend gemachten proceßhindernden Einreden sämmtlich als nicht begründet, so werden sie durch ein Urtheil verworfen, welches, wiewohl an sich nur Zwischenurtheil, gleich den Endurtheilen selbständig durch Rechtsmittel angefochten werden kann. Zur Verhütung von Proceßverschleppung kann jedoch das Gericht auf Antrag anordnen, daß trotz der Einlegung eines Rechtsmittels die Verhandlung zur Hauptsache stattzufinden habe.[5] Erweist sich dagegen eine proceßhindernde Einrede als begründet, so wird durch Endurtheil die einstweilige Abweisung der Klage ausgesprochen,[6] mit Ausnahme des Falls, wenn es dem Landgerichte an der sachlichen Zuständigkeit fehlt. In diesem Fall ist nämlich auf Antrag des Klägers durch das Urtheil, welches die Unzuständigkeit ausspricht, der Rechtsstreit zugleich an ein bestimmtes Amtsgericht des Bezirkes zu verweisen und gilt dann, sobald das Urtheil rechtskräftig geworden ist, als bei diesem Amtsgerichte anhängig, gleich wie wenn die Klage von vornherein bei demselben erhoben worden wäre.[7]

III. Nahe verwandt mit den Regeln über die proceßhindernden Einreden ist der wichtige Satz, daß die Verletzung

---

[4] CP. §. 247 Abs. 1, 3. S. ob. §. 39. II.

[5] CP. §. 248.

[6] CP. §. 272. S. unt. §. 55. II. a. E.

[7] CP. §. 249. Vgl. CP. §. 11 (s. ob. §. 9. II. Nr. 2).

einer Vorschrift über das Verfahren und namentlich über die Form einer Prozeßhandlung von einer Partei nicht mehr gerügt werden kann, wenn sie auf die Befolgung derselben verzichtet oder bei der nächsten mündlichen Verhandlung den Mangel nicht gerügt hat. Eine Ausnahme machen nur solche Vorschriften, auf deren Befolgung eine Partei nicht wirksam verzichten kann.[8]

IV. Im **Hauptverfahren** oder der **Verhandlung zur Hauptsache** müssen die Parteien ihre Angriffs- und Vertheidigungsmittel angeben nebst den Thatsachen, worauf sich dieselben stützen, also Klagegrund, Einreden, Repliken, Widerklage u. s. w.[9] Außerdem müssen sie nach dem Grundsatze der Beweisverbindung auch **Beweis** antreten, d. h. die Beweismittel bezeichnen, deren sie sich zum Nachweise oder zur Widerlegung thatsächlicher Behauptungen bedienen wollen.[10] Ferner muß sich jede Partei über die thatsächlichen Behauptungen und Beweismittel des Gegners erklären sowie ihre etwaigen **Beweiseinreden** vorbringen, d. h. Einwendungen gegen die Zulässigkeit einer Beweisantretung oder die Glaubwürdigkeit eines Beweismittels des Gegners.[11] Nöthigenfalls kommt es sodann zu einer **Beweisaufnahme**, welche, wo sie ein besonderes Beweisaufnahmeverfahren erforderlich macht, durch **Beweisbeschluß** angeordnet wird.[12]

[6] Genaueres CP. §. 267. Vbd. CP. §§. 492, 521. S. auch Begr. z. CP. Entw. §. 257. Zu den Vorschriften, auf deren Befolgung eine Partei nicht wirksam verzichten kann, gehören z. B. die Vorschriften über die Oeffentlichkeit des Verfahrens, über die Nothwendigkeit schriftlicher Feststellung der Anträge in Anwaltsprocessen, über die Nothfristen, über die Form und Zeit der Einlegung der Berufung, Revision, Beschwerde u. dgl. m.

[9] CP. §. 251.
[10] CP. §. 255 Abs. 1.
[11] CP. §§. 129, 255.
[12] CP. §. 257.

Endlich muß über das Ergebniß der Beweisaufnahme wie über die sonstigen auftauchenden thatsächlichen und rechtlichen Fragen verhandelt werden.[13] Für das alles ist aber keinerlei feste Form oder Reihenfolge vorgeschrieben, sondern das Gesetz läßt den Parteien wie dem Gerichte freiesten Spielraum. Insbesondere hängt es von dem Ermessen der Parteien und des Gerichtes ab, die Beweisantretung unmittelbar mit der Anführung der Thatsache zu verbinden oder, was sich in verwickelten Fällen regelmäßig mehr empfehlen wird, erst am Schlusse der Verhandlung vorzunehmen. Ueberhaupt können die Parteien, mit Ausnahme einer Aenderung des Klagegrundes,[14] Rechtsbehelfe jeder Art: Einreden, Repliken, Dupliken, Widerklage, Beweismittel und Beweiseinreden, in jeder Lage der Verhandlung vorbringen bis zum Schlusse derjenigen mündlichen Verhandlung, auf welche das Urtheil ergeht, also selbst nach Erlassung eines Beweisbeschlusses und stattgefundener Beweisaufnahme.[15] Zur Verhütung von Mißbräuchen kann jedoch das Gericht derjenigen Partei, welche durch das nachträgliche Vorbringen eines Rechtsbehelfes, den sie nach freier richterlicher Ueberzeugung zeitiger hätte vorbringen können, die Erledigung des Rechtsstreites verzögert hat, selbst im Fall ihres Obsiegens die Proceßkosten ganz oder theilweise auferlegen.[16] Vom Beklagten (oder Widerbeklagten) nachträglich vorgebrachte Vertheidigungsmittel können auf Antrag des Klägers (oder Wi-

---

[13] CP. §. 258.
[14] S. ob. §. 38. III.
[15] CP. §§. 251 Abs. 1, 256 Abs. 1. S. ob. §. 36. III.
[16] CP. §§. 251 Abs. 2, 256 Abs. 2. S. auch GKostenG. §. 48 (ob. §. 36 Anm. 16). Ob ein Vorbringen als ein nachträgliches zu betrachten sei, hat das Gericht nach Ermessen zu beurtheilen. In der Regel wird dahin namentlich das Vorbringen eines Rechtsbehelfes erst nach Erlassung des Beweisbeschlusses gehören.

derklägers) zurückgewiesen werden, wenn durch ihre Zulassung eine Proceßverzögerung entstünde und das Gericht die Ueberzeugung gewinnt, daß der Beklagte sie in der Absicht der Proceßverschleppung oder aus grober Nachlässigkeit zurückgehalten habe.[17] Dasselbe gilt, wenn eine Partei nach Erlassung eines Beweisbeschlusses hinsichtlich der darin bezeichneten streitigen Thatsachen neue Zeugen benennt oder sich auf Urkunden bezieht, die erst herbeigeschafft werden sollen.[18]

V. Das Gericht kann in jeder Lage des Rechtsstreites einen Sühneversuch machen, d. h. den Versuch, zwischen den Parteien einen Vergleich, sei es über den ganzen Streit, sei es über einzelne Streitpunkte, zu Stande zu bringen. Es kann die Parteien zu diesem Zwecke auch vor einen beauftragten oder ersuchten Richter verweisen. Ferner kann zum Zwecke des Sühneversuches das persönliche Erscheinen der Parteien angeordnet werden.[19]

### 4. Beweisverfahren.

#### §. 41.
##### a) Beweis und Glaubhaftmachung.

Das Gericht darf eine behauptete Thatsache in der Regel nur berücksichtigen, wenn sie bewiesen ist, d. h. wenn an ihrer Wahrheit kein Zweifel besteht. In vielen Fällen genügt es aber ausnahmsweise, daß eine Behauptung glaubhaft ist, d. h. daß sie wegen eines nach dem freien Ermessen des Gerichtes genügenden Grades von Wahrscheinlichkeit als

---

[17] CP. §. 252 und Begr. z. CP. Entw. §. 242.
[18] CP. §§. 339, 398.
[19] CP. §. 268. Vbd. CP. §§. 146 Nr. 1 (s. ob. §. 36. VI.); 702 Nr. 1, 703 (s. unt. §. 73. IV. Nr. 1). Ueber die Behandlung des Kostenpunktes im Fall des Vergleiches s. CP. §. 93, GKostenG. §. 93.

glaubwürdig erscheint. Dahin gehören namentlich solche Fälle, in welchen die auf Grund der Behauptung beantragte Entscheidung dem Gegner keinen sachlichen Nachtheil bringt, oder in denen aus anderen Rücksichten ein langwieriges Beweisverfahren unangemessen wäre.[1] Bei der Glaubhaftmachung wird immer nur eine Beweisaufnahme berücksichtigt, welche sofort erfolgen kann. Unter dieser Voraussetzung kann sich aber Derjenige, dem die Glaubhaftmachung obliegt, jeder Art von Beweismitteln bedienen mit Ausnahme der Eideszuschiebung; auch kann ihm die eidliche Versicherung der Wahrheit seiner Behauptung gestattet werden.[2]

Auch bei der Frage, ob eine Thatsache bewiesen sei, gilt der Grundsatz der **freien Beweiswürdigung**, d. h. das Gericht hat nach freier Ueberzeugung zu entscheiden, ob sie für wahr oder nicht wahr zu halten sei, und zwar nicht bloß mit Rücksicht auf das Ergebniß einer stattgefundenen Beweisaufnahme, sondern mit Rücksicht auf den gesammten Inhalt der Verhandlungen. Doch muß sich das Gericht von den Gründen seiner Ueberzeugung bestimmte Rechenschaft geben und dieselben im Urtheil angeben.[3] An feste, gesetzlich vorgeschriebene Beweisregeln ist es nur in den besonderen von der Civilproceßordnung und dem Einführungsgesetze zu derselben bezeichneten Fällen gebunden.[4]

---

[1] S. z. B. CP. §§. 44, 68, 99, 202 u. v. a.

[2] CP. §. 266. Fälle, in denen ausnahmsweise der Eid als Mittel der Glaubhaftmachung ausgeschlossen ist, s. CP. §§. 44 Abs. 2, 371 Abs. 3, 508 Abs. 3. Versicherung auf den Diensteid als Mittel der Glaubhaftmachung: CP. §. 351 Abs. 2; s. auch CP. §. 44 Abs. 2.

[3] CP. §. 259 Abs. 1, EG. z. CP. §§. 14 Nr. 2, 3, 17 Abs. 1.

[4] CP. §. 259 Abs. 2. Vbdt. CP. §§. 150, 153 Abs. 2, 181 Abs. 2, 185 Abs. 2, 285, 380—383, 402 Abs. 1, 403 Abs. 2,

### Beweis und Glaubhaftmachung. §. 41.

Bei streitigen Ansprüchen auf Schadensersatz insbesondere hat das Gericht nach freier Ueberzeugung und unter Würdigung aller Umstände sowohl über die Frage, ob durch eine behauptete Thatsache ein Anspruch auf Ersatz entstanden sei, als über den Betrag dieses Ersatzes zu entscheiden. Die Anordnung einer beantragten Beweisaufnahme oder einer Begutachtung durch Sachverständige hängt von seinem Ermessen ab. Es kann dem Beweisführer auch eine eidliche Schätzung des Betrages aufgeben, auf den er nach seiner Ueberzeugung Anspruch hat, muß dann aber stets einen Betrag bestimmen, welchen die eidliche Schätzung nicht übersteigen darf.[5]

Nach Vorschriften des bürgerlichen Rechtes oder der Civilproceßordnung wird mitunter durch den Beweis gewisser Thatsachen eine sog. Rechtsvermuthung für die Wahrheit einer anderen begründet, d. h. diese andere gilt dadurch ebenfalls als bewiesen, falls nicht von der Gegenpartei ihre Unwahrheit bewiesen wird. Das letzte kann auch durch Eideszuschiebung geschehen.[6]

In vielen Theilen Deutschlands galt bisher der Satz, daß ein verurtheilendes strafrichterliches Erkenntniß für den Civilrichter bindend sei. Dieser Satz ist ausdrücklich aufgehoben.[7] Auch gegenüber einem ergangenen Strafurtheil gilt der Grundsatz der freien Beweiswürdigung; doch wird sich der Civilrichter nicht leichthin mit jenem in Widerspruch setzen.

---

405 Abs. 2, 428, 429, 439; EG. z. CP. §. 16 Nr. 1, 2.

[5] CP. §. 260 Abs. 1. Der Eid, welchen das Gericht auferlegen kann, ist eine Art des richterlichen Eides und fällt daher unter die Vorschriften in CP. §§. 437—439. Die Vorschriften des bisherigen Rechtes über den Schätzungseid sind aufgehoben: CP. §. 260 Abs. 2.

[6] EG. z. CP. §. 16 Nr. 1. Vbd. CP. §§. 153 Abs. 2, 402 Abs. 1, 405 Abs. 2.

[7] EG. z. CP. §. 14 Nr. 1.

§. 42.

**b) Beweispflicht.**

I. Wer zur Begründung eines Antrages eine Thatsache seinerseits anführen muß, muß sie, falls dies erforderlich wird, auch beweisen: der Kläger also die Thatsachen, die er zur Begründung der Klage, der Beklagte diejenigen, die er zur Begründung seiner Einreden anführen muß, u. s. w.

Zunächst ist es Sache der Parteien, hienach selbst zu beurtheilen, was jede von ihnen zu beweisen hat, und demgemäß ihre Beweise anzubieten.[1] Für das Gericht wird die Frage nach der Beweispflicht erst von Bedeutung, wenn bei der Abfassung des Endurtheils eine Thatsache, auf die es für die Entscheidung ankommt, nicht bewiesen ist. Das Gericht muß dann zu Ungunsten derjenigen Partei entscheiden, von welcher die Thatsache zu beweisen gewesen wäre.

II. Rechtssätze bedürfen in der Regel keines Beweises, weil das geltende Recht den Gerichten bekannt sein muß. Eine Ausnahme machen Rechtssätze, deren Kenntniß man dem Gerichte nicht zumuthen kann, nämlich das in einem anderen Staate geltende Recht, Gewohnheitsrechte und Statuten. Insofern solche Rechtssätze dem Gerichte unbekannt sind, müssen sie von Dem, welcher sich darauf beruft, bewiesen werden. Jedoch ist das Gericht bei der Ermittelung derselben auf die von den Parteien beigebrachten Nachweise nicht beschränkt, sondern kann noch andere Hülfsmittel benutzen.[2]

III. Auch Thatsachen bedürfen keines Beweises, wenn sie durch **gerichtliches Geständniß** feststehen oder bei dem **Gerichte offenkundig (notorisch)** sind.[3]

---

[1] CP. §. 255.
[2] CP. §. 265.
[3] CP. §§. 261, 264.

1) **Gerichtliches Geständniß** ist jedes Zugeständniß von Thatsachen, welches eine Partei im Laufe des Rechtsstreites bei einer mündlichen Verhandlung oder zum Protokoll eines beauftragten oder ersuchten Richters macht.[4] Weil sich darin der Wille ausspricht, die Thatsache in diesem Rechtsstreite als wahr gelten zu lassen, so wird sie nun ohne Weiteres als wahr behandelt, und zwar ohne daß es erst einer Annahme des Geständnisses von Seite der Gegenpartei bedarf.[5] Auch kann diese Wirkung des gerichtlichen Geständnisses durch Widerruf nur aufgehoben werden, wenn die widerrufende Partei beweist, nicht allein daß das Geständniß der Wahrheit nicht entspreche, sondern auch daß es durch einen Irrthum veranlaßt sei.[6]

Das gerichtliche Geständniß hat diese Wirkung auch dann, wenn ihm ein Zusatz beigefügt wird, in welchem ein selbständiges Angriffs- oder Vertheidigungsmittel liegt (z. B. Zugeständniß des Darlehensempfanges mit Berufung auf erfolgte Rückzahlung). Die Bedeutung sonstiger Zusätze oder Einschränkungen ist nach den Umständen des einzelnen Falls zu beurtheilen (z. B. Zugeständniß des Darlehensempfanges, aber nur für die Hälfte der vom Kläger behaupteten Summe; Zugeständniß des Empfanges der vom Kläger genannten Summe, aber nicht als Darlehen sondern als Geschenk).[7]

---

[4] CP. §. 261 Abs. 1. Ein bei einer mündlichen Verhandlung gemachtes Geständniß ist auf Antrag durch das Protokoll festzustellen: CP. §§. 270 Abs. 2, 470 Abs. 2 (f. ob. §. 40. I.). Vgl. CP. §. 129 Abs. 2. Ein bloß in einem vorbereitenden Schriftsatze gemachtes Geständniß ist nur ein außergerichtliches.

[5] CP. §. 261 Abs. 1, 2 vbd. §. 494. Ausnahmen treten ein in Processen über Verhältnisse, welche der freien Verfügung der Parteien nicht unterworfen sind, wie z. B. in Ehe- und Entmündigungssachen: CP. §§. 577, 611.

[6] CP. §. 263.

[7] CP. §. 262. — Das ge-

2) Unter den Thatsachen, welche bei dem Gerichte offenkundig sind, versteht das Gesetz diejenigen, deren sichere Kenntniß von dem Gerichte erwartet und verlangt werden kann, und denen es daher nöthigenfalls von Amtswegen nachforschen muß. Hierhin gehört namentlich Alles, was bei diesem Gerichte in dem schwebenden Processe oder bei einer anderen Gelegenheit vorgegangen ist, ferner Alles, wovon dem Gerichte durch die Staatsbehörden amtliche Kenntniß gegeben ist, endlich Alles, was Menschen von der Bildung, wie sie von dem Richterstande gefordert wird, ohnehin wissen sollen.

§. 43.

c) Allgemeine Regeln über die Beweisaufnahme.

I. Die Beweisaufnahme, d. h. die Erhebung des Ergebnisses der Beweismittel, muß in der Regel vor dem Proceßgerichte selbst geschehen. Nur in besonderen, vom Gesetze bestimmten Fällen darf sie ausnahmsweise einem beauftragten oder einem ersuchten Richter übertragen werden.[1] Die Parteien dürfen bei derselben gegenwärtig sein.[2]

Zum Zwecke der Beweisaufnahme ist durchaus nicht

---

richtliche Geständniß des gesetzlichen Vertreters einer Partei gilt demjenigen der letzteren gleich. S. ob. §. 19. III. Ueber die gerichtlichen Geständnisse der Proceßbevollmächtigten und Beistände f. CP. §§. 81, 86 Abs. 2 (f. ob. §. 26. III. a. E., V. a. E.). — Die Beweiskraft außergerichtlicher Geständnisse ist vom Gerichte nach freier Ueberzeugung zu beurtheilen: CP.

§. 259 Abs. 1. Vgl. Begr. z. CP. Entw. §§. 367. 368. II. Nr. 2.
[1] CP. §. 320 vbd. GV. §.158. Diese zulässigen Ausnahmen f. in CP. §§. 337 Abs. 2, 340, 367 vbd. 370, 399, 441. In den Fällen der §§. 340 Abs. 2 und 441 Abs. 2 braucht das ersuchte Gericht ausnahmsweise kein Amtsgericht zu sein: f. R. C. Prot. S. 188.
[2] CP. §. 322. — S. noch CP. §. 321 vbd. §. 329 Abs. 3.

immer ein besonderes Verfahren erforderlich. Wird es aber erforderlich, oder wird es von dem Gerichte für angemessen erachtet, so muß es durch Beweisbeschluß angeordnet werden, d. h. durch einen Beschluß, welcher die Thatsachen, worüber der Beweis erhoben werden soll, die Beweismittel und die beweisführende Partei, — wenn es sich um die Abnahme eines Eides handelt (CP. §. 426), auch die Eidesnorm bezeichnet.[3] Als rein prozeßleitende Anordnung ist der Beweisbeschluß für das Gericht nicht bindend; doch darf vor seiner Erledigung keine Partei eine Aenderung desselben auf Grund der früheren Verhandlungen beantragen.[4] Diese Erledigung geschieht stets durch das Gericht von Amtswegen.[5]

Ein besonderes Beweisaufnahmeverfahren und folglich ein Beweisbeschluß wird jedesmal nothwendig, wenn die Beweisaufnahme durch einen beauftragten oder ersuchten Richter geschehen soll. Der beauftragte Richter wird bei der Verkündung des Beweisbeschlusses durch den Vorsitzenden bezeichnet, und in der Regel wird von diesem zugleich der Beweisaufnahmetermin bestimmt. An das ersuchte Gericht wird das Ersuchungsschreiben vom Vorsitzenden erlassen.[6] Soll die Beweisaufnahme im Auslande geschehen, so muß der Vorsitzende die zuständige ausländische Behörde oder den dortigen Reichsconsul um dieselbe ersuchen.[7]

Wenn in dem Beweisaufnahmetermin, sei es vor dem

---

[3] CP. §§. 257, 323, 324. Ausnahmen von CP. §. 324 Nr. 2 s. in CP. §§. 337 Abs. 2, 370.

[4] CP. §. 325. Vbd. Begr. z. CP. Entw. §§. 314, 315 a. E.

[5] Vgl. CP. §§. 326—335, 342, 367.

[6] Näheres CP. §§. 326, 327. S. auch CP. §§. 330, 331.

[7] Näheres CP. §§. 328, 329, 334.

Proceßgerichte selbst, sei es vor einem beauftragten oder ersuchten Richter, eine Partei oder beide Parteien nicht erscheinen, so geschieht die Beweisaufnahme gleichwohl, soweit es nach der Lage der Sache möglich ist.[8]

II. Geschieht die Beweisaufnahme vor dem Proceßgerichte selbst, so ist der Termin, in welchem sie stattfindet, zugleich zur Fortsetzung der mündlichen Verhandlung bestimmt, so daß sich dieselbe unmittelbar an die Beweisaufnahme anschließt.[9] Geschieht sie vor einem beauftragten oder ersuchten Richter, so kann der Termin für die Fortsetzung der Verhandlung gleich in dem Beweisbeschlusse bestimmt werden. Ist dieses nicht geschehen, so wird er nach Beendigung der Beweisaufnahme von Amtswegen durch den Vorsitzenden bestimmt und den Parteien durch Zustellung von Amtswegen bekannt gemacht.[10] In diesem Termin verhandeln die Parteien nicht bloß über das Ergebniß der Beweisaufnahme, sondern sie müssen auch das Streitverhältniß von Neuem angeben[11] und das Ergebniß der Beweisaufnahme nach Maßgabe der Beweisverhandlungen vortragen.[12] Auf die Vollständigkeit und Richtigkeit dieses Vortrages hat der Vorsitzende vermöge seines Fragerechtes hinzuwirken.[13]

---

[8] CP. §. 332 Abs. 1. Ueber die Zulässigkeit einer nachträglichen Beweisaufnahme oder einer Vervollständigung der Beweisaufnahme s. CP. §. 332 Abs. 2. Ueber die Bestimmung eines neuen Termins für die Beweisaufnahme oder die Fortsetzung derselben s. CP. §. 333.

[9] CP. §. 335 Abs. 1.

[10] CP. §. 335 Abs. 2 vbd. §. 294 Abs. 3.

[11] CP. §. 258 Abs. 1. Vgl. ob. §. 36. III.

[12] CP. §. 258 Abs. 2.

[13] CP. §. 130 Abs. 1. — Bei Ausbleiben einer der Parteien im Verhandlungstermine tritt das Versäumnißverfahren ein: CP. §. 297.

d) Beweismittel.

## §. 44.
### aa) Augenschein.

**Augenschein** heißt jede amtliche Sinnenwahrnehmung des Richters.

Die Antretung des Beweises durch Augenschein geschieht durch Bezeichnung des Gegenstandes des Augenscheins und Angabe der zu beweisenden Thatsachen.[1] Das Proceßgericht kann aber die Einnahme eines Augenscheins auch schon von Amtswegen anordnen.[2] Desgleichen die Zuziehung eines oder mehrerer Sachverständigen bei der Einnahme des Augenscheins, sei diese beantragt oder von Amtswegen angeordnet.[3]

Die Einnahme des Augenscheins kann durch das Proceßgericht selbst,[4] sie kann aber auch durch einen beauftragten oder ersuchten Richter geschehen; und diesem kann dann auch die Ernennung der zuzuziehenden Sachverständigen überlassen werden.[5]

Das Ergebniß des Augenscheins ist durch Aufnahme in das Protokoll festzustellen.[6]

## §. 45.
### bb) Zeugen.

**Zeugen** sind dritte Personen, welche dem Richter etwas von ihnen selbst Wahrgenommenes mittheilen sollen. Aussagen vom bloßen Hörensagen haben gar keine Beweiskraft.

I. Die Antretung des Zeugenbeweises geschieht durch die

---

[1] CP. §. 336.
[2] CP. §. 135.
[3] CP. §. 337 Abs. 1.
[4] CP. §. 196 Abs. 1.
[5] CP. §. 337 Abs. 2.
[6] CP. §. 146 Nr. 4.

Benennung der Zeugen und die Bezeichnung der Thatsachen, worüber sie vernommen werden sollen.[1]

Die Vernehmung soll regelmäßig vor dem Proceßgerichte selbst geschehen; nur aus besonderen, gesetzlich bestimmten Gründen kann sie einem beauftragten oder ersuchten Richter übertragen werden.[2]

II. Die Ladung der Zeugen geschieht von Amtswegen; sie muß die Thatsachen angeben, worüber die Vernehmung erfolgen soll.[3]

Wer ordnungsmäßig als Zeuge geladen ist, ist in der Regel zur Ablegung des Zeugnisses verpflichtet. Bleibt er ohne genügende Entschuldigung in dem Vernehmungstermin aus, so ist er von Amtswegen nicht allein in die durch sein Ausbleiben verursachten Kosten, sondern auch zu einer Geld=strafe bis zu 300 Mark und für den Fall des Unvermögens zur Strafe der Haft bis zu sechs Wochen zu verurtheilen. Bei wiederholtem Ausbleiben kann die Strafe noch einmal erkannt und die zwangsweise Vorführung des Zeugen ange=ordnet werden.[4] Dieselbe Strafe verwirkt der Zeuge, welcher ohne Angabe eines Grundes oder nach rechtskräftiger Ver=werfung des angegebenen das Zeugniß, sei es überhaupt, sei

---

[1] CP. §. 338.
[2] Näheres CP. §§. 340, 347. In den Fällen von CP. §. 340 Abs. 2 braucht, als Ausnahme von GV. §. 158, das ersuchte Gericht nicht nothwendig ein Amtsgericht zu sein, sondern es kommt auf die Hausverfassungen oder die Landesgesetze an. S. EG. z. GV. §. 5, EG. z. CP. §. 5. Vgl. CP. §. 441 Abs. 2 und R. T. Prot. S. 188. Ueber die Befugnisse des beauftragten oder ersuchten Richters s. CP. §. 365.

[3] Näheres CP. §§. 342, 343.
[4] Näheres CP. §§. 345, 346. S. auch Strafgesetzbuch §. 138. Die zwangsweise Vorführung geschieht im Auftrage des Ge=richtes durch einen Gerichtsvoll=zieher: Geb. O. f. GVollz. §. 9. Vgl. CP. §. 790.

es hinsichtlich einzelner Fragen, oder die Eidesleistung verweigert. Bei wiederholter Weigerung tritt auf Antrag der Partei zur Erzwingung des Zeugnisses die Haft ein, jedoch nicht länger als bis zur Beendigung des Processes in der Instanz und höchstens sechs Monate lang.[5] Gegen alle diese Beschlüsse ist Beschwerde zulässig, deren Einlegung durch Erklärung vor dem Gerichtsschreiber zu Protokoll geschehen kann und die Vollziehung des Beschlusses bis zur Erledigung der Beschwerde aufschiebt.[6]

Von dieser Regel bestehen folgende Ausnahmen:

1) Oeffentliche Beamte dürfen über Umstände, worauf sich ihre Pflicht zur Amtsverschwiegenheit bezieht, nur mit Genehmigung ihrer vorgesetzten Dienstbehörde, oder, wenn sie nicht mehr im Amte sind, ihrer letzten vorgesetzten Dienstbehörde als Zeugen vernommen werden. Die Genehmigung hat das Proceßgericht einzuholen und dem Zeugen bekannt zu machen.[7] Sie darf nur verweigert werden, wenn die Ablegung des Zeugnisses dem Wohl des Reiches oder eines Bundesstaates schädlich sein würde.[8]

2) Geistliche dürfen über Dasjenige, was ihnen bei der Ausübung der Seelsorge anvertraut ist, nicht bloß das Zeugniß verweigern, sondern sie dürfen darüber überhaupt nicht vernommen werden, es wäre denn, daß sie von der Verpflichtung zur Verschwiegenheit entbunden sind. Gleiches gilt von anderen Personen, die vermöge ihres Amtes, Standes oder

---

[5] Näheres CP. §. 355 vbb. §. 794.
[6] CP. §§. 345 Abf. 3, 355 Abf. 3, 532 Abf. 2, 535 Abf. 1.
[7] CP. §. 341 Abf. 1, 3.
[8] CP. §. 341 Abf. 2. Dahin darf aber nicht der Fall gerechnet werden, wenn der Fiscus Proceßpartei ist und nur in dieser Eigenschaft von der Aussage des Beamten Nachtheil zu befürchten hat: R. C. Prot. S. 677.

Gewerbes zur Geheimhaltung gewisser Thatsachen verpflichtet sind, in Ansehung dieser Thatsachen.⁹

3) Das Zeugniß dürfen verweigern:
    a) der Verlobte einer Partei;
    b) der Ehegatte einer Partei, selbst nach Auflösung der Ehe;
    c) die leiblichen oder Adoptiv-Verwandten einer Partei in gerader Linie, die leiblichen Seitenverwandten einer Partei bis zum dritten Grade, ferner die Verschwägerten einer Partei in gerader Linie und bis zum zweiten Grade der Seitenlinie, selbst nach Auflösung der Ehe, durch welche die Schwägerschaft begründet ist.

Diese Personen sind vor der Vernehmung über ihr Recht zur Verweigerung des Zeugnisses zu belehren.¹⁰

Ausnahmsweise darf jedoch eine solche Person das Zeugniß nicht verweigern:¹¹
    a) über die Errichtung oder den Inhalt eines Rechtsgeschäftes, bei dessen Errichtung sie als Zeuge zugezogen war;
    b) über Geburten, Verheirathungen oder Sterbefälle von Familiengliedern;
    c) über Thatsachen, welche die durch das Familienverhältniß bedingten Vermögensangelegenheiten betreffen;
    d) über diejenigen auf das streitige Rechtsverhältniß

---

⁹ CP. §. 348 Abf. 1 Nr. 4, 5, Abf. 3, 350 Abf. 2. Vgl. Strafgesetzbuch §. 300, Handelsgesetzbuch Art. 69 Nr. 5, GV. §. 200.

¹⁰ CP. §. 348 Abf. 1 Nr. 1 bis 3, Abf. 2.

¹¹ CP. §. 350 Abf. 1.

sich beziehenden Handlungen, welche von ihr selbst als Rechtsvorgängerin oder Vertreterin einer Partei vorgenommen sein sollen.

4) Jeder Zeuge darf das Zeugniß verweigern über Fragen, deren Beantwortung ihm selbst oder einer Person, zu welcher er in einem der in Nr. 3 bezeichneten Verhältnisse steht, einen unmittelbaren Vermögensschaden verursachen,[12] zur Unehre gereichen oder die Gefahr strafgerichtlicher Verfolgung zuziehen würde,[13] sowie über Fragen, die er nicht ohne Offenbarung eines Kunst- oder Gewerbegeheimnisses beantworten könnte.[14]

Der Zeuge, welcher das Zeugniß verweigert, muß die Gründe angeben und glaubhaft machen. Hat er dieses schon vor dem Vernehmungstermin schriftlich oder durch Erklärung vor dem Gerichtsschreiber zu Protokoll gethan, so braucht er in dem Termine nicht zu erscheinen. Auch braucht er sich bei der Verhandlung über die Rechtmäßigkeit der Weigerung nicht durch einen Anwalt vertreten zu lassen. Gegen das Zwischenurtheil, welches darüber entscheidet, ist sofortige Beschwerde zulässig.[15]

III. Jeder Zeuge ist einzeln und in der Regel vor seiner Vernehmung darauf zu beeidigen, daß er nach bestem Wissen die reine Wahrheit sagen, nichts verschweigen und nichts hinzusetzen werde. Doch können die Parteien auf die Beeidigung verzichten.[16] Unbeeidigt sind immer zu vernehmen:[17]

---

[12] CP. §. 349 Nr. 1. Das Recht der Zeugnißverweigerung fällt auch hier in den vorhin unter a—d bezeichneten Fällen weg: CP. §. 350 Abs. 1.
[13] CP. §. 349 Nr. 2.
[14] CP. §. 349 Nr. 3.
[15] Näheres CP. §§. 351—354.
[16] CP. §§. 356, 357.
[17] CP. §. 358 Abs. 1.

1) Personen, die noch nicht 16 Jahre alt sind, oder denen nach dem Ermessen des Richters die genügende Vorstellung von der Bedeutung des Eides wegen Unreife oder Schwäche des Verstandes fehlt;
2) Personen, die nach den Bestimmungen der Strafgesetze unfähig sind, als Zeugen eidlich vernommen zu werden;[18]
3) diejenigen Personen, welche wegen ihres nahen Verhältnisses zu einer Partei nach CP. §. 348 Nr. 1—3 (ob. S. 124 Nr. 3. a—c) oder zur Verhütung von Nachtheil für sich oder ihre nächsten Angehörigen nach CP. §. 349 Nr. 1, 2 (ob. S. 125 Nr. 4) zur Weigerung des Zeugnisses berechtigt sind, wenn sie von diesem Rechte keinen Gebrauch machen, vorausgesetzt in den Fällen von CP. §. 349 Nr. 1, 2, daß sie bloß über Thatsachen vorgeschlagen sind, hinsichtlich deren sie das Zeugniß verweigern dürfen;
4) Personen, welche bei dem Ausgange des Rechtsstreites unmittelbar betheiligt sind.[19]

Das Proceßgericht kann jedoch nach seinem Ermessen die nachträgliche Beeidigung der unter Nr. 3 und 4 bezeichneten Personen anordnen.[20]

IV. Jeder Zeuge ist einzeln und in Abwesenheit der später abzuhörenden zu vernehmen. Zeugen, zwischen deren Aussagen ein Widerspruch besteht, können einander gegenübergestellt werden.[21]

Bei der Vernehmung wird jeder Zeuge immer zuvörderst über Vor- und Zunamen, Alter, Religionsbekenntniß, Stand

---

[18] Nämlich die wegen Meineides Verurtheilten: Strafgesetzbuch §. 161.
[19] Vgl. CP. §. 41 Nr. 1 (f. ob. §. 5. I. Nr. 1) und CP. §. 63 Abs. 1 (f. ob. §. 23. I.).
[20] CP. §. 358 Abs. 2.
[21] CP. §. 359.

ober Gewerbe und Wohnort befragt. Erforderlichen Falls ist er auch über Umstände, welche seine Glaubwürdigkeit in der Sache betreffen, insbesondere über seine Beziehungen zu den Parteien zu befragen.[22] Sodann soll er Dasjenige, was ihm von dem Gegenstande seiner Vernehmung bekannt ist, im Zusammenhange angeben. Zur Aufklärung oder Vervollständigung der Aussage sowie zur Ermittelung des Grundes der Wissenschaft des Zeugen sind nöthigen Falls weitere Fragen zu stellen, was der Vorsitzende auch jedem Gerichtsmitgliede gestatten muß.[23] Die Parteien dürfen dem Zeugen Fragen vorlegen lassen, die sie zur Aufklärung der Sache oder der Verhältnisse des Zeugen für dienlich halten. Der Vorsitzende kann ihnen auch unmittelbare Fragen an den Zeugen gestatten, und ihren Anwälten muß er sie auf Verlangen gestatten. Zweifel über die Zulässigkeit einer Frage entscheidet das Gericht.[24] Die Aussagen der Zeugen müssen in das Protokoll aufgenommen werden.[25]

Das Proceßgericht kann nach seinem Ermessen die wiederholte Vernehmung eines Zeugen und, wenn ein beauftragter oder ersuchter Richter die Stellung einer von einer Partei angeregten Frage verweigert hat, die nachträgliche Vernehmung des Zeugen über dieselbe anordnen.[26]

Eine Partei kann auf einen von ihr vorgeschlagenen Zeugen, so lange seine Vernehmung noch nicht stattgefunden hat, verzichten. Erfolgt jedoch der Verzicht erst im Vernehmungstermin und ist der Zeuge erschienen, so kann die Gegen-

---

[22] CP. §. 360.
[23] CP. §. 361.
[24] CP. §. 362.
[25] CP. §§. 146 Nr. 3, 151 vbd. §. 354 Abs. 1.

[26] CP. §. 363 vgl. §. 539 Abs. 1. Einer nochmaligen Beeidigung des Zeugen bedarf es in solchen Fällen nicht: CP. §. 363 Abs. 3.

partei seine Vernehmung oder die Fortsetzung derselben verlangen.[27]

V. Der Zeuge hat nach Maßgabe der Gebürenordnung für Zeugen und Sachverständige auf Entschädigung für Zeitversäumniß und auf die Erstattung von Reise- und Zehrungskosten Anspruch.[28] Bei weiterer Entfernung seines Aufenthaltsortes muß ihm auf seinen Antrag ein Vorschuß bewilligt werden.[29]

Diese Gebüren werden dem Zeugen aus der Staatskasse bezahlt und bilden einen Theil der von den Parteien zu ersetzenden Auslagen des Gerichtes.[30] Zur Deckung der Staatskasse wegen derselben kann das Proceßgericht oder das ersuchte Gericht die Ladung der Zeugen davon abhängig machen, daß der Beweisführer einen Vorschuß hinterlegt.[31]

Die Gebüren werden aber jedem Zeugen nur auf sein Verlangen gewährt, welches binnen drei Monaten seit der Beendigung der Vernehmung bei dem Gerichte angebracht werden muß, vor welchem die Vernehmung stattgefunden hat, widrigenfalls der Anspruch erlischt.[32]

Die Beträge werden von dem Gerichte oder dem Richter festgesetzt, vor welchem die Vernehmung des Zeugen stattfindet. Gegen diese Festsetzung ist Beschwerde zulässig, welche durch Erklärung vor dem Gerichtsschreiber zu Protokoll eingelegt werden kann.[33]

---

[27] CP. §. 364. Vgl. CP. §. 401.

[28] CP. §. 366. S. Geb. O. f. Zeugen u. Sachverst. §§. 2, 5—12, 14.

[29] GV. §. 166 Abs. 3.

[30] GKostenG. §. 79 Nr. 4.

[31] Näheres CP. §. 314 vbd. GV. §. 165 Abs. 2, 3.

[32] Geb. O. f. Zeugen u. Sachverst. §. 16 vgl. GV. §. 166 Abs. 1.

[33] Näheres Geb. O. f. Zeugen und Sachverst. §. 17 vbd. GKostenG. §. 4 Abs. 3. Vgl. CP. §. 532 Abs. 2.

## §. 46.
### cc) Sachverständige.

Sachverständige sind Personen, welche die zur richtigen Beurtheilung eines gewissen Verhältnisses erforderliche besondere Sachkunde besitzen.

Sollen sie über Wahrnehmungen aussagen, die sie vermöge ihrer Sachkunde früher gemacht haben, so erscheinen sie als Zeugen (sog. sachverständige Zeugen), und es kommen daher die Vorschriften über den Zeugenbeweis zur Anwendung.[1] Um einen eigentlichen Beweis durch Sachverständige handelt es sich nur da, wo diese über gewisse Fragen ein Gutachten abgeben sollen.

Die Antretung des Beweises geschieht in diesem Fall durch Bezeichnung der Punkte, worüber das Gutachten abgegeben werden soll.[2] Das Gericht kann aber eine Begutachtung durch Sachverständige auch von Amtswegen anordnen.[3]

Die Anzahl der Sachverständigen wird stets vom Proceßgerichte bestimmt und kann auf einen einzigen beschränkt werden. Auch die Auswahl der Sachverständigen geschieht durch das Gericht, wenn sich nicht die Parteien über bestimmte Personen geeinigt haben. Das Gericht kann aber die Parteien zur Bezeichnung geeigneter Personen auffordern, und wenn in dem Gerichtsbezirke[4] für gewisse Arten von Gutachten Sachverständige öffentlich bestellt sind (wie z. B. Gerichtsärzte, gerichtlich bestellte Taxatoren u. dgl.), so soll es ohne dringenden Grund nicht andere Personen wählen. Endlich kann

---

[1] CP. §. 379.
[2] CP. §. 368.
[3] CP. §. 135. Vgl. CP. §§. 3, 260, 337, 407.
[4] R.C.Prot. S. 141.

das Gericht an Stelle der zuerst ernannten Sachverständigen nach Bedürfniß andere ernennen.[5]

Die Beweisaufnahme kann aus den gleichen Gründen, wie die Aufnahme eines Zeugenbeweises, einem beauftragten oder ersuchten Richter übertragen, und dieser kann dann von dem Proceßgerichte auch zu der Ernennung der Sachverständigen ermächtigt werden.[6]

Ein Sachverständiger kann aus den gleichen Gründen wie ein Richter abgelehnt werden, mit der Ausnahme, daß die geschehene Vernehmung des Sachverständigen als Zeugen keinen Ablehnungsgrund bildet.[7]

II. Der zum Sachverständigen Ernannte ist zur Erstattung des Gutachtens verpflichtet, wenn er sich dazu vor Gericht bereit erklärt hat, oder wenn er für solche Gutachten öffentlich bestellt ist oder seinem Berufe nach die erforderliche Sachkunde besitzt.[8] Er darf dann das Gutachten nur aus denselben Gründen verweigern, aus denen ein Zeuge das Zeugniß verweigern darf.[9] Doch kann ihn das Gericht auch aus anderen Gründen von der Erstattung des Gutachtens entbinden. Ein öffentlicher Beamter darf als Sachverständiger nicht vernommen werden, wenn seine vorgesetzte Behörde erklärt, daß seine Vernehmung den dienstlichen Interessen nachtheilig sein würde.[10]

Wenn ein zur Erstattung des Gutachtens verpflichteter Sachverständiger ohne genügende Entschuldigung ausbleibt,

---

[5] CP. §. 369.
[6] CP. §. 367 vbd. §. 340; §. 370.
[7] CP. §. 371 Abs. 1 vbd. §§. 41, 42 (ob. §. 5). Auch in Ansehung des Verfahrens gelten wesentlich die gleichen Grundsätze, wie bei der Ablehnung eines Richters; s. CP. §. 371 Abs. 2—5 und vgl. CP. §§. 43 bis 46. S. auch noch CP. §. 377 Abs. 2.
[8] Näheres CP. §. 372.
[9] S. ob. §. 45. II.
[10] CP. §. 373.

oder wenn er das Gutachten verweigert, so wird er von Amts=
wegen in die durch sein Ausbleiben oder seine Weigerung ver=
ursachten Kosten und zu einer Geldstrafe bis zu 300 Mark
verurtheilt. Bei wiederholtem Ungehorsam kann er noch einmal
zu einer Geldstrafe bis zu 600 Mark verurtheilt werden.[11]

III. Der Sachverständige ist, wenn nicht beide Parteien
auf seine Beeidigung verzichten, vor Erstattung seines Gut=
achtens darauf zu beeidigen, daß er das von ihm geforderte
Gutachten unparteiisch und nach bestem Wissen und Gewissen
erstatten werde. Bei Sachverständigen, welche für die Er=
stattung von Gutachten solcher Art im Allgemeinen beeidigt
sind, genügt die Berufung auf den geleisteten Eid.[12]

Das Gericht kann mündliche oder schriftliche Erstattung
des Gutachtens und in diesem letzten Fall das Erscheinen des
Sachverständigen zur mündlichen Erläuterung des Gutachtens
anordnen.[13] Auch kann es, wenn ihm das Gutachten ungenü=
gend erscheint, eine neue Begutachtung durch dieselben oder
durch andere Sachverständige anordnen.[14]

IV. Der Sachverständige hat nach Maßgabe der Gebüren=
ordnung für Zeugen und Sachverständige nicht allein auf
Entschädigung für Zeitversäumniß und Kosten, sondern auch
auf angemessene Vergütung seiner Bemühung Anspruch.[15] Im
Uebrigen gelten in Ansehung der Gebüren der Sachverstän=
digen die nämlichen Vorschriften wie in Ansehung der Ge=
büren der Zeugen.[16]

---

[11] Näheres CP. §. 374 vbd. §§. 367, 345, 346, 351—355, 532 Abs. 2, 535 Abs. 1. S. auch Strafgesetzbuch §. 138.
[12] CP. §. 375.
[13] Näheres CP. §. 376.
[14] CP. §. 377 Abs. 1.

[15] CP. §. 378. S. Geb. O. f. Zeugen u. Sachverst. §§. 3—11, 13—15.
[16] S. ob. §. 45. V. und die dort in den Anmerkungen 29—33 angegebenen Gesetzesstellen.

dd) **Urkunden.**

#### §. 47.
##### a) **Beweiskraft.**

I. Urkunde ist im bürgerlichen Verfahren jedes Schriftstück.

Die Urkunden zerfallen in öffentliche und Privaturkunden. Oeffentliche Urkunden sind diejenigen, welche von einer öffentlichen Behörde oder von einer Urkundsperson, d. h. einer mit öffentlichem Glauben versehenen Person (z. B. Notar, Gerichtsvollzieher, Rechtsanwalt), innerhalb ihrer amtlichen Zuständigkeit und in der vorgeschriebenen Form aufgenommen sind.[1] Alle anderen Urkunden sind Privaturkunden.

Ferner sind zu unterscheiden Urschriften (Originale) und Abschriften (Copieen). Urschrift ist die Urkunde, auf die es ankommt, selbst, Abschrift die bloße Wiedergabe des Wortlautes einer Urkunde. Die Abschriften sind beglaubigte oder einfache, je nachdem ihre Uebereinstimmung mit der Urschrift durch eine öffentliche Urkunde bezeugt ist oder nicht.[2]

II. Die Beweiskraft jeder Urkunde ist bedingt durch ihre Echtheit, d. h. die Gewißheit, daß sie wirklich von dem angeblichen Aussteller herrührt, und durch ihre Unverfälschtheit, d. h. die Gewißheit, daß ihr echter Inhalt nicht verändert ist. Die Unverfälschtheit wird angenommen, wenn die Urkunde nicht an Durchstreichungen, Radirungen, Einschaltungen oder sonstigen äußeren Mängeln leidet. Inwieweit solche Mängel die Beweiskraft der Urkunde beein-

---

[1] CP. §. 380 Abs. 1. | [2] Vgl. CP. §. 400.

Urkunden. Aeußere Beweiskraft. §. 47.

trächtigen, hat das Gericht nach freier Ueberzeugung zu entscheiden.³

In Ansehung der Echtheit ist ein wesentlicher Unterschied zwischen öffentlichen und Privaturkunden. Urkunden, welche sich nach Form und Inhalt als öffentliche darstellen, gelten als echt, wenn nicht der Gegner die Unechtheit beweist. Doch kann das Gericht, wenn es selbst Zweifel über die Echtheit hat, auf Antrag oder auch von Amtswegen den angeblichen Aussteller zu einer Erklärung über die Echtheit veranlassen.⁴ Bei Privaturkunden dagegen muß, weil es hier an öffentlich anerkannten Kennzeichen der Echtheit fehlt, die letztere besonders bewiesen werden; jedoch nur, wenn die Urkunde vom Gegner nicht anerkannt wird.⁵ Dieser muß sich immer zuvörderst über die Echtheit nach den Vorschriften in CP. §. 129 erklären; hat die Urkunde eine Namensunterschrift, so muß er die Erklärung auf die Echtheit der letzteren richten. Unterläßt er die Erklärung, so wird die Urkunde als anerkannt angesehen, wenn nicht die Absicht der Bestreitung ihrer Echtheit aus seinen übrigen Erklärungen hervorgeht.⁶ Erkennt er die Urkunde nicht an, so braucht der Beweisführer, wenn sich unter der Urkunde eine Namensunterschrift befindet, nur die Echtheit der letzteren zu beweisen. Ist sie bewiesen oder steht sie durch gerichtliche oder notarielle Beglaubigung fest, so gilt auch die Echtheit der darüber stehenden Schrift als be-

---

³ CP. §. 384.
⁴ CP. §. 402. Einer Beglaubigung bedarf es bei inländischen öffentlichen Urkunden zum Gebrauche im Inlande nicht: Reichsgesetz vom 1. Mai 1878 (Reichsgesetzblatt S. 89) §. 1. Ueber ausländische öffentliche Urkunden s. CP. §. 403 und Reichsgesetz vom 1. Mai 1878 §. 2.
⁵ CP. §. 405 Abs. 1.
⁶ CP. §. 404. Vgl. CP. §. 129 Abs. 2. S. auch CP. §. 129 Abs. 3.

wiesen, falls nicht der Gegner die Unechtheit derselben beweist. Ein unter der Urkunde stehendes bloßes Handzeichen wird überhaupt nur dann beachtet, wenn es gerichtlich oder notariell beglaubigt ist, steht aber dann der beglaubigten Namensunterschrift gleich.[7]

Der Beweis der Echtheit oder Unechtheit kann auch durch Schriftvergleichung geführt werden, d. h. durch Vergleichung der Schriftzüge mit denjenigen eines anderen von dem angeblichen Aussteller herrührenden Schriftstückes. Der Beweisführer muß dann geeignete Vergleichungsstücke beschaffen und nöthigen Falls ihre Echtheit beweisen. Befinden sich solche in den Händen des Gegners, so ist er auf Antrag des Beweisführers nach Maßgabe der Grundsätze über die Verpflichtung zur Vorlegung von Urkunden zur Vorlegung verpflichtet.[8] Ueber das Ergebniß der Schriftvergleichung entscheidet das Gericht nach freier Ueberzeugung, allenfalls nach Anhörung von Sachverständigen.[9]

III. Steht die Echtheit und Unverfälschtheit einer Urkunde fest, so wird dadurch bewiesen, daß sie mit ihrem Inhalte von dem Aussteller herrührt. Ist sie eine öffentliche Urkunde, oder ist sie als Privaturkunde von dem Aussteller unterschrieben oder durch gerichtlich oder notariell beglaubigtes Handzeichen unterzeichnet, so liefert sie zugleich vollen Beweis, daß der Aussteller Das, was nach dem Wortlaute der Urkunde darin erklärt ist, auch wirklich hat erklären wollen, daß also die Urkunde nicht ein bloßer Entwurf ist, den

---

[7] CP. §. 405. Vgl. CP. §. 76 Abs. 2.

[8] Näheres CP. §. 406.

[9] CP. §. 407. — Urkunden, deren Echtheit oder Unverfälscht= heit bestritten ist, werden bis zur Erledigung des Rechtsstreites auf der Gerichtsschreiberei aufbewahrt: CP. §. 408.

Urkunden. Innere Beweiskraft. §. 47.

sein Urheber noch nicht als wirkliche Erklärung betrachtet hat.[10]

IV. Die Beweiskraft der in einer Urkunde liegenden Erklärung selbst hängt von ihrem Inhalte ab. Oeffentliche Urkunden, worin eine zuständige Behörde oder Urkundsperson gewisse Thatsachen auf Grund eigener Wahrnehmung bezeugt, liefern vollen Beweis dieser Thatsachen.[11] Insbesondere liefern öffentliche Urkunden, welche eine vor der Behörde oder der Urkundsperson abgegebene Erklärung bezeugen, vollen Beweis des ganzen beurkundeten Vorganges, d. h. vollen Beweis dafür, daß die bestimmte Erklärung von der bestimmten Person an dem bestimmten Orte und zu der bestimmten Zeit abgegeben worden ist. Doch ist in jeder dieser Beziehungen der Beweis unrichtiger Beurkundung durch alle zulässigen Beweismittel statthaft.[12] Gegen öffentliche Zeugnisse anderen Inhaltes, wie z. B. Zustellungsurkunden, Wechselproteste u. dgl., ist der Beweis der Unrichtigkeit der bezeugten Thatsachen nur statthaft, insofern ihn nicht Reichs- oder Landesgesetze bei Urkunden gewissen Inhaltes, z. B. Eintragung in das Grundbuch, ausschließen oder beschränken.[13] Oeffentliche Zeugnisse, welche nicht auf eigener Wahrnehmung der Behörde oder Urkundsperson beruhen, liefern nur dann vollen Beweis der bezeugten Thatsachen, wenn die Beweis-

---

[10] CP. §§. 381, 382. Mitunter gehört zur Vollendung der Erklärung auch noch die Aushändigung der Urkunde an einen Anderen, wie z. B. bei einem Wechsel, Schuldschein u. dgl. Daran ist durch die Vorschriften der Civilproceßordnung nichts geändert. S. R. C. Prot. S. 155 folg. Die Beweiskraft nicht unterschriebener Schriftstücke hat das Gericht nach freier Ueberzeugung zu würdigen: CP. §. 259.

[11] CP. §§. 380 Abf. 1, 383 Abf. 1.

[12] CP. §. 380.

[13] CP. §. 383 Abf. 2. S. auch CP. §§. 150, 285.

kraft des Zeugnisses nach Reichs- oder Landesgesetzen von der eigenen Wahrnehmung unabhängig ist, wie z. B. die Zeugnisse der Standesbeamten und Geistlichen über den Personenstand.[14]

Soweit diese gesetzlichen Beweisregeln nicht eingreifen, hat das Gericht die Beweiskraft einer urkundlichen Erklärung nach freier Ueberzeugung zu beurtheilen. Und zwar hat eine solche Erklärung im Allgemeinen dieselbe Beweiskraft, wie eine von ihrem Urheber mündlich gemachte Erklärung gleichen Inhaltes. Wenn und soweit sie, wie z. B. bei Schuldscheinen und Quittungen, ein Geständniß enthält, welches gegenüber dem Beweisführer oder einem Rechtsvorgänger desselben in der Absicht gemacht ist, daß dadurch die zugestandene That=sache solle bewiesen werden können, liefert sie naturgemäß vollen Beweis, falls nicht der Gegner die Unwahrheit des Zugestandenen beweist.[15] Wenn und soweit sie, wie z. B. bei Dienstzeugnissen und Lehrbriefen, ein bloß privates Zeugniß enthält, hat sie keine oder doch nur geringe Beweiskraft, weil die Glaubwürdigkeit privater Zeugnisse durch gerichtliche und

---

[14] CP. §. 383 Abs. 3, EG. z. CP. §. 16 Nr. 2. Ueber die Beweiskraft der von den Stan=desbeamten aufgenommenen Ge=burts- und Sterbeurkunden s. Reichsgesetz über den Personen=stand vom 6. Februar 1875 §. 15 vbd. EG. z. CP. §. 13 Abs. 1. S. auch Reichsgesetz über die Beurkundung des Personen=standes im Auslande v. 4. Mai 1870 §§. 11, 12.

[15] Begr. z. CP. Entw. §§. 367, 368. II. Nr. 2. Die Vorschrif=ten des bürgerlichen Rechtes, wonach die Beweiskraft eines Schuldscheins oder einer Quit=tung vom Ablauf einer gewissen Zeit abhängig war, sind aufge=hoben: EG. z. CP. §. 17. — Doch liefert ein solches urkund=liches Geständniß nicht unbe=dingt vollen Beweis, sondern der Werth dieser wie aller an=derer außergerichtlicher Geständ=nisse ist vom Gerichte jedesmal nach den Umständen und nach freier Ueberzeugung zu beur=theilen: CP. §. 259. S. auch ob. §. 42 Anm. 7.

eidliche Aussage bedingt ist. Wenn und soweit sie endlich in einer Willenserklärung besteht, wie z. B. bei einem Wechsel, einem Testamente u. dgl., ist das Dasein und der Inhalt derselben durch gerichtlichen Augenschein bewiesen.

V. Eine Privaturkunde kann als Beweismittel nur in der Urschrift gebraucht werden, nicht in einer bloßen, wenn auch beglaubigten, Abschrift. Eine öffentliche Urkunde dagegen kann in Urschrift oder in beglaubigter Abschrift vorgelegt werden; das Gericht kann jedoch die Vorlegung der Urschrift oder Angabe und Glaubhaftmachung der Thatsachen anordnen, welche die Vorlegung derselben verhindern. Erfolgt weder das Eine noch das Andere, so entscheidet es über die Beweiskraft der beglaubigten Abschrift nach freier Ueberzeugung.[16]

### §. 48.
#### b) Verbindlichkeit zur Vorlegung von Urkunden.

I. Wenn sich die Urkunde, welche eine Partei in dem Rechtsstreite als Beweismittel benutzen will, in den Händen eines Anderen, sei es des Proceßgegners oder eines Dritten, befindet, so ist der Inhaber zur Vorlegung (Edition) derselben verpflichtet:[1]

1) wenn der Beweisführer nach den Vorschriften des bürgerlichen Rechtes, z. B. als Eigenthümer der Urkunde oder als Dienstherr des Inhabers, die Herausgabe oder Vorlegung der Urkunde auch außerhalb des Rechtsstreites verlangen könnte;
2) wenn die Urkunde ihrem Inhalte nach eine für den Beweisführer und den Inhaber gemeinschaftliche ist,

---

[16] CP. §. 400. | [1] CP. §§. 387, 394.

d. h. die Angelegenheiten Beider betrifft, wie z. B. die Urkunde über einen zwischen ihnen geschlossenen Kauf- oder Miethvertrag.[2]

Der Proceßgegner ist auch zur Vorlegung derjenigen in seinen Händen befindlichen Urkunden verpflichtet, auf welche er in dem Processe als Beweismittel Bezug genommen hat, wenn auch nur in einem vorbereitenden Schriftsatze.[3]

Aus den gleichen Gründen wie Privatpersonen sind auch öffentliche Behörden und Beamte zur Vorlegung von Urkunden verpflichtet.[4] Inwieweit sie in anderen Fällen befugt sind, die Mittheilung von Urkunden zu verweigern, und auf welchem Wege bei grundloser Weigerung die Mittheilung erzwungen werden kann, ist nach den für die Behörde oder den Beamten maßgebenden Gesetzen zu beurtheilen.[5]

II. Wo nach den Vorschriften der Civilproceßordnung eine Verpflichtung zur Vorlegung einer Urkunde besteht, kann der Inhaber stets im Rechtswege dazu genöthigt werden; ein Dritter, sei es eine Privatperson, sei es eine Behörde oder ein Beamter, aber nur durch eine selbständige Klage, welche in jeder Beziehung nach den gewöhnlichen Grundsätzen zu behandeln ist.[6] Auch wird das verurtheilende Erkenntniß in der gewöhnlichen Weise vollstreckt.[7]

Wird dagegen die Vorlegung einer Urkunde von dem

---

[2] Besondere Beispiele gemeinschaftlicher Urkunden: CP. §. 387 Nr. 2 Abs. 2. Aus dem Gesichtspunkte der Gemeinschaftlichkeit kann in Handelssachen jede Partei von der anderen die Vorlegung ihrer Handelsbücher verlangen: Handelsgesetzbuch Art. 37 Satz 1 vbd. EG. z. CP. §. 13 Abs 1.

[3] CP. §. 388 vbd. §§. 122, 125.

[4] CP. §. 397 Abs. 3.

[5] Begr. z. CP. Entw. §. 384.

[6] CP. §§. 394, 397 Abs. 3.

[7] Nach Maßgabe von CP. §§. 769 ff. (s. unt. §. 89. I.).

Proceßgegner verlangt, so wird über seine Verpflichtung zu der Vorlegung im Hauptprocesse selbst entschieden. Die Verhandlung darüber bildet dann einen Theil des Beweis= verfahrens.

## §. 49.
### c) Verfahren beim Urkundenbeweise.

I. Wenn der Beweisführer selbst die Urkunde in Händen hat oder doch zu ihrer Beschaffung ohne Mitwirkung des Ge= richtes im Stande ist, so geschieht die Beweisantretung durch Vorlegung der Urkunde bei der mündlichen Verhandlung.[1] Ist die Vorlegung bei der mündlichen Verhandlung wegen erheb= licher Hindernisse unmöglich oder wegen der Wichtigkeit der Urkunde und der Besorgniß des Verlustes oder der Beschä= digung bedenklich, so kann das Proceßgericht die Vorlegung vor einem beauftragten oder ersuchten Richter anordnen.[2]

II. Befindet sich die Urkunde nach der Behauptung des Beweisführers in den Händen des Gegners, so geschieht die Beweisantretung dadurch, daß jener bei der mündlichen Ver= handlung den Antrag stellt, dem Gegner die Vorlegung der Urkunde aufzugeben.[3] Dieser Antrag ist in der gewöhnlichen Weise durch Schriftsatz vorzubereiten und muß außer der Be= zeichnung der Urkunde und ihres Inhaltes sowie der That= sachen, welche durch sie bewiesen werden sollen, die Angabe der Gründe der Behauptung, daß die Urkunde im Besitze des Gegners sei, und des Grundes seiner Verpflichtung zur

---

[1] CP. §. 385 vbd. §. 397 Abs. 2.
[2] CP. §. 399. Als Beweisan= tretung muß es dann genügen, daß sich der Beweisführer bei der mündlichen Verhandlung zur Vorlegung der Urkunde erbietet. Uebrigens bezieht sich CP. §. 399 auch auf den Fall, wenn ein Anderer als der Beweisführer die Urkunde vorzulegen hat.
[3] CP. §. 386.

Vorlegung enthalten. Der letztere ist auch glaubhaft zu machen.[4] Hält das Gericht die zu beweisende Thatsache für erheblich und den Antrag für begründet, so ordnet es, wenn der Gegner den Besitz der Urkunde zugesteht oder sich über den Antrag nicht erklärt, durch Beweisbeschluß die Vorlegung der Urkunde an.[5] Bestreitet dagegen der Gegner den Besitz der Urkunde, so muß er den sog. Editionseid dahin leisten, daß nach seiner durch sorgfältige Nachforschung erlangten Ueberzeugung die Urkunde sich nicht in seinem Besitze befinde, daß er sie nicht in der Absicht abhanden gebracht habe, dem Beweisführer ihre Benutzung zu entziehen, daß er auch nicht wisse, wo sie sich befinde.[6] Kommt der Gegner der Anordnung, die Urkunde vorzulegen, oder der Anordnung, den Eid zu leisten, nicht nach, so ist eine vom Beweisführer beigebrachte Abschrift der Urkunde als richtig anzusehen. Ist keine Abschrift beigebracht, so können die Behauptungen des Beweisführers über die Beschaffenheit und den Inhalt der Urkunde als bewiesen angenommen werden.[7]

III. Befindet sich die Urkunde nach der Behauptung des Beweisführers in den Händen einer dritten Privatperson, so geschieht die Beweisantretung durch den Antrag, zur Herbeischaffung der Urkunde eine Frist zu bestimmen.[8] Zur Begründung desselben muß der Beweisführer die Urkunde und ihren Inhalt sowie die zu beweisenden Thatsachen bezeichnen, den Grund der Verpflichtung zur Vorlegung angeben und glaubhaft machen, endlich auch glaubhaft machen, daß sich

---

[4] CP. §§. 386, 389 und Begr. z. CP. Entw. §§. 376—379.
[5] CP. §. 390 vbd. §. 324.
[6] Näheres CP. §. 391.
[7] CP. §. 392. Vgl. CP. §. 409 (unt. VI.).
[8] CP. §. 393.

die Urkunde in den Händen des Dritten befinde.⁹ Entspricht der Antrag diesen Erfordernissen und ist die zu beweisende Thatsache erheblich, so bestimmt das Gericht eine Frist für die Vorlegung der Urkunde, die dann in einem vom Beweisführer auszuwirkenden Termine geschehen muß.¹⁰

IV. Befindet sich die Urkunde nach der Behauptung des Beweisführers in den Händen einer öffentlichen Behörde oder eines öffentlichen Beamten und ist der Beweisführer ohne Mitwirkung des Gerichtes zu ihrer Beschaffung nicht im Stande, so geschieht die Beweisantretung durch den Antrag, die Behörde oder den Beamten um die Mittheilung der Urkunde zu ersuchen.¹¹ Wird dieselbe in einem Falle verweigert, in welchem der Beweisführer eine Verpflichtung zur Vorlegung nach den Vorschriften der Civilproceßordnung behauptet, so muß er nun eine neue Beweisantretung vornehmen durch den Antrag, zur Herbeischaffung der Urkunde eine Frist zu bestimmen, und es gelten dann die unter III. dargestellten Regeln.¹²

V. Nach erfolgter Vorlegung einer Urkunde kann der Beweisführer nur noch mit Zustimmung des Gegners auf dieses Beweismittel verzichten.¹³

VI. Kann eine Partei beweisen, daß eine Urkunde von dem Gegner in der Absicht, ihr die Benutzung derselben zu

---

⁹ CP. §. 395.
¹⁰ CP. §. 396 Abs. 1. Fälle, in welchen der Gegner die Fortsetzung des Verfahrens vor dem Ablaufe der Frist beantragen kann, s. CP. §. 396 Abs. 2. Nach fruchtlosem Ablaufe der Frist kann die Urkunde nur noch benutzt werden, wenn dadurch das Verfahren nicht verzögert wird: CP. §§. 321, 329 Abs. 3.
¹¹ CP. §. 397 Abs. 1, 2. Vbd. GB. §. 169.
¹² CP. §. 397 Abs. 3.
¹³ CP. §. 401. Vgl. CP. §. 364.

entziehen, beseitigt oder zur Benutzung untauglich gemacht sei, so können ihre Behauptungen über die Beschaffenheit und den Inhalt derselben als bewiesen angesehen werden.¹⁴

### ee) Eid.
### §. 50.
#### a) Allgemeine Regeln.

I. Jeder Eid, welcher im bürgerlichen Verfahren vor Gericht, sei es von den Parteien, sei es von anderen Personen (Zeugen, Sachverständigen) zu leisten ist, muß von dem Schwurpflichtigen in Person¹ und in der Regel vor dem Proceßgerichte geleistet werden. Nur dann, wenn der Schwurpflichtige am Erscheinen vor dem Proceßgerichte verhindert ist oder sich in großer Entfernung von dem Sitze desselben aufhält, kann die Eidesleistung vor einem beauftragten oder ersuchten Richter stattfinden.²

Vor der Eidesleistung muß der Richter den Schwurpflichtigen in angemessener Art auf die Bedeutung des Eides hinweisen.³ Die Eidesleistung selbst geschieht regelmäßig in der Form, daß der Schwörende die Eidesformel nachspricht oder abliest, wobei er die rechte Hand erheben soll. Die **Eidesformel**, d. h. Dasjenige, was der Schwörende auszusprechen hat, soll in der Regel die **Eidesnorm**, d. h. den zu beschwörenden Satz, enthalten. Bei großem Umfange der

---

¹⁴ CP. §. 409. Vgl. CP. §. 392 (ob. II. a. E.).

¹ CP. §. 440. Ausnahme nach Landesgesetzen bei den Landesherren: vgl. z. B. Preuß. Cabinets-Ordre vom 15. Sept. 1836 und EG. z. CP. §. 5.

² CP. §. 441 Abs. 1. Im Auslande kann die Eidesleistung vor den Reichsconsuln geschehen: Reichs-Consulats-Gesetz vom 8. Nov. 1867 §. 20.

³ CP. §. 442.

Eidesnorm genügt es jedoch, daß sie vorgelesen und in der Eidesformel auf sie verwiesen wird.⁴ Die Eidesformel beginnt mit den Worten: „Ich schwöre bei Gott dem Allmächtigen und Allwissenden" und schließt mit den Worten: „So wahr mir Gott helfe".⁵

Ausnahmen von dieser regelmäßigen Form treten ein:

1) bei Stummen. Sie leisten den Eid, wenn sie schreiben können, durch Abschreiben und Unterschreiben der Eidesformel, welche die Eidesnorm enthält, wenn sie nicht schreiben können, mit Hülfe eines Dolmetschers durch Zeichen.⁶

2) bei Mitgliedern einer Religionsgesellschaft, welcher Reichs- oder Landesgesetz anstatt des Eides den Gebrauch gewisser Betheuerungsformeln gestattet. Eine Betheuerung in dieser Form gilt bei ihnen der Eidesleistung gleich.⁷

II. Zur Glaubhaftmachung einer thatsächlichen Behauptung kann das Gericht nach freiem Ermessen die eidliche Versicherung ihrer Wahrheit zulassen.⁸ Als eigentliches Beweismittel dagegen kann eine eidliche Versicherung nur unter besonderen Voraussetzungen dienen: als zugeschobener Eid oder als richterlicher Eid. Der eine wie der andere ist in der Regel als sog. Wahrheitseid zu leisten, d. h. dahin, „daß die Thatsache wahr sei", oder dahin, „daß sie nicht wahr sei". Und unbedingt ist ein Wahrheitseid zu leisten, wenn es sich

---

⁴ CP. §. 444 Abs. 1, 2.
⁵ CP. §. 443.
⁶ CP. §. 445.
⁷ CP. §.446. Hierhin gehören namentlich die Mennoniten. — Ueber die Form der Eidesleistung der Landesherren, der Mitglieder der landesherrlichen Familien und der Mitglieder der Fürstlichen Familie Hohenzollern s. CP. §§. 441 Abs. 2, 444 Abs. 3. (Das „andere Gericht", vor welchem in diesem Fall die Eidesleistung geschehen kann, muß nicht nothwendig ein Amtsgericht sein. S. ob. §. 45 Anm. 2.)
⁸ CP. §. 266. S. ob. §. 41.

um etwas handelt, was der Schwurpflichtige selbst gethan oder wahrgenommen haben soll und was er selbst behauptet hat.⁹ Ist es vom Gegner des Schwurpflichtigen behauptet und liegen die Umstände so, daß man dem letzteren einen Wahrheitseid nicht zumuthen kann, wie z. B. bei einer Handlung oder Wahrnehmung, die schon vor langer Zeit geschehen sein soll: so kann ihm das Gericht auf seinen Antrag die Leistung eines sog. Ueberzeugungseides gestatten dahin, „daß er nach sorgfältiger Prüfung und Erkundigung die Ueberzeugung erlangt habe, daß die Thatsache nicht wahr sei".¹⁰ Handelt es sich nicht um eigene Handlungen oder Wahrnehmungen des Schwurpflichtigen, so hat er immer nur einen Ueberzeugungseid zu leisten, und zwar, wenn er selbst in Ansehung der Thatsache die Beweispflicht hat, dahin, „daß er nach sorgfältiger Prüfung und Erkundigung die Ueberzeugung erlangt habe, daß die Thatsache wahr sei", wenn dagegen sein Gegner die Beweispflicht hat, nur dahin, „daß er nach sorgfältiger Prüfung und Erkundigung die Ueberzeugung nicht erlangt habe, daß die Thatsache wahr sei".¹¹

---

⁹ CP. §. 424 Abs. 1 vbd. §. 439 Abs. 1.

¹⁰ CP. §. 424 Abs. 2 vbd. §. 439 Abs. 1. Anders kann, da es sich um eine von dem Gegner behauptete Handlung oder Wahrnehmung des Schwurpflichtigen handelt, nach meinem Erachten dieser Ueberzeugungseid nie lauten. Die Fassung des Gesetzes, wonach er unter Umständen auch auf die erlangte Ueberzeugung von der Wahrheit der Thatsache lauten könnte, beruht, wie mir scheint, auf einem Versehen. Ueberhaupt ist die Fassung von CP. §. 424 keine glückliche.

¹¹ CP. §. 424 Abs. 3 vbd. §. 439 Abs. 1. Vgl. R. C. Prot. S. 177 ff.

## §. 51.
#### b) Zugeschobener Eid.

Die **Eideszuschiebung** über eine Thatsache besteht in der Aufforderung an den Gegner, die Unwahrheit derselben zu beschwören. Der Gegner muß dann im Allgemeinen entweder schwören oder den Eid zurückschieben, d. h. den Zuschiebenden auffordern, seinerseits die Wahrheit der Thatsache zu beschwören. Thut der Gegner weder das Eine noch das Andere, so gilt die Thatsache als zugestanden.[1]

I. Die Eideszuschiebung ist nur über Thatsachen zulässig,[2] nicht über Rechtsbegriffe (wie z. B. Empfang einer Summe als eines „Darlehns", „Beerbung" einer Person u. dgl.), und bloß über solche Thatsachen, deren Wahrheit oder Unwahrheit das Gericht noch nicht für erwiesen hält.[3] Ferner kann der Eid nur über Thatsachen zugeschoben oder zurückgeschoben werden, welche entweder in Handlungen des Gegners, seiner Rechtsvorgänger oder Vertreter bestehen oder von diesen Personen wahrgenommen worden sind.[4] Handelt es sich dabei zwar für die Partei, welcher der Eid zugeschoben ist, um eine eigene Handlung oder Wahrnehmung, nicht aber für die zuschiebende Partei, und ist also nur jene, nicht aber diese zur Leistung eines Wahrheitseides im Stande, so ist die Zurückschiebung unstatthaft.[5] Endlich kann die Zuschiebung oder Zurückschiebung des Eides bloß an die Gegenpartei geschehen,

---

[1] CP. §. 417 vbd. §. 429 Abs. 2.
[2] CP. §§. 410, 411, 415 a. E.
[3] CP. §. 411 vbd. Begr. z. CP. Entw. §. 398. S. aber EG. z. CP. §. 16 Nr. 1 Abs. 2. Fälle, in denen die Eideszuschiebung überhaupt unzulässig ist, s. CP. §§. 266, 544 Abs. 2, 555, 577 Abs. 2, 611.
[4] CP. §§. 410, 413 Abs. 1.
[5] CP. §. 413 Abs. 2. Ueber den Fall der Streitgenossenschaft s. CP. §. 434.

nicht an dritte Personen.⁶ Das Gericht kann jedoch die in den drei letzten Sätzen („Ferner" bis „Personen") angegebenen Beschränkungen außer Anwendung setzen, wenn die Parteien über den zu leistenden Eid in allen Stücken, d. h. darüber: daß, von wem und was geschworen werden soll, einig sind.⁷ Auch darf zu den dritten Personen, an welche die Zuschiebung oder Zurückschiebung unzulässig ist, nicht der gesetzliche Vertreter einer proceßunfähigen Partei gerechnet werden, da er selbst die Rechte und Pflichten der Partei hat. Vielmehr kann die Zuschiebung oder Zurückschiebung des Eides bloß an den gesetzlichen Vertreter geschehen, und zwar insoweit, als sie entweder an die vertretene Partei, wenn diese den Proceß in Person führte, oder an den Vertreter, wenn dieser selbst Partei wäre, zulässig sein würde.⁸ Ausnahmsweise kann jedoch auf Antrag des Gegners das Gericht nach seinem Ermessen gestatten, daß einem mindestens sechszehn Jahre alten Minderjährigen oder einem Verschwender über etwas, was er selbst gethan oder wahrgenommen haben soll, der Eid zugeschoben oder zurückgeschoben werde.⁹ An eine proceßfähige Partei ist die Zuschiebung oder Zurückschiebung des Eides stets und ohne Rücksicht auf ihr Alter oder sonstige Verhältnisse zulässig.¹⁰

II. Die Eideszuschiebung über eine streitige Thatsache kann an sich von jeder Partei, auch von der nicht beweispflichtigen, ausgehen, gilt aber immer nur als geschehen für

---

⁶ CP. §. 414. Vgl. CP. §. 350 Nr. 4. Ueber die Zuschiebung oder Zurückschiebung an einen Nebenintervenienten s. CP. §. 414.

⁷ CP. §. 415.

⁸ CP. §. 435 Abs. 1. Ueber den Fall des Vorhandenseins mehrerer gesetzlicher Vertreter s. CP. §. 436.

⁹ CP. §. 435 Abs. 2. Vgl. CP. §§. 358 Nr. 1, 621.

¹⁰ Begr. z. CP. Entw. §. 416.

den Fall, daß der Zuschiebende in Ansehung der Thatsache die Beweispflicht habe. Das Gericht muß daher, bevor es die Leistung des Eides auferlegt, die Beweispflicht prüfen, und erweist sich nun, daß die Eideszuschiebung von der nicht beweispflichtigen Partei geschehen ist, so muß alles so behandelt werden, wie wenn sie nicht geschehen wäre.[11]

III. Die Antretung des Beweises durch Eideszuschiebung geschieht durch die Erklärung, daß dem Gegner über die und die (bestimmt zu bezeichnende) Thatsache der Eid zugeschoben werde.[12] Der Gegner muß sich nun erklären, ob er den Eid annehme oder zurückschiebe, selbst wenn er in Betreff der Eideszuschiebung Einwendungen vorbringt.[13] Gibt er keine Erklärung ab, obwohl er durch das Gericht zu derselben aufgefordert war, so gilt der Eid als verweigert.[14] Ebenso, wenn er in einem Fall, in welchem die Zurückschiebung unzulässig ist, den Eid zurückschiebt, ohne ihn zugleich für den Fall, daß dies unzulässig sein sollte, anzunehmen.[15] Dagegen gilt der zurückgeschobene Eid als angenommen, wenn er nicht ausdrücklich verweigert wird.[16]

IV. Die Eideszuschiebung kann, so lange noch kein rechtskräftiges Urtheil vorliegt, beliebig widerrufen werden.[17] Ferner wird durch die Zuschiebung, Annahme oder Zurückschiebung des Eides keine der Parteien gehindert, noch andere Beweismittel geltend zu machen.[18] Geschieht dieses, so gilt der Eid

---

[11] CP. §. 412. S. auch Begr. z. CP. Entw. §. 399.
[12] CP. §. 416. Bei Streitgenossenschaft: CP. §. 434 Abs. 1.
[13] CP. §. 417 Abs. 1. Diese Erklärung ist auf Antrag durch das Protokoll festzustellen: CP. §§. 270 Abs. 2, 470 Abs. 2.
[14] CP. §. 417 Abs. 2 vbb. §. 420.
[15] CP. §. 417 Abs. 2.
[16] CP. §. 421.
[17] Folgt aus CP. §§. 418 Abs. 1, 423 432.
[18] CP. §. 418 Abs. 1 vgl. §. 256 Abs. 1.

als nur für den Fall zugeschoben, daß die anderen Beweismittel nichts ergeben sollten.[19] Auch braucht sich die Partei, welcher der Eid zugeschoben ist, über die Eideszuschiebung erst dann zu erklären, wenn dieselbe nach Erledigung der anderen Beweismittel wiederholt worden ist. Hatte sie bereits eine Erklärung abgegeben, so kann sie dieselbe nach der Aufnahme anderer Beweise widerrufen.[20]

V. Auf die Leistung eines zugeschobenen oder zurückgeschobenen Eides ist in der Regel durch **bedingtes Endurtheil** zu erkennen, d. h. durch ein Urtheil, welches die Eidesnorm angibt und nun sowohl für den Fall der Leistung als für denjenigen der Nichtleistung des Eides über den Rechtsstreit entscheidet. Die Eidesleistung erfolgt dann erst nach Eintritt der Rechtskraft des Urtheils.[21] Ausnahmsweise kann das Gericht nach seinem Ermessen die Eidesleistung auch durch Beweisbeschluß anordnen, wenn entweder die Parteien über die Erheblichkeit des Eides (und also namentlich auch über die Beweispflicht) sowie über die Norm desselben einverstanden sind, oder der Eid zur Erledigung eines Zwischenstreites dient, oder endlich die Entscheidung über einzelne selbständige Angriffs- oder Vertheidigungsmittel von der Leistung eines Eides abhängt. In dem letzten Fall kann aber auf die Leistung des Eides auch durch bedingtes Zwischenurtheil erkannt werden. Dann geschieht die Eidesleistung erst, nachdem durch bedingtes Endurtheil rechtskräftig

---

[19] CP. §. 418 Abs. 2.
[20] CP. §. 419. Die Annahme des Eides kann aus keinem anderen Grunde widerrufen werden, die Zurückschiebung desselben außerdem nur noch wegen Verurtheilung des Gegners in Folge wissentlicher Verletzung der Eidespflicht (CP. §§. 422, 432; s. unt. VI.): CP. §. 423.
[21] CP. §§. 425, 427 Abs. 1.

erkannt ist, daß es auf dieselbe für die Endentscheidung des Rechtsstreites noch ankomme.[22]

VI. Selbst wenn auf die Eidesleistung durch bedingtes Endurtheil erkannt und dieses rechtskräftig geworden ist, kann sowohl die Zuschiebung als die Zurückschiebung des Eides widerrufen werden, wenn der Schwurpflichtige wegen wissentlicher Verletzung der Eidespflicht rechtskräftig verurtheilt wird, oder wenn glaubhaft gemacht wird, daß sein Gegner erst nach der Zuschiebung oder Zurückschiebung des Eides von einer solchen Verurtheilung Kenntniß erhalten habe.[23] Durch den Widerruf, mag er nun vor oder nach der Auferlegung des Eides durch Beweisbeschluß oder bedingtes Urtheil erfolgen, wird der Rechtsstreit in die Lage gebracht, in welcher er sich vor der Eideszuschiebung befand, und beide Parteien können daher in Ansehung der betreffenden Beweisführung alle Rechte ausüben, welche sie vor der Zuschiebung des Eides hatten. War der Eid durch bedingtes Urtheil auferlegt, so wird, wenn die Sache durch die neue Verhandlung zur Entscheidung reif ist, unter Aufhebung jenes Urtheils der jetzigen Sachlage gemäß ein neues Urtheil gesprochen.[24]

Die gleichen Wirkungen treten ein, wenn vor oder nach der Auferlegung des Eides durch Beweisbeschluß oder bedingtes Urtheil der Schwurpflichtige stirbt oder (z. B. durch Wahnsinn) zur Leistung des Eides unfähig wird, oder (z. B. durch Großjährigkeit der Partei) aufhört gesetzlicher Vertreter zu sein.[25]

VII. Durch Leistung des zugeschobenen oder zurückge-

---

[22] CP. §. 426. Im Urkundenprocesse muß die Leistung eines Eides jedesmal durch Beweisbeschluß angeordnet werden: CP. §. 558 Abs. 4.

[23] CP. §§. 422, 432. Vgl. Strafgesetzbuch §§. 153—155.

[24] CP. §. 433 Abs. 2, 3.

[25] CP. §. 433 Abs. 1, 3.

schobenen Eides wird voller Beweis der beschworenen Thatsache begründet, weil in der Zuschiebung oder Zurückschiebung des Eides die Erklärung des Willens liegt, die Thatsache, welche der Gegner beschwören soll, im Fall des Schwurs als wahr gelten zu lassen.[26] Daher kann diese Wirkung der Eidesleistung auch nicht schlechthin durch den Beweis des Gegentheils, sondern nur unter denselben Voraussetzungen beseitigt werden, unter denen ein rechtskräftiges Urtheil wegen Verletzung der Eidespflicht angefochten werden kann.[27] Der Leistung des Eides steht die Erlassung desselben von Seite des Gegners gleich.[28]

Umgekehrt hat die Verweigerung der Eidesleistung zur Folge, daß das Gegentheil Dessen, was beschworen werden sollte, als voll bewiesen gilt.[29]

Erscheint der Schwurpflichtige in dem zur Eidesleistung bestimmten Termine nicht, so wird auf Antrag des Gegners durch Versäumnißurtheil ausgesprochen, daß der Eid als verweigert anzusehen sei.[30] Erst nachdem der gegen dieses Urtheil eingelegte Einspruch erledigt oder die Einspruchsfrist ohne Einlegung des Einspruches verstrichen ist, kann dann weiter in der Sache verhandelt und das Endurtheil erlassen werden.[31]

VIII. Wenn der Schwurpflichtige frühere Behauptungen

---

[26] CP. §. 428 Abs. 1.
[27] CP. §. 428 Abs. 2 vbd. §§. 543 Nr. 1, 544. S. unt. §. 71. III.
[28] CP. §. 429 Abs. 1.
[29] CP. §. 429 Abs. 2. Bei Streitgenossenschaft: CP. §. 434 Abs. 2.
[30] CP. §. 430. Das Verfahren über die Leistung des Eides wird bei dem Ausbleiben des Schwurpflichtigen vom Gesetze als Zwischenstreit behandelt, und die Folge der Versäumniß wird daher zunächst nur durch Versäumnißzwischenurtheil (CP. §. 312 Abs. 2) ausgesprochen. S. Begr. z. CP. Entw. §. 302 a. E.
[31] Begr. z. CP. Entw. §. 302 a. E.

zurücknimmt oder früher bestrittene Thatsachen zugesteht, so kann er sich zur Leistung eines beschränkteren Eides erbieten, selbst wenn der Eid schon durch rechtskräftiges bedingtes Endurtheil auferlegt ist. Auch können unerhebliche Umstände, welche in die Eidesnorm aufgenommen sind, berichtigt werden.[32]

IX. War die Leistung des Eides durch Beweisbeschluß angeordnet, so kann nach Leistung oder Verweigerung des Eides ein Endurtheil oder ein bloßes Zwischenurtheil ergehen. War sie dagegen durch bedingtes Urtheil auferlegt, so muß die Folge der Leistung oder Nichtleistung des Eides stets durch Endurtheil ausgesprochen werden,[33] welches auch ohne Antrag für vorläufig vollstreckbar zu erklären ist.[34]

### §. 52.
#### c) Richterlicher Eid.

Richterlicher Eid ist ein Eid, welchen das Gericht einer Partei von Amtswegen auferlegt. Wegen des Grundsatzes der freien Beweiswürdigung hat das Gericht in Ansehung dieses Eides sehr freie Hand. Es kann nämlich der einen oder der anderen Partei über eine streitige Thatsache einen Eid auferlegen, so oft das Ergebniß der Verhandlungen und einer etwaigen Beweisaufnahme nicht ausreicht, um ihm die Ueberzeugung von der Wahrheit oder Unwahrheit der zu erweisenden Thatsache zu verschaffen.[1] Es hängt demnach von dem Ermessen des Gerichtes ab, den Eid schon auf Grund des Ergebnisses der Verhandlungen oder erst nach

---

[32] CP. §. 431.
[33] CP. §. 427 Abs. 2. Nach vorgängiger Verhandlung: CP. §§. 258, 335. S. ob. §. 43. II.

[34] CP. §. 648 Nr. 2 (s. unt. §. 73. II. A. Nr. 2).
[1] CP. §. 437.

vorgängiger Beweisaufnahme und in jeder Lage der Beweis=
aufnahme aufzuerlegen. Ferner kann es den Eid nach freiem
Ermessen der beweispflichtigen oder der nicht beweispflichtigen
Partei auferlegen, je nachdem es zur Gewinnung seiner
Ueberzeugung die eidliche Versicherung der einen oder der
anderen den Umständen nach für am dienlichsten hält. Die
Beweispflicht kommt dabei nur insofern in Betracht, als
dann, wenn die beweispflichtige Partei gar nichts bewiesen
hat, zur Auferlegung eines Eides kein Anlaß besteht. Endlich
hat das Gericht auch nach freiem Ermessen zu bestimmen,
über welche streitige Thatsache geschworen werden soll, ob
gerade über diejenige, um deren Beweis es sich handelt, oder
über eine andere, welche für diesen Beweis nur mittelbar
von Bedeutung ist; desgleichen, ob ein Wahrheitseid oder ein
bloßer Ueberzeugungseid zu leisten ist.[2] Sind mehrere Streit=
genossen oder mehrere gesetzliche Vertreter einer Partei vor=
handen, so kann der Eid nach Ermessen des Gerichtes allen
oder nur einigen oder Einem derselben mit Wirkung für alle
auferlegt werden.[3] Anstatt des gesetzlichen Vertreters kann
der prozeßunfähigen Partei selbst der Eid auferlegt werden,
wenn sie wegen Verschwendung oder Minderjährigkeit proceß=
unfähig, im letzten Fall aber schon mindestens sechszehn
Jahre alt ist.[4]

Der richterliche Eid wird immer durch bedingtes Urtheil
auferlegt.[5] Ueber die Fassung des letzteren, über seine Eigen=
schaft als Endurtheil oder Zwischenurtheil und über die Zeit
der Eidesleistung gelten gleiche Regeln wie bei dem zuge=

---

[2] Die beschränkende Vorschrift in CP. §. 410 fällt bei dem richterlichen Eide weg: Begr. z. CP. Entw. §. 419 in Abs. 4.

[3] CP. §. 438.
[4] CP. §. 439 Abs. 1 vbd. §. 435. S. ob. §. 51. I. a. E.
[5] CP. §. 439 Abs. 3.

schobenen Eides.⁶ Wenn der Schwurpflichtige wegen wissentlicher Verletzung der Eidespflicht rechtskräftig verurtheilt ist, so kann der Gegner die Zurücknahme des Eides verlangen, selbst wenn er von dieser Verurtheilung schon vor der Auferlegung des Eides Kenntniß gehabt hat.⁷ Durch diese Zurücknahme wird der Proceß in die Lage versetzt, wie sie vor der Auferlegung des Eides war. Dasselbe gilt, wenn der Schwurpflichtige stirbt, zur Leistung des Eides unfähig wird oder aufhört, gesetzlicher Vertreter zu sein.⁸

Die Wirkung der Leistung, Erlassung oder Verweigerung der Leistung des Eides sowie des Ausbleibens des Schwurpflichtigen im Schwurtermin ist dieselbe wie bei dem zugeschobenen Eide. Auch kann unter den gleichen Voraussetzungen wie bei diesem der Schwurpflichtige sich zur Leistung eines beschränkteren oder berichtigten Eides erbieten.⁹

Die Folge der Leistung oder Nichtleistung des richterlichen Eides muß stets durch Endurtheil ausgesprochen werden, welches auch ohne Antrag für vorläufig vollstreckbar zu erklären ist.¹⁰

## §. 53.
### e) Sicherung des Beweises.

Wo ein Beweis durch richterlichen Augenschein, durch Sachverständige oder durch Zeugen geführt werden soll, kann

---

⁶ CP. §. 439 Abs. 1 vbd. §§. 425—427. S. ob. §. 51. V. Jedoch muß nach der Natur der Sache, obwohl gegen den Wortlaut von CP. §. 426, die Auferlegung des Eides durch bedingtes Zwischenurtheil auch zur Erledigung eines Zwischenstreites statthaft sein.

⁷ CP. §. 439 Abs. 2. Vgl. CP. §§. 422, 432 (ob. §. 51. VI.).

⁸ CP. §. 439 Abs. 1 vbd. §. 433 und s. ob. §. 51. VI.

⁹ CP. §. 439 Abs. 1 vbd. §§. 428—431 (s. ob. §. 51. VII. VIII.).

¹⁰ CP. §. 439 Abs. 1 vbd. §§. 427 Abs. 2, 648 Nr. 2. Vgl. ob. §. 51. IX.

unter Umständen, wie z. B. bei drohendem Untergange des zu besichtigenden oder zu begutachtenden Gegenstandes, bei hohem Alter, Erkrankung oder bevorstehender weiter Reise eines Zeugen, die Gefahr bestehen, daß das Beweismittel verloren oder doch seine Benutzung erschwert werden könnte, falls die Beweisaufnahme erst in dem gewöhnlichen Geleise des Verfahrens erfolgen sollte. In Fällen dieser Art kann auf Gesuch eines Betheiligten zur Sicherung des Beweises die Beweisaufnahme zum voraus und sogar schon vor dem Beginne des Processes stattfinden als sog. **Beweis zum ewigen Gedächtnisse**.[1] Mit Zustimmung des Gegners kann aber eine solche vorgreifende Beweisaufnahme auch ohne die Gefahr des Verlustes oder der erschwerten Benutzung des Beweismittels angeordnet werden.[2]

Ist der Rechtsstreit schon anhängig, so ist das Gesuch um die vorgreifende Beweisaufnahme in der Regel bei dem Proceßgerichte anzubringen. Bei dringender Gefahr kann es aber auch bei dem Amtsgerichte angebracht werden, in dessen Bezirke die zu vernehmende Person oder der zu besichtigende Gegenstand sich befindet. Ist der Rechtsstreit noch nicht anhängig, so muß das Gesuch stets bei diesem Amtsgerichte angebracht werden.[3] Es kann vor dem Gerichtsschreiber zu Protokoll erklärt werden[4] und muß die Thatsachen, worüber die Beweisaufnahme erfolgen soll, sowie die Beweismittel unter Benennung der Zeugen und Sachverständigen bezeichnen. Wird es ohne Zustimmung des Gegners gestellt, so muß es ferner den Grund angeben, aus welchem die Gefahr des Verlustes oder der erschwerten Benutzung des Be=

---

[1] CP. §. 447.
[2] CP. §. 450.
[3] CP. §. 448.
[4] CP. §. 448 Abs. 1.

## Sicherung des Beweises. §. 53.

weismittels droht. Dieser Grund ist glaubhaft zu machen.⁵ In der Regel muß das Gesuch auch die Nennung einer bestimmten Gegenpartei enthalten.⁶ Ohne dieselbe ist es nur zulässig, wenn der Gesuchsteller glaubhaft macht, daß er ohne sein Verschulden zur Bezeichnung des Gegners außer Stande sei, wie z. B. wenn es sich um Feststellung eines Schadens handelt, dessen Urheber noch unbekannt ist. Für den unbekannten Gegner kann dann das Gericht einen Vertreter zur Wahrnehmung seiner Rechte bei der Beweisaufnahme bestellen.⁷

Die Entscheidung über das Gesuch kann ohne vorgängige mündliche Verhandlung erfolgen. Der (nicht anfechtbare) Beschluß, wodurch es bewilligt wird, hat den Inhalt eines Beweisbeschlusses.⁸ Der Beweisführer muß, wenn möglich, den Gegner zu dem Beweisaufnahmetermin rechtzeitig laden; doch wird durch die Unterlassung die Beweisaufnahme nicht gehindert.⁹ Die letztere geschieht nach den gewöhnlichen Regeln. Das Protokoll über dieselbe ist bei dem Gerichte, von dem sie angeordnet ist, aufzubewahren.¹⁰

Jede Partei hat das Recht, die Beweisverhandlungen in dem Processe zu benutzen. War jedoch der Gegner in dem Beweisaufnahmetermin nicht erschienen, so darf der Beweisführer die Beweisverhandlungen nur dann benutzen, wenn er den Gegner rechtzeitig zu dem Termine geladen hatte, oder wenn er glaubhaft macht, daß das Unterbleiben rechtzeitiger Ladung nicht von ihm verschuldet sei.¹¹

---

⁵ CP. §. 449 Nr. 2—4 vbd. §. 450.

⁶ CP. §. 449 Nr. 1.

⁷ CP. §. 455.

⁸ CP. §. 451 vgl. §. 324. S. ob. §. 43. I.

⁹ Näheres CP. §. 452.

¹⁰ CP. §. 453.

¹¹ CP. §. 454.

## 5. Urtheil.

### §. 54.

*a) Ohne Rücksicht auf den besonderen Inhalt.*

Auf die mündliche Verhandlung folgt jedesmal ein Urtheil. Es kann nur von denjenigen Richtern gefällt werden, welche der Verhandlung beigewohnt haben.[1]

I. Jedes Urtheil muß enthalten:[2]
1) die Bezeichnung der Parteien und ihrer gesetzlichen Vertreter nach Namen, Stand oder Gewerbe, Wohnort und Parteistellung;
2) die Bezeichnung des Gerichtes und die Namen der Richter, welche bei der Urtheilsfällung mitgewirkt haben. Diese Richter haben das Urtheil auch zu unterschreiben.[3]
3) den sog. Thatbestand, d. h. eine gedrängte Darstellung des Sach- und Streitstandes auf Grund der mündlichen Parteivorträge unter Hervorhebung der gestellten Anträge. Es kann dabei auf den Inhalt der vorbereitenden Schriftsätze und auf die Feststellungen im Sitzungsprotokoll und seinen Anlagen Bezug genommen werden.[4]
4) die Entscheidungsgründe;
5) die Urtheilsformel, d. h. die Entscheidung selbst in kurzer und bestimmter Fassung. Sie ist äußerlich von dem Thatbestande und den Entscheidungsgründen zu sondern, kann aber beiden voran- oder nachgestellt werden. Der Thatbestand liefert für Das, was die Parteien münd-

---

[1] CP. §. 280.
[2] CP. §. 284 Abs. 1.
[3] Näheres CP. §. 286 Abs. 1.
[4] CP. §. 284 Abs. 2.

lich vorgebracht haben, Beweis, der nur durch das Sitzungs= protokoll entkräftet werden kann.⁵

II. Die Verkündung eines Urtheils geschieht durch Vor= lesung der Urtheilsformel. Versäumnißurtheile können jedoch verkündet werden, auch wenn die Urtheilsformel noch nicht schriftlich abgefaßt ist.⁶ Die Verkündung auch der Entschei= dungsgründe steht im Ermessen des Gerichtes. Sie kann durch Vorlesung derselben oder durch mündliche Mittheilung des wesentlichen Inhaltes geschehen.⁷ Ein Urtheil, welches bei der Verkündung noch nicht vollständig abgefaßt war, muß vor Ablauf der nächsten Woche dem Gerichtsschreiber in vollständiger Abfassung übergeben werden. Dieser hat auf demselben den Tag der Verkündung zu vermerken und diesen Vermerk zu unterschreiben.⁸ Auch hat er ein Verzeichniß der verkündeten und unterschriebenen Urtheile zu führen, welches an voraus bestimmten Wochentagen mindestens je eine Woche lang in der Gerichtsschreiberei ausgehängt wird.⁹ Ausferti= gungen, Auszüge oder Abschriften der Urtheile darf er den Par= teien erst nach der Verkündung und Unterschreibung der letzte= ren ertheilen. Die Ausfertigungen und Auszüge sind von ihm zu unterschreiben und mit dem Gerichtssiegel zu versehen.¹⁰

III. Ein einmal verkündetes Urtheil kann von dem Ge= richte, von welchem es erlassen ist, nicht mehr geändert werden.¹¹ Doch ist jederzeit und sogar von Amtswegen die Berichtigung von Schreibfehlern, Rechnungsfehlern und ähn= lichen offenbaren Unrichtigkeiten zulässig.¹² Die Berichtigung

⁵ CP. §. 285.
⁶ CP. §. 282 Abs. 1.
⁷ CP. §. 282 Abs. 2. S. noch ob. §. 30.
⁸ CP. §. 286 Abs. 2, 3.
⁹ CP. §. 287.
¹⁰ CP. §. 288 Abs. 2, 3. Vbd. CP. §. 271 Abs. 1 (ob. §. 36. VI.).
¹¹ CP. §. 289.
¹² CP. §. 290 Abs. 1. Ueber das Verfahren s. CP. §. 290 Abs. 2, 3.

des Thatbestandes ist auf Antrag einer Partei auch dann zulässig, wenn er Unrichtigkeiten anderer Art, oder wenn er Auslassungen, Dunkelheiten oder Widersprüche enthält. Der Antrag muß aber gestellt werden innerhalb einer Woche seit dem Aushange des Verzeichnisses, worin das Urtheil eingetragen ist, und zwar durch Zustellung eines Schriftsatzes, welcher zugleich die Ladung des Gegners zur mündlichen Verhandlung enthalten muß.[13] Das Gericht entscheidet ohne vorgängige Beweisaufnahme. Dabei dürfen nur diejenigen Richter mitwirken, welche bei dem Urtheil mitgewirkt haben.[14] Die Berichtigung des Thatbestandes hat aber eine Aenderung der übrigen Theile des Urtheils nicht zur Folge.[15]

### §. 55.
#### b) In Rücksicht auf den besonderen Inhalt.

I. Das Urtheil ist je nach Verschiedenheit der Fälle entweder ein Endurtheil oder ein Zwischenurtheil. Endurtheil ist ein Urtheil, welches den Rechtsstreit abschließend entscheidet. Eine Art des Endurtheils ist das Theilurtheil, welches nur über einen Theil der in dem Rechtsstreite erhobenen Ansprüche abschließend entscheidet. Zwischenurtheil dagegen ist ein Urtheil, welches bloß eine Vorfrage entscheidet und dadurch ein Endurtheil vorbereitet. Ein Endurtheil sowohl als ein Zwischenurtheil kann unbedingt oder unter der Bedingung der Leistung eines Eides ergehen.[1]

Endurtheile können und müssen zur Verhütung der Rechtskraft sofort und selbständig durch Rechtsmittel angefochten

---

[13] CP. §. 291 Abs. 1—3. CP. §. 285 kommt hier nicht zur Anwendung: Begr. z. CP. Entw. §. 281.

[14] Näheres CP. §. 291 Abs. 4.

[15] CP. §. 291 Abs. 5.

[1] S. ob. §. 51. V., §. 52.

werden.² Zwischenurtheile dagegen sind zwar auch im Laufe der Instanz für das Gericht und die Parteien bindend, so daß Rechtsbehelfe, welche die dadurch entschiedene Vorfrage betreffen, in dieser Instanz nicht nachgeholt werden können;³ sie können aber nicht selbständig durch Rechtsmittel angefochten werden, sondern nur in Verbindung mit dem späteren Endurtheil.⁴

Von diesen zwischen den Parteien ergehenden Zwischenurtheilen sind jedoch diejenigen wohl zu unterscheiden, welche einen Zwischenstreit zwischen einer Partei und einem Dritten entscheiden. Sie haben eine ganz selbständige Natur und müssen selbständig durch sofortige Beschwerde angefochten werden.⁵

II. Der Inhalt eines Endurtheils gestaltet sich verschieden, je nachdem es auf die Hauptsache eingeht oder wegen eines prozeßhindernden Umstandes nicht auf dieselbe eingeht.

Geht es auf die Hauptsache ein, so enthält es, soweit der Klageantrag als gerechtfertigt erscheint, ein diesem Antrage entsprechendes Erkenntniß, also bei einer Feststellungsklage die beantragte Feststellung, bei einer Klage auf Verurtheilung des Beklagten zu einer Leistung die beantragte Verurtheilung. Soweit dagegen der Klageantrag nicht als gerechtfertigt erscheint, spricht es die Abweisung der Klage aus.⁶ Die Verurtheilung ergeht immer auf gerade Dasjenige, was der Kläger zu fordern hat, sei dieses die Zahlung einer

---

² Vgl. CP. §§ 472, 507.
³ CP. §. 289.
⁴ Vgl. CP. §§. 473, 510. Ausnahmen: CP. §§. 248 Abs. 2, 276 Abs. 2, 502 Abs. 3, 562 Abs. 3.

⁵ Beispiele solcher Zwischenurtheile s. in CP. §§. 68, 97, 126, 352.
⁶ S. CP. §. 296 Abs. 2 vbd. §§. 231, 253, 277, 278.

Geldsumme oder die Herausgabe oder Leistung von Sachen oder sonst irgend ein Thun oder auch ein Unterlassen.[7] Die Abweisung der Klage kann endgültig, d. h. ein für alle Male, erfolgen, so daß der Beklagte schlechthin von dem erhobenen Ansprüche losgesprochen wird.[8] Sie kann aber (wegen einer begründeten verzögerlichen Einrede) auch bloß einstweilig, d. h. nur für jetzt („zur Zeit"), erfolgen, so daß eine spätere Wiederholung der Klage vorbehalten bleibt.[9]

Geht das Endurtheil nicht auf die Hauptsache ein, weil sich eine vom Beklagten vorgebrachte proceßhindernde Einrede oder ein schon von Amtswegen zu berücksichtigender proceß= hindernder Umstand als begründet herausgestellt hat, so wird immer nur eine einstweilige Abweisung der Klage aus= gesprochen.[10]

III. Ein Endurtheil muß jedesmal erlassen werden, wenn der Rechtsstreit seinem ganzen Umfange nach zur ab= schließenden (unbedingten oder bedingten) Entscheidung reif ist.[11] Desgleichen, wenn einer von mehreren zu gemein= samer Verhandlung und Entscheidung verbundenen Processen

---

[7] Vgl. CP. §§. 769 ff.

[8] Die Formel dafür ist: „daß der Kläger mit der Klage ab= zuweisen sei". S. CP. §. 295. Vgl. CP. §. 277.

[9] S. ob. §. 39. I. Nr. 2. c.

[10] S. ob. §. 39. II., §. 40. II. Eine allgemeine Formel für die einstweilige Abweisung der Klage wegen eines proceßhindernden Umstandes ist: Abweisung der Klage „wie sie angebracht ist" oder „angebrachter Maßen". Besondere Formeln zur näheren Andeutung des Grundes der einstweiligen Abweisung sind: Abweisung „von hier" oder „von diesem Gerichte", d. h. Abwei= sung wegen Unzuständigkeit des Gerichtes, Abweisung „zur Zeit", d. h. Abweisung wegen eines zur Zeit noch bestehenden Hinder= nisses, z. B. wegen einer der in CP. §. 247 Nr. 4, 5 (ob. §. 39. II. Nr. 4, 5) bezeichneten proceß= hindernden Einreden.

[11] CP. §. 272 Abs. 1.

zur abschließenden Entscheidung reif ist.¹² Insbesondere ist ein Rechtsstreit dann zur abschließenden Entscheidung reif, wenn bei der mündlichen Verhandlung der Kläger auf den erhobenen Anspruch verzichtet oder der Beklagte diesen Anspruch vollständig anerkannt hat. Im ersten Fall ist der Kläger auf Antrag des Beklagten ohne Weiteres mit dem Ansprüche abzuweisen,¹³ im zweiten der Beklagte auf Antrag des Klägers ohne Weiteres zu verurtheilen.¹⁴

Ein Endurtheil in Gestalt eines Theilurtheils muß regelmäßig erlassen werden, wenn nur einer von mehreren in einer Klage geltend gemachten Ansprüchen (sei es eines oder mehrerer Kläger, sei es gegen einen oder gegen mehrere Beklagte), oder wenn ein Anspruch nur zu einem Theil seines Umfanges, oder endlich wenn bei erhobener Widerklage nur die Klage oder die Widerklage zur abschließenden Entscheidung reif ist.¹⁵ Ist diese Lage des Rechtsstreites durch Anerkenntniß von Seite des Gegners bei der mündlichen Verhandlung bewirkt, so ist auf Antrag stets ein Theilurtheil zu erlassen.¹⁶ Ist sie nicht durch Anerkenntniß bewirkt, so kann die Erlassung eines Theilurtheils ausnahmsweise unterbleiben, wenn das Gericht sie nach Bewandtniß der Umstände nicht für angemessen hält.¹⁷ Nach Ermessen kann das Gericht auch dann ein Theilurtheil erlassen, wenn der Beklagte durch Einrede eine Gegenforderung geltend gemacht hat, welche mit der in der Klage geltend gemachten Forderung nicht in recht=

---

¹² CP. §. 272 Abs. 2 vgl. §§. 138, 141.
¹³ CP. §. 277.
¹⁴ CP. §. 278. Vbd. CP. §. 648 Nr. 1. S. auch ob. §. 39. I. Nr. 1.
¹⁵ CP. §. 273 Abs. 1 vgl. §§. 56, 232, 136 Abs. 1.
¹⁶ CP. §. 278. Vbd. CP. §. 648 Nr. 1.
¹⁷ CP. §. 273 Abs. 2.

lichem Zusammenhange steht, und nur erst die Forderung zur abschließenden Entscheidung reif ist.[18]

Ein Zwischenurtheil kann nach Ermessen des Gerichtes dann, aber auch bloß dann erlassen werden, wenn ein einzelnes selbständiges Angriffs- oder Vertheidigungsmittel, wie z. B. eine Einrede, Replik u. s. w., oder wenn ein Zwischenstreit zur Entscheidung reif ist.[19]

Ist ein Anspruch (z. B. ein Anspruch auf Schadensersatz) sowohl nach seinem Grunde als nach seinem Betrage streitig, so kann sich das Gericht zunächst auf die Entscheidung der Vorfrage beschränken, ob er begründet sei. Wird er für unbegründet erklärt, so ist das Urtheil ein wahres Endurtheil. Wird er dagegen für begründet erklärt, so ist es seiner Natur nach zwar ein bloßes Zwischenurtheil, kann aber wie ein Endurtheil sofort durch Rechtsmittel angefochten werden. Regelmäßig wird dann erst nach dem Eintritte seiner Rechtskraft über den Betrag des Anspruches verhandelt; doch kann das Gericht auf Antrag jeder Partei nach Ermessen auch die sofortige Verhandlung über den Betrag anordnen.[20]

IV. Ein Endurtheil muß immer ausdrücklich und in der Urtheilsformel über alle nach Maßgabe des Thatbestandes von einer Partei geltend gemachte Haupt- und Nebenansprüche, ferner auch ohne Antrag[21] über die Tragung der Proceßkosten entscheiden. Ist einer dieser Punkte in der Urtheilsformel übergangen, so muß das Urtheil auf Antrag durch nachträgliche Entscheidung ergänzt werden. Der Antrag muß aber innerhalb einer Woche seit der Zustellung des Urtheils erfolgen durch Zu-

---

[18] CP. §. 274 vgl. §. 136 Abs. 2.
[19] CP. §. 275 vgl. §. 137. Ueber den Begriff des Zwischenstreites s. ob. §. 34. I.

[20] CP. §. 276.
[21] CP. §. 279. S. ob. §. 28 Nr. 2.

stellung eines Schriftsatzes, welcher zugleich die Ladung des Gegners zur mündlichen Verhandlung enthält. Die letztere beschränkt sich auf den nicht erledigten Theil des Rechtsstreites, wird aber über diesen in vollem Umfange wieder eröffnet, so daß auch neue Behauptungen und Beweismittel vorkommen können.²²

### §. 56.
#### c) Rechtskraft des Urtheils.

I. **Rechtskraft** eines Urtheils ist seine feste Geltung gleich als Recht zwischen den Betheiligten. Man unterscheidet die **äußere Rechtskraft** des Urtheils, d. h. das Gebundensein der Betheiligten an das Urtheil selbst, so daß sie dasselbe nicht mehr durch Einspruch oder Rechtsmittel (Berufung oder Revision) anfechten können,¹ und die (durch diese äußere bedingte) **innere Rechtskraft** des Urtheils, d. h. das Gebundensein der Betheiligten an seinen Inhalt, so daß dieser unter ihnen in Zukunft maßgebend ist an Stelle ihres abgeurtheilten ursprünglichen Rechtsverhältnisses, auf welches keiner von ihnen mehr zurückgehen darf. Jeder Versuch eines solchen Zurückgehens kann durch die Berufung auf die rechtskräftige Entscheidung vereitelt werden.

Demnach kann in einem späteren Rechtsstreite unter den Betheiligten ein durch rechtskräftige Entscheidung anerkanntes Verhältniß nicht mehr mit Wirksamkeit bestritten, ein durch rechtskräftige Entscheidung unmittelbar oder auch nur mittelbar aberkanntes nicht mehr mit Wirksamkeit behauptet werden.² Ferner

---

²² CP. §. 292. S. auch EG. z. CP. §. 14 Nr. 5.

¹ CP. §. 645.

² Wer z. B. als Kind eines Anderen gegen Denselben auf Unterhalt klagt, kann sich zum Beweise seiner Kindschaft auf eine frühere rechtskräftige Entscheidung beziehen, wodurch er als Kind des Anderen anerkannt ist. Umgekehrt kann seine Klage durch einfache Berufung auf die

hat der obsiegende Kläger gegen den verurtheilten Beklagten nur den Anspruch, der sich aus dem Inhalte der Verurtheilung ergibt, und darf den ursprünglichen Anspruch so wenig von Neuem geltend machen, als der verurtheilte Beklagte seine Verbindlichkeit aus der Verurtheilung mit Berufung auf das ursprüngliche Rechtsverhältniß bestreiten kann.

II. Innere Rechtskraft kann nur dem Inhalte eines End= urtheils zukommen. Auch beschränkt sie sich auf die Ent= scheidungen, welche in die Urtheilsformel aufgenommen sind,[3] und reicht ferner nur so weit, als über den durch die Klage oder durch die Widerklage erhobenen Anspruch entschieden ist, d. h. über eine Frage, worüber im Antrage der Klage oder Widerklage die richterliche Entscheidung ausdrücklich begehrt ist.[4] Hat der Beklagte zum Zwecke der Aufrechnung gegen die eingeklagte Forderung eine Gegenforderung mittels Ein= rede geltend gemacht, so ist auch die Entscheidung über das Bestehen oder Nichtbestehen dieser Gegenforderung der Rechts= kraft fähig, jedoch nur bis zur Höhe desjenigen Betrages, mit welchem aufgerechnet werden soll.[5]

---

frühere rechtskräftige Entschei= dung erfolglos gemacht werden, wenn diese aussprach, daß er nicht Kind des Anderen sei.

[3] Ergibt sich aus der Strei= chung der entgegengesetzten Be= stimmung, welche der Entwurf der Civilproceßordnung als Abs. 3 des §. 283 (= CP. §. 293) ent= hielt.

[4] CP. §. 293 Abs. 1. Vgl. CP. §. 231. Wäre die Ent= scheidung über eine solche Frage nicht in die Urtheilsformel auf= genommen, so müßte die Er=

gänzung des Urtheils beantragt werden. S. ob. §. 55. IV.

[5] CP. §. 293 Abs. 2. Wird z. B. eine gegen eine Forderung von 1000 einredeweise geltend gemachte Gegenforderung von 2000 als bestehend anerkannt, so beschränkt sich die Rechtskraft dieser Anerkennung auf den zur Aufrechnung hinreichenden Be= trag von 1000. Wird sie dagegen nicht oder nicht im Betrage von 1000 als bestehend anerkannt, so ist sie im ersten Fall ganz, im zweiten für den ganzen nicht

Die Entscheidung über solche Rechtsverhältnisse, von deren Bestehen oder Nichtbestehen zwar die Entscheidung des Rechtsstreites als von maßgebenden Vorfragen ganz oder zum Theil abhängt (wie z. B. von dem Bestehen der Capitalforderung die Entscheidung des Processes über eingeklagte Zinsen), über welche aber eine Entscheidung nicht ausdrücklich beantragt ist, wird nicht rechtskräftig, selbst wenn sie in die Urtheilsformel aufgenommen wäre. Jedoch kann jede Partei auch über ein solches Verhältniß, wenn es im Laufe des Processes streitig geworden ist, eine der Rechtskraft fähige Entscheidung durch sog. Incident-Feststellungsklage herbeiführen, d. h. dadurch, daß sie vor dem Schlusse derjenigen mündlichen Verhandlung, auf welche das Urtheil ergeht, die Feststellung des Verhältnisses ausdrücklich beantragt. Von Seite des Klägers gestellt heißt ein solcher Antrag Präjudicial-Incidentklage und erscheint als bloße Erweiterung des Klageantrages; von Seite des Beklagten gestellt heißt er Präjudicial-Incidentwiderklage und erscheint als Erhebung einer Widerklage.[6]

III. Die Rechtskraft des Urtheils beschränkt sich in der Regel auf die Parteien, zwischen denen es ergangen ist, und auf ihre Rechtsnachfolger, d. h. Diejenigen, welche nach dem Eintritte der Rechtshängigkeit der Streitsache, sei es vor oder nach dem Urtheil, von einer der Parteien erworben haben.[7]

---

anerkannten Mehrbetrag rechtskräftig aberkannt; denn aus der rechtskräftigen Entscheidung, daß sie nicht einmal im Betrage von 1000 bestehe, folgt mit Nothwendigkeit, daß sie jedenfalls nicht in einem höheren Betrage besteht.

[6] CP. §. 253. In der processualischen Behandlung steht die Incident-Feststellungsklage der Widerklage gleich. S. ob. §. 39. III. S. auch CP. §§. 245, 254.

[7] CP. §§. 236 Abs. 3, 237, 665. Ausnahmen: CP. §. 238.

Jedoch erstreckt sie sich in gewissem Maße auch auf Nebenintervenienten und Solche, denen der Streit verkündet ist;⁸ und mitunter erstreckt sie sich theils nach Vorschriften der Civilproceßordnung, theils nach Vorschriften des bürgerlichen Rechtes auch noch auf andere, selbst am Processe gar nicht betheiligte Personen.⁹

§. 57.

B. Versäumnißverfahren.

I. Das Versäumnißverfahren tritt ein, wenn eine Partei einen zur mündlichen Verhandlung bestimmten Termin versäumt, sei es daß sie in demselben gar nicht erscheint, sei es daß sie zwar erscheint aber nicht verhandelt.¹ Bloße Unvollständigkeit des Verhandelns durch Nichterklärung über Thatsachen, Urkunden oder Eideszuschiebungen zieht das Versäumnißverfahren nicht nach sich.² Dagegen ist es gleichgültig, ob gleich der erste Verhandlungstermin versäumt wird, oder erst ein späterer, auf den die Verhandlung vertagt oder welcher zur Fortsetzung derselben, sei es vor oder nach dem Erlasse eines Beweisbeschlusses, bestimmt ist,³ weil in jedem späteren Verhandlungstermin die ganze Sache von Neuem verhandelt werden muß und diejenige Verhandlung, welche dem Urtheil unmittelbar vorhergeht, als die allein entscheidende gilt.⁴

---

⁸ CP. §§. 65, 71 Abs. 3 (s. ob. §. 23. III., §. 24. I. a. E.). S. auch CP. §. 73 Abs. 4 (ob. §. 25 a. E.).

⁹ S. CP. §. 753 Abs. 4 und 5 (unt. §. 85. II.), und vgl. CP. §. 66.

¹ CP. §§. 295, 296, 298.

Vbd. CP. §. 209 Abs. 2 (ob. §. 33 I. a. E.). Erscheinen beide Parteien nicht, so ruht das Verfahren: CP. §. 228 Abs. 2 (ob. §. 37).

² CP. §. 299.

³ CP. §. 297.

⁴ S. ob. §. 36. III.

Versäumnißverfahren. §. 57.

II. Wenn der Kläger einen Verhandlungstermin versäumt, so wird auf Antrag des erschienenen Beklagten jedesmal ein Versäumnißurtheil dahin erlassen, daß der Kläger mit der Klage abzuweisen sei.[5] Versäumt der Beklagte einen solchen Termin, so werden, wenn der erschienene Kläger ein Versäumnißurtheil beantragt, die von dem letzteren mündlich vorgebrachten Thatsachen als zugestanden angenommen. So weit danach der Klageantrag als gerechtfertigt erscheint, wird diesem entsprechend erkannt; soweit er nicht als gerechtfertigt erscheint, wird die Klage (endgültig oder einstweilig) abgewiesen.[6] Dieselben Grundsätze gelten in Ansehung der Widerklage, vorausgesetzt, daß sie bereits durch Erhebung in der mündlichen Verhandlung rechtshängig ist.[7]

Ein vorher ergangenes Zwischenurtheil wird bei Erlassung eines Versäumnißurtheils niemals beachtet. Dieses gilt sogar dann, wenn durch das Zwischenurtheil der Anspruch selbst schon als begründet anerkannt war und bloß noch über den Betrag verhandelt wurde.[8]

Das Versäumnißurtheil selbst ist immer ein Endurtheil mit Ausnahme des Falls, wenn der versäumte Termin lediglich zur Verhandlung über einen Zwischenstreit bestimmt war. Hier beschränkt sich nämlich das Versäumnißverfahren

---

[5] CP. §. 295. Den Gegensatz des Versäumnißurtheils bildet das contradictorische Urtheil, d. h. dasjenige, welches nach vorgängiger beiderseitiger Verhandlung ergeht.

[6] CP. §. 296. Vgl. ob. §. 55. II. — Ueber die Art der Verkündung der Versäumnißurtheile s. CP. §. 282 Abs. 1 (ob. §. 54. II.). Wegen des Kostenpunktes s. CP. §. 309. — Wenn die erschienene Partei kein Versäumnißurtheil beantragt, so ist alles so zu behandeln, wie wenn beide Theile nicht erschienen wären (s. Anm. 1): R.C. Prot. S. 115.

[7] CP. §. 312 Abs. 1 vbd. §. 254. S. ob. §. 39. III.

[8] CP. §. 312 Abs. 1 vbd. §. 276. S. ob. §. 55. III. a. E.

auf die Erledigung dieses Zwischenstreites, und das Versäumnißurtheil ergeht daher als Zwischenurtheil.⁹

III. Der Antrag auf Erlassung eines Versäumnißurtheils muß durch Beschluß zurückgewiesen werden:
1) wenn die erschienene Partei in Ansehung eines von Amtswegen zu berücksichtigenden Umstandes (z. B. in Ansehung der Legitimation des Proceßbevollmächtigten in Parteiprocessen oder des gesetzlichen Vertreters) die vom Gerichte geforderte Nachweisung nicht beschaffen kann;¹⁰
2) wenn die nicht erschienene Partei nicht ordnungsmäßig, insbesondere nicht rechtzeitig geladen war;¹¹
3) wenn dem nicht erschienenen Beklagten oder Widerbeklagten eine Thatsache, welche der erschienene Kläger oder Widerkläger mündlich vorbringt, oder ein Antrag, den er stellt, nicht rechtzeitig durch Schriftsatz mitgetheilt war.¹²

Die erschienene Partei kann jedoch vor oder nach der Zurückweisung des Antrages die Vertagung der Verhandlung beantragen. Sie muß dann die nicht erschienene zu dem neuen Termine laden.¹³ Auch kann die erschienene Partei den Beschluß, durch welchen ihr Antrag auf Erlassung des

---

⁹ CP. §. 312 Abs. 2. Vgl. ob. §. 55. III. S. auch noch CP. §. 430 (ob. §. 51. VII. a. E.).
¹⁰ CP. §. 300 Nr. 1. Vgl. CP. §§. 54, 84 Abs. 2.
¹¹ CP. §. 300 Nr. 2 vgl. §§. 191—195, 234, 459 u. a.
¹² CP. §. 300 Nr. 3 vgl. §§. 123, 194, 234, 244, 245 u. a. Auf Denjenigen, der in einem Zwischenstreite die Rolle des Klägers oder Beklagten spielt, ist dieses entsprechend anzuwenden. Ferner gilt es auch in Parteiprocessen, obwohl in denselben die Vorbereitung der mündlichen Verhandlung durch Schriftsätze nicht vorgeschrieben ist: Begr. z. CP. Entw. §§. 285, 288, 290—292 in Abs. 4.
¹³ CP. §. 300 Abs. 1, 2 vbd. §. 191 Abs. 1. (Ausnahme von CP. §. 195.)

Versäumnißurtheils zurückgewiesen ist, mit sofortiger Beschwerde anfechten. Wird er in Folge derselben aufgehoben, so wird zu dem neuen jetzt anzuberaumenden Verhandlungstermine die nicht erschienene Partei nicht geladen; ja sie darf in demselben, selbst wenn sie freiwillig erscheint, zur Verhandlung gar nicht zugelassen werden.[14]

Das Gericht kann die Verhandlung über den Antrag auf das Versäumnißurtheil von Amtswegen vertagen, wenn nach seinem Dafürhalten die von dem Vorsitzenden bestimmte Einlassungs- oder Ladungsfrist zu kurz bemessen oder die ausgebliebene Partei durch Naturereignisse oder andere unabwendbare Zufälle am Erscheinen verhindert worden ist. Die letztere ist dann von der erschienenen zu dem neuen Termine zu laden.[15]

IV. Die Partei, gegen welche ein Versäumnißurtheil erlassen ist, kann gegen dasselbe bei dem Gerichte, von dem es erlassen ist, innerhalb einer Nothfrist von zwei Wochen seit seiner Zustellung Einspruch einlegen.[16] Die Einlegung geschieht durch Zustellung eines Schriftsatzes, welcher die Bezeichnung des Urtheils, die Erklärung des Einspruches und die Ladung des Gegners zur mündlichen Verhandlung über die Hauptsache enthalten muß, außerdem aber Dasjenige enthalten soll, was zur Vorbereitung dieser Verhandlung erforderlich ist.[17]

---

[14] CP. §. 301 vbd. §. 540 Abs. 2; R.C.Prot. S. 115, 547, 557 folg.
[15] CP. §. 302 vbd. §. 191 Abs. 1. (Ausnahme von CP. §. 195.)
[16] CP. §§. 303, 304 Abs. 1. Muß die Zustellung des Versäumnißurtheils im Auslande oder durch öffentliche Bekanntmachung geschehen, so wird die Einspruchsfrist vom Gerichte bestimmt: CP. §. 304 Abs. 2. Ueber den Verzicht auf den Einspruch und die Zurücknahme desselben s. CP. §. 311.
[17] CP. §. 305.

Das Gericht hat nun (nach vorgängiger mündlicher Verhandlung) von Amtswegen zu prüfen, ob der Einspruch gegen das Urtheil überhaupt statthaft, und ob er in der gesetzlichen Form und Frist eingelegt ist. Fehlt es an einem dieser Erfordernisse, so ist er durch Endurtheil als unzulässig zu verwerfen.[18] Ist dagegen der Einspruch zulässig, so wird der Proceß in die Lage zurückversetzt, in welcher er sich vor Eintritt der Versäumniß befand, und es wird also alles so behandelt, als ob das Versäumnißurtheil gar nicht ergangen wäre.[19] Soweit die Entscheidung, welche auf Grund der neuen Verhandlung zu erlassen ist, mit dem Versäumnißurtheil übereinstimmt, wird in dem neuen Urtheil die Aufrechterhaltung, soweit sie mit demselben nicht übereinstimmt, die Aufhebung desselben ausgesprochen.[20] Die durch die Versäumniß veranlaßten Kosten, soweit sie nicht durch unbegründeten Widerspruch des Gegners entstanden sind, sind aber, wenn das Versäumnißurtheil in gesetzlicher Weise ergangen war, der säumigen Partei auch dann aufzuerlegen, wenn in Folge des Einspruches eine abändernde Entscheidung ergeht.[21]

Wenn die Partei, welche den Einspruch eingelegt hat, in dem ersten Termin, welcher zur mündlichen Verhandlung bestimmt ist, oder in dem Termin, auf welchen die (noch nicht begonnene) Verhandlung vertagt ist, nicht erscheint oder nicht zur Hauptsache verhandelt, so wird der Einspruch durch ein neues Versäumnißurtheil verworfen, gegen welches ein weiterer Einspruch nicht zulässig ist.[22] Wenn sie dagegen nur einen zur Fortsetzung der (bereits begonnenen) Verhand-

---

[15] CP. §. 306 vbd. §. 500 Nr. 1.
[19] CP. §. 307.
[20] CP. §. 308.
[21] CP. §. 309.
[22] CP. §. 310.

Verfahren vor den Amtsgerichten. §. 58.

lung bestimmten Termin versäumt, so steht ihr gegen das deshalb gegen sie erlassene zweite Versäumnißurtheil der Einspruch zu.[23] Jedoch ist jedes zweite oder fernere Versäumnißurtheil, welches zur Hauptsache in derselben Instanz und gegen dieselbe Partei ergeht, von Amtswegen für vorläufig vollstreckbar zu erklären.[24]

§. 58.
II. **Verfahren vor den Amtsgerichten.**

Für das Verfahren vor den Amtsgerichten gelten im Allgemeinen die nämlichen Regeln wie für das Verfahren vor den Landgerichten. Die Abweichungen hängen meist damit zusammen, daß im amtsgerichtlichen Verfahren kein Anwaltszwang besteht.[1]

I. Die Klage kann bei dem Gerichte schriftlich eingereicht oder mündlich vor dem Gerichtsschreiber zu Protokoll erklärt werden.[2] In beiden Fällen hat nach erfolgter Bestimmung des Termins zur mündlichen Verhandlung der Gerichtsschreiber für die Zustellung der Klage an den Beklagten zu sorgen, falls nicht der Kläger erklärt hat, dieses selbst thun zu wollen.[3] Die Einlassungsfrist beträgt mindestens drei Tage, wenn die Zustellung im Bezirke des Proceßgerichtes geschieht, mindestens eine Woche, wenn sie außerhalb desselben, jedoch im Deutschen Reiche geschieht. In Meß- und Marktsachen beträgt sie mindestens 24 Stunden.[4] Die Er-

---

[23] Begr. z. CP. Entw. §. 300.
[24] CP. §. 648 Nr. 3 (s. unt. §. 73. II. A. Nr. 3).
[1] CP. §. 456. Vgl. CP. §§. 74, 75 (ob. §. 26. I.).
[2] CP. §. 457.
[3] CP. §. 458 vgl. §§. 193,

152 Abs. 2, 154. S. ob. §. 29. II.

[4] CP. §. 459 Abs. 1. S. aber auch CP. §. 204. Ist die Zustellung im Auslande vorzunehmen, so wird die Einlassungsfrist vom Gerichte bei der Ter-

hebung der Klage mit den Wirkungen der Rechtshängigkeit liegt in der Zustellung der Klageschrift oder des Klageprotokolls.[5]

An ordentlichen, d. h. den im voraus zur Verhandlung bürgerlicher Rechtsstreitigkeiten bestimmten, Gerichtstagen können aber die Parteien auch ohne vorgängige Ladung und Terminsbestimmung zur Verhandlung des Rechtsstreites vor Gericht erscheinen. Die Erhebung der Klage geschieht in diesem Fall durch den mündlichen Vortrag derselben.[6]

II. Die Ladungen, welche im Laufe des Verfahrens vorkommen, können in gleicher Weise wie die Erhebung der Klage durch Vermittelung des Gerichtsschreibers geschehen.[7] Ferner können der Gegenpartei Anträge und Erklärungen, worauf sie voraussichtlich ohne vorgängige Mittheilung sich in der mündlichen Verhandlung nicht zu erklären vermag, durch Zustellung eines Protokolls des Gerichtsschreibers mitgetheilt werden. Solche Mittheilungen können aber auch ganz formlos und unmittelbar von Partei zu Partei geschehen.[8] Eine Verpflichtung zur Vorbereitung der mündlichen Verhandlung durch Schriftsätze besteht überhaupt nicht.[9] Auch brauchen bei der Verhandlung die Anträge nicht durch Verlesung gestellt zu werden.[10]

III. Der Amtsrichter hat bei der Verhandlung nicht bloß auf eine erschöpfende Erörterung der Sache, sondern auch

---

minsfestsetzung bestimmt: CP. §. 459 Abs. 2.

[5] CP. §. 460. Vgl. CP. §§. 230, 235.

[6] CP. §. 461.

[7] CP. §. 462. Ueber die Ladungsfrist s. CP. §. 194 (ob. §. 31. I. Nr. 2).

[8] CP. §. 463.

[9] CP. §. 120 Abs. 2. S. jedoch CP. §. 300 Nr. 3 (ob. §. 57. III.).

[10] CP. §. 469 vbd. §. 269.

auf die Stellung sachdienlicher Anträge hinzuwirken.[11] Ferner wird eine Urkunde wegen unterbliebener Erklärung nur dann als anerkannt angesehen, wenn die Partei durch das Gericht zur Erklärung über die Echtheit aufgefordert war.[12]

IV. Die Regel, daß proceßhindernde Einreden gleichzeitig und vor der Verhandlung zur Hauptsache vorgebracht werden müssen, gilt im amtsgerichtlichen Verfahren nicht. Nur die Unzuständigkeit des Gerichtes muß vor der Verhandlung zur Hauptsache geltend gemacht werden, weil sonst eine stillschweigende Vereinbarung über die Zuständigkeit des Amtsgerichtes anzunehmen wäre.[13] Auf seine sachliche Unzuständigkeit muß der Amtsrichter den Beklagten aufmerksam machen, ehe dieser angefangen hat zur Hauptsache zu verhandeln.[14] Der Beklagte darf auf Grund proceßhindernder Einreden die Verhandlung zur Hauptsache nicht verweigern; das Gericht kann jedoch auf Antrag oder von Amtswegen die abgesonderte Verhandlung über dieselben anordnen.[15]

V. Fehlt es dem Amtsgerichte an der sachlichen Zuständigkeit, so ist auf Antrag des Klägers durch das Urtheil, welches die Unzuständigkeit ausspricht, der Rechtsstreit zugleich an das Landgericht zu verweisen.[16] Gleiches gilt, wenn durch Widerklage oder durch Erweiterung des Klageantrages ein Anspruch erhoben wird, welcher zur Zuständigkeit der Land-

---

[11] CP. §. 464. Vbd. CP. §§. 127 Abs. 3, 130 Abs. 1, 2.
[12] CP. §. 468. Vgl. CP. §. 404.
[13] CP. §. 465 Abs. 1 vbd. §. 39. S. ob. §. 14.
[14] CP. §. 465 Abs. 2.
[15] CP. §. 465 Abs. 3. Vgl. CP. §. 248 Abs. 1.

[16] CP. §. 466 Abs. 1 vgl. §. 249 (ob. §. 40 II. a. E.). Ist die Sache eine Handelssache, so kann der Kläger die Verweisung an die Kammer für Handelssachen beantragen: GV. §. 102 Abs. 2.

gerichte gehört, oder wenn durch Incident-Feststellungsklage die Feststellung eines Rechtsverhältnisses beantragt wird, für welches die Landgerichte zuständig sind, und wenn in einem dieser Fälle eine Partei vor weiterer Verhandlung zur Hauptsache auf Verweisung des Rechtsstreites an das Landgericht anträgt.[17] Sobald das verweisende Urtheil rechtskräftig geworden ist, gilt der Rechtsstreit als bei dem Landgerichte anhängig.[18]

VI. Durch das Sitzungsprotokoll sind Anträge und Erklärungen einer Partei nur insoweit festzustellen, als dies dem Gerichte bei dem Schlusse derjenigen mündlichen Verhandlung, auf welche das Urtheil oder ein Beweisbeschluß ergeht, angemessen erscheint.[19] Geständnisse und die Erklärungen über Annahme oder Zurückschiebung zugeschobener Eide müssen aber auf Antrag durch das Protokoll festgestellt werden.[20]

VII. Auch im amtsgerichtlichen Verfahren kann der Richter jederzeit einen Sühneversuch machen.[21] Außerdem aber kann Jeder, der eine Klage zu erheben beabsichtigt, seinen Gegner unter Angabe des Gegenstandes seines Anspruches zum Zwecke eines Sühneversuches vor dasjenige Amtsgericht laden, vor welchem der Gegner seinen allgemeinen Gerichtsstand hat. Erscheinen beide Parteien, kommt aber kein Vergleich zu Stande, so wird, wenn beide Parteien darauf antragen, der Rechtsstreit sofort verhandelt, selbst in Sachen, die an sich zur Zuständigkeit der Landgerichte gehören, falls nur die letzte keine ausschließliche ist. Die Erhebung der

---

[17] CP. §. 467 Abs. 1.
[18] CP. §§. 466 Abs. 2, 467 Abs. 2. Ueber die Behandlung des Kostenpunktes in den Fällen des §. 467 Abs. 1 s. §. 467 Abs. 2.

[19] CP. §. 470 Abs. 1. Vgl. CP. §§. 145, 146.
[20] CP. §. 470 Abs. 2. Vgl. CP. §. 270 Abs. 2.
[21] CP. §. 456 vbd. §. 268.

Klage geschieht dann durch den mündlichen Vortrag derselben. Erscheint der Gegner nicht, oder bleibt der Sühneversuch ohne Erfolg, so werden die erwachsenen Kosten als Theil der allgemeinen Proceßkosten behandelt.[22]

---

### Zweites Capitel.
## Besondere Arten des Verfahrens.
### §. 59.
I. **Vorbereitendes Verfahren in Rechnungssachen, Auseinandersetzungen und ähnlichen Processen.**

In Processen, welche die Richtigkeit einer Rechnung (z. B. eines Gesellschafters oder Verwalters), eine Vermögensauseinandersetzung (z. B. zwischen dem überlebenden Ehegatten und den Erben des verstorbenen) oder ähnliche Verhältnisse (z. B. umfängliche Lieferungen) zum Gegenstande haben, kann, wenn sie bei Landgerichten anhängig sind,[1] nach Erledigung der proceßhindernden Einreden das Proceßgericht auf Antrag oder auch von Amtswegen unter Vertagung der weiteren mündlichen Verhandlung ein vorbereitendes Verfahren vor einem beauftragten Richter anordnen.[2] Doch soll dieses nur dann geschehen, wenn wegen einer erheblichen Zahl von streitigen Ansprüchen oder von streitigen Erinnerungen gegen eine Rechnung oder ein Inventar die Anwendung des ordentlichen Verfahrens als unangemessen erscheint.[3]

Bei Verkündung des Beschlusses, wodurch das vorbereitende Verfahren angeordnet wird, hat der Vorsitzende den

---

[22] CP. §. 471. S. auch Ger. KostenG. §. 41.
[1] CP. §. 469.
[2] CP. §. 250.
[3] CP. §. 313.

beauftragten Richter zu bezeichnen und den Termin zur Erledigung des Beschlusses zu bestimmen. Doch kann die Terminsbestimmung auch dem beauftragten Richter überlassen werden.[4]

Dieser hat zu Protokoll oder durch schriftliche Anlagen des Protokolls die beiderseitigen Ansprüche, Angriffs- und Vertheidigungsmittel mit Angabe, ob sie streitig oder nicht streitig sind, in Ansehung der streitigen aber ferner das Sachverhältniß nebst den Beweismitteln, Beweiseinreden und Erklärungen über Beweismittel und Beweiseinreden sowie die gestellten Anträge festzustellen.[5] Für das Verfahren sind die Regeln des amtsgerichtlichen Verfahrens maßgebend.[6] Daher besteht namentlich kein Anwaltszwang. Ferner hat der beauftragte Richter das Fragerecht, kann zur Aufklärung des Sachverhaltes das persönliche Erscheinen der Parteien anordnen und hat insbesondere auch auf die Stellung sachdienlicher Anträge hinzuwirken.[7]

Erscheint eine Partei in einem Termine vor dem beauftragten Richter nicht, so hat dieser das Vorbringen der erschienenen zu Protokoll festzustellen und einen neuen Termin anberaumen, zu welchem die nicht erschienene Partei von der erschienenen unter Mittheilung einer Abschrift des Protokolls zu laden ist. Erscheint jene auch in dem neuen Termine nicht, so gelten die in dem zugestellten Protokoll enthaltenen thatsächlichen Behauptungen des Gegners als zugestanden und das vorbereitende Verfahren ist bezüglich derselben zu Ende.[8]

---

[4] CP. §. 314.
[5] CP. §. 315 Abs. 1 vbd. §. 146 Abs. 3.
[6] CP. §. 315 Abs. 2.
[7] CP. §. 456 vbd. §§. 130, 132; §. 464.
[8] CP. §. 316.

Das vorbereitende Verfahren ist fortzusetzen, bis der Rechtsstreit selbst oder ein Zwischenstreit zur Erlassung eines Urtheils oder eines Beweisbeschlusses reif erscheint.⁹ Nach seinem Schlusse wird der Termin zur mündlichen Verhandlung vor dem Proceßgerichte von Amtswegen bestimmt und den Parteien durch Zustellung von Amtswegen bekannt gemacht.¹⁰ Die letzteren haben bei der Verhandlung das Ergebniß des vorbereitenden Verfahrens auf Grund des Protokolls vorzutragen.¹¹ Ist eine Partei nicht erschienen, so sind Ansprüche, die sich in dem vorbereitenden Verfahren als unstreitig herausgestellt haben, durch Theilurtheil zu erledigen; im Uebrigen ist auf Antrag der erschienenen Partei ein Versäumnißurtheil zu erlassen.¹²

Erklärungen über Thatsachen, Urkunden oder Eideszuschiebungen, welche vor dem beauftragten Richter verweigert oder trotz richterlicher Aufforderung unterblieben sind, können in der mündlichen Verhandlung gar nicht nachgeholt werden, Ansprüche, Angriffs- und Vertheidigungsmittel, Beweismittel und Beweiseinreden nur dann, wenn glaubhaft gemacht wird, daß sie erst später entstanden oder der Partei bekannt geworden seien.¹³

## §. 60.
### II. Urkunden- und Wechselproceß.

I. Der Urkundenproceß soll Demjenigen, der seinen Anspruch durch Urkunden beweisen kann, in schleunigem Wege ein vollstreckbares Urtheil verschaffen. Im Urkundenprocesse können aber nur Ansprüche auf Zahlung einer bestimmten

---

⁹ CP. §. 315 Abs. 2.
¹⁰ CP. §. 317 vbd. §. 294 Abs. 3.
¹¹ CP. §. 318 Abs. 1.
¹² CP. §. 318 Abs. 2.
¹³ CP. §. 319.

Geldsumme oder auf Leistung einer bestimmten Menge anderer vertretbarer Sachen oder Werthpapiere[1] geltend gemacht werden, und auch solche Ansprüche nur, wenn die sämmtlichen zur Begründung des Anspruches erforderlichen Thatsachen durch Urkunden bewiesen werden können.[2]

Die Klage wird wie im ordentlichen Verfahren erhoben, muß aber die ausdrückliche Erklärung enthalten, daß im Urkundenprocesse geklagt werde, und die Urkunden müssen ihr in Urschrift oder Abschrift beigefügt werden.[3] Der Beklagte darf auf Grund prozeßhindernder Einreden die Verhandlung zur Hauptsache nicht verweigern; jedoch kann das Gericht, selbst von Amtswegen, die abgesonderte Verhandlung über dieselben anordnen.[4] Widerklagen sind unstatthaft.[5] Einreden, Repliken und Dupliken werden nur berücksichtigt, wenn darüber der Beweis durch Urkunden oder Eideszuschiebung angetreten und vollständig geführt wird. Auch die Echtheit oder Unechtheit einer Urkunde kann nur entweder durch Urkunden oder durch Eideszuschiebung bewiesen werden.[6] Die Antretung des Urkundenbeweises kann bloß durch Vorlegung der Urkunden geschehen.[7] Die Leistung eines zugeschobenen oder zurückgeschobenen Eides ist durch Beweisbeschluß anzuordnen.[8] Bis zum Schlusse der mündlichen Verhandlung

---

[1] Vertretbare Sachen oder Werthpapiere sind solche, bei denen es, ebenso wie bei Geldstücken, nicht auf bestimmte einzelne Stücke, sondern nur auf eine gewisse Menge (Zahl, Maß, Gewicht) von der bestimmten Art ankommt, wie z. B. Getreide, Wein, Staatspapiere von einer gewissen Art u. dgl.

[2] CP. §. 555.

[3] CP. §. 556 vbd. §. 230.

[4] CP. §. 557. Vgl. CP. §§. 247, 248 und ob. §. 39. II., §. 40. II.

[5] CP. §. 558 Abs. 1.

[6] CP. §. 558 Abs. 2, 560 Abs. 2, 561.

[7] CP. §. 558 Abs. 3 vgl. §. 385. Also nicht nach Maßgabe von CP. §§. 386, 393, 397.

[8] CP. §. 558 Abs. 4 vgl.

kann aber der Kläger mit oder ohne Zustimmung des Beklagten von dem Urkundenprocesse abstehen und unbeschadet fortdauernder Rechtshängigkeit der Sache zum ordentlichen Verfahren übergehen.[9]

II. Wenn der Beklagte im Urkundenprocesse den Anspruch des Klägers ganz oder theilweise anerkennt, so wird er demgemäß auf Antrag des Klägers ohne Weiteres und ohne Vorbehalt verurtheilt.[10] In jedem anderen Falle und selbst, wenn der Beklagte den Verhandlungstermin versäumt, muß sowohl die Frage, ob die Klage sachlich begründet sei, als auch das Dasein der Erfordernisse des Urkundenprocesses von Amtswegen geprüft werden. Erweist sich der erhobene Anspruch als sachlich unbegründet, sei es schon an sich oder in Folge einer Einrede des Beklagten, so wird der Kläger endgültig mit demselben abgewiesen.[11] Erscheint er als begründet, hat aber der Kläger den Erfordernissen des Urkundenprocesses nicht vollständig Genüge geleistet, insbesondere einen ihm obliegenden Beweis nicht mit den im Urkundenprocesse zulässigen Beweismitteln angetreten und vollständig geführt, so wird die Klage nur als im Urkundenprocesse unstatthaft abgewiesen, und der Kläger kann also im ordentlichen Verfahren von Neuem klagen.[12] Erscheint der erhobene Anspruch als begründet und hat der Kläger auch allen Erfordernissen des Urkundenprocesses Genüge geleistet, so wird der Beklagte,

---

§. 426. Also nicht durch bedingtes End- oder Zwischenurtheil. Richterliche Eide sind im Urkundenprocesse gar nicht zulässig. Dies folgt aus den Worten: „vollständig geführt" in CP. §§. 560, 561.

[9] CP. §. 559.
[10] CP. §§. 278, 562 Abs. 1 („welcher dem geltend gemachten Anspruche widersprochen hat").
[11] CP. §. 560 Abs. 1.
[12] CP. §. 560 Abs. 2.

wenn er den Verhandlungstermin versäumt, auf Antrag des Klägers durch Versäumnißurtheil ohne Vorbehalt verurtheilt.[13] Wenn er dagegen erscheint und dem erhobenen Anspruche widerspricht, ohne jedoch sachlich gegründete oder im Urkundenprocesse zulässige Einreden oder Dupliken vorzubringen, so wird er zwar verurtheilt, aber mit Vorbehalt der Ausführung seiner Rechte.[14] Dieses Urtheil kann gleichwie ein vorbehaltloses Endurtheil durch Rechtsmittel angefochten werden und ist auch ohne Antrag für vorläufig vollstreckbar zu erklären.[15]

III. Ist dem Beklagten die Ausführung seiner Rechte vorbehalten, so setzt sich der Proceß im ordentlichen Verfahren fort,[16] und beide Parteien haben daher jetzt hinsichtlich der Geltendmachung neuer Angriffs=, Vertheidigungs= und Beweismittel dieselbe Freiheit, wie wenn von vornherein im ordentlichen Verfahren verhandelt worden wäre.[17] Jedoch können Einwendungen, welche im Urkundenprocesse als sachlich unbegründet verworfen sind, nicht wiederholt werden, und auch die im Urkundenprocesse vorgekommenen Erklärungen und Unterlassungen (z. B. die Unterlassung der Erklärung auf eine Eideszuschiebung) behalten ihre rechtliche Wirkung.[18]

Insoweit sich in diesem fortgesetzten Verfahren der Anspruch des Klägers als unbegründet herausstellt, ist das frühere Urtheil aufzuheben, der Kläger mit seinem Anspruche abzuweisen und zur vollen oder theilweisen Erstattung der

---

[13] CP. §. 562 Abs. 1 vbd. §. 296 und Begr. z. CP. Entw. §§. 531—543 a. E.

[14] CP. §. 562 Abs. 1. S. auch CP. §. 562 Abs. 2.

[15] CP. §. 562 Abs. 3 vbd. §. 648 Nr. 4 (unt. §. 73. II. A. Nr. 4).

[16] CP. §. 563 Abs. 1.

[17] S. ob. §. 40. IV.

[18] Begr. z. CP. Entw. §§. 531—543 in Abs. 12 und zu §§. 537—539 a. E.

verursachten Kosten zu verurtheilen; auf Antrag des Beklagten auch zur Erstattung Desjenigen, was dieser auf Grund des Urtheils gezahlt oder sonst geleistet hat.[19]

Erscheint eine Partei in dem fortgesetzten Verfahren nicht, so tritt das Versäumnißverfahren nach den gewöhnlichen Regeln ein, und das Versäumnißurtheil ergeht daher auch ohne Rücksicht auf das bereits erlassene Urtheil und auf die Erklärungen, welche die säumige Partei im Urkundenprocesse gemacht hat.[20]

IV. Eine Abart des Urkundenprocesses ist der **Wechselproceß** für Klagen aus Wechseln im Sinne der Deutschen Wechselordnung.[21] Es gelten dabei folgende besondere Regeln:

1) Wechselklagen können nach der Wahl des Klägers entweder im allgemeinen Gerichtsstande des Beklagten oder bei dem Gerichte des Zahlungsortes erhoben werden.[22] Mehrere Wechselverpflichtete (Aussteller, Acceptanten, Indossanten, Wechselbürgen) können gemeinschaftlich nicht nur bei dem Gerichte des Zahlungsortes, sondern auch bei jedem Gerichte verklagt werden, bei welchem einer von ihnen seinen allgemeinen Gerichtsstand hat.[23]

2) Die Klage muß die Erklärung enthalten, daß im Wechselprocesse geklagt werde.[24]

---

[19] CP. §. 563 Abs. 2.
[20] CP. §. 563 Abs. 3 vbd. §§. 295, 296 und Begr. z. CP. Entw. §§. 531—543 a. E.
[21] CP. §. 565. Vgl. Wechselordnung Art. 4—7, 96, 98 Nr. 1. — Soweit die Wechselprocesse zur sachlichen Zuständigkeit der Landgerichte gehören, gehören sie vor die Kammer für Handelssachen: GV. §. 101 Nr. 2.
[22] CP. §. 566 Abs. 1. Ueber den Zahlungsort eines Wechsels s. Wechselordnung Art. 4 Nr. 8, Art. 97.
[23] CP. §. 566 Abs. 2. (Ausnahme von CP. §. 36 Nr. 3.)
[24] CP. §. 567 Abs. 1.

3) Die Einlassungsfrist ist eine sehr kurze: mindestens 24 Stunden, wenn die Klage am Sitze des Gerichtes, mindestens drei Tage, wenn sie an einem anderen Orte des Gerichtsbezirkes, mindestens eine Woche, wenn sie außerhalb des Gerichtsbezirkes aber im Deutschen Reiche zugestellt wird.[25]

§. 61.
### III. Mahnverfahren.

I. Das Mahnverfahren soll unstreitige Ansprüche auf dem kürzesten und wohlfeilsten Wege erledigen. Es besteht im Allgemeinen darin, daß auf einseitiges Gesuch des Gläubigers ein **bedingter Zahlungsbefehl** an den Schuldner erlassen wird, d. h. ein Befehl, innerhalb einer kurzen Frist entweder zu zahlen oder Widerspruch zu erheben, und daß bei Ausbleiben rechtzeitigen Widerspruches diesem Zahlungsbefehl ein **Vollstreckungsbefehl** beigefügt wird, welcher die Kraft eines vollstreckbaren verurtheilenden Endurtheils hat.

Das Mahnverfahren ist aber nur zulässig wegen eines Anspruches auf Zahlung einer bestimmten Geldsumme oder auf Leistung einer bestimmten Menge anderer vertretbarer Sachen oder Werthpapiere.[1] Ist, wie z. B. bei einem Kaufgeschäfte, die wirksame Geltendmachung eines solchen Anspruches durch eine Gegenleistung von Seite des Gläubigers bedingt, so muß dieselbe bereits erfolgt und dieses in dem Gesuche angeführt sein. Gänzlich ausgeschlossen ist das Mahnverfahren, wenn die Zustellung des Zahlungsbefehls im Auslande oder durch öffentliche Bekanntmachung erfolgen müßte.[2]

---

[25] CP. §. 567 Abs. 2.

[1] CP. §. 628 Abs. 1. Ueber den Begriff der vertretbaren Sachen und Werthpapiere s. ob. §. 60 Anm. 1.

[2] CP. §. 628 Abs. 2.

II. Für das Mahnverfahren sind stets und ohne Rücksicht auf die Höhe des Anspruches nur die Amtsgerichte zuständig. Ferner kann das Gesuch um Erlassung des Zahlungsbefehls nur im allgemeinen Gerichtsstande des Beklagten oder, wenn für eine Klage wegen des Anspruches ein dinglicher Gerichtsstand begründet wäre, in diesem erhoben werden.[3]

Das Gesuch kann schriftlich oder mündlich angebracht werden[4] und muß außer der Bitte um Erlassung des Zahlungsbefehls die Bezeichnung der Parteien und des Gerichtes und die bestimmte Angabe des Gegenstandes und Betrages (an Capital, Zinsen und Kosten) sowie des Grundes des Anspruches enthalten.[5] Wird es von einem Anderen für den Gläubiger erhoben, so ist der Nachweis einer Vollmacht nicht erforderlich.[6]

Die Zulässigkeit des Gesuches ist von Amtswegen zu prüfen. Erweist es sich, sei es wegen Mangels processualischer Erfordernisse des Mahnverfahrens (CP. §§. 628—630), sei es weil nach seinem Inhalte der Anspruch überhaupt oder zur Zeit nicht begründet ist, in Ansehung des ganzen Anspruches oder auch nur eines Theils desselben als unzulässig, so wird es (durch eine unanfechtbare Verfügung) zurückgewiesen.[7] Erweist sich dagegen das Gesuch als zulässig, so

---

[3] CP. §. 629. Wäre für eine Klage wegen des Anspruches der dingliche Gerichtsstand ein ausschließlicher, wie z. B. bei einer Reallast (CP. §. 25), so ist er auch für das Mahnverfahren ein ausschließlicher; wäre er für die Klage kein ausschließlicher (CP. §. 27), so hat der Gläubiger zwischen ihm und dem allgemeinen Gerichtsstande die Wahl.

[4] CP. §. 642. Wird es mündlich angebracht, so wird es in das sog. Mahnregister eingetragen, d. h. in ein besonderes Register, welches über die Mahnsachen geführt wird.

[5] CP. §. 630.

[6] CP. §. 643.

[7] CP. §. 631. Ueber den Kostenpunkt s. G.KostenG. §. 37 Abs. 1 Nr. 1, Abs. 2.

wird der begehrte Zahlungsbefehl erlassen. Außer der Bezeichnung der Parteien und des Gerichtes und der Angabe des Gegenstandes, Betrages und Grundes des Anspruches nach Maßgabe des Gesuches enthält er den Befehl an den Schuldner, bei Vermeidung sofortiger Zwangsvollstreckung innerhalb zweier Wochen vom Tage der Zustellung an entweder den Gläubiger wegen des Anspruches nebst den geforderten Zinsen und den (ihrem Betrage nach bezeichneten) Kosten des Verfahrens zu befriedigen oder bei dem Gerichte Widerspruch zu erheben.[8] Mit der Zustellung des Zahlungsbefehls an den Schuldner treten die Wirkungen der Rechtshängigkeit ein.[9]

III. Der Schuldner kann gegen den Anspruch Widerspruch erheben, so lange der Vollstreckungsbefehl noch nicht erlassen ist.[10] Der Widerspruch kann schriftlich oder mündlich erklärt werden.[11] Geschieht dieses für den Schuldner durch einen Anderen, so ist der Nachweis einer Vollmacht nicht erforderlich.[12] Das Gericht hat dem Gläubiger von dem rechtzeitig erhobenen Widerspruche Kenntniß zu geben.[13]

Durch die rechtzeitige Erhebung des Widerspruches gegen den Anspruch oder auch nur einen Theil desselben verliert der Zahlungsbefehl seine Kraft; doch dauern die Wirkungen der Rechtshängigkeit fort.[14] Das weitere Verfahren aber ist

---

[8] CP. §. 632. Ueber den Kostenpunkt: GKostenG. §. 37 Nr. 1.

[9] CP. §. 633 vbd. §. 235 (ob. §. 38. III.). Die Zustellung geschieht ohne Beifügung des Gesuches: CP. §. 642. Sie wird ohne Weiteres vom Gerichtsschreiber besorgt, wenn der Gläubiger die Besorgung nicht ausdrücklich sich selbst vorbehalten hat: CP. §. 154. S. ob. §. 29. II.

[10] CP. §. 634 Abs. 1.

[11] CP. §. 642.

[12] CP. §. 643.

[13] CP. §. 634 Abs. 2 vbd. §. 642. S. noch §. 634 Abs. 3.

[14] CP. §. 635.

verschieden, je nachdem die Sache zufolge der allgemeinen Grundsätze über die sachliche Zuständigkeit vor die Amtsgerichte oder vor die Landgerichte gehört. Gehört sie vor die Amtsgerichte, so setzt sich der Proceß bei dem Amtsgerichte, welches den Zahlungsbefehl erlassen hat, im ordentlichen Verfahren fort; die (früher geschehene) Zustellung des Zahlungsbefehls gilt als Klageerhebung. Jede Partei kann den Gegner zur mündlichen Verhandlung laden. Die Ladungsfrist beträgt mindestens drei Tage.[15] Gehört dagegen die Sache vor die Landgerichte, so muß der Gläubiger innerhalb sechs Monaten seit der Benachrichtigung von der Erhebung des Widerspruches eine besondere Klage bei dem zuständigen Landgerichte erheben, widrigenfalls die Wirkungen der Rechtshängigkeit erlöschen.[16]

IV. Ist bei Ablauf der im Zahlungsbefehl bestimmten Frist noch kein Widerspruch erfolgt, so kann der Gläubiger die Erlassung des Vollstreckungsbefehls nachsuchen, muß dieses aber spätestens innerhalb der nächsten sechs Monate thun, widrigenfalls der Zahlungsbefehl seine Kraft verliert und sogar die Wirkungen der Rechtshängigkeit erlöschen.[17] Auch dieses Gesuch kann schriftlich oder mündlich angebracht werden;[18] doch muß hiebei ein Vertreter des Gläubigers seine Vollmacht nachweisen.[19] Wenn nun nicht noch vor der Vollstreckbarkeitserklärung der Widerspruch von Seite des Schuldners erfolgt, so muß das Gericht ohne weitere sach-

---

[15] CP. §. 636.
[16] CP. §. 637. Ueber die Behandlung der Kosten des Mahnverfahrens bei rechtzeitiger Erhebung des Widerspruches s. CP. §. 638.
[17] CP. §§. 639 Abs. 1, 641.

[18] CP. §. 642. Mit dem Gesuche ist die Ausfertigung des Zahlungsbefehls nebst der Zustellungsurkunde einzureichen.
[19] CP. §. 84 Abs. 2 vgl. §. 643.

liche Prüfung durch den Vollstreckungsbefehl, welcher unter
den Zahlungsbefehl gesetzt wird, den letzteren für vorläufig
vollstreckbar erklären.[20]

Der Vollstreckungsbefehl steht rechtlich einem für vorläufig
vollstreckbar erklärten Versäumnißurtheil gleich.[21] Er kann da=
her nach Maßgabe der gewöhnlichen Regeln[22] durch Einspruch
beseitigt werden, so daß nun der (in dem Einspruche liegende)
Widerspruch als rechtzeitig erhoben gilt, also auch der Zah=
lungsbefehl seine Kraft verliert und das weitere Verfahren
wie bei rechtzeitiger Erhebung des Widerspruches eintritt.[23]
Nur muß der Schuldner die durch die Verspätung des Wider=
spruches veranlaßten Kosten tragen.[24] Gehört die Sache zu=
folge der allgemeinen Grundsätze über die sachliche Zuständig=
keit nicht vor die Amtsgerichte, so wird bei dem Amtsgerichte
nur darüber verhandelt und entschieden, ob der Einspruch in
der gesetzlichen Form und Frist eingelegt sei. Die Frist für
die Erhebung der Klage vor dem zuständigen Landgerichte
(CP. §. 637) beginnt in diesem Fall mit der Rechtskraft des
Urtheils, wodurch der Einspruch für zulässig erklärt wird.[25]

Wird das Gesuch um Erlassung des Vollstreckungsbefehls
zurückgewiesen, so verliert nicht nur der Zahlungsbefehl seine

---

[20] CP. §. 639 Abs. 1. Auch die von dem Gläubiger zu be= rechnenden Kosten des bisherigen Verfahrens sind in den Voll= streckungsbefehl aufzunehmen: CP. §. 639 Abs. 1; vbd. Ger.= KostenG. §. 37 Nr. 1, 2. Die Zustellung des Vollstreckungsbe= fehls wird wiederum ohne Wei= teres vom Gerichtsschreiber be= sorgt, wenn sich der Gläubiger die Besorgung nicht ausdrücklich vorbehalten hat: CP. §. 154. S. Anm. 9.

[21] CP. §. 640. Die Beifü= gung der Vollstreckungsclausel ist in der Regel nicht erforder= lich: CP. §. 704 Abs. 1 (s. unt. §. 74. II. a. E.).

[22] S. ob. §. 57. IV.

[23] CP. §. 640 vbd. §§. 635—638.

[24] CP. §. 309.

[25] CP. §. 640.

Kraft, sondern es erlöschen auch die Wirkungen der Rechts=
hängigkeit.[26] Gegen den zurückweisenden Beschluß kann jedoch
der Gläubiger sofortige Beschwerde einlegen.[27]

## §. 62.
### IV. Verfahren in Ehesachen.

I. **Ehesachen** sind die Rechtsstreitigkeiten, welche die
Scheidung, Ungültigkeit oder Nichtigkeit einer Ehe oder die
Herstellung des ehelichen Lebens zum Gegenstande haben.[1]
Und zwar ist **Ehescheidungsklage** die Klage auf Auf=
lösung der Ehe oder auf zeitweilige Trennung von Tisch und
Bett, **Ungültigkeitsklage** die Klage zur Anfechtung einer
Ehe aus einem Grunde, der nicht von Amtswegen geltend
gemacht werden kann (wie z. B. Betrug), **Nichtigkeits=
klage** die Klage zur Anfechtung einer Ehe aus einem
Grunde, der auch von Amtswegen geltend gemacht werden
kann (wie z. B. zu nahe Verwandtschaft).[2]

II. Die Ehesachen sind wegen ihrer Wichtigkeit sämmtlich
in erster Instanz den Landgerichten zugewiesen, und zwar ist
dasjenige Landgericht, bei welchem der Ehemann seinen all=
gemeinen Gerichtsstand hat, ausschließlich zuständig.[3]

Die Eigenthümlichkeiten des Verfahrens haben zumeist
darin ihren Grund, daß bei diesen Sachen neben dem Privat=
interesse der Betheiligten auch das öffentliche Interesse im
Spiel ist. Darum ist namentlich der Staatsanwalt zur Mit=
wirkung befugt. Er muß von Amtswegen von allen Ter=

---

[26] CP. §. 641.
[27] CP. §. 639 Abs. 2.
[1] CP. §. 568 Abs. 1.
[2] CP. §. 592. Vgl. Reichsge=
setz über den Personenstand vom
6. Febr. 1875 §. 34.

[3] CP. §. 568 Abs. 1 vbb.
§. 40 Abs. 2. Ausnahme, wenn
der Ehemann die Frau verlassen
und bloß im Auslande einen
Wohnsitz hat: CP. §. 568 Abs. 2.

minen in Kenntniß gesetzt werden und kann allen Verhandlungen beiwohnen, sich gutachtlich über die zu erlassende Entscheidung äußern und zu Gunsten der Aufrechterhaltung einer Ehe neue Thatsachen und Beweismittel vorbringen.⁴ Zu Gunsten der Aufrechterhaltung einer Ehe kann das Gericht auch von Amtswegen Thatsachen berücksichtigen, welche von den Parteien nicht vorgebracht sind, und die Aufnahme von Beweisen anordnen.⁵ Ferner kann das persönliche Erscheinen einer Partei vor dem Processgerichte selbst oder, wenn sie am Erscheinen vor demselben verhindert ist oder sich in großer Entfernung von seinem Sitze aufhält, vor einem beauftragten oder ersuchten Richter zum Zwecke ihrer Vernehmung über die von ihr, dem Gegner oder dem Staatsanwalte behaupteten Thatsachen angeordnet werden; und zwar bei Vermeidung der Nachtheile, welche einen im Vernehmungstermine nicht erschienenen Zeugen treffen.⁶ Auch findet eine Reihe von Vorschriften keine Anwendung, welche den Ausgang des Processes von der Willkür der Parteien abhängig machen würden: nämlich die Vorschriften über die Wirkungen von Anerkenntnissen und gerichtlichen Geständnissen, über die Erlassung von Eiden, über den Verzicht der Parteien auf die Beeidigung von Zeugen und Sachverständigen, endlich über die Folgen unterbliebener oder verweigerter Erklärung über Thatsachen oder über die Echtheit von Urkunden. Die Eideszuschiebung und der Antrag, dem Gegner die Vorlegung einer Urkunde aufzugeben, sind unzulässig in Rücksicht auf Thatsachen, welche die Trennung, Ungültigkeit oder Nichtig-

---

⁴ CP. §. 569 Abs. 1—3. Wegen des Sitzungsprotokolls s. CP. §. 569 Abs. 4.
⁵ CP. §. 581.

⁶ CP. §. 579 vbd. §§. 345, 346. Nur auf die Strafe der Haft darf nicht erkannt werden: CP. §. 579 Abs. 3.

keit der Ehe begründen sollen.⁷ Aus dem gleichen Grunde wird beim Ausbleiben des Beklagten oder Widerbeklagten auch kein Versäumnißurtheil erlassen.⁸ Vielmehr kann, wenn der Beklagte in dem ersten zur mündlichen Verhandlung anberaumten Termine nicht erscheint, in diesem Termine nicht verhandelt, sondern es muß auf Antrag des Klägers ein neuer Termin anberaumt werden. Zu diesem, wie überhaupt zu jedem nicht in seiner Gegenwart anberaumten Termine, ist der Beklagte vom Kläger zu laden.⁹ In dem neuen und überhaupt in jedem Termine mit Ausnahme jenes ersten wird auch beim Ausbleiben des Beklagten oder Widerbeklagten verhandelt in gleicher Weise, wie wenn jener erschienen wäre, sich aber auf die vom Kläger oder Widerkläger vorgebrachten Thatsachen nicht erklärt oder die Erklärung verweigert hätte. Das Urtheil, welches darauf hin ergeht, gilt daher als contradictorisches, und folglich ist gegen dasselbe nicht der Einspruch, sondern nur die Berufung statthaft. Versäumt der Kläger oder Widerkläger einen Verhandlungstermin, so tritt das gewöhnliche Versäumnißverfahren ein.¹⁰

III. Der Ehescheidungsklage und der Klage auf Herstellung des ehelichen Lebens muß in der Regel ein Sühneversuch bei dem Amtsgerichte vorausgehen, zu welchem die Parteien persönlich erscheinen müssen.¹¹ Auch das Proceß-

---

⁷ CP. §. 577. Der richterliche Eid ist zulässig: CP. §. 578 Abs. 4.

⁸ Ausnahme nur in dem Fall, wenn der Beklagte oder Widerbeklagte in dem zur Leistung eines richterlichen Eides bestimmten Termine nicht erscheint: CP. §. 578 Abs. 3 vbb. §§. 430, 439 Abs. 1.

⁹ CP. §. 578 Abs. 1 und 2. Ausnahme, wenn der Beklagte auf Ladung durch öffentliche Zustellung nicht erschienen ist: CP. §. 578 Abs. 3.

¹⁰ Begr. z. CP. Entw. §. 555.

¹¹ Näheres CP. §§. 570—573.

gericht kann jederzeit einen Sühneversuch machen.[12] Ferner kann es, wenn es die Aussöhnung der Parteien für nicht unwahrscheinlich hält, von Amtswegen die Aussetzung des Verfahrens anordnen; jedoch aus diesem Grunde im Laufe des Rechtsstreites nur einmal und höchstens auf ein Jahr.[13] Ist die Ehescheidung wegen Ehebruches beantragt, so ist die Aussetzung überhaupt unzulässig.[14]

IV. In allen Ehesachen können bis zum Schlusse derjenigen mündlichen Verhandlung, auf welche das Urtheil ergeht, neue Klagegründe geltend gemacht werden.[15] Ferner können die Klage auf Herstellung des ehelichen Lebens, die Ehescheidungsklage und die Ungültigkeitsklage mit einander verbunden werden.[16] Dagegen kann der mit einer Ehescheidungsklage oder einer Ungültigkeitsklage abgewiesene Kläger Thatsachen, welche er in dem früheren Rechtsstreite oder durch Verbindung der Klagen hätte geltend machen können, als selbständigen Klagegrund nicht mehr geltend machen. Gleiches gilt für den Beklagten in Ansehung der Thatsachen, auf welche er eine Widerklage hätte gründen können.[17]

V. Urtheile, durch welche auf Trennung, Ungültigkeit oder

---

[12] CP. §. 268 vbd. §. 579.
[13] CP. §. 580 Abs. 1, 2. Gegen die Anordnung ist Beschwerde zulässig: CP. §. 229.
[14] CP. §. 580 Abs. 3.
[15] CP. §. 574 (Ausnahme von §§. 235 Nr. 3, 240). Von einem vorgängigen Sühneversuch ist ein solches neues Vorbringen nicht abhängig. Eben so wenig die Erhebung einer Widerklage: CP. §. 574 Abs. 2.

[16] CP. §. 575 Abs. 1. Dagegen ist die Verbindung einer anderen Klage (z. B. einer die vermögensrechtlichen Folgen der Ehescheidung betreffenden) mit den genannten sowie die Erhebung einer Widerklage anderer Art unzulässig: CP. §. 575 Abs. 2. Vgl. CP. §. 587.
[17] CP. §. 576.

Nichtigkeit der Ehe erkannt ist, sind den Parteien von Amts=
wegen zuzustellen.[18]

VI. Die **Nichtigkeitsklage** hat folgende besondere
Eigenthümlichkeiten:

1) Sie kann nicht bloß von denjenigen Privatpersonen,
denen sie nach den Vorschriften des bürgerlichen Rechtes zu=
steht, sondern auch von der Staatsanwaltschaft erhoben
werden.[19] Ferner kann der Staatsanwalt, selbst wenn er
die Klage nicht erhoben hat, den Rechtsstreit gleich einer
Partei betreiben, insbesondere selbständig Anträge stellen und
Rechtsmittel einlegen.[20]

2) Mit der Nichtigkeitsklage kann keine andere Klage
verbunden werden. Auch ist nur eine Nichtigkeitsklage als
Widerklage statthaft.[21]

Ueber die Nichtigkeit einer Ehe kann bei Lebzeiten der
Ehegatten niemals nebensächlich bei Gelegenheit eines an=
deren Processes, sondern immer nur selbständig auf Grund
einer besonderen Nichtigkeitsklage verhandelt und entschieden
werden.[22]

---

[18] CP. §. 582. — Das Ver=
fahren bei Ehescheidungen auf
Grund gegenseitiger Einwilli=
gung richtet sich nach den Vor=
schriften des bürgerlichen Rechtes:
EG. z. CP. §. 16 Nr. 5. S.
auch EG. z. CP. §. 16 Nr. 6
bis 8. — Ueber die Beschränkung
der Oeffentlichkeit in Ehesachen
s. GV. §. 171 (s. ob. §. 28
Nr. 4).
[19] CP. §. 586 Abs. 1. Ueber
die Parteirollen s. CP. §. 586
Abs. 2.
[20] CP. §. 589. Ueber die
Parteirollen in der Rechtsmittel=
instanz s. CP. §. 590. — Ueber
die Behandlung des Kosten=
punktes, wenn der als Partei
auftretende Staatsanwalt unter=
liegt, s. CP. §. 591.
[21] CP. §. 587.
[22] CP. §. 588 und Begr. z.
CP. Entw. §§. 560—566 a. E.

## §. 63.
### V. Verfahren in Entmündigungssachen.

Entmündigung ist die Entziehung der bürgerlichen Selbständigkeit wegen Geisteskrankheit (Wahnsinns, Blödsinns u. s. w.) oder wegen Verschwendung. Sie wird, ebenso wie ihre Wiederaufhebung, immer zunächst durch einen amts=gerichtlichen Beschluß ausgesprochen auf Grund einer von Amtswegen geführten Untersuchung. Dieser Beschluß kann aber, falls er die Entmündigung ausspricht oder ihre Auf=hebung ablehnt, durch Klage vor dem Landgerichte angefochten werden. Dieses entscheidet dann nach vorgängiger münd=licher Verhandlung durch förmliches Urtheil, gegen welches die gewöhnlichen Rechtsmittel stattfinden.

I. Für den Beschluß über die Entmündigung oder ihre Aufhebung ist dasjenige Amtsgericht, bei welchem der zu Entmündigende oder Entmündigte seinen allgemeinen Gerichts=stand hat, ausschließlich zuständig.[1] Er wird nur auf An=trag erlassen.[2] Der Antrag auf Entmündigung kann von dem Ehegatten, einem Verwandten oder dem Vormunde des zu Entmündigenden, wegen Geisteskrankheit auch von dem Staats=anwalte des übergeordneten Landgerichtes gestellt werden,[3] der Antrag auf die Wiederaufhebung der Entmündigung da=gegen nur von dem Entmündigten oder seinem Vormunde oder, wenn die Entmündigung wegen Geisteskrankheit ge=

---

[1] CP. §§. 593, 594 Abs. 1, 616, 617 Abs. 1, 621 Abs. 1, 3, 625 Abs. 1. Ausnahme, wenn der zu entmündigende oder ent=mündigte Deutsche seinen Wohn=sitz nur im Auslande hat: CP. §§. 594 Abs. 2, 617 Abs. 2, 621 Abs. 3, 625 Abs. 1.

[2] CP. §§. 593 Abs. 2, 616, 621 Abs. 2, 625 Abs. 1.

[3] Näheres CP. §§. 595, 621 Abs. 3, 4.

schehen war, auch von dem Staatsanwalte.⁴ Er kann schriftlich oder mündlich zum Protokoll des Gerichtsschreibers angebracht werden und soll die Angabe der ihn begründenden Thatsachen und die Bezeichnung der Beweismittel enthalten.⁵

Das Gericht hat nun von Amtswegen die erforderlichen Ermittelungen und die ihm geeignet erscheinenden Beweisaufnahmen zu veranstalten.⁶ Handelt es sich um Ausspruch oder Aufhebung einer Entmündigung wegen Geisteskrankheit, so kann das Gericht noch vor der Einleitung des Verfahrens die Beibringung eines ärztlichen Zeugnisses anordnen; auch soll in der Regel der zu Entmündigende oder Entmündigte unter Zuziehung Sachverständiger persönlich vernommen werden, und jedenfalls darf das Gericht die Entmündigung oder ihre Wiederaufhebung nicht aussprechen, ohne zuvor über den Geisteszustand desselben einen oder mehrere Sachverständige gehört zu haben.⁷ Ferner kann der Staatsanwalt das Verfahren durch Stellung von Anträgen betreiben,⁸ während bei dem Verfahren über Entmündigung wegen Verschwendung oder Wiederaufhebung derselben der Staatsanwalt nicht mitwirkt.⁹

II. Der amtsgerichtliche Beschluß über den Antrag auf Entmündigung wegen Geisteskrankheit ist von Amtswegen dem Antragsteller und dem Staatsanwalte zuzustellen. Wenn der Beschluß die Entmündigung ausspricht, so ist er auch der Vormundschaftsbehörde und, falls eine gesetzliche Vormundschaft

---

⁴ CP. §§. 616, 625 Abs. 1.
⁵ CP. §§. 596, 617 Abs. 3, 621 Abs. 3, 625 Abs. 1.
⁶ CP. §§. 597 Abs. 1, 4, 617 Abs. 3, 621 Abs. 3, 625 Abs. 1.
⁷ CP. §. 597 Abs. 2, 598, 599, 617 Abs. 3.
⁸ CP. §§. 597 Abs. 3, 617 Abs. 3.
⁹ CP. §. 621 Abs. 4. — Ueber die Behandlung des Kostenpunktes s. CP. §§. 601, 618, 622, 625 Abs. 1.

stattfindet, dem gesetzlichen Vormunde mitzutheilen. Mit der Mittheilung an die Vormundschaftsbehörde tritt die Entmündigung in Wirksamkeit.[10] Lehnt der Beschluß die Entmündigung ab, so steht dem Antragsteller und dem Staatsanwalte die sofortige Beschwerde zu.[11]

Der Beschluß über den Antrag auf die Wiederaufhebung der Entmündigung wegen Geisteskrankheit ist von Amtswegen dem Antragsteller und, wenn er die Wiederaufhebung ausspricht, auch dem Entmündigten sowie dem Staatsanwalte zuzustellen.[12] Dem letzteren steht gegen den aufhebenden Beschluß die sofortige Beschwerde zu.[13] Die rechtskräftig erfolgte Wiederaufhebung ist der Vormundschaftsbehörde mitzutheilen.[14]

Der Beschluß über den Antrag auf Entmündigung wegen Verschwendung ist von Amtswegen dem Antragsteller und dem zu Entmündigenden zuzustellen und, wenn er die Entmündigung ausspricht, auch der Vormundschaftsbehörde mitzutheilen. Die Entmündigung tritt mit der Zustellung an den Entmündigten in Wirksamkeit.[15] Lehnt der Beschluß die Entmündigung ab, so steht dem Antragsteller die sofortige Beschwerde zu.[16]

Der Beschluß über den Antrag auf Wiederaufhebung der Entmündigung wegen Verschwendung ist von Amtswegen

---

[10] CP. §§. 602, 603. Auch schon während des Verfahrens kann das Gericht nach seinem Ermessen der Vormundschaftsbehörde zum Behufe der Anordnung einer Fürsorge für die Person oder das Vermögen des Geisteskranken Mittheilung machen: CP. §. 600.

[11] CP. §. 604 Abf. 1. S. auch CP. §. 604 Abf. 2.
[12] CP. §. 619 Abf. 1.
[13] CP. §. 619 Abf. 2. Vbd. CP. §. 535 Abf. 1.
[14] CP. §. 619 Abf. 3.
[15] CP. §. 623.
[16] CP. §. 621 Abf. 3, 4 vbd. §. 604.

dem Antragsteller zuzustellen. Wenn der Beschluß die Wiederaufhebung ausspricht, so ist er auch dem Entmündigten zuzustellen und der Vormundschaftsbehörde mitzutheilen.[17] Der aufhebende Beschluß kann nicht angefochten werden.[18]

III. Der Beschluß, welcher die Entmündigung wegen Geisteskrankheit oder Verschwendung ausspricht, kann innerhalb eines Monats durch Klage bei dem übergeordneten Landgerichte angefochten werden.[19]

Das Recht dazu steht bei der Entmündigung wegen Geisteskrankheit dem Entmündigten selbst, seinem Vormunde und denjenigen Personen zu, welche eine solche Entmündigung beantragen dürfen, also namentlich auch dem Staatsanwalte.[20] Für den Entmündigten beginnt die Monatsfrist mit dem Tage, an welchem er von der Entmündigung Kenntniß erhalten hat; für die übrigen Personen beginnt sie mit der Bestellung des Vormundes für den Entmündigten, im Fall einer gesetzlichen Vormundschaft mit der Mittheilung des Entmündigungsbeschlusses an den gesetzlichen Vormund.[21] Will der Entmündigte die Klage erheben, so hat ihm auf seinen Antrag der Vorsitzende des Proceßgerichtes einen Rechtsanwalt als Vertreter beizuordnen.[22] Die Klage ist gegen den Staatsanwalt zu richten; wenn dieser sie erhebt, gegen den Vormund des Entmündigten als Vertreter desselben.[23] Die Privatperson, welche die Entmündigung beantragt hatte, ist vom Kläger unter Mittheilung der Klage zum Termin für die mündliche Verhandlung zu laden. Tritt sie dem

---

[17] CP. §. 625 Abs. 1 vbd. §. 619 Abs. 1, 3.
[18] CP. §. 625 Abs. 2.
[19] CP. §§. 605 Abs. 1, 606, 624 Abs. 1, 4.
[20] CP. §. 605 Abs. 2.
[21] CP. §. 605 Abs. 3.
[22] CP. §. 609. Vbd. RAO. §§. 33, 35, 36. S. ob. §. 26. I.
[23] CP. §. 607 Abs. 1, 2.

Processe bei, so gilt sie als Streitgenosse des Beklagten im Sinne von CP. §. 59.[24]

Bei der Entmündigung wegen Verschwendung kann die Anfechtungsklage nur von dem Entmündigten erhoben werden.[25] Sie ist gegen denjenigen zu richten, der die Entmündigung beantragt hatte; falls aber dieser verstorben oder sein Aufenthalt unbekannt oder im Auslande ist, gegen den Staatsanwalt.[26]

Mit der Anfechtungsklage kann keine andere Klage verbunden werden; auch eine Widerklage ist unzulässig.[27] Bei der mündlichen Verhandlung haben die Parteien die Ergebnisse der amtsgerichtlichen Untersuchung vorzutragen.[28] Die Vorschriften über die Wirkungen von Anerkenntnissen und gerichtlichen Geständnissen, über den Verzicht der Parteien auf die Beeidigung von Zeugen und Sachverständigen, endlich über die Folgen unterbliebener oder verweigerter Erklärung über Thatsachen oder über die Echtheit von Urkunden finden, gleichwie in Ehesachen, keine Anwendung. Auch ist der Antrag, dem Gegner die Vorlegung einer Urkunde aufzugeben, unzulässig und der Parteieid gänzlich ausgeschlossen. Beim Ausbleiben des Beklagten wird in gleicher Weise wie in Ehesachen verfahren.[29] Handelt es sich um Entmündigung wegen Geisteskrankheit, so kann, wie in dem vorausgegangenen amtsgerichtlichen Verfahren, die persönliche Vernehmung des Entmündigten angeordnet werden; auch darf das Endurtheil nur nach vorgängiger Vernehmung eines oder mehrerer Sachverständiger über den Geisteszustand des Entmündigten erlassen

---

[24] CP. §. 607 Abs. 3.
[25] CP. §. 624 Abs. 1.
[26] CP. §. 624 Abs. 3.

[27] CP. §§. 608, 624 Abs. 4.
[28] CP. §§. 610, 624 Abs. 4.
[29] CP. §§. 611, 624 Abs. 4.

werden, es wäre denn, daß das Gericht das vor dem Amtsgerichte abgegebene Gutachten für genügend erachtet.[30]

Erscheint die Anfechtungsklage als begründet, so ist der Beschluß, welcher die Entmündigung ausgesprochen hatte, durch Endurtheil aufzuheben. Diese Aufhebung tritt aber erst mit der Rechtskraft des letzteren in Wirksamkeit; vorher sind zum Schutze der Person oder des Vermögens des Entmündigten nur einstweilige Verfügungen zulässig.[31] Das Proceßgericht hat der Vormundschaftsbehörde und dem Amtsgerichte von jedem in der Sache erlassenen Endurtheil, mag es den amtsgerichtlichen Beschluß bestätigen oder aufheben, Mittheilung zu machen.[32]

IV. Ist der Antrag auf Wiederaufhebung der Entmündigung wegen Geisteskrankheit oder Verschwendung vom Amtsgerichte abgelehnt worden, so kann sie durch Klage bei dem übergeordneten Landgerichte beantragt werden.[33] Zur Erhebung der Klage ist der Vormund des Entmündigten, bei Entmündigung wegen Geisteskrankheit auch der Staatsanwalt befugt. Will der Vormund die Klage nicht erheben, so kann der Vorsitzende des Proceßgerichtes dem Entmündigten selbst die Erhebung der Klage gestatten durch einen Rechtsanwalt, den er ihm als Vertreter beiordnet.[34] Hinsichtlich der Person des Beklagten und des Verfahrens gelten die gleichen Regeln, wie bei der Anfechtungsklage.[35]

---

[30] CP. §. 612 vgl. Entwurf §. 576.
[31] CP. §§. 613 Abs. 1, 624 Abs. 4. Ueber die Wirkung der Aufhebung des Entmündigungsbeschlusses auf die bisherigen Handlungen des Entmündigten und seines Vormundes s. CP. §§. 613 Abs. 2, 624 Abs. 4. Ueber die Behandlung des Kostenpunktes s. CP. §§. 614, 624 Abs. 4.
[32] CP. §§. 615, 624 Abs. 4.
[33] CP. §§. 620 Abs. 1, 626 Abs. 1.
[34] CP. §§. 620 Abs. 2, 3, 626 Abs. 2. S. ob. Anm. 22.
[35] CP. §§. 620 Abs. 4, 626 Abs. 3, 4.

V. Die Entmündigung einer Person wegen Verschwen=
dung sowie die Wiederaufhebung einer solchen Entmündigung
ist von dem Amtsgerichte durch Anheftung an die Gerichts=
tafel öffentlich bekannt zu machen.[26]

---

Dritter Abschnitt.

# Rechtsmittel.

§. 64.

## Einleitung.

Unter den Rechtsmitteln in diesem bestimmten Sinne
versteht die Civilproceßordnung diejenigen processualischen
Mittel, durch welche noch nicht rechtskräftig gewordene Ent=
scheidungen vor einem höheren Gerichte angefochten werden
können. Sie bestehen in der Berufung, der Revision
und der Beschwerde. Berufung und Revision sind Rechts=
mittel gegen die zwischen den Parteien ergangenen End=
urtheile: jene gegen Endurtheile erster, diese gegen End=
urtheile zweiter Instanz. Die Beschwerde dagegen dient
zur Anfechtung mannigfaltiger anderer Entscheidungen, deren
verhältnißmäßig geringe Bedeutung möglichst einfache Formen
für die Anfechtung und ihre Erledigung als angemessen er=
scheinen läßt.

---

[26] CP. §. 627 vbd. §. 187 Abs. 2. — S. auch noch EG. z. CP. §. 10. — Ueber die Be=schränkung der Oeffentlichkeit in Entmündigungssachen s. GV. §. 172.

## I. Berufung.

### §. 65.

**1. Voraussetzungen und Wirkungen der Einlegung.**

I. Berufung kann gegen jedes in erster Instanz erlassene Endurtheil eingelegt werden,[1] und zwar gegen das Urtheil eines Amtsgerichtes bei dem übergeordneten Landgerichte, gegen das Urtheil eines Landgerichtes bei dem übergeordneten Oberlandesgerichte.[2] Außerdem ist eine selbständige Berufung statthaft gegen das Urtheil, wodurch eine proceßhindernde Einrede verworfen wird,[3] gegen das Urtheil, welches einen sowohl nach seinem Grunde als nach seinem Betrage streitigen Anspruch für begründet erklärt,[4] endlich gegen das Urtheil, welches im Urkundenprocesse unter Vorbehalt der Rechte ergeht.[5] Andere Zwischenurtheile und sonstige Entscheidungen können nicht durch selbständige Berufung angefochten werden; jedoch werden durch die gegen das Endurtheil eingelegte Berufung von selbst auch alle ihm vorausgegangene Entscheidungen mit ergriffen, soweit sie nicht gänzlich unanfechtbar oder mit der Beschwerde anfechtbar sind.[6]

---

[1] CP. §. 472. Also auch gegen ein Theilurtheil (s. ob. §. 55. I. III.), gegen ein durch Eidesleistung bedingtes Endurtheil (s. ob. §. 51. V., §. 52), endlich gegen dasjenige Endurtheil, welches nach Leistung oder Verweigerung des Eides den Eintritt der dadurch bedingten Folgen ausspricht (s. ob. §. 51. IX., §. 52 a. E.). Zu bloßer Anfechtung der Entscheidung über den Kostenpunkt kann jedoch die Berufung nicht eingelegt werden: CP. §. 94.

[2] GV. §§. 71, 123 Nr. 1. S. ob. §. 6 (S. 21).

[3] CP. §. 248 Abs. 2. S. ob. §. 40. II.

[4] CP. §. 276 Abs. 2. S. ob. §. 55. III.

[5] CP. §. 562 Abs. 3. S. ob. §. 60. II. a. E.

[6] CP. §. 473. Die unanfechtbaren Entscheidungen s. in CP. §§. 37 Abs. 2, 46 Abs. 2, 118,

Ein Versäumnißurtheil kann von der Partei, gegen welche es erlassen ist, mit Berufung nur dann angefochten werden, wenn kein Einspruch statthaft ist,[7] und auch dann bloß aus dem Grunde, weil keine Versäumung vorhanden gewesen sei.[8]

Das Recht der Berufung kann nicht allein durch Vertrag der Parteien ausgeschlossen werden, sondern es geht nach der Erlassung des Urtheils auch schon durch einseitigen Verzicht verloren, wenn dieser gegenüber dem Gerichte oder dem Gegner ausdrücklich erklärt wird.[9]

II. Die Einlegung der Berufung muß innerhalb einer Nothfrist von einem Monate von der Zustellung des Urtheils an geschehen. Sie kann auch gleichzeitig mit dieser Zustellung, nicht aber schon vor derselben geschehen.[10] Wird das Urtheil innerhalb der Berufungsfrist durch eine nachträgliche Entscheidung ergänzt,[11] so beginnt auch für jenes mit der Zustellung der nachträglichen Entscheidung der Lauf der Berufungsfrist von Neuem. Wird gegen das Urtheil und gegen die nachträgliche Entscheidung von derselben Partei Berufung

---

143 Abs. 3, 160 Abs. 1, 203 Abs. 3, 242, 290 Abs. 3, 291 Abs. 4, 320 Abs. 2, 371 Abs. 5, 451 Abs. 2, 496 Abs. 2, 625 Abs. 2, 631 Abs. 3, 647 Abs. 2, 656 Abs. 3, 834 Abs. 1. Ueber die mit der Beschwerde anfechtbaren Entscheidungen f. CP. §. 530 und unt. §. 69. I. — Durch die Berufung gegen das Endurtheil werden ferner nicht ergriffen die zu Anm. 3—5 bezeichneten Zwischenurtheile, gegen welche eine selbständige Berufung statthaft ist. Denn da sie nach dem Wortlaute von CP. §§. 248 Abs. 2, 276 Abs. 2, 562 Abs. 3 „in Betreff der Rechtsmittel als Endurtheile anzusehen sind", so fallen sie nicht unter die Vorschrift in CP. §. 473.

[7] S. CP. §§. 216 Abs. 2, 310 und ob. §. 57. IV. a. E.

[8] CP. §. 474.

[9] CP. §. 475 vbd. Begr. z. CP. Entw. §. 455 und R. C. Prot. S. 232 folg.

[10] CP. §. 477.

[11] S. CP. §. 292 und ob. §. 55. IV.

eingelegt, so sind beide Berufungen mit einander zu verbinden.¹²

Die Zurücknahme der Berufung ist ohne Einwilligung des Berufungsbeklagten nur so lange zulässig, bis dieser seine mündliche Verhandlung begonnen hat. Sie geschieht durch Erklärung bei der mündlichen Verhandlung oder durch Zustellung eines Schriftsatzes und zieht den Verlust des Rechtsmittels sowie die Verpflichtung zur Tragung der dadurch entstandenen Kosten nach sich.¹³

III. Die Einlegung der Berufung bringt den ganzen Rechtsstreit vor das Berufungsgericht und hindert die Rechtskraft des angefochtenen Urtheils in seinem ganzen Umfange sowie zu Gunsten beider Parteien. Deshalb kann sich der Berufungsbeklagte der Berufung anschließen, d. h. nun auch seinerseits Aenderungen des angefochtenen Urtheils beantragen, selbst wenn er auf die Berufung verzichtet hatte oder die Berufungsfrist verstrichen ist.¹⁴ Jedoch kann er ein gegen ihn ergangenes Versäumnißurtheil auch durch Anschließung an die Berufung nur insoweit anfechten, als er dieses durch selbständige Berufung hätte thun können.¹⁵ Die Anschließung verliert ihre Wirkung, wenn die Berufung zurückgenommen oder als unzulässig verworfen wird. Ist sie jedoch innerhalb der Berufungsfrist erfolgt, so wird sie in jenen Fällen als selbständig eingelegte Berufung angesehen und beurtheilt.¹⁶

---

[12] CP. §. 478.
[13] Näheres CP. §. 476 vgl. §. 243 (ob. §. 38. IV.).
[14] CP. §. 482 Abs. 1. Trotz CP. §. 94 ist die Anschließung auch zu bloßer Anfechtung der Entscheidung über den Kostenpunkt zulässig: Begr. z. CP. Entw. §. 92 a. E. und §§. 461, 462.
[15] CP. §. 482 Abs. 2. S. ob. I.
[16] CP. §. 483 vbd. Begr. z. CP. Entw. §§. 461, 462 in Abs. 2.

§. 66.

2. Verfahren.

Das Verfahren stimmt im Ganzen mit dem landgerichtlichen Verfahren in erster Instanz überein und steht, insoweit nicht Abweichungen besonders vorgeschrieben sind, unter den gleichen Regeln.[1]

I. Die Einlegung der Berufung geschieht dadurch, daß der Berufungskläger dem Berufungsbeklagten die **Berufungsschrift** zustellen läßt.[2] Sie muß von einem Rechtsanwalte unterschrieben sein[3] und die Bezeichnung des angefochtenen Urtheils, die Erklärung der Einlegung der Berufung und die Ladung des Berufungsbeklagten vor das Berufungsgericht zur mündlichen Verhandlung über die Berufung enthalten.[4] Außerdem soll sie den allgemeinen Vorschriften über die vorbereitenden Schriftsätze entsprechen und insbesondere angeben, wieweit der Berufungskläger in der mündlichen Verhandlung das Urtheil anfechten, welche **Berufungsanträge**, d. h. Anträge auf Abänderung des Urtheils, er stellen, und welche neue Thatsachen und Beweismittel er geltend machen will.[5]

Zwischen der Zustellung der Berufungsschrift und dem Verhandlungstermine muß dem Berufungsbeklagten eine Einlassungsfrist von mindestens einem Monat, in Meß= und

---

[1] CP. §. 485.
[2] CP. §. 479 Abs. 1. Näheres über die Person, an welche die Zustellung erfolgen muß, s. in CP. §. 164.
[3] CP. §§. 74 Abs. 1, 121 Nr. 6.
[4] CP. §. 479 Abs. 2. Erfolgt die Zustellung nicht an einen Rechtsanwalt, so muß der Schriftsatz auch die Aufforderung zur Bestellung eines bei dem Berufungsgerichte zugelassenen Anwaltes enthalten: CP. §. 192. Fehlt es der Berufungsschrift an einem dieser nothwendigen Erfordernisse, so treten die Wirkungen der Einlegung der Berufung nicht ein.
[5] CP. §. 480.

Marktsachen von mindestens 24 Stunden frei bleiben.[6] Innerhalb der ersten zwei Dritttheile derselben muß er dem Berufungskläger die von einem Rechtsanwalte unterschriebene Beantwortung der Berufung zustellen lassen, d. h. einen vorbereitenden Schriftsatz, der insbesondere die Anträge angeben soll, welche der Berufungsbeklagte in der mündlichen Verhandlung stellen, und die neuen Thatsachen und Beweismittel, welche er geltend machen will.[7] Unterläßt er dies schuldhafter Weise, so muß er, wenn dadurch eine Vertagung der Verhandlung veranlaßt wird, die Kosten derselben tragen.[8]

Der Gerichtsschreiber des Berufungsgerichtes hat innerhalb 24 Stunden von der Einreichung der Berufungsschrift zur Terminsbestimmung an von dem Gerichtsschreiber des Gerichtes erster Instanz die Proceßacten einzufordern.[9]

II. Die mündliche Verhandlung[10] beginnt mit der Verlesung der Anträge der Parteien aus den vorbereitenden Schriftsätzen oder aus einem anderen Schriftsatze, der dem Protokoll als Anlage beizufügen ist.[11] Diese Anträge können von den in der Berufungsschrift und in der Beantwortung der Berufung angekündigten abweichen; auch können sie bis zum Schlusse derjenigen mündlichen Verhandlung, auf welche das Urtheil

---

[6] CP. §. 481 vbd. §. 234 Abs. 1 (ob. §. 38. I.). Muß die Zustellung im Auslande geschehen, so wird die Einlassungsfrist vom Gerichtsvorsitzenden bei der Terminsfestsetzung bestimmt: CP. §. 481 vbd. §. 234 Abs. 2. Ueber Abkürzung der Einlassungsfrist f. CP. §. 204 (ob. §. 31. IV.).

[7] CP. §. 484.

[8] CP. §. 90. S. auch GKostenG. §. 48 (f. ob. §. 35 Anm. 1).

[9] CP. §. 506 Abs. 1.

[10] Ueber Vertagung derselben wegen noch nicht verstrichener Berufungsfrist oder noch nicht erledigten Einspruches gegen das Urtheil f. CP. §. 486. Ausnahmen: CP. §§. 656 Abs. 2, 689.

[11] CP. §. 485 vbd. §. 269. S. ob. §. 40. I.

ergeht, erweitert oder sonst verändert werden.[12] Innerhalb der durch dieselben bestimmten Grenzen wird der Rechtsstreit vor dem Berufungsgerichte von Neuem in thatsächlicher und rechtlicher Hinsicht, gleichwie in erster Instanz, verhandelt.[13] Und zwar erstreckt sich die Verhandlung auf alle Streitpunkte, welche einen in dem angefochtenen Urtheil zu- oder aberkannten Anspruch betreffen, soweit darüber zufolge der Anträge eine Verhandlung erforderlich ist, sollte auch in erster Instanz darüber nicht verhandelt worden sein.[14] Das angefochtene Urtheil dient dabei zum Ausgangspunkte. Die Parteien haben dasselbe nebst den Entscheidungsgründen, den vorausgegangenen Entscheidungen und den Beweisverhandlungen insoweit vorzutragen, als dies zum Verständnisse der Berufungsanträge und zur Prüfung der Richtigkeit der angefochtenen Entscheidung erforderlich ist. Bei Unrichtigkeit oder Unvollständigkeit dieses Vortrages hat der Vorsitzende durch Ausübung seines Fragerechtes die Berichtigung oder Vervollständigung zu veranlassen.[15]

War das Urtheil erster Instanz nicht oder nur unter der Bedingung vorgängiger Sicherheitsleistung für vorläufig vollstreckbar erklärt,[16] so ist es, soweit es durch die (in der mündlichen Verhandlung) gestellten Berufungsanträge nicht angefochten wird, auf einen von Seite einer der Parteien im Laufe der Verhandlung gestellten Antrag von dem Berufungsgerichte für vorläufig vollstreckbar zu erklären.[17]

---

[12] Begr. z. CP. Entw. §. 470.
[13] CP. §. 487.
[14] CP. §. 499. Hinsichtlich der in dem angefochtenen Urtheil übergangenen Ansprüche ist nicht die Berufung, sondern nur der Antrag auf Ergänzung nach CP. §. 292 zulässig.
[15] CP. §. 488. Vbr. CP. §. 130 Abs. 1.
[16] S. unt. §. 73. II.
[17] CP. §. 496. Vgl. Begr. z. CP. Entw. §. 475.

Berufung. Verfahren. §. 66.

III. Zur Rechtfertigung ihrer Anträge können die Parteien auch neue, d. h. in erster Instanz nicht geltend gemachte, Rechtsbehelfe (Einreden, Repliken u. s. w.), insbesondere neue Thatsachen und Beweismittel vorbringen, und zwar bis zum Schlusse derjenigen mündlichen Verhandlung, auf welche das Urtheil ergeht.[18] Jedoch dürfen proceßhindernde Einreden, auf welche die Partei wirksam verzichten kann, nur geltend gemacht werden, wenn sie glaubhaft macht, daß sie zur Vorbringung derselben in erster Instanz ohne ihr Verschulden außer Stande gewesen sei. Auch darf auf Grund proceßhindernder Einreden die Verhandlung zur Hauptsache nicht verweigert werden; doch kann das Gericht die abgesonderte Verhandlung über dieselben anordnen.[19] Ferner ist keine Klageänderung zulässig, selbst nicht mit Einwilligung des Gegners.[20] Bloß diejenigen Erweiterungen, Beschränkungen oder Veränderungen des Klageantrages sind statthaft, welche nach CP. §. 240 Nr. 2, 3 (ob. §. 38. III.) nicht als Klageänderung erscheinen.[21] Auch darf abgesehen von diesen Fällen ein neuer Anspruch nur erhoben werden, wenn damit compensirt, d. h. gegen einen Anspruch des Gegners aufgerechnet, werden soll und die Partei glaubhaft macht, daß sie zur Geltendmachung desselben in erster Instanz ohne ihr Verschulden außer Stande gewesen sei.[22]

---

[18] CP. §. 491 Abs. 1 vbd. §§. 251 Abs. 1, 256 Abs. 1. S. aber wegen des Kostenpunktes CP. §. 92 Abs. 2. Vgl. auch GKostenG. § 48 (s. ob. §. 36 Anmerk. 16).

[19] CP. §. 490. Vgl. CP. §§. 247 Abs. 3, 248 Abs. 1 und ob. §. 39. I. a. E.

[20] CP. §. 489 vbd. §. 240 (ob. §. 38. III.).

[21] CP. §. 491 Abs. 2.

[22] CP. §. 491 Abs. 2. Die Erhebung einer Widerklage oder einer Incident-Feststellungsklage ist in der Berufungsinstanz unstatthaft: Begr. z. CP. Entw. §. 470 a. E.

IV. Die in erster Instanz unterbliebenen oder verweigerten Erklärungen über Thatsachen, Urkunden und Eideszuschiebungen können in der Berufungsinstanz nachgeholt werden.[23] Dagegen dauert die Wirkung eines in erster Instanz gemachten gerichtlichen Geständnisses sowie der in erster Instanz erfolgten Annahme oder Zurückschiebung eines Eides auch in der Berufungsinstanz fort.[24] Dasselbe gilt von der Leistung, von der Verweigerung der Leistung und von der Erlassung eines (zugeschobenen, zurückgeschobenen oder richterlichen) Eides, falls das Berufungsgericht die Entscheidung, wodurch die Leistung des Eides angeordnet ist, für gerechtfertigt erachtet.[25] Auch die Beweisverhandlungen der ersten Instanz behalten in der Berufungsinstanz ihre Geltung;[26] doch kann das Berufungsgericht nach seinem Ermessen die wiederholte Vernehmung eines Zeugen, nicht minder die wiederholte oder neue Begutachtung durch Sachverständige sowie die Einnahme eines Augenscheins anordnen.[27] Endlich kann die Verletzung einer das Verfahren erster Instanz betreffenden Vorschrift auch in der Berufungsinstanz nicht mehr gerügt werden, wenn die Partei das Rügerecht gemäß CP. §. 267 bereits in erster Instanz verloren hat.[28]

V. Das Berufungsgericht hat (nach vorgängiger mündlicher Verhandlung) von Amtswegen zu prüfen, ob die Berufung an sich statthaft, und ob sie in der gesetzlichen Form und Frist eingelegt sei. Fehlt es an einem dieser Erforder-

---

[23] CP. §. 493. Vgl. CP. §§. 129 Abs. 2, 404 Abs. 3, 417 Abs. 2.
[24] CP. §§. 494, 495 Abs. 1.
[25] CP. §. 495 Abs. 2. Vgl. CP. §§. 428 Abs. 1, 429.
[26] Folgt aus CP. §. 488 Abs. 1: s. Begr. z. CP. Entw. §. 472.
[27] CP. §. 485 vbd. §§. 363 Abs. 1, 135 Abs. 1, 369, 377 Abs. 1.
[28] CP. §. 492. S. ob. §. 40 III.

nisse, so ist die Berufung als unzulässig zu verwerfen.²⁹ Erscheint sie als zulässig und zugleich als sachlich begründet, so darf das Urtheil erster Instanz doch nur insoweit abgeändert werden, als (in der mündlichen Verhandlung) eine Abänderung beantragt ist.³⁰ Innerhalb dieser Grenze hat aber das Berufungsgericht über alle Streitpunkte zu entscheiden, welche einen in dem angefochtenen Urtheil zu- oder aberkannten Anspruch betreffen, gleichviel, ob darüber schon in erster Instanz verhandelt und entschieden worden ist, oder nicht. Auch hat es ein von ihm erlassenes bedingtes Urtheil zu erledigen. Ist das angefochtene Urtheil ein bedingtes, so kann dasselbe, wenn die Berufung zurückgewiesen wird, nach Ermessen des Berufungsgerichtes entweder (zur Ersparung von Weitläufigkeiten und Kosten für die Parteien) von ihm selbst erledigt werden, oder auch an das Gericht erster Instanz zur Erledigung zurückverwiesen werden.³¹

VI. Das Berufungsgericht muß die Sache, falls eine weitere Verhandlung derselben erforderlich ist, allemal an das Gericht erster Instanz zurückverweisen:³²

1) wenn durch das angefochtene Urtheil ein Einspruch als unzulässig verworfen ist;³³
2) wenn durch dasselbe bloß über proceßhindernde Einreden entschieden ist.³⁴ Jedoch hat in diesem Fall das Berufungsgericht die sämmtlichen proceßhindernden Einreden zu erledigen.³⁵
3) wenn bei einem sowohl nach seinem Grunde als nach

---

[29] CP. §. 497.
[30] CP. §. 498. Vgl. CP. §. 279. S. auch ob. II.
[31] CP. §. 499.
[32] CP. §. 500 Abs. 1.
[33] Vgl. CP. §. 306 (s. ob. §. 57. IV.).
[34] Vgl. CP. §. 248 (s. ob. §. 40. II.).
[35] CP. §. 500 Abs. 2.

seinem Betrage streitigen Anspruche durch das ange=
fochtene Urtheil zunächst nur über den Grund des An=
spruches entschieden ist;[36]

4) wenn das angefochtene Urtheil im Urkunden= oder Wech=
selprocesse unter Vorbehalt der Rechte erlassen ist;[37]
5) wenn das angefochtene Urtheil ein Versäumnißurtheil
ist.[38]

Leidet das Verfahren erster Instanz nach dem Ermessen
des Berufungsgerichtes an einem wesentlichen Mangel,[39] so
kann die Sache unter Aufhebung des Urtheils und des Ver=
fahrens, soweit letzteres durch den Mangel betroffen wird,
an das Gericht erster Instanz zurückverwiesen werden.[40]

VII. Werden in der Berufungsinstanz nachträglich vor=
gebrachte Vertheidigungsmittel des Beklagten (oder Widerbe=
klagten) gemäß CP. §. 252 zurückgewiesen,[41] so muß ihm
in dem Urtheil die Geltendmachung derselben vorbehalten
werden.[42] Ein solches Urtheil steht in Ansehung der
Rechtsmittel und der Zwangsvollstreckung einem Endurtheile
gleich.[43] Dagegen bleibt in Betreff der vorbehaltenen Ver=
theidigungsmittel der Rechtsstreit in der Berufungsinstanz
anhängig. Insoweit sich in diesem weiteren Verfahren der
vom Kläger (oder Widerkläger) geltend gemachte Anspruch
als ein unbegründeter herausstellt, ist das frühere Urtheil
aufzuheben, der Kläger mit seinem Anspruche abzuweisen und

---

[36] Vgl. CP. §. 276 (s. ob. §. 55. III. a. E.).
[37] Vgl. CP. §. 562 (s. ob. §. 60. II. a. E.).
[38] Vgl. CP. §. 474 Abs. 2.
[39] Vgl. CP. §. 267 Abs. 2. Beispiele s. in CP. §. 513 (unt. §. 67. II.).
[40] CP. §. 501.
[41] S. ob. §. 40. IV. a. E.
[42] CP. §. 502 Abs. 1 und 2. Ausnahmen im Urkundenpro= cesse: CP. §. 564 und in Ehe= sachen: CP. §. 583.
[43] CP. §. 502 Abs. 3.

Berufung. Verfahren. §. 66.

auf Antrag des Beklagten zur Erstattung Desjenigen zu verurtheilen, was dieser auf Grund des Urtheils gezahlt oder sonst geleistet hat. Auch ist über die Kosten anderweit zu erkennen.[44]

VIII. In Ansehung des Versäumnißverfahrens gelten im Allgemeinen die Vorschriften über das Versäumnißverfahren in erster Instanz.[45] Daraus folgt namentlich, daß auch die in der Berufungsinstanz erlassenen Versäumnißurtheile durch Einspruch beseitigt werden können. Ferner wird, wenn der Berufungskläger einen Verhandlungstermin versäumt, auf Antrag des erschienenen Berufungsbeklagten die Berufung ohne Weiteres durch Versäumnißurtheil zurückgewiesen.[46] Versäumt dagegen der Berufungsbeklagte einen solchen Termin, so werden, wenn der erschienene Berufungskläger ein Versäumnißurtheil beantragt, die von dem letzteren mündlich vorgebrachten Thatsachen als zugestanden angenommen, jedoch nicht, wie in erster Instanz, schlechthin, sondern nur insoweit, als sie mit dem Sachverhalte, wie er in dem angefochtenen Urtheil festgestellt ist, nicht im Widerspruche stehen. Ist hinsichtlich der laut dieser Feststellung streitig gebliebenen Thatsachen zulässigerweise eine in erster Instanz noch nicht stattgefundene Beweisaufnahme beantragt, sei es schon in erster Instanz oder erst in der Berufungsinstanz, so wird angenommen, daß sie das in Aussicht gestellte Ergebniß gehabt habe, daß also z. B. ein vorgeschlagener Zeuge Dasjenige wirklich ausgesagt habe, worüber er als Zeuge vorge-

---

[44] CP. §. 503 vbd. §§. 92 Abs. 2, 251 Abs. 2. Vgl. CP. §§. 562, 563 (s. ob. §. 60. III.).
[45] CP. §. 504 Abs. 1. S. ob. §. 57.
[46] Vgl. CP. §. 295. S. Begr. z. CP. Entw. §. 483.

schlagen worden ist. Nach Maßgabe dieser Annahmen und des in dem angefochtenen Urtheil festgestellten Sachverhaltes wird sodann das Versäumnißurtheil erlassen.[47]

IX. Bei der Darstellung des Thatbestandes in dem Urtheil des Berufungsgerichtes kann auf das Urtheil erster Instanz Bezug genommen werden.[48]

X. Nach der Erledigung der Berufung hat der Gerichtsschreiber des Berufungsgerichtes dem Gerichtsschreiber des Gerichtes erster Instanz die Proceßacten des letzteren mit einer beglaubigten Abschrift des in der Berufungsinstanz erlassenen Urtheils zurückzusenden.[49]

II. Revision.

§. 67.

1. Voraussetzungen und Wirkungen der Einlegung.

I. Revision kann nur gegen die in der Berufungsinstanz von den Oberlandesgerichten erlassenen Endurtheile eingelegt werden.[1] Ueberdies ist ihre Zulässigkeit in Rechtsstreitigkeiten über vermögensrechtliche Ansprüche dadurch bedingt, daß der Werth des Beschwerdegegenstandes, d. h. der Werth, um welchen sich der Revisionskläger durch das in der Berufungsinstanz ergangene Urtheil verkürzt glaubt, den Betrag von 1500 Mark übersteigt.[2] Der Revisionskläger hat

---

[47] CP. §. 504.
[48] CP. §. 505.
[49] CP. §. 506 Abs. 2.
[1] CP. §. 507. Gegen die in der Berufungsinstanz ergangenen Urtheile der Landgerichte giebt es kein Rechtsmittel.
[2] CP. §. 508 Abs. 1. Der Beschwerdegegenstand ist von dem Streitgegenstande wohl zu unterscheiden. Er ergibt sich durch Vergleichung der vom Revisionskläger in der mündlichen Verhandlung gestellten Revisionsanträge mit dem Inhalte des angefochtenen Urtheils. z. B. der Streitgegenstand ist eine eingeklagte aber vom Be-

diesen Werth glaubhaft zu machen; der Eid ist jedoch als Mittel der Glaubhaftmachung ausgeschlossen.³

Ausnahmsweise ist die Revision ohne Rücksicht auf den Werth des Beschwerdegegenstandes zulässig:⁴

1) soweit es sich um die Unzuständigkeit des Gerichtes oder die Unzulässigkeit des Rechtsweges oder die Unzulässigkeit der Berufung handelt;⁵

2) in den Rechtsstreitigkeiten über Ansprüche, für welche die Landgerichte ohne Rücksicht auf den Werth des Streitgegenstandes ausschließlich zuständig sind.⁶

Die dem Endurtheil vorausgegangenen Entscheidungen des Oberlandesgerichtes können nicht durch selbständige Revision angefochten werden;⁷ sie werden aber durch die gegen das Endurtheil eingelegte Revision von selbst mit ergriffen, soweit

---

klagten bestrittene Forderung von 10,000 Mark. Der Beklagte wird in erster und zweiter Instanz übereinstimmend zu 8000 Mark verurtheilt. Wenn nun der Kläger in der Revisionsinstanz behauptet, daß der Beklagte zu den vollen 10,000 Mark hätte verurtheilt werden müssen, und demgemäß seine Revisionsanträge stellt, so beträgt der Werth des Beschwerdegegenstandes 2000 Mark, und die Revision ist also zulässig. Wäre dagegen der Beklagte in der Berufungsinstanz zu 9000 Mark verurtheilt, so könnte der Kläger keine Revision einlegen, weil hier für ihn der Werth des Beschwerdegegenstandes höchstens 1000 Mark betragen kann. — Die Feststellung des Werthes des Beschwerdegegenstandes geschieht nach Maßgabe der Vorschriften in CP. §§. 3—9: CP. §. 508 Abf. 2.

³ CP. §. 508 Abf. 3.
⁴ CP. §. 509.
⁵ Vgl. CP. §§. 247 Nr. 1, 2, 497.
⁶ Vgl. GV. §. 70 Abf. 2, 3. Wegen des Kostenpunktes s. CP. §. 92 Abf. 3.
⁷ Eine Ausnahme machen auch hier die in CP. §§. 248 Abf. 2, 276 Abf. 2, 562 Abf. 3 bezeichneten Urtheile: s. ob. §. 65. I. Ferner das in CP. §. 502 Abf. 3 bezeichnete: s. ob. §. 66. VII.

sie nicht gänzlich unanfechtbar oder mit der Beschwerde anfechtbar sind.[8]

Ein Versäumnißurtheil kann durch Revision nur nach gleichen Regeln wie durch Berufung angefochten werden.[9]

Die Revision geht in der Regel an das Reichsgericht.[10] Eine Ausnahme machen diejenigen Revisionen, welche gemäß EG. z. GB. §. 8 durch die Landesgesetzgebung einem obersten Landesgerichte zugewiesen sind.[11]

II. Die Revision beschränkt sich auf die Prüfung der Frage, ob bei der Verhandlung oder der Entscheidung des Rechtsstreites ein Verstoß gegen Rechtsvorschriften stattgefunden habe, oder nicht. Sie kann daher nur darauf gestützt werden, daß die angefochtene, sei es in dem Urtheil selbst enthaltene oder demselben vorausgegangene (CP. §. 510), Entscheidung auf der Verletzung eines Gesetzes, d. h. auf der Nichtanwendung oder der nicht richtigen Anwendung einer Rechtsnorm (d. h. irgend eines geltenden Rechtssatzes), beruhe.[12] Sie ist aber ferner in der Regel nur zulässig wegen Verletzung eines Reichsgesetzes oder eines Rechtssatzes, dessen Geltung sich nicht auf den Bezirk des Berufungsgerichtes beschränkt.[13]

Daß die angefochtene Entscheidung auf einer Verletzung des Gesetzes beruhe, wird jedesmal angenommen:[14]

    1) wenn das erkennende Gericht nicht vorschriftsmäßig besetzt war;[15]

---

[8] CP. §. 510. Vgl. CP. §. 473 (f. ob. §. 65. I.).
[9] CP. §. 529 vbb. §. 474. S. ob. §. 65. I.
[10] GB. §. 135 Nr. 1.
[11] S. ob. §. 6. IV.
[12] CP. §§. 511, 512. Vgl. EG. z. CP. §. 12.
[13] CP. §. 511. Ausnahmen: EG. z. CP. §. 6.
[14] CP. §. 513.
[15] Vgl. GB. §§. 2—5, 10, 11, 109—114; 22, 77, 109, 124; 194 Abs. 1; CP. §. 280.

Revision. Voraussetzung und Wirkung. §. 67.

2) wenn bei der Entscheidung ein kraft Gesetzes von der Ausübung des Richteramtes ausgeschlossener Richter mitgewirkt hat, falls nicht der Ausschließungsgrund mittels eines Ablehnungsgesuches ohne Erfolg geltend gemacht war;[16]

3) wenn bei der Entscheidung ein Richter mitgewirkt hat, welcher wegen Besorgniß der Befangenheit mit Erfolg abgelehnt war;[17]

4) wenn das Gericht seine Zuständigkeit oder Unzuständigkeit mit Unrecht angenommen hat;[18]

5) wenn eine Partei in dem Verfahren nicht nach Vorschrift der Gesetze vertreten war, vorausgesetzt daß sie nicht die Proceßführung ausdrücklich oder stillschweigend genehmigt hat;[19]

6) wenn die Entscheidung auf Grund einer mündlichen Verhandlung ergangen ist, bei welcher die Vorschriften über die Oeffentlichkeit des Verfahrens verletzt sind;[20]

7) wenn die Entscheidung nicht mit Entscheidungsgründen versehen ist.[21]

Das Recht der Revision geht nach gleichen Regeln durch

---

[16] Vgl. CP. §§. 41, 42, 46 Abs. 2. S. ob. §. 5. I.

[17] Vgl. CP. §§. 42, 46 Abs. 2. S. ob. §. 5. II.

[18] Vgl. CP. §§. 247 Nr. 1, 2, 509 Nr. 1.

[19] Vgl. CP. §§. 50—55, 74 bis 85. S. ob. §. 19 und §. 26. Unter Nr. 5 fällt auch die Verletzung des Grundsatzes des wechselseitigen Gehörs. S. ob. §. 28 Nr. 1.

[20] Vgl. GB. §§. 170—176. S. ob. §. 28 Nr. 4.

[21] Vorausgesetzt, daß sie der Beifügung von Entscheidungsgründen bedurfte, was bei Beschlüssen und Verfügungen nicht der Fall ist. S. CP. §§. 282 Abs. 2, 284 Nr. 4 vbb. §. 294 Abs. 2.

Vertrag oder Verzicht verloren, wie das Recht der Berufung.[22]

III. Die Einlegung der Revision muß, gleich derjenigen der Berufung, innerhalb einer Nothfrist von einem Monate von der Zustellung des Urtheils an geschehen. Sie kann auch gleichzeitig mit dieser Zustellung, nicht aber schon vor derselben geschehen.[23]

Die Zurücknahme der Revision ist, wie diejenige der Berufung, ohne Einwilligung des Revisionsbeklagten nur so lange zulässig, bis dieser seine mündliche Verhandlung begonnen hat. Sie geschieht in gleicher Weise und hat dieselben Wirkungen, wie die Zurücknahme der Berufung.[24]

Der Revisionsbeklagte kann sich der Revision in gleicher Weise anschließen, wie der Berufungsbeklagte der Berufung. Auch sonst gelten für die Anschließung an die Revision die gleichen Regeln, wie für die Anschließung an die Berufung.[25]

§. 68.
2. Verfahren.

Das Verfahren in der Revisionsinstanz stimmt mit dem Verfahren in der Berufungsinstanz überein, soweit nicht Abweichungen besonders vorgeschrieben sind.[1]

I. Die Einlegung der Revision geschieht, wie diejenige der Berufung,[2] dadurch, daß der Revisionskläger dem Revisionsbeklagten die Revisionsschrift zustellen läßt.[3] Sie

---

[22] CP. §. 529 vbd. §. 475. S. ob. §. 65. I. a. E.
[23] CP. §. 514 vgl. §. 477 (s. ob. §. 65 II.).
[24] CP. §. 529 vbd. §. 476. S. ob. §. 65. II.
[25] CP. §. 518 vbd. §§. 482. 483. S. ob. §. 65. III.
[1] CP. §§. 520, 529; vbd. §. 485.
[2] S. ob. §. 66. I.
[3] CP. §.515 Abs. 1. Vgl.CP.

muß von einem Rechtsanwalte unterschrieben sein⁴ und die Bezeichnung des angefochtenen Urtheils, die Erklärung der Einlegung der Revision und die Ladung des Revisionsbeklagten vor das Revisionsgericht zur mündlichen Verhandlung über die Revision enthalten.⁵ Außerdem soll sie den allgemeinen Vorschriften über die vorbereitenden Schriftsätze entsprechen und insbesondere angeben, wieweit der Revisionskläger in der mündlichen Verhandlung das Urtheil anfechten und welche Revisionsanträge, d. h. Anträge auf Abänderung des Urtheils, er stellen will. Auch soll sie zur Begründung der Revisionsanträge enthalten:

1) insoweit die Revision auf Nichtanwendung oder nicht richtige Anwendung einer Rechtsnorm bei der Beurtheilung des festgestellten Sachverhaltes gestützt wird, die Bezeichnung der Rechtsnorm;

2) insoweit die Revision auf Verletzung des Gesetzes durch die Art des Verfahrens gestützt wird, neben der Bezeichnung der verletzten Rechtsnorm auch die Bezeichnung des Vorganges, welcher die Verletzung enthält;

3) insoweit die Revision auf Verletzung des Gesetzes durch die Art der Feststellung des Sachverhaltes gestützt wird, d. h. darauf, daß in gesetzwidriger Weise Thatsachen fest-

---

§. 479 Abs. 1. Näheres über die Person, an welche die Zustellung erfolgen muß, s. in CP. §. 164. — Ueber die Einlegung der Revision und das weitere Verfahren, wenn ein oberstes Landesgericht besteht, s. EG. z. CP. §§. 7, 8.

⁴ CP. §§. 74 Abs. 1, 121 Nr. 6.

⁵ CP. §. 515. Vgl. §. 479.

Erfolgt die Zustellung nicht an einen Rechtsanwalt, so muß der Schriftsatz auch die Aufforderung zur Bestellung eines bei dem Revisionsgerichte zugelassenen Anwaltes enthalten: CP. §. 192. Fehlt es der Revisionsschrift an einem dieser nothwendigen Erfordernisse, so treten die Wirkungen der Einlegung der Revision nicht ein.

gestellt, übergangen oder als vorgebracht angenommen seien, neben der Bezeichnung der verletzten Rechtsnorm auch die Bezeichnung dieser Thatsachen.

Endlich soll, wenn die Zulässigkeit der Revision von dem Werthe des Beschwerdegegenstandes abhängt, in der Revisionsschrift auch dieser angegeben werden.[6]

Zwischen der Zustellung der Revisionsschrift und dem Verhandlungstermine muß dem Revisionsbeklagten eine Einlassungsfrist von mindestens einem Monat, in Meß- und Marktsachen von mindestens 24 Stunden frei bleiben.[7] Innerhalb der ersten zwei Drittheile derselben muß er dem Revisionskläger die **Beantwortung der Revision** zustellen lassen, d. h. einen vorbereitenden Schriftsatz, welcher insbesondere die Anträge, welche der Revisionsbeklagte in der mündlichen Verhandlung stellen will, und im Fall der Anschließung an die Revision die Begründung derselben nach den obigen Regeln (Nr. 1—3) enthalten soll.[8]

Der Gerichtsschreiber des Revisionsgerichtes hat innerhalb 24 Stunden von der Einreichung der Revisionsschrift zur Terminsbestimmung an von dem Gerichtsschreiber des Berufungsgerichtes die Proceßacten einzufordern.[9]

II. Die mündliche Verhandlung[10] beginnt mit der Ver=

---

[6] CP. §. 516.
[7] CP. §. 517 vbd. §. 234 (s. ob. §. 38. I.). Vgl. CP. §. 481. S. auch ob. §. 66 Anm. 6.
[8] CP. §. 519. Vgl. CP. §. 484. Folgen verschuldeter Unterlassung der rechtzeitigen Zustellung der Revisionsbeantwortung: CP. §. 90, GKostenG. §. 48 (s. ob. §. 35 Anm. 1).
[9] CP. §. 529 vbd. §. 506.

Die Proceßacten der ersten Instanz wird, wenn sie bereits zurückgeschickt sind, der Gerichtsschreiber des Berufungsgerichtes wiederholt einzufordern haben.

[10] Ueber Vertagung derselben wegen noch nicht verstrichener Revisionsfrist oder noch nicht erledigten Einspruches gegen das Urtheil s. CP. §. 529 vbd. §. 486.

lesung der Anträge der Parteien.¹¹ Diese Anträge können von den in der Revisionsschrift und der Beantwortung der Revision angekündigten abweichen; auch können sie bis zum Schlusse derjenigen mündlichen Verhandlung, auf welche das Urtheil ergeht, erweitert oder sonst verändert werden.¹²

Sodann haben die Parteien das angefochtene Urtheil nebst den Entscheidungsgründen, den vorausgegangenen Entscheidungen und den Verhandlungen insoweit vorzutragen, als dies zum Verständnisse der Revisionsanträge und zur Prüfung der Richtigkeit der angefochtenen Entscheidung erforderlich ist.¹³

III. Prozeßhindernde Einreden, auf welche die Partei wirksam verzichten kann, dürfen in der Revisionsinstanz nur geltend gemacht werden, wenn die Partei glaubhaft macht, daß sie zur Vorbringung derselben in einer der früheren Instanzen ohne ihr Verschulden außer Stande gewesen sei. Auch darf auf Grund prozeßhindernder Einreden die Verhandlung zur Hauptsache nicht verweigert werden.¹⁴ Ferner kann die Verletzung einer das Verfahren der Berufungsinstanz betreffenden Vorschrift in der Revisionsinstanz nicht mehr gerügt werden, wenn die Partei das Rügerecht gemäß CP. §. 267 bereits in der Berufungsinstanz verloren hat.¹⁵

IV. Das Revisionsgericht hat (nach vorgängiger mündlicher Verhandlung) von Amtswegen zu prüfen, ob die Revision an sich statthaft, und ob sie in der gesetzlichen Form

---

¹¹ CP. §. 520 vbd. §. 269. S. ob. §. 40. I.
¹² Vgl. ob. §. 66. II.
¹³ CP. §. 529 vbd. §. 488. S. ob. §. 66. II. a. E.
¹⁴ CP. §. 529 vbd. §. 490.

S. ob. §. 66. III. Vgl. CP. §§. 247 Abs. 3, 248 Abs. 1 und ob. §. 39 I. a. E.
¹⁵ CP. §. 521. S. ob. §. 40. III. Vgl. CP. §. 492 (f. ob. §. 66. IV. a. E.).

und Frist eingelegt sei. Fehlt es an einem dieser Erfordernisse, so ist die Revision als unzulässig zu verwerfen.[16]

Im Uebrigen beschränkt sich die Prüfung des Revisionsgerichtes auf die von den Parteien (in der mündlichen Verhandlung) gestellten Anträge.[17] War das Urtheil des Berufungsgerichtes nicht oder nur unter der Bedingung vorgängiger Sicherheitsleistung für vorläufig vollstreckbar erklärt,[18] so ist es, insoweit es durch die in der mündlichen Verhandlung gestellten Revisionsanträge nicht angefochten wird, auf einen von Seite einer der Parteien im Laufe der Verhandlung gestellten Antrag von dem Revisionsgerichte für vorläufig vollstreckbar zu erklären.[19]

V. Für die Entscheidung des Revisionsgerichtes sind die in dem angefochtenen Urtheil gerichtlich festgestellten Thatsachen maßgebend. Außer denselben dürfen nur diejenigen Thatsachen berücksichtigt werden, welche nach CP. §. 516 Nr. 2, 3 (ob. I. Nr. 2, 3) zum Nachweise einer Verletzung des Gesetzes durch die Art des Verfahrens oder durch die Art der Feststellung des Sachverhaltes angeführt werden.[20] Ferner ist für die Entscheidung des Revisionsgerichtes die Entscheidung des Berufungsgerichtes über das Bestehen und den Inhalt solcher Gesetze maßgebend, auf deren Verletzung

---

[16] CP. §. 529 vbd. §. 497. S. ob. §. 66. V.
[17] CP. §. 522.
[18] S. unt. §. 73. II.
[19] CP. §. 523. Vgl. CP. §. 496 (s. ob. §. 66. II. a. E.).
[20] CP. §. 524. Insbesondere sind demnach auch Thatsachen zu berücksichtigen, welche in dem angefochtenen Urtheil dem Gesetze zuwider übergangen sind. Eine solche Uebergehung ist aber nach CP. §§. 285, 291 nur nachweisbar, wenn entweder durch das Sitzungsprotokoll oder durch erfolgte Berichtigung des Thatbestandes feststeht, daß die Thatsache in der mündlichen Verhandlung vorgebracht worden war. S. Begr. z. CP. Entw. §. 500.

die Revision nicht gestützt werden kann, vorausgesetzt daß auch nach der Ansicht des Revisionsgerichtes nur solche Gesetze zur Anwendung kommen.[21]

Die Revision ist zurückzuweisen, wenn zwar die der angefochtenen Entscheidung beigegebenen Entscheidungsgründe eine Gesetzesverletzung enthalten, die Entscheidung selbst aber aus anderen Gründen als richtig erscheint.[22]

VI. Soweit das Revisionsgericht die Revision für begründet erachtet, ist das angefochtene Urtheil aufzuheben. Geschieht dieses wegen eines Mangels des Verfahrens, so ist auch das letztere aufzuheben, soweit es durch den Mangel betroffen wird.[23]

Mit der Aufhebung des Urtheils muß das Revisionsgericht die Erlassung des neuen Endurtheils verbinden, so oft sie sofort und ohne neue thatsächliche Feststellungen möglich ist. Dies ist aber der Fall:

1) wenn die Aufhebung des Urtheils nur wegen unrichtiger rechtlicher Beurtheilung des in demselben festgestellten Sachverhaltes erfolgt und nach diesem die Sache zur Endentscheidung reif ist;
2) wenn die Aufhebung des Urtheils wegen Unzuständigkeit des Gerichtes oder wegen Unzulässigkeit des Rechtsweges erfolgt.[24]

Kommt es jedoch in solchen Fällen (Nr. 1 und 2) für das neue Endurtheil auf die Anwendbarkeit von Gesetzen an, auf deren Verletzung die Revision nicht gestützt werden kann, so kann das Revisionsgericht nach seinem Ermessen die Sache

---

[21] CP. §. 525 vbd. §. 511, EG. z. CP. §. 6. S. auch Begr. z. CP. Entw. §§. 487, 488, 501, 502 unter Nr. II. a. E.

[22] CP. §. 526.
[23] CP. §. 527. Vgl. CP. §. 501 (f. ob. §. 66. VI. a. E.).
[24] CP. §. 528 Abs. 3.

an das Berufungsgericht zur anderweiten Verhandlung und Entscheidung zurückverweisen.[25]

Eine solche Zurückverweisung muß jedesmal erfolgen, wenn die Erlassung des neuen Endurtheils noch neue thatsächliche Feststellungen erfordert, also namentlich dann, wenn die Aufhebung des Urtheils wegen Verletzung des Gesetzes durch die Art der Feststellung des Sachverhaltes oder durch die Art des Verfahrens erfolgt.[26]

Bei jeder Zurückverweisung muß aber das Berufungsgericht die rechtliche Beurtheilung, welche der Aufhebung des Urtheils zu Grunde gelegt ist, auch seiner Entscheidung zu Grunde legen.[27]

VII. In Ansehung des Versäumnißverfahrens gelten die Vorschriften über das Versäumnißverfahren in erster Instanz.[28] Daher wird, wenn der Revisionskläger einen Verhandlungstermin versäumt, auf Antrag des erschienenen Revisionsbeklagten die Revision ohne Weiteres durch Versäumnißurtheil zurückgewiesen. Versäumt dagegen der Revisionsbeklagte einen solchen Termin, so werden, wenn der erschienene Revisionskläger ein Versäumnißurtheil beantragt, die zulässigen neuen Thatsachen, welche der letztere in der mündlichen Verhandlung angeführt hat, für zugestanden angenommen, und nach Maßgabe dieser Annahme sowie des in dem angefochtenen Urtheil festgestellten Sachverhaltes, soweit er mit jenen Thatsachen nicht im Widerspruche steht, wird sodann das Versäumnißurtheil erlassen.[29]

VIII. Nach der Erledigung der Revision hat der Gerichtsschreiber des Revisionsgerichtes dem Gerichtsschreiber des Berufungsgerichtes die eingeforderten Proceßacten mit einer be-

---

[25] CP. §. 528 Abs. 4 vbd. §. 511 und EG. z. CP. §. 6.
[26] CP. §528 Abs. 1 vbd. Abs. 3.
[27] CP. §. 528 Abs. 1, 2.
[28] CP. §. 520. S. ob. §. 57.
[29] Vgl. Begr. z. CP. Entw. §. 505.

Beschwerde. Im Allgemeinen. §. 69.

glaubigten Abschrift des in der Revisionsinstanz erlassenen Urtheils zurückzusenden.[30]

### III. Beschwerde.
#### §. 69.
##### 1. Im Allgemeinen.

I. Beschwerde kann eingelegt werden in denjenigen einzelnen Fällen, in denen sie durch besondere gesetzliche Vorschrift für zulässig erklärt ist;[1] außerdem gegen diejenigen Entscheidungen, durch welche ein das Verfahren betreffendes Gesuch (z. B. das Gesuch um Beweisaufnahme zum ewigen Gedächtnisse) zurückgewiesen wird, vorausgesetzt daß sie ohne vorgängige mündliche Verhandlung erlassen werden können.[2] Entscheidungen, gegen welche die Beschwerde zulässig ist, können aber auch bloß mit Beschwerde angefochten werden, und werden daher von keinem anderen Rechtsmittel mit ergriffen.[3] Auf der anderen Seite wird die Zulässigkeit der Beschwerde nicht dadurch ausgeschlossen, daß gegen das Endurtheil des Gerichtes kein Rechtsmittel möglich ist.[4]

Ueber die Beschwerde entscheidet das zunächst höhere Gericht.[5] Gegen die Entscheidung des Beschwerdegerichtes ist

---

[30] CP §. 529 vbb. §. 506 Abs. 2.
[1] S. CP. §§. 46 Abs. 2, 68 Abs. 2, 97 Abs. 3, 99 Abs. 3, 118, 126 Abs. 3, 229, 290 Abs. 3, 301, 345 Abs. 3, 352 Abs. 3, 355 Abs. 3, 371 Abs. 5, 374 Abs. 2, 604 Abs. 1, 619 Abs. 2, 621 Abs. 3, 639 Abs. 2, 701, 813 Abs. 4, 829 Abs. 3; Conc.O. §66 Abs. 3; RAO. §§. 35, 36 Abs. 2; GKostenG. §§. 4 Abs. 2, 16 Abs. 2, 47 Abs. 2, 48 Abs. 2; Geb. O. für GVollz. §. 22; Geb.O. für Zeugen u. Sachverst. §. 17 Abs. 3. Von einer anderen Art von Beschwerde ist die Rede in GV. §§. 160, 183. S. Begr. z. GV. Entw. §. 130 in Abs. 2.
[2] CP. §. 530.
[3] CP. §§. 473, 510. Vgl. ob. §. 65. I. und §. 67. I.
[4] Begr. z. CP. Entw. §. 507.
[5] CP. §. 531 Abs. 1. Vbb. GV. §§. 71, 123 Nr. 4, 135 Nr. 2, EG. z. GV. §. 8.

eine weitere Beschwerde nur dann zulässig, wenn jene einen neuen selbständigen Beschwerdegrund enthält.⁶

II. Die Beschwerde ist in der Regel bei demjenigen Gerichte einzulegen, von dem oder von dessen Vorsitzendem die angefochtene Entscheidung erlassen ist. In bringenden Fällen kann sie aber auch unmittelbar bei dem Beschwerdegerichte eingelegt werden.⁷ Die Einlegung geschieht durch Einreichung einer von einem Rechtsanwalte unterschriebenen⁸ Beschwerdeschrift. Ausnahmsweise kann sie auch durch Erklärung vor dem Gerichtsschreiber zu Protokoll geschehen, wenn der Rechtsstreit bei einem Amtsgerichte anhängig ist oder in erster Instanz anhängig war, wenn die Beschwerde das Armenrecht oder den Ansatz von Gerichtskosten oder von Gebüren eines Gerichtsvollziehers, Zeugen oder Sachverständigen betrifft, endlich wenn sie von einem Zeugen oder Sachverständigen erhoben wird.⁹ Die Beschwerde kann auf neue, d. h. vor der Erlassung der angefochtenen Entscheidung noch nicht geltend gemachte, Thatsachen und Beweise gestützt werden.¹⁰

Die Vollziehung der angefochtenen Entscheidung wird durch die Einlegung der Beschwerde in der Regel nicht gehemmt. Eine Ausnahme machen gewisse Entscheidungen (meist Strafanordnungen und Zwangsmaßregeln), deren sofortige Vollziehung einen nicht mehr zu beseitigenden Nachtheil bringen

---

⁶ CP. §. 531 Abs. 2.
⁷ CP. §. 532 Abs. 1. Ueber die Einlegung der Beschwerde bei einem obersten Landesgerichte s. EG. z. CP. §. 7 Abs. 5.
⁸ CP. §. 74 Abs. 1. Vgl. Begr. z. CP. Entw. §§. 508—510. Ausnahmen: GKostenG. §§. 4 Abs. 3, 16 Abs. 2, 47 Abs. 2, 48 Abs. 2, Geb. O. f. GVollz. §. 22, Geb.O. f.Zeugen u. Sachverst. §. 17 Abs. 3.
⁹ CP. §. 532 Abs. 2, Ger.-KostenG. §§. 4 Abs. 3, 16 Abs. 2, 47 Abs. 2, 48 Abs. 2, Geb. O. f. GVollz. §. 22, Geb. O. f. Zeugen u. Sachverst. §. 17 Abs. 3.
¹⁰ CP. §. 533.

könnte.[11] Ferner kann sowohl von dem Gerichte oder Vorsitzenden, von welchem die angefochtene Entscheidung erlassen ist, als auch von dem Beschwerdegerichte die Aussetzung der Vollziehung derselben angeordnet werden.[12]

III. Erscheint dem Gerichte oder Vorsitzenden, dessen Entscheidung angefochten wird, die Beschwerde als begründet, so hat ihr jenes oder dieser selbst durch Zurücknahme oder Abänderung der Entscheidung ohne Weiteres abzuhelfen. Im anderen Fall ist sie vor Ablauf einer Woche seit der Einreichung dem Beschwerdegerichte vorzulegen, je nach Umständen und Ermessen mit oder ohne Beifügung von Bemerkungen oder der Proceßacten.[13]

IV. Die Entscheidung über die Beschwerde kann ohne vorgängige mündliche Verhandlung erfolgen, und es hängt also vom Ermessen des Beschwerdegerichtes ab, die betheiligten Personen vor der Entscheidung mündlich oder schriftlich zu hören. In den Fällen, in welchen die Beschwerde zum Protokoll des Gerichtsschreibers eingelegt werden darf, kann auf gleiche Weise auch die angeordnete schriftliche Erklärung des Gegners geschehen.[14]

Das Beschwerdegericht hat von Amtswegen zu prüfen, ob die Beschwerde an sich statthaft, und ob sie in der gesetzlichen Form, bei der sofortigen Beschwerde auch, ob sie in der gesetzlichen Frist eingelegt sei. Fehlt es an einem dieser Erfordernisse, so ist die Beschwerde als unzulässig zu verwerfen.[15] Erscheint sie dagegen als zulässig und zugleich als sachlich begründet, so kann das Beschwerdegericht nach seinem Ermessen entweder selbst die erforderliche neue Anordnung

---

[11] CP. §. 535 Abs. 1.
[12] CP. §. 535 Abs. 2, 3.
[13] CP. §. 534.
[14] CP. §. 536.
[15] CP. §. 537.

treffen oder dieselbe dem Gerichte oder Vorsitzenden, von welchem die beschwerende Entscheidung erlassen war, übertragen.[16]

V. Wird die Aenderung einer Entscheidung eines beauftragten oder ersuchten Richters oder des Gerichtsschreibers verlangt, so ist zuvörderst die Entscheidung des Proceßgerichtes nachzusuchen, und erst gegen diese kann, wenn die gesetzlichen Voraussetzungen vorhanden sind, Beschwerde eingelegt werden.[17]

§. 70.
2. Sofortige Beschwerde.

Die sofortige Beschwerde ist eine besondere, der Berufung sich annähernde Art der Beschwerde. Sie beschränkt sich auf die einzelnen gesetzlich bestimmten Fälle[1] und hat folgende Eigenthümlichkeiten:[2]

1) Sie muß innerhalb einer Nothfrist von zwei Wochen eingelegt werden, welche bei Zurückweisung des Antrages auf Erlassung eines Versäumnißurtheils oder eines Ausschlußurtheils (CP. §§. 301, 829 Abs. 3) von der Verkündung, in allen übrigen Fällen von der Zustellung der anzufechtenden Entscheidung an läuft. Sind die Voraussetzungen der Nichtigkeits- oder der Restitutionsklage vorhanden,[3] so kann die Beschwerde auch nach Ablauf der Nothfrist innerhalb der für diese Klagen geltenden Nothfristen[4] eingelegt werden.[5]

---

[16] CP. §. 538.

[17] CP. §. 539. Vgl. CP. §§. 363 Abs. 2, 365.

[1] CP. §§. 46 Abs. 2, 68 Abs. 2, 97 Abs. 3, 99 Abs. 3, 126 Abs. 3, 229, 290 Abs. 3, 301, 352 Abs. 3, 371 Abs. 5, 604 Abs. 1, 619 Abs. 2, 621 Abs. 3, 639 Abs. 2, 701, 813 Abs. 4, 829 Abs. 3; Conc. O. §. 66 Abs. 3.

[2] CP. §. 540.

[3] S. CP. §§. 542—544. S. unt. §. 71. II. und III.

[4] CP. §. 549. S. unt. §. 71. V.

[5] Ueber die Wiedereinsetzung gegen Versäumung der Nothfrist s. CP. §. 214 Abs. 2.

2) Diese Einlegung kann auch in nicht dringlichen Fällen bei dem Beschwerdegerichte geschehen.

3) Das Gericht, welches die angefochtene Entscheidung erlassen hat, ist zu einer Abänderung derselben nicht befugt.

4) Richtet sich die sofortige Beschwerde gegen eine Entscheidung eines beauftragten oder ersuchten Richters oder des Gerichtsschreibers,⁶ so muß innerhalb der Nothfrist auf dem für die Einlegung der Beschwerde vorgeschriebenen Wege die Entscheidung des Proceßgerichtes nachgesucht werden. Erscheint diesem das Gesuch nicht als begründet, so ist dasselbe von ihm dem Beschwerdegerichte vorzulegen.

### Vierter Abschnitt.
## Wiederaufnahme des Verfahrens.

### §. 71.
#### 1. Voraussetzungen.

I. Wiederaufnahme des Verfahrens ist Erneuerung eines früher in dem Rechtsstreite stattgehabten Verfahrens, obwohl derselbe bereits durch ein nach Maßgabe der gewöhnlichen Grundsätze rechtskräftiges und daher durch Einspruch oder Rechtsmittel nicht anfechtbares Endurtheil abgeschlossen ist. Sie hat die Aufhebung des letzteren zum Zwecke und kann begehrt werden entweder wegen Nichtigkeit des angefochtenen Urtheils mit der Nichtigkeitsklage oder aus Rücksichten der Billigkeit mit der Restitutionsklage.¹

---

⁶ Vgl. CP. §. 539. S. ob. §. 69. V.

¹ CP. §. 541 Abs. 1. Gegen andere Entscheidungen als rechtskräftige Endurtheile ist eine selbständige Nichtigkeits- oder Re-

Werden beide Klagen, sei es von derselben Partei, sei es von verschiedenen Parteien, erhoben, so ist die Verhandlung und Entscheidung über die Restitutionsklage bis zur rechtskräftigen Entscheidung über die Nichtigkeitsklage auszusetzen.[2]

II. Die Nichtigkeitsklage kann erhoben werden:

1) wenn das erkennende Gericht nicht vorschriftsmäßig besetzt war;
2) wenn bei der Entscheidung ein kraft Gesetzes von der Ausübung des Richteramtes ausgeschlossener Richter mitgewirkt hat, falls nicht der Ausschließungsgrund mittels eines Ablehnungsgesuches oder eines Rechtsmittels ohne Erfolg geltend gemacht ist;
3) wenn bei der Entscheidung ein Richter mitgewirkt hat, welcher wegen Besorgniß der Befangenheit mit Erfolg abgelehnt war;
4) wenn eine Partei in dem Verfahren nicht nach Vorschrift der Gesetze vertreten war, vorausgesetzt daß sie nicht die Prozeßführung ausdrücklich oder stillschweigend genehmigt hat.[3]

In den Fällen der Nr. 1 und 3 ist die Nichtigkeitsklage unstatthaft, wenn die Nichtigkeit mittels eines Rechtsmittels hätte geltend gemacht werden können.[4]

III. Die Restitutionsklage ist zulässig aus folgenden Restitutionsgründen:[5]

---

stitutionsklage unzulässig. Hier reicht aber stets die Beschwerde aus wegen der Vorschrift in CP. §. 540 Abs. 2. S. ob. §. 70 Nr. 1.

[2] CP. §. 541 Abs. 2.
[3] CP. §. 542 Abs. 1. Vgl. CP. §. 513 Nr. 1, 2, 3, 5. S. ob.

§. 67. II. — Unter Nr. 4 fällt auch die Verletzung des Grundsatzes des wechselseitigen Gehörs. Vgl. Begr. z. CP. Entw. §. 518 in Abs. 1. S. ob. §. 67 Anm. 19 und §. 28 Nr. 1.

[4] CP. §. 542 Abs. 2.
[5] CP. §. 543.

1) wenn das Urtheil auf einen vom Gegner geleisteten zugeschobenen, zurückgeschobenen oder richterlichen Eid gegründet ist, durch dessen Leistung sich derselbe einer vorsätzlichen oder fahrlässigen Verletzung der Eidespflicht schuldig gemacht hat;[6]
2) wenn das Urtheil auf eine fälschlich angefertigte oder verfälschte Urkunde gegründet ist;[7]
3) wenn das Urtheil auf ein beeidigtes Zeugniß oder Gutachten gegründet ist, durch dessen Beeidigung der Zeuge oder Sachverständige sich einer vorsätzlichen oder fahrlässigen Verletzung der Eidespflicht schuldig gemacht hat;[8]
4) wenn das Urtheil von dem Vertreter der Partei oder von dem Gegner oder seinem Vertreter durch eine im Wege des gerichtlichen Strafverfahrens strafbare und in Beziehung auf den Rechtsstreit verübte Handlung herbeigeführt worden ist;[9]
5) wenn bei dem Urtheil ein Richter mitgewirkt hat, der sich in Beziehung auf den Rechtsstreit einer im Wege des gerichtlichen Strafverfahrens strafbaren Verletzung seiner Amtspflichten gegen die Partei schuldig gemacht hat;[10]
6) wenn das Urtheil auf ein strafgerichtliches Urtheil gegründet und dieses durch ein anderes rechtskräftig gewordenes Urtheil aufgehoben ist;

---

[6] Vgl. Strafgesetzbuch §§. 153, 155, 163.

[7] Vgl. Strafgesetzbuch §§. 267 bis 269.

[8] Vgl. Strafgesetzbuch §§. 154, 155, 163.

[9] Vgl. Strafgesetzbuch §§. 263, 354, 356.

[10] Vgl. Strafgesetzbuch §§. 334, 336.

7) wenn die Partei entweder
   a) ein in derselben Sache früher erlassenes rechtskräftiges Urtheil oder
   b) eine andere Urkunde, welche eine ihr günstigere Entscheidung herbeigeführt haben würde,
auffindet oder zu benutzen in den Stand gesetzt wird.

In dem Falle der Nr. 7 b. ist jedoch die Restitutionsklage unzulässig, wenn das angefochtene Urtheil darauf beruht, daß die betreffende Thatsache oder das Gegentheil derselben auf Grund einer Eidesleistung des Gegners für bewiesen erachtet worden ist.[11] Ferner ist sie in den Fällen der Nr. 1—5 nur dann zulässig, wenn wegen der strafbaren Handlung eine rechtskräftige Verurtheilung ergangen ist, oder wenn die Einleitung oder Durchführung eines Strafverfahrens aus anderen Gründen als wegen Mangels an Beweis (wie z. B. wegen Abwesenheit, Tod, Verjährung) nicht erfolgen kann.[12] Endlich ist die Zulässigkeit der Restitutionsklage stets dadurch bedingt, daß die Partei ohne ihr Verschulden außer Stande war, den Restitutionsgrund in dem früheren Verfahren, insbesondere durch Einspruch, Berufung oder Anschließung an eine Berufung, geltend zu machen.[13]

Der Beweis eines Restitutionsgrundes kann nicht durch Eideszuschiebung geführt werden.[14]

IV. Sowohl mit der Nichtigkeitsklage als mit der Restitutionsklage können auch Anfechtungsgründe geltend gemacht werden, durch welche eine dem angefochtenen Urtheil vorausgegangene Entscheidung der nämlichen oder einer unteren

---

[11] CP. §. 543 Nr. 7 Abs. 2.
[12] CP. §. 544 Abs. 1.
[13] CP. §. 545.
[14] CP. §. 544 Abs. 2.

Voraussetzungen. §. 71. 229

Instanz betroffen wird, vorausgesetzt daß das angefochtene Urtheil auf dieser Entscheidung beruht.[15]

Für die eine wie für die andere Klage ist dasjenige Gericht, von welchem das angefochtene Urtheil erlassen ist, ausschließlich zuständig, es wäre denn, daß mehrere in derselben Sache ergangene Urtheile angefochten werden und eines derselben von dem Berufungsgerichte erlassen ist,[16] oder daß ein in der Revisionsinstanz erlassenes Urtheil wegen eines der Restitutionsgründe unter Nr. 1—3, 6, 7 angefochten wird. In diesen Ausnahmefällen ist das Berufungsgericht ausschließlich zuständig.[17] Richtet sich die eine oder die andere Klage gegen einen im Mahnverfahren erlassenen Vollstreckungsbefehl, so ist das Amtsgericht, welches den Befehl erlassen hat, ausschließlich zuständig, wenn es bei Widerspruch gegen den Zahlungsbefehl für die weitere Verhandlung der Sache zuständig gewesen wäre. Wäre dagegen für diese weitere Verhandlung ein Landgericht zuständig gewesen, so gehört vor dieses auch die Nichtigkeits= oder Restitutionsklage.[18]

---

[15] CP. §. 546. Vgl. CP. §§. 473, 510.

[16] 3. B. wenn aus selbständigen Gründen, sei es je mit Nichtigkeitsklage, sei es je mit Restitutionsklage, sei es endlich theils mit Nichtigkeitsklage, theils mit Restitutionsklage, angefochten werden: 1) das Urtheil erster Instanz und das Berufungsurtheil, welches die Berufung nach CP. §. 497 als unzulässig verworfen hat; 2) das Berufungsurtheil, welches die Sache nach CP. §. 501 an das Gericht erster Instanz zurückverwiesen hat, und das darauf hin ergangene neue Urtheil des letzteren; 3) das Berufungsurtheil und das Revisionsurtheil, welches die Revision nach CP. §. 529 vbb. §. 497 als unzulässig verworfen, oder auch als sachlich unbegründet (CP. §. 526) zurückgewiesen hat; 4) das Revisionsurtheil, welches die Sache nach CP. §. 528 an das Berufungsgericht zurückverwiesen hat, und das darauf hin ergangene neue Urtheil des Berufungsgerichtes. S. Begr. z. CP. Entw. §. 523.

[17] CP. §. 547 Abs. 1.

[18] CP. §. 547 Abs. 2. S. Begr. z. CP. Entw. §. 523 a.

230 Th. III. Abschn. IV. Wiederaufnahme des Verfahrens.

V. Jede der beiden Klagen muß innerhalb einer Nothfrist von einem Monat erhoben werden, welche von dem Tage, an welchem die Partei von dem Anfechtungsgrunde Kenntniß erhalten hat, frühestens aber von dem Eintritte der Rechtskraft des Urtheils an läuft. Nach Ablauf von fünf Jahren seit dem Eintritte der Rechtskraft des Urtheils sind die Klagen überhaupt nicht mehr statthaft.[19] Eine Ausnahme von diesen Regeln tritt bei der Nichtigkeitsklage wegen mangelnder Vertretung (CP. §. 542 Nr. 4) ein. Hier läuft die Nothfrist für die Erhebung der Klage von dem Tage, an welchem der Partei oder, wenn sie nicht proceßfähig ist, ihrem gesetzlichen Vertreter das Urtheil zugestellt ist. Auch findet hier die fünfjährige Verjährung nicht statt.[20] Die Thatsachen, aus welchen sich im einzelnen Fall die Einhaltung der Nothfrist ergibt, sind vom Kläger glaubhaft zu machen.[21]

§. 72.
2. Verfahren.

Das Verfahren richtet sich nach den allgemeinen Vorschriften,[1] soweit nicht Abweichungen besonders vorgeschrieben sind.[2]

---

E. Vgl. CP. §§. 636, 637 und ob. §. 61. III.

[19] CP. §. 549 Abs. 1, 2.
[20] CP. §. 549 Abs. 3.
[21] CP. §. 552 Abs. 2.

[1] Das heißt: nach den Regeln des landgerichtlichen oder des amtsgerichtlichen Verfahrens in erster Instanz, wenn die Wiederaufnahme des Verfahrens vor dem Gerichte geschieht, welches in erster Instanz erkannt hat, nach den Regeln des Berufungsverfahrens, wenn sie vor dem Berufungsgerichte, endlich nach den Regeln des Revisionsverfahrens, wenn sie vor dem Revisionsgerichte geschieht. Denn die Wiederaufnahme des Verfahrens wird als bloße Wiederholung des früheren Verfahrens vor dem nämlichen Gerichte und in derselben Instanz angesehen: CP. §. 163. Daher erstreckt sich die für diese Instanz ertheilte Proceßvollmacht von selbst auch

Die Klage wird in der gewöhnlichen Form erhoben.³ Sie muß die Bezeichnung des angefochtenen Urtheils und die Erklärung, ob Nichtigkeits- oder Restitutionsklage erhoben werde, enthalten.⁴ Außerdem soll sie als vorbereitender Schriftsatz die Bezeichnung des Anfechtungsgrundes, die Angabe der Beweismittel für denselben und für die Thatsachen, welche die Einhaltung der Nothfrist ergeben, endlich die Erklärung enthalten, wieweit der Kläger die Beseitigung des angefochtenen Urtheils und welche andere Entscheidung in der Hauptsache er beantragen will.⁵ Einer Restitutionsklageschrift sollen auch die Urkunden, worauf sie gestützt wird, in Urschrift oder Abschrift beigefügt werden.⁶ Befinden sie sich nicht in den Händen des Klägers, so soll er erklären, welchen Antrag er wegen ihrer Herbeischaffung zu stellen beabsichtigt.⁷

Das Gericht hat (nach vorgängiger mündlicher Verhandlung) von Amtswegen zu prüfen, ob die Klage an sich statthaft, und ob sie in der gesetzlichen Form und Frist erhoben sei. Fehlt es an einem dieser Erfordernisse, so ist sie als unzulässig zu verwerfen.⁸

Soweit die Hauptsache von dem Anfechtungsgrunde betroffen ist, wird sie von Neuem verhandelt, und zwar in der Regel in Verbindung mit der Verhandlung darüber, ob die Wiederaufnahme des Verfahrens zulässig und gerechtfertigt sei. Das Gericht kann jedoch nach Ermessen anordnen, daß über diese Fragen vor der Verhandlung über die Hauptsache verhandelt und entschieden werden solle. Wird in solchem

---

auf die Wiederaufnahme des Verfahrens in derselben: CP. §§. 77, 163 vbb. §. 162.
² CP. §. 548.
³ S. ob. §. 38. I. und §. 58. I.
⁴ CP. §. 550.

⁵ CP. §. 551 Abs. 1.
⁶ Vgl. ob. §. 35 Anm. 3.
⁷ CP. §. 551 Abs. 2. Vgl. CP. §§. 122, 386, 393, 397.
⁸ CP. §. 552 Abs. 1.

Falle zu Gunsten der Wiederaufnahme entschieden, so schließt sich die Verhandlung über die Hauptsache als Fortsetzung an, so daß jene Entscheidung als bloßes Zwischenurtheil nicht selbständig durch Rechtsmittel angefochten werden kann.[9]

Das Endurtheil, welches in Folge der Wiederaufnahme des Verfahrens ergeht, tritt an die Stelle des in dem früheren Verfahren in der nämlichen Instanz ergangenen Urtheils und kann nach den gewöhnlichen Regeln durch Einspruch oder Rechtsmittel angefochten werden.[10]

## Fünfter Abschnitt.
## Zwangsvollstreckung.

### Erstes Capitel.
### Allgemeines.

I. **Voraussetzungen der Zwangsvollstreckung.**

§. 73.

1. **Vollstreckbarer Schuldtitel.**

Die Zwangsvollstreckung ist zuvörderst bedingt durch das Dasein eines vollstreckbaren Schuldtitels, d. h. einer Thatsache, welche die Verpflichtung zu einer Leistung in vollstreckbarer Weise begründet oder feststellt. Dazu gehört jedesmal, daß der Verpflichtungsgrund in urkundlicher Form vorliegt.

I. Als vollstreckbarer Schuldtitel erscheint vor Allem ein

---

[9] CP. §. 553 Abs. 1, 2. S. auch Abs. 3.

[10] CP. §. 554. Vbd. Begr. z. CP. Entw. §. 530.

Vollstreckbarer Schuldtitel. §. 73.

Endurtheil,¹ welches seinem Inhalte nach einer Vollstreckung fähig² und rechtskräftig ist, d. h. gegen welches Einspruch oder Rechtsmittel entweder überhaupt nicht zulässig oder nicht rechtzeitig eingelegt sind.³

II. Aus einem noch nicht rechtskräftigen Endurtheil kann die Zwangsvollstreckung nur dann stattfinden, wenn es von dem Proceßgerichte ausdrücklich für vorläufig vollstreckbar erklärt ist.⁴ Hierüber gibt das Gesetzbuch folgende Vorschriften:

A. Gewisse Endurtheile sind auch ohne Antrag von Amtswegen für vorläufig vollstreckbar zu erklären, nämlich:⁵
1) Urtheile, welche auf Grund eines Anerkenntnisses eine Verurtheilung aussprechen;⁶
2) Urtheile, welche den Eintritt der in einem bedingten Endurtheil ausgedrückten Folgen aussprechen;⁷
3) ein zweites oder ferneres Versäumnißurtheil, welches zur Hauptsache in derselben Instanz gegen dieselbe Partei ergeht;⁸
4) Urtheile, welche im Urkunden- oder Wechselprocesse erlassen werden;⁹
5) Urtheile, durch welche Arreste oder einstweilige Verfügungen aufgehoben werden;¹⁰

---

¹ Endurtheil ist auch ein Theilurtheil. S. ob. §. 55. I.
² Seinem Inhalte nach ist namentlich ein durch Leistung eines Eides bedingtes Endurtheil (CP. §. 425) der Vollstreckung unfähig.
³ CP. §§. 644 Abs. 1, 645. Zeugnisse über die Rechtskraft sind von dem Gerichtsschreiber zu ertheilen nach den näheren Bestimmungen in CP. §. 646.
⁴ CP. §. 644 Abs. 1.
⁵ CP. §. 648.
⁶ Vgl. CP. §. 278. S. ob. §. 39. I. Nr. 1 und §. 55. III.
⁷ Vgl. CP. §. 427 Abs. 2. S. ob. §. 51. IX., §. 52 a. E.
⁸ Vgl. ob. §. 57 a. E.
⁹ Vgl. CP. §. 562 Abs. 3. S. ob. §. 60. II. a. E., IV.
¹⁰ Vgl. CP. §§. 805—807, 815. S. unt. §. 92. IV. a. E. §. 93. II. a. E.

6) Urtheile, welche eine Verurtheilung zur Entrichtung von Alimenten (d. h. Reichnissen zum Zwecke des Lebensunterhaltes) aussprechen, soweit die Alimente für die Zeit nach der Erhebung der Klage und für das vorhergehende letzte Vierteljahr zu entrichten sind.

B. Andere Endurtheile sind dagegen nur auf Antrag des Gläubigers, d. h. Desjenigen, an welchen der Gegner dadurch zu einer Leistung verurtheilt wird, für vorläufig vollstreckbar zu erklären. Und zwar ohne weitere Voraussetzung diejenigen, welche betreffen:[11]

1) Streitigkeiten zwischen Vermiethern und Miethern von Wohnungs- oder anderen Räumen wegen Ueberlassung, Benutzung oder Räumung derselben, sowie wegen Zurückhaltung der vom Miether in die Miethsräume eingebrachten Sachen;

2) Streitigkeiten zwischen Dienstherrschaft und Gesinde, zwischen Arbeitgebern und Arbeitern hinsichtlich des Dienst- und Arbeitsverhältnisses, sowie die im §. 108 (jetzt — nach dem Gesetze vom 17. Juli 1878 — §. 120a) der Gewerbeordnung bezeichneten Streitigkeiten, insofern dieselben während der Dauer des Dienst-, Arbeits- oder Lehrverhältnisses entstehen;

3) Streitigkeiten zwischen Reisenden und Wirthen, Fuhrleuten, Schiffern, Flößern oder Auswanderungsexpedienten in den Einschiffungshäfen, welche über Wirthszechen, Fuhrlohn, Ueberfahrtsgelder, Beförderung der Reisenden oder ihrer Habe oder über Verlust oder Beschädigung der letzteren, sowie Streitigkeiten zwischen

---

[11] CP. §. 649. S. auch noch CP. §§. 496, 523 (ob. §. 66. V.. §. 68. IV.).

Reisenden und Handwerkern, welche aus Anlaß der Reise entstanden sind;[12]

4) andere vermögensrechtliche Ansprüche, falls der Gegenstand der Verurtheilung an Geld oder Geldeswerth die Summe von 300 Mark nicht übersteigt.[13]

In anderen als diesen Fällen ist ein verurtheilendes Endurtheil auf Antrag des Gläubigers nur dann für vorläufig vollstreckbar zu erklären, wenn dieser glaubhaft macht, daß ihm die Aussetzung der Vollstreckung einen schwer zu ersetzenden oder schwer zu ermittelnden Nachtheil bringen würde, oder wenn er sich erbietet, vor der Vollstreckung Sicherheit für die Rückerstattung im Fall der Aufhebung oder Abänderung des Urtheils zu leisten.[14]

C. Das Gericht kann auf Antrag des Schuldners, d. h. Desjenigen, welcher durch das Urtheil zu einer Leistung verurtheilt wird, die vorläufige Vollstreckbarkeit in allen Fällen, sowohl in denjenigen, in welchen sie ohne Antrag, als in denjenigen, in welchen sie nur auf Antrag auszusprechen ist, nach Ermessen von einer solchen vorgängigen Sicherheitsleistung von Seite des Gläubigers abhängig machen.[15] Ferner muß es dem Schuldner auf seinen Antrag in dem Urtheil nachlassen, die vorläufige Vollstreckung durch eine von ihm geleistete Sicherheit für die dereinstige Erfüllung des Urtheils oder durch Hinterlegung des Streitgegenstandes (bei Gericht oder der sonstigen landesgesetzlich bestimmten Stelle) abzuwenden, falls nicht gegenüber einem solchen Antrage der

---

[12] Zu Nr. 1—3 vgl. GV. §. 23 Nr. 2 Abs. 1—3. S. ob. §. 9. I. A. Nr. 2. a—c.

[13] Der Werth ist nach den Vorschriften in CP. §§. 3—9 zu berechnen: CP. §. 649 Nr. 4 a. E.

[14] CP. §. 650 vbd. §. 655 Abs. 2.

[15] CP. §. 652 Abs. 1.

Gläubiger sich erbietet, vor der Vollstreckung Sicherheit zu leisten.[16] Macht der Schuldner glaubhaft, daß ihm die vorläufige Vollstreckung des Urtheils einen unersetzlichen Nachtheil bringen würde, so muß auf seinen Antrag in denjenigen Fällen, in welchen sonst die vorläufige Vollstreckbarkeit ohne Antrag auszusprechen wäre (CP. §. 648), ausgesprochen werden, daß das Urtheil nicht vorläufig vollstreckbar sei; in denjenigen Fällen aber, in welchen sonst die vorläufige Vollstreckbarkeit auf Antrag auszusprechen wäre (CP. §§. 649, 650), muß dieser Antrag zurückgewiesen werden.[17] Urtheile in Ehesachen dürfen überhaupt nicht für vorläufig vollstreckbar erklärt werden.[18]

D. Ueber die vorläufige Vollstreckbarkeit wird in Verbindung mit der Verhandlung der Hauptsache verhandelt, und die auf sie bezüglichen Anträge des Gläubigers oder des Schuldners sind daher vor dem Schlusse derjenigen mündlichen Verhandlung zu stellen, auf welche das Urtheil ergeht.[19] Ist die Entscheidung über die vorläufige Vollstreckbarkeit in Fällen, in welchen sie wegen eines gestellten Antrages oder auch ohne Antrag hätte erfolgen müssen, in dem Urtheil übergangen, so kann eine Ergänzung des Urtheils nach CP. §. 292 verlangt werden.[20]

E. In der Berufungsinstanz ist über die in dem Urtheil erster Instanz ausgesprochene oder verweigerte vorläufige Vollstreckbarkeit auf Antrag vor der Verhandlung der Hauptsache zu verhandeln und zu entscheiden.[21] Diese Entscheidung

---

[16] CP. §. 652 Abf. 2. S. auch CP. §. 659.
[17] CP. §. 651.
[18] CP. §. 644 Abf. 2. S. auch CP. §. 613 Abf. 1. Eine Beschränkung der Wirkung der vorläufigen Vollstreckbarkeit s. in CP. §. 658.
[19] CP. §. 653.
[20] CP. §. 654.
[21] CP. §. 656 Abf. 1. Die Vorschrift in CP. §. 486 über

Vollstreckbarer Schuldtitel. §. 73.

des Berufungsgerichtes kann aber nicht weiter angefochten werden.[22]

F. Wird gegen ein für vorläufig vollstreckbar erklärtes Urtheil der Einspruch oder ein Rechtsmittel eingelegt, so kann das Gericht, welches über den Einspruch oder das Rechtsmittel zu entscheiden hat, auf Antrag des Schuldners ohne vorgängige mündliche Verhandlung durch einen unanfechtbaren Beschluß anordnen, daß die Zwangsvollstreckung gegen oder auch ohne Sicherheitsleistung von Seite des Schuldners einstweilen eingestellt werde, oder daß sie nur gegen Sicherheitsleistung von Seite des Gläubigers stattfinde, ja sogar daß die bereits erfolgten Vollstreckungsmaßregeln gegen Sicherheitsleistung von Seite des Schuldners wieder aufzuheben seien. Die Einstellung der Vollstreckung ohne Sicherheitsleistung von Seite des Schuldners ist jedoch nur zulässig, wenn dieser glaubhaft macht, daß ihm die Vollstreckung einen unersetzlichen Nachtheil bringen würde.[23]

G. Wird in Folge Einspruches oder eines Rechtsmittels ein für vorläufig vollstreckbar erklärtes Urtheil hinsichtlich der Entscheidung in der Hauptsache oder auch bloß hinsichtlich

die Vertagung der mündlichen Verhandlung wegen noch nicht verstrichener Berufungsfrist oder noch nicht erledigten Einspruches gegen das Urtheil findet in diesem Fall keine Anwendung: CP. §. 656 Abs. 2. — Die Entscheidung über die vorläufige Vollstreckbarkeit kann wegen des Grundsatzes in CP. §. 499 auch für sich allein den Gegenstand einer Berufung bilden. S. Begr. z. CP. Entw. §. 608 und R. T. Prot. S. 344.

[22] CP. §. 656 Abs. 3.
[23] CP. §. 657 vbb. §. 647. Die gleichen Anordnungen können auf Antrag des Schuldners auch dann getroffen werden, wenn gegenüber einem bereits rechtskräftigen Urtheil die Wiedereinsetzung in den vorigen Stand gegen Versäumung der Einspruchs- oder Rechtsmittelfrist oder die Wiederaufnahme des Verfahrens durch Nichtigkeits- oder Restitutionsklage beantragt wird: CP. §. 647.

der Vollstreckbarkeitserklärung durch ein späteres Urtheil aufgehoben oder abgeändert, so tritt, soweit die Aufhebung oder Abänderung reicht, die vorläufige Vollstreckbarkeit alsbald mit der Verkündung dieses Urtheils außer Kraft. Zugleich ist innerhalb der bezeichneten Grenze der Kläger auf Antrag des Beklagten zur Erstattung Desjenigen zu verurtheilen, was dieser auf Grund des aufgehobenen oder abgeänderten Urtheils gezahlt oder sonst geleistet hat.[24]

III. Aus dem Urtheil eines ausländischen, d. h. nicht deutschen, Gerichtes kann die Zwangsvollstreckung nur stattfinden, wenn ihre Zulässigkeit von einem inländischen Gerichte nach vorgängiger Verhandlung durch ein Vollstreckungsurtheil ausgesprochen ist.[25] Auf die Erlassung desselben ist in der gewöhnlichen Form Klage zu erheben, und zwar nach Maßgabe der Regeln über die sachliche Zuständigkeit bei demjenigen Amtsgerichte oder Landgerichte, bei welchem der Schuldner seinen allgemeinen Gerichtsstand oder, wenn es an einem solchen im Deutschen Reiche fehlt, einen Gerichtsstand des Vermögens (CP. §. 24: ob. S. 32 Nr. 4) hat.[26] Gegen das Urtheil dieses Gerichtes sind nach den gewöhnlichen Regeln Einspruch oder Rechtsmittel statthaft. Auch ist dasselbe, wenn es die Vollstreckbarkeit ausspricht, noch nicht sofort vollstreckbar, sondern erst nach Eintritt der Rechtskraft, es wäre denn in Gemäßheit der oben dargestellten Grundsätze für vorläufig vollstreckbar erklärt.[27]

Das Vollstreckungsurtheil ist ohne Prüfung der Gesetz-

---

[24] CP. §. 655. Vgl. CP. §§. 503 Abs. 2, 563 Abs. 2. Daß das neue Urtheil selbst wieder anfechtbar ist, kommt hiebei nicht in Betracht.

[25] CP. §. 660 Abs. 1.

[26] CP. §. 660 Abs. 2. Dieser Gerichtsstand ist ein ausschließlicher: CP. §. 707.

[27] S. Begr. z. CP. Entw. §§. 610, 611 a. E.

mäßigkeit des ausländischen Urtheils zu erlassen.[28] Jedoch darf es nicht erlassen werden:[29]
1) wenn das ausländische Urtheil nach dem dort geltenden Rechte noch nicht rechtskräftig ist;
2) wenn durch die Vollstreckung eine Handlung erzwungen werden würde, welche nach dem Rechte des über die Vollstreckbarkeit erkennenden inländischen Gerichtes nicht erzwungen werden darf;[30]
3) wenn nach Maßgabe des inländischen Rechtes das ausländische Gericht für die Sache nicht zuständig gewesen wäre und auch durch Vereinbarung nicht hätte zuständig werden können;[31]
4) wenn der verurtheilte Schuldner ein Deutscher ist, der sich auf den Proceß vor dem ausländischen Gerichte nicht eingelassen hat, es wäre denn, daß ihm die den Proceß nach Maßgabe des ausländischen Rechtes einleitende Ladung oder Verfügung entweder in dem Staate des Proceßgerichtes in Person oder im Deutschen Reiche durch Gewährung der Rechtshülfe zugestellt ist;
5) wenn von Seite des ausländischen Staates die Gegenseitigkeit nicht verbürgt ist.

Auch aus einem Schiedsspruche kann die Zwangsvollstreckung nur stattfinden, wenn ihre Zulässigkeit durch ein gerichtliches Vollstreckungsurtheil ausgesprochen ist.[32]

IV. Eine Zwangsvollstreckung kann auch noch aus anderen Schuldtiteln als Endurtheilen stattfinden. Nämlich:[33]

---

[28] CP. §. 661 Abs. 1.
[29] CP. §. 661 Abs. 2.
[30] Vgl. GV. §. 159, CP. §. 867 Nr. 2.
[31] S. Begr. z. CP. Entw. §§. 610, 611 und R. C. Prot. S. 469.
[32] CP. §. 868. S. unt. §. 100. VII.
[33] CP. §. 702.

1) aus Vergleichen, welche vor einem deutschen (ordentlichen oder besonderen) Gerichte zur Beilegung eines bereits anhängigen Rechtsstreites, sei es seinem ganzen Umfange nach oder für einen Theil des Streitgegenstandes, abgeschlossen sind;
2) aus Vergleichen, welche in dem amtsgerichtlichen Sühneverfahren (CP. §. 471) vor dem Amtsgerichte abgeschlossen sind;[34]
3) aus Entscheidungen, gegen welche das Rechtsmittel der Beschwerde stattfindet;[35]
4) aus den im Mahnverfahren erlassenen Vollstreckungsbefehlen;[36]
5) aus vollstreckbaren Urkunden, d. h. Urkunden, welche von einem deutschen Gerichte oder Notar innerhalb seiner amtlichen Zuständigkeit und in der vorgeschriebenen Form aufgenommen sind, wenn sie über einen Anspruch auf Zahlung einer bestimmten Geldsumme oder auf Leistung einer bestimmten Menge anderer vertretbarer Sachen oder Werthpapiere[37] errichtet sind und der Schuldner sich darin der sofortigen Zwangsvollstreckung ausdrücklich unterworfen hat.[38]

---

[34] S. ob. §. 58 a. E.

[35] Hierhin gehören z. B. Kostenfestsetzungen (CP. §. 99), Entscheidungen gegen ungehorsame Zeugen oder Sachverständige (CP. §§. 345, 355, 374) u. dgl.

[36] Vgl. CP. §. 640, wonach der Vollstreckungsbefehl einem für vorläufig vollstreckbar erklärten Versäumnißurtheil gleichsteht. S. ob. §. 61. IV.

[37] Vgl. CP. §§. 555, 628 Abs. 1. Ueber den Begriff der vertretbaren Sachen und Werthpapiere s. ob. §. 60 Anm. 1.

[38] Wegen der vor dem Inkrafttreten der Civilproceßordnung errichteten nach bisherigen Landesgesetzen vollstreckbaren Urkunden s. EG. z. CP. §. 22.

Die Landesgesetzgebung ist befugt, die Zwangsvollstreckung noch aus weiteren Schuldtiteln für statthaft zu erklären.[39]

V. Die Kosten der Zwangsvollstreckung fallen, soweit sie nothwendig waren, dem Schuldner zur Last und sind zugleich mit dem zu vollstreckenden Hauptansprüche beizutreiben. Wird das Urtheil oder der sonstige Schuldtitel, aus welchem die Zwangsvollstreckung erfolgt ist, aufgehoben, so sind die Kosten derselben dem Schuldner vom Gläubiger zurückzuerstatten.[40]

§. 74.
2. Vollstreckbare Ausfertigung des Schuldtitels.

Die Zwangsvollstreckung kann nur auf Grund einer vollstreckbaren Ausfertigung des zu vollstreckenden Urtheils oder sonstigen Schuldtitels erfolgen. Vollstreckbar heißt aber eine Ausfertigung, welcher am Schlusse von einer dazu befugten Amtsperson oder Behörde die sog. Vollstreckungsclausel beigefügt ist, d. h. die von der Amtsperson oder Behörde mit Beidrückung des Amtssiegels unterschriebene Erklärung:

"Vorstehende Ausfertigung wird dem u. s. w. zum Zwecke der Zwangsvollstreckung ertheilt."[1]

---

[39] CP. §. 706.
[40] CP. §§. 697, 703. S. auch GKostenG. §. 92.
[1] CP. §§. 662 Abs. 1, 663 vbb. §. 705 Abs. 1, 2. Die obige Formel gibt nur die festen Bestandtheile der Vollstreckungsclausel an, welche im Uebrigen je nach Bedürfniß mancherlei Zusätze in sich aufnehmen kann.

S. CP. §§. 665 Abs. 2, 666 Abs. 3 und Begr. z. CP. Entw. §§. 612, 613 a. E. — Vollstreckungsbefehle und Arrestbefehle bedürfen in der Regel der Vollstreckungsclausel nicht: CP. §. 704 Abs. 1 (s. unt. II. a. E.), §. 809 Abs. 1 (s. unt. §. 92. V. Nr. 1.).

I. Die vollstreckbare Ausfertigung eines Urtheils wird von dem Gerichtsschreiber des Proceßgerichtes erster Instanz, so lange aber der Rechtsstreit bei einem höheren Gerichte anhängig ist, von dem Gerichtsschreiber des letzteren ertheilt.[2] Hängt die Vollstreckung des Urtheils nach seinem Inhalte noch von einer Vorbedingung ab, so darf, falls diese nicht lediglich in einer dem Gläubiger obliegenden Sicherheitsleistung besteht, eine vollstreckbare Ausfertigung nur ertheilt werden, wenn der Gläubiger den Eintritt der Vorbedingung durch öffentliche Urkunden bewiesen hat.[3] Ist nach der Erlassung des Urtheils an die Stelle des darin bezeichneten Gläubigers oder Schuldners ein Erbe oder sonstiger allgemeiner Rechtsnachfolger getreten, oder hat nach dem Eintritte der Rechtshängigkeit der Streitsache, sei es vor oder nach der Erlassung des Urtheils, der Gläubiger seinen Anspruch oder der Schuldner die streitige Sache an einen Anderen veräußert: so kann zwar das Urtheil auch für oder gegen jenen allgemeinen oder diesen besonderen Rechtsnachfolger vollstreckt werden, aber bloß auf Grund einer auf seinen Namen lautenden vollstreckbaren Ausfertigung. Diese darf nur ertheilt werden,

---

[2] CP. §. 662 Abs. 2. Vgl. CP. §. 646.
[3] CP. §. 664. Trotz der entgegenstehenden Erklärungen in der Begründung (zu CP. Entw. §§. 620—622 in Abs. 4) und in den Protokollen der Reichstagscommission (S. 351 folg.) ist die Vorschrift auch auf den Fall zu beziehen, wenn die Verurtheilung nur auf Leistung gegen eine von Seite des Gläubigers zu machende Gegenleistung lautet, wie z. B. Verurtheilung zur Herausgabe einer Sache gegen Erstattung der zu ihrer Erhaltung gemachten Aufwendungen. Dieses ergibt sich als unzweifelhaft aus CP. §. 779 Abs. 1. Der Gläubiger wird also mindestens durch öffentliche Urkunde nachweisen müssen, daß er dem Schuldner unter Aufforderung zur Leistung die Gegenleistung angeboten hat.

wenn die Rechtsnachfolge entweder bei dem Gerichte offenkundig ist (s. ob. §. 42 a. E.) oder durch öffentliche Urkunden nachgewiesen wird.⁴ Ueberdies bedarf es sowohl in dem Fall der Rechtsnachfolge als dann, wenn die Vollstreckung noch von dem Eintritte einer Vorbedingung abhängt, zur Ertheilung der vollstreckbaren Ausfertigung einer Anordnung des Gerichtsvorsitzenden, welche in der Vollstreckungsclausel erwähnt werden muß.⁵ Kann in einem der beiden Fälle der Kläger den erforderlichen Nachweis nicht durch öffentliche Urkunden führen, so muß er bei dem Proceßgerichte erster Instanz die Ertheilung der Vollstreckungsclausel im Wege der Klage beantragen.⁶

Ueber Einwendungen des Schuldners gegen die Zulässigkeit der ertheilten Vollstreckungsclausel entscheidet das Gericht, von dessen Gerichtsschreiber sie ertheilt ist. Diese Entscheidung kann ohne vorgängige mündliche Verhandlung erfolgen. Vor derselben kann das Gericht eine einstweilige Anordnung erlassen. Insbesondere kann es anordnen, daß die Zwangs-

---

⁴ CP. §. 665. Vgl. CP. §§. 236, 238. S. ob. §. 27 Nr. 7—9 und §. 56. III. — Ueber den Fall, wenn der Schuldner vor Beginn der Zwangsvollstreckung gestorben und noch kein Erbe eingetreten oder der Erbe oder sein Aufenthalt unbekannt ist, s. unt. §. 75 a. E.

⁵ CP. §. 666. Der Schuldner kann vor der Entscheidung mündlich oder schriftlich gehört werden: CP. §. 666 Abs. 2. — Wird die vollstreckbare Ausfertigung ertheilt, so kann der Schuldner, wenn er trotzdem den Eintritt der Rechtsnachfolge oder der Vorbedingung für die Vollstreckung bestreitet, Einwendungen gegen die Zulässigkeit der Vollstreckungsclausel nach CP. §. 668 erheben. Er kann aber zur endgültigen Erledigung der Frage seine Einwendungen auch durch Klage bei dem Proceßgerichte erster Instanz nach CP. §. 687 geltend machen. S. unt. §. 77. II. a. E.

⁶ CP. §. 667.

⁷ CP. §. 668 Abs. 1. Vgl. CP. §. 539. Gegen die Entscheidung ist sofortige Beschwerde statthaft: CP. §. 701.

Vollstreckung gegen oder ohne Sicherheitsleistung von Seite des Schuldners einstweilen einzustellen oder nur gegen Sicherheitsleistung von Seite des Gläubigers fortzusetzen sei.[8] Wird die Vollstreckungsclausel von dem Gerichtsschreiber versagt, so kann der Gläubiger bei dem Gerichte, welchem jener angehört, sofortige Beschwerde einlegen.[9]

Eine weitere (d. h. zweite, dritte u. s. w.) vollstreckbare Ausfertigung darf, wenn nicht die früher ertheilte zurückgegeben wird, derselben Partei nur auf Anordnung des Vorsitzenden ertheilt werden, welcher vor der Entscheidung den Schuldner mündlich oder schriftlich hören kann. Ist die Entscheidung nicht verkündet, so muß der Gerichtsschreiber den Schuldner von der Ertheilung der weiteren Ausfertigung in Kenntniß setzen. Auch muß er jede weitere Ausfertigung ausdrücklich als eine solche unter Erwähnung jener Entscheidung bezeichnen.[10]

Vor der Aushändigung einer vollstreckbaren Ausfertigung ist jedesmal auf der Urschrift des Urtheils zu vermerken, für welche Partei und wann sie ertheilt ist.[11]

II. Die vollstreckbare Ausfertigung einer durch Beschwerde anfechtbaren Entscheidung (CP. §. 702 Nr. 3: ob. S. 240 Nr. 3) oder eines vor Gericht über einen anhängigen Rechtsstreit abgeschlossenen Vergleiches (CP. §. 702 Nr. 1: ob. S. 240 Nr. 1) wird ebenfalls von dem Gerichtsschreiber des Proceßgerichtes erster Instanz, so lange aber der Rechtsstreit bei einem höheren Gerichte anhängig ist, von dem Gerichtsschreiber des letzteren ertheilt. Die vollstreckbare Ausfertigung eines in

---

[8] CP. §. 668 Abs. 2. Vgl. CP. §. 535 Abs. 3.
[9] CP. §§. 530, 701, 539, 540 Abs. 4. S. ob. §. 70 Nr. 4.
[10] CP. §. 669.
[11] CP. §. 670.

dem amtsgerichtlichen Sühneverfahren vor dem Amtsgerichte abgeschlossenen Vergleiches (CP. §. 702 Nr. 2: ob. S. 240 Nr. 2) wird von dem Gerichtsschreiber dieses Amtsgerichtes ertheilt.[12] Auch sonst gelten die gleichen Regeln, wie bei den Urtheilen.[13]

Ein Vollstreckungsbefehl (CP. §. 702 Nr. 4: ob. S. 240 Nr. 4) bedarf der Beifügung einer Vollstreckungsclausel nur dann, wenn nach seiner Erlassung eine Rechtsnachfolge auf Seite des Gläubigers oder des Schuldners eingetreten ist.[14] Klagen auf Ertheilung der Vollstreckungsclausel sind bei dem Amtsgerichte, welches den Vollstreckungsbefehl erlassen hat, wenn aber der Anspruch nicht zur sachlichen Zuständigkeit der Amtsgerichte gehört, bei dem zuständigen Landgerichte zu erheben.[15]

III. Die vollstreckbare Ausfertigung einer gerichtlichen Urkunde (CP. §. 702 Nr. 5: ob. S. 240 Nr. 5) wird von dem Gerichtsschreiber desjenigen Gerichtes ertheilt, welches die Urkunde aufgenommen hat;[16] die vollstreckbare Ausfertigung einer notariellen Urkunde von demjenigen Notar, welcher die Urkunde verwahrt, oder, wenn sich diese in der Verwahrung einer Behörde befindet, von der letzteren.[17] Die Entscheidung über Einwendungen gegen die Zulässigkeit der ertheilten Vollstreckungsclausel sowie über Ertheilung einer weiteren vollstreckbaren Ausfertigung erfolgt bei gerichtlichen Urkunden von dem genannten Gerichte, bei notariellen Urkunden von dem Amtsgerichte, in dessen Bezirke sich der Amtssitz des genannten

---

[12] CP. §. 703 vbd. §. 662 Abs. 2.
[13] CP. §. 703 vbd. §§. 663 bis 670.
[14] CP. §. 704 Abs. 1. Vgl. CP. §. 809 Abs. 1 (s. unt. §. 92. V. Nr. 1.).
[15] CP. §. 704 Abs. 3. Vbd. CP. §. 667 und §§. 636, 637, 640.
[16] CP. §. 705 Abs. 1.
[17] CP. §. 705 Abs. 2.

Notars oder der genannten Behörde befindet.[18] Klagen auf Ertheilung der Vollstreckungsclausel sind bei demjenigen sachlich zuständigen Gerichte zu erheben, bei welchem der Schuldner seinen allgemeinen Gerichtsstand oder, wenn es an einem solchen im Deutschen Reiche fehlt, einen Gerichtsstand des Vermögens (CP. §. 24: ob. S. 32 Nr. 4) hat.[19]

Im Uebrigen gelten auch bei gerichtlichen und notariellen Urkunden die gleichen Regeln, wie bei den vollstreckbaren Urtheilen, soweit sie ihrem Inhalte nach auf jene passen.[20]

§. 75.
3. Weitere Voraussetzungen.

Die Zwangsvollstreckung darf nur beginnen, wenn die Personen, für und gegen welche sie stattfinden soll, in dem Urtheil oder sonstigen Schuldtitel oder in der beigefügten Vollstreckungsclausel mit Namen bezeichnet sind, und das Urtheil oder der sonstige Schuldtitel dem Schuldner bereits zugestellt ist oder gleichzeitig zugestellt wird.[1] Hängt die Vollstreckung des Urtheils oder sonstigen Schuldtitels seinem Inhalte nach von einer Vorbedingung ab (CP. §. 664: ob. S. 242), oder handelt es sich um eine Vollstreckung für oder gegen Rechtsnachfolger (CP. §. 665: ob. S. 242): so muß außer dem Urtheil oder sonstigen Schuldtitel selbst auch die bei-

---

[18] CP. §. 705 Abs. 3. Vgl. CP. §§. 668, 669.
[19] CP. §. 705 Abs. 5. Vgl. CP. §. 667.
[20] CP. §. 703 vbd. §§. 663 bis 670. Bei Schuldtiteln, welche nicht in einer gerichtlichen Entscheidung bestehen (CP. §. 702 Nr. 1, 2, 5), sind namentlich die Vorschriften in CP. §. 665 über die Vollstreckbarkeit gegen einen besonderen Rechtsnachfolger unanwendbar. S. Begr. z. CP. Entw. §. 652.

[1] CP. §§. 671 Abs. 1, 703. Das Dasein dieser sowie der übrigen in diesem Paragraphen genannten Voraussetzungen ist von dem ausführenden Organ (s. unt. §. 76), also namentlich von dem Gerichtsvollzieher, selbständig zu prüfen.

gefügte Vollstreckungsclausel und, wenn dieselbe auf Grund öffentlicher Urkunden ertheilt ist, auch eine Abschrift der letzteren entweder vor Beginn der Zwangsvollstreckung bereits zugestellt sein oder gleichzeitig mit demselben zugestellt werden.²

Kann der Anspruch erst mit dem Eintritte eines Kalendertages geltend gemacht werden, so darf die Zwangsvollstreckung erst nach Ablauf dieses Kalendertages beginnen.³ Hängt die Vollstreckung von einer dem Gläubiger obliegenden Sicherheitsleistung ab, so darf sie erst beginnen, wenn die erfolgte Sicherheitsleistung durch eine öffentliche Urkunde nachgewiesen ist und eine Abschrift der letzteren bereits zugestellt ist oder gleichzeitig zugestellt wird.⁴

Gegen eine dem activen Heere oder der activen Marine angehörende Militärperson darf die Zwangsvollstreckung erst nach vorgängiger Anzeige an die vorgesetzte Militärbehörde beginnen, welche dem Gläubiger auf Verlangen den Empfang der Anzeige zu bescheinigen hat.⁵

Stirbt der Schuldner vor dem Beginn der Zwangsvollstreckung, so hat bei ruhender Erbschaft (d. h. wenn noch kein Erbe eingetreten ist) oder bei Unbekanntsein des Erben oder seines Aufenthaltes das nach den Landesgesetzen zuständige Nachlaßgericht auf Antrag des Gläubigers dem Nachlasse oder dem Erben einen Curator zu bestellen, gegen welchen dann die Vollstreckung stattfindet.⁶ Stirbt dagegen der Schuldner erst nach bereits erfolgtem Beginn der Zwangsvollstreckung, so wird dieselbe in seinen Nachlaß fortgesetzt. Ist bei einer

---

² CP. §§. 671 Abf. 2, 703.
³ CP. §§. 672 Abf. 1, 703.
⁴ CP. §§. 672 Abf. 2, 703.
⁵ CP. §§. 673, 703. — Andere Gründe, welche nach dem bisherigen Rechte den Beginn der Zwangsvollstreckung hemmten, dürfen nicht mehr berücksichtigt werden. S. EG. z. CP. §. 14. Nr. 4.
⁶ CP. §. 694.

Vollstreckungshandlung die Zuziehung des Schuldners nöthig, so hat bei ruhender Erbschaft oder bei Unbekanntsein des Erben oder seines Aufenthaltes das Vollstreckungsgericht auf Antrag des Gläubigers dem Nachlasse oder dem Erben einen einstweiligen besonderen Vertreter zu bestellen.[7]

### §. 76.
#### II. Organe der Zwangsvollstreckung.

I. Nach dem Grundsatze des unmittelbaren Proceßbetriebes durch die Parteien geschieht die Ausführung der Zwangsvollstreckung in der Regel nicht durch Vermittelung der Gerichte, sondern durch die ohne gerichtliche Leitung im Auftrage des Gläubigers handelnden Gerichtsvollzieher.[1] Den Gerichten kommt nur unter Umständen, namentlich zur Entscheidung über Einwendungen gegen das Verfahren des Gerichtsvollziehers, eine Mitwirkung zu. Ausnahmsweise muß bei einzelnen Arten der Zwangsvollstreckung (Vollstreckung in Forderungen und andere unkörperliche Vermögensstücke, Vollstreckung in unbewegliches Vermögen, Vollstreckung zur Erzwingung von Handlungen oder Unterlassungen) auch die Anordnung der Vollstreckungshandlungen durch ein Gericht geschehen. Soweit aber die Zwangsvollstreckung durch Vermittelung oder unter Mitwirkung eines Gerichtes vor sich geht, ist dafür in der Regel nicht das Proceßgericht zuständig,[2] sondern ein besonderes, nach selbständigen Rücksichten bestimmtes Vollstreckungsgericht.

---

[7] CP. §§. 693, 703. Vgl. CP. §. 55. — Ueber den Einfluß der Rechtswohlthat des Inventars auf die Zwangsvollstreckung s. CP. §§. 695, 696. Ueber die fortdauernde Geltung der landesgesetzlichen Vorschriften über das erbschaftliche Liquidationsverfahren s. EG. z. CP. §. 15 Nr. 3.

[1] CP. §. 674 Abs. 1.

[2] Das Proceßgericht ist zu-

II. Einem Gerichtsvollzieher kann der Auftrag zur Zwangs=
vollstreckung nicht bloß unmittelbar von dem Gläubiger oder
seinem Bevollmächtigten selbst ertheilt werden, sondern auch
durch Vermittelung des Gerichtsschreibers desjenigen Amts=
gerichtes, in dessen Bezirke das Vollstreckungsverfahren statt=
finden soll.[3] Der Auftrag kann mündlich oder schriftlich
gegeben werden, ist aber nur dann wirksam, wenn dem Ge=
richtsvollzieher auch die vollstreckbare Ausfertigung übergeben
wird. Auf der anderen Seite genügt der Besitz derselben für
den Gerichtsvollzieher dem Schuldner und Dritten gegenüber
unbedingt, und selbst wenn der Gläubiger die Nichtertheilung
eines Auftrages beweisen könnte, als ausreichende Vollmacht.
Auch hat kraft dieses Besitzes der Gerichtsvollzieher dem Schuld=
ner und Dritten gegenüber unbedingt, und selbst wenn der Gläu=
biger eine Beschränkung des Auftrages beweisen könnte, die Er=
mächtigung, die schuldigen Zahlungen oder sonstigen Leistungen
in Empfang zu nehmen, darüber wirksam zu quittiren und
dem Schuldner nach Erfüllung seiner Verbindlichkeit die voll=
streckbare Ausfertigung auszuliefern.[4] Zu dieser Auslieferung
nebst derjenigen einer Quittung ist der Gerichtsvollzieher nach
dem Empfange der schuldigen Leistungen verpflichtet. Theil=
weise Leistungen hat er auf der vollstreckbaren Ausfertigung
zu vermerken und dem Schuldner Quittung darüber zu er=
theilen. Das Recht des letzteren, auch noch eine Quittung
des Gläubigers selbst zu fordern, wird dadurch nicht berührt.[5]

---

ständig in den Fällen von CP.
§§. 700, 773, 774, 775, 799,
810 Abs. 1, 816 Abs. 1.
[3] CP. §. 674 Abs. 2 vbd.
CP. §. 684 Abs. 2 und GW.
§. 162.

[4] CP. §§. 675, 676. Vgl.
CP. §§. 77—79. S. ob. §. 26.
III.
[5] CP. §. 677.

Soweit der Zweck der Vollstreckung es erfordert, ist der Gerichtsvollzieher befugt, die Wohnung und die Behältnisse des Schuldners zu durchsuchen und verschlossene Hausthüren, Zimmerthüren oder Behältnisse öffnen zu lassen.[6] Bei Widerstand ist er zur Anwendung von Gewalt befugt und kann hiefür polizeiliche, nöthigenfalls durch Vermittelung des Vollstreckungsgerichtes militärische Hülfe nachsuchen.[7] Doch muß er im Fall des Widerstandes zwei großjährige Männer oder einen Gemeinde- oder Polizeibeamten als Zeugen zuziehen. Dasselbe gilt, wenn bei einer Vollstreckungshandlung, welche in der Wohnung des Schuldners vor sich geht, weder der Schuldner noch eine zu seiner Familie gehörige oder in derselben dienende erwachsene Person gegenwärtig ist.[8]

An Sonntagen und allgemeinen Feiertagen oder zur Nachtzeit, d. h. vom 1. April bis 30. September in der Zeit von 9 Uhr Abends bis 4 Uhr Morgens, vom 1. Oktober bis 31. März in der Zeit von 9 Uhr Abends bis 6 Uhr Morgens, darf eine Vollstreckungshandlung nur erfolgen, wenn der Amtsrichter, in dessen Bezirke sie vorgenommen werden soll, die Erlaubniß dazu ertheilt hat und diese Erlaubniß vorgezeigt wird.[9]

Jeder Person, welche bei dem Vollstreckungsverfahren betheiligt ist, muß der Gerichtsvollzieher auf Begehren die Einsicht seiner Acten gestatten und Abschrift einzelner Actenstücke ertheilen.[10] Ferner muß er über jede Vollstreckungshandlung ein Protokoll aufnehmen, welches namentlich den Gegenstand

---

[6] CP. §. 678 Abs. 1, 2.
[7] CP. §. 678 Abs. 3.
[8] CP. §. 679.
[9] CP. §. 681. Vgl. CP. §. 171 (s. ob. §. 29. III.).
[10] CP. §. 680. S. z. B. CP. §§. 679, 690, 710 u. a.

derselben unter kurzer Erwähnung der wesentlichen Vorgänge und die Namen der Personen, mit denen verhandelt ist, enthalten muß.[11]

Die Aufforderungen und sonstigen Mittheilungen, welche zu den Vollstreckungshandlungen gehören,[12] hat der Gerichtsvollzieher mündlich zu machen, aber vollständig in das Protokoll aufzunehmen. Ist die mündliche Ausführung nicht möglich, so hat er Demjenigen, an welchen die Aufforderung oder Mittheilung zu richten ist, eine Abschrift des Protokolls zuzustellen. Kann diese Zustellung am Orte der Zwangsvollstreckung nicht nach Maßgabe der Vorschriften in CP. §§. 158, 166—170 geschehen, so muß sie wenigstens durch Aufgabe zur Post geschehen. Eine öffentliche Zustellung findet nicht statt.[13]

III. Als Vollstreckungsgerichte sind nur die Amtsgerichte zuständig.[14] Und zwar ist überall, wo nicht das Gesetz ausdrücklich ein anderes Amtsgericht bezeichnet, Vollstreckungsgericht dasjenige Amtsgericht, in dessen Bezirke das Vollstreckungsverfahren stattfinden soll oder stattgefunden hat.[15] Die Zuständigkeit des Vollstreckungsgerichtes ist, wie überhaupt jede im 8. Buche der Civilproceßordnung bestimmte Zuständigkeit, eine ausschließliche.[16]

Die Entscheidungen des Vollstreckungsgerichtes können ohne vorgängige mündliche Verhandlung erfolgen.[17] Sie können, wie alle Entscheidungen, welche im Vollstreckungs-

---

[11] Näheres CP. §. 682. Vgl. CP. §§. 173, 174.
[12] S. z. B. CP. §§. 744, 727 Abs. 3.
[13] CP. §. 683 vbb. §. 161. S. ob. §. 29 I. a. E.
[14] CP. §. 684 Abs. 1. Ausnahme: CP. §. 810 Abs. 1 (unt. §. 92. V. Nr. 3 a. E.).
[15] CP. §. 684 Abs. 2. Ausnahmen: CP. §§. 729 Abs. 2, 750—752, 759, 780, 783, 799, 816 Abs. 1.
[16] CP. §. 707.
[17] CP. §. 684 Abs. 3.

verfahren ohne vorgängige mündliche Verhandlung erfolgen können, mit sofortiger Beschwerde angefochten werden.[18]

IV. Wenn zum Zwecke der Vollstreckung das Einschreiten einer inländischen Behörde erforderlich wird, so muß dieselbe durch das für die Vollstreckung zuständige Gericht, sei es das Vollstreckungs= oder das Proceßgericht, um ihr Einschreiten ersucht werden.[19] Insbesondere kann die Zwangsvollstreckung gegen eine dem activen Heere oder der activen Marine ange= hörende Person des Soldatenstandes in Kasernen und anderen militärischen Dienstgebäuden oder auf Kriegsfahrzeugen nur durch die zuständige Militärbehörde geschehen, welche auf An= trag des Gläubigers durch das für die Vollstreckung zu= ständige Gericht darum zu ersuchen ist.[20]

V. Soll die Zwangsvollstreckung in einem ausländischen Staate erfolgen, dessen Behörden die Urtheile deutscher Ge= richte im Wege der Rechtshülfe vollstrecken, so hat auf An= trag des Gläubigers das Proceßgericht erster Instanz die zu= ständige ausländische Behörde um die Vollstreckung zu er= suchen. Kann die letztere durch einen Reichsconsul geschehen, so ist dieser darum zu ersuchen.[21]

§. 77.

### III. Einwendungen im Vollstreckungsverfahren.

I. Ueber Einwendungen, Erinnerungen und Anträge des Schuldners oder auch des Gläubigers, welche die Art und

---

[18] CP. §. 701.
[19] CP. §. 698 vbd. §§. 678 Abs. 3 a. E., 699, 793 vgl. §. 774 Abs. 1. Nur die poli= zeiliche Hülfe kann der Gerichts= vollzieher unmittelbar nachsuchen: CP. §. 678 Abs. 3.
[20] CP. §. 699 Abs. 1, vbd. §. 793 vgl. §. 774 Abs. 1. Gepfän= dete Gegenstände sind einem von dem Gläubiger beauftragten Ge= richtsvollzieher zu übergeben: CP. §. 699 Abs. 2.
[21] CP. §. 700.

Weise der Zwangsvollstreckung oder das Verfahren des Gerichtsvollziehers bei derselben betreffen, hat das Vollstreckungsgericht zu entscheiden. Dieses kann vor der Entscheidung eine einstweilige Anordnung erlassen. Insbesondere kann es anordnen, daß die Zwangsvollstreckung gegen oder ohne Sicherheitsleistung von Seite des Schuldners einstweilen einzustellen oder nur gegen Sicherheitsleistung von Seite des Gläubigers fortzusetzen sei.[1]

Das Vollstreckungsgericht hat auch dann zu entscheiden, wenn ein Gerichtsvollzieher sich weigert, einen Vollstreckungsauftrag zu übernehmen oder eine Vollstreckungshandlung dem Auftrage gemäß auszuführen, oder wenn hinsichtlich der von dem Gerichtsvollzieher angesetzten Kosten Erinnerungen gemacht werden.[2]

II. Einwendungen dagegen, welche der Schuldner in Betreff des zu vollstreckenden Anspruches selbst erheben will (wie z. B. Einwand der Zahlung, des Erlasses, der Stundung u. dgl.), muß er im Wege einer förmlichen Klage geltend machen.[3]

Beruht dieser Anspruch auf einem Urtheil, einer durch Beschwerde anfechtbaren Entscheidung (CP. §. 702 Nr. 3: ob. S. 240 Nr. 3) oder einem vor Gericht über einen anhängigen Rechtsstreit abgeschlossenen Vergleiche (CP. §. 702 Nr. 1: ob. S. 240 Nr. 1), so ist die Klage bei dem Proceßgerichte erster Instanz, beruht er auf einem im amtsgerichtlichen Sühneverfahren abgeschlossenen Vergleiche (CP. §. 702 Nr. 2: ob. S. 240 Nr. 2), so ist sie bei dem Amtsgerichte zu er-

---

[1] CP. §. 685 Abs. 1. Vgl. ob. §. 74. I. (S. 243 a. E.).

[2] CP. §. 685 Abs. 2. Vbd. Geb. O. f. GVollz. §§. 18, 22.

[3] CP. §§. 686 Abs. 1, 703.

heben.⁴ Auch sind Einwendungen der genannten Art nur dann zulässig, wenn sie erst nach dem Schlusse derjenigen mündlichen Verhandlung, in welcher Einwendungen spätestens hätten geltend gemacht werden müssen, entstanden sind und nicht mehr durch Einspruch geltend gemacht werden können.⁵

Beruht der Anspruch auf einem Vollstreckungsbefehl, so ist die Klage bei dem Amtsgerichte, welches den Vollstreckungs=befehl erlassen hat, wenn aber der Anspruch nicht zur sach=lichen Zuständigkeit der Amtsgerichte gehört, bei dem zustän=digen Landgerichte zu erheben.⁶ Die Einwendungen sind in diesem Falle nur insoweit zulässig, als sie erst nach Zustellung des Vollstreckungsbefehls entstanden sind.⁷

Beruht endlich der Anspruch auf einer vollstreckbaren ge=richtlichen oder notariellen Urkunde (CP. §. 702 Nr. 5: ob. S. 240 Nr. 5), so ist die Klage bei demjenigen sachlich zu=ständigen Gerichte zu erheben, bei welchem der Schuldner seinen allgemeinen Gerichtsstand oder, wenn es an einem solchen im Deutschen Reiche fehlt, einen Gerichtsstand des Vermögens (CP. §. 24: ob. S. 32 Nr. 4) hat.⁸ Die Zu=lässigkeit der Einwendungen ist hier nicht beschränkt.⁹

In den sämmtlichen Fällen muß aber der Schuldner in seiner Klage jede Einwendung geltend machen, die er zur Zeit der Klageerhebung geltend zu machen im Stande ist, bei Vermeidung des Verlustes.¹⁰

Auf Antrag des Schuldners kann das Prozeßgericht, selbst ohne vorgängige mündliche Verhandlung, aus triftigen und

---

⁴ CP §§. 686 Abs. 1, 703.
⁵ CP. §§. 686 Abs. 2, 703.
⁶ CP §. 704 Abs. 3. Vgl. CP. §§. 636, 637, 640 (s. ob. §. 61. III.).
⁷ CP. §. 704 Abs. 2.
⁸ CP. §. 705 Abs. 5.
⁹ CP. §. 705 Abs. 4.
¹⁰ CP. §§. 686 Abs. 3, 703.

Einwendungen im Vollstreckungsverfahren. §. 77.

glaubhaft gemachten Gründen nach Ermessen anordnen, daß bis zur Erlassung des Urtheils die Zwangsvollstreckung gegen oder auch ohne Sicherheitsleistung von Seite des Schuldners eingestellt oder nur gegen Sicherheitsleistung von Seite des Gläubigers fortgesetzt werde, ja sogar daß die bereits erfolgten Vollstreckungsmaßregeln gegen Sicherheitsleistung von Seite des Schuldners wieder aufzuheben seien. In bringenden Fällen kann auch das Vollstreckungsgericht eine solche Anordnung erlassen, jedoch nur unter Bestimmung einer Frist, innerhalb welcher die Entscheidung des Proceßgerichtes beizubringen ist, widrigenfalls die Zwangsvollstreckung fortgesetzt wird.[11]

Das Proceßgericht kann auch in dem Urtheile, durch welches über die Einwendungen entschieden wird, die bezeichneten Anordnungen erlassen, nicht minder die bereits erlassenen aufheben, abändern oder bestätigen. Ueber diesen Theil der Entscheidung ist in der Berufungsinstanz auf Antrag vor der Verhandlung der Hauptsache zu verhandeln und zu entscheiden; die Entscheidung des Berufungsgerichtes kann aber nicht weiter angefochten werden.[12]

Der Schuldner kann bei dem für Einwendungen in Betreff des Anspruches zuständigen Gerichte auch dann Klage erheben,[13] wenn er im Falle von CP. §. 664 (ob. S. 242) den bei Ertheilung der Vollstreckungsclausel als bewiesen angenommenen Eintritt der Vorbedingung der Vollstreckung, im Falle von CP. §. 665 (ob. S. 242) die als eingetreten an-

---

[11] CP. §. 688. Gegen diese Entscheidungen kann sofortige Beschwerde eingelegt werden: CP. §. 701 vbd. §. 688 Abs. 3.
[12] CP. §. 689 vbd. §. 656.

[13] Neben seiner Befugniß zu Einwendungen gegen die Zulässigkeit der ertheilten Vollstreckungsclausel: CP. §. 668. S. ob. §. 74 Anm. 5.

genommene Rechtsnachfolge bestreitet.[14] Auch sonst gelten dabei die gleichen Regeln wie bei der Klage zur Geltendmachung von Einwendungen in Betreff des Anspruches.[15]

III. Will ein Dritter wegen eines Rechtes, welches er an dem Gegenstande der Zwangsvollstreckung in Anspruch nimmt, Widerspruch gegen dieselbe erheben,[16] so muß er dieses im Wege einer Klage bei demjenigen sachlich zuständigen Gerichte thun, in dessen Bezirke die Vollstreckung erfolgt.[17] Die Klage ist jedenfalls gegen den Gläubiger zu richten. Wird sie zugleich gegen den Schuldner gerichtet, weil auch dieser das Recht des Dritten bestreitet, so erscheinen Gläubiger und Schuldner als Streitgenossen.[18]

Auf Antrag des Dritten können schon vor der Erlassung des Urtheils sowie in demselben wegen Einstellung der

---

[14] CP. §§. 687, 703, 704 Abs. 3, 705 Abs. 5.

[15] CP. §. 687 vbd. §. 686 Abs. 3; §§. 688, 689.

[16] Sog. Vollstreckungs-Intervention. Z. B. die Ehefrau des Schuldners behauptet, daß die zur Vollstreckung einer Geldforderung gepfändete Sache, oder auch die Sache, welche der Gegenstand des Hauptprocesses gewesen und zu deren Herausgabe der Schuldner verurtheilt ist, ihr Eigenthum sei.

[17] CP. §. 690 Abs. 1. Dabei wird jedoch vorausgesetzt, daß der Dritte den Gegenstand nicht besitzt. Besitzt er denselben, so ist, wenn er den Gegenstand nicht freiwillig herausgeben will (CP. §. 713) und nicht CP. §. 665 eingreift, die Zwangsvollstreckung nur in der Weise möglich, daß sich der Gläubiger den Anspruch des Schuldners gegen den Dritten überweisen läßt und seinerseits gegen diesen durch Klage geltend macht: CP. §§. 745, 748 vbd. §§. 736, 740; §. 772. S. unt. §. 84. — Nimmt ein Dritter an dem nicht in seinem Besitze befindlichen Gegenstande der Zwangsvollstreckung ein Pfand- oder Vorzugsrecht in Anspruch, so kann er der Vollstreckung nicht widersprechen, sondern nur seinen Anspruch auf vorzugsweise Befriedigung aus dem Erlöse durch Klage geltend machen: CP. §. 710. S. unt. §. 80. I.

[18] CP. §. 690 Abs. 2. Vgl. CP. §§. 56 ff. und ob. §. 20.

Zwangsvollstreckung oder Aufhebung der bereits erfolgten Vollstreckungsmaßregeln die unter II. (S. 255) erwähnten Anordnungen erlassen werden nach Maßgabe der nämlichen Regeln, nur mit der Abweichung, daß die Aufhebung einer Vollstreckungsmaßregel auch ohne Sicherheitsleistung von Seite des Dritten zulässig ist.[19]

### §. 78.
### IV. Einstellung und Beschränkung der Zwangsvollstreckung.

Der Gerichtsvollzieher oder die ausführende Behörde[1] hat die Zwangsvollstreckung einzustellen oder entsprechend zu beschränken:[2]

1) wenn die Ausfertigung einer vollstreckbaren Entscheidung[3] vorgelegt wird, wonach das zu vollstreckende Urtheil oder der zu vollstreckende sonstige Schuldtitel oder doch die vorläufige Vollstreckbarkeit des Urtheils aufgehoben[4] oder die Zwangsvollstreckung für unzulässig erklärt[5] oder die Einstellung derselben angeordnet ist;[6]

2) wenn die Ausfertigung einer gerichtlichen Entscheidung vorgelegt wird, wonach die einstweilige Einstellung der

---

[19] CP. §. 690 Abs. 3.

[1] Vollstreckungsgericht, Proceßgericht, Militärbehörde, Reichsconsul, ausländische Behörde. S. ob. §. 76.

[2] CP. §§. 691, 703.

[3] Das heißt hier eines bereits rechtskräftigen oder für vorläufig vollstreckbar erklärten Urtheils oder eines wenn auch noch nicht rechtskräftigen Urtheils, wodurch ein für vorläufig vollstreckbar erklärtes Urtheil in der Hauptsache oder hinsichtlich der Vollstreckbarkeitserklärung aufgehoben wird (CP. §. 655): Begr. z. CP. Entw. §§. 640, 641 in Abs. 1. S. auch ob. §. 73. Die Ausfertigung selbst braucht keine vollstreckbare, d. h. mit der Vollstreckungsclausel versehene, zu sein.

[4] Vgl. z. B. CP. §§. 686, 655.

[5] Vgl. CP. §§. 668 Abs. 1, 687, 690.

[6] Vgl. CP. §§. 689, 690.

Vollstreckung oder einer Vollstreckungsmaßregel angeordnet ist;[7]

3) wenn eine öffentliche Urkunde vorgelegt wird, wonach die zur Abwendung der Vollstreckung nachgelassene Sicherheitsleistung oder Hinterlegung erfolgt ist;[8]

4) wenn eine öffentliche Urkunde oder eine von dem Gläubiger ausgestellte Privaturkunde vorgelegt wird, aus welcher sich ergibt, daß der Gläubiger nach der Erlassung der zu vollstreckenden Entscheidung[9] oder nach der Entstehung des zu vollstreckenden sonstigen Schuldtitels[10] befriedigt ist oder Stundung bewilligt hat;

5) wenn ein Postschein vorgelegt wird, aus welchem sich ergibt, daß nach der Erlassung der Entscheidung oder nach der Entstehung des sonstigen Schuldtitels die zur Befriedigung des Gläubigers erforderliche Summe zur Auszahlung an denselben bei der Post eingezahlt ist.

In den Fällen der Nr. 1 und 3 sind zugleich die schon erfolgten Vollstreckungsmaßregeln aufzuheben. In den Fällen der Nr. 4 und 5 bleiben sie einstweilen bestehen, bis entweder der Gläubiger in die Aufhebung willigt oder auf Antrag des Schuldners das zuständige Gericht (s. ob. §. 77. II.) dieselbe anordnet. Ebenso in den Fällen der Nr. 2, falls nicht schon durch die betreffende Entscheidung auch die Aufhebung der bereits erfolgten Vollstreckungsmaßregeln angeordnet ist.[11]

---

[7] Vgl. CP. §§. 647, 657, 668 Abs. 2, 685 Abs. 1, 688, 690 Abs. 3.

[8] Vgl. CP. §. 652 Abs. 2 (s. ob. §. 73. II. C.).

[9] Urtheil, Vollstreckungsbefehl, durch Beschwerde anfechtbare Entscheidung: CP. §§. 691 Nr. 4, 702 Nr. 3, 4 vbd. §. 703.

[10] Gerichtlicher Vergleich, vollstreckbare gerichtliche oder notarielle Urkunde: CP. §. 702 Nr. 1, 2, 5 vbd. §. 703.

[11] CP. §. 692.

In den Fällen der Nr. 3—5 ist übrigens der Gerichtsvollzieher auf Verlangen des Gläubigers zur Fortsetzung der Vollstreckung verpflichtet; der Schuldner muß dann die Einstellung bei dem zuständigen Gerichte beantragen.[12]

## Zweites Capitel.
## Einzelne Arten und Mittel der Zwangsvollstreckung.

### §. 79.
### Uebersicht.

Die Zwangsvollstreckung geschieht durch Anwendung verschiedener Mittel je nach Verschiedenheit der Leistung, auf welche der zu vollstreckende Anspruch geht. Handelt es sich um eine Geldleistung, so geschieht sie durch Befriedigung des Gläubigers aus dem Geldwerthe von Vermögensstücken des Schuldners. Handelt es sich um Herausgabe von Sachen, so werden diese dem Schuldner entzogen und dem Gläubiger überantwortet. Besteht die schuldige Leistung in der Vornahme einer anderen Handlung, so wird, wo dies angeht, der Gläubiger ermächtigt, sie auf Kosten des Schuldners durch einen Dritten vornehmen zu lassen; wo es nicht angeht, wird der Schuldner durch Geldstrafen oder durch Haft zur Vornahme der Handlung angehalten. Zur Unterlassung oder Duldung einer Handlung endlich wird der Schuldner angehalten durch Androhung von Geldstrafe oder Haft für den Fall der Zuwiderhandlung.

Die Zwangsvollstreckung wegen Geldforderungen gestaltet

---

[12] Begr. z. CP. Entw. §§. 640, 641 in Abs. 2. Ueber das je nach Verschiedenheit der Fälle zuständige Gericht s. ob. §. 77. I. II.

sich wieder verschieden, je nachdem sie in bewegliches oder unbewegliches Vermögen geschieht. Nur die Zwangsvollstreckung in das bewegliche Vermögen ist von der Civilproceßordnung einheitlich für das ganze Deutsche Reich geregelt. Die Regelung der Zwangsvollstreckung in das unbewegliche Vermögen überläßt sie der Landesgesetzgebung und begnügt sich mit einigen Vorschriften in Betreff der Zuständigkeit. Ferner sind aufrechterhalten die bestehenden landesgesetzlichen Vorschriften über die Zwangsvollstreckung wegen Geldforderungen gegen den Fiscus, Gemeinden und andere Communalverbände (Provincial=, Kreis=, Amtsverbände) sowie gegen solche Corporationen, deren Vermögen von Staatsbehörden verwaltet wird, soweit nicht dingliche (z. B. hypothekarische) Rechte verfolgt werden.[1]

### I. Zwangsvollstreckung wegen Geldforderungen.

#### A. Zwangsvollstreckung in bewegliches Vermögen.

### §. 80.
### 1. Allgemeines.

**Bewegliches Vermögen** ist hier alles dasjenige Vermögen des Schuldners, welches die Landesgesetze in Ansehung der Zwangsvollstreckung nicht zu dem unbeweglichen Vermögen rechnen.[1]

I. Die Zwangsvollstreckung in das bewegliche Vermögen geschieht durch Pfändung, d. h. dadurch, daß ein Vermögensstück des Schuldners zum Zwecke der Befriedigung des Gläubigers als Pfand erklärt und behandelt wird. Die Pfändung darf nur so weit ausgedehnt werden, als es zur Befriedigung des Gläubigers und zur Deckung der Kosten der

---

[1] EG. z. CP. §. 15 Nr. 4.   |   [1] CP. §. 757 Abs. 2.

Vollstreckung erforderlich ist. Sie muß unterbleiben, wenn sie den Umständen nach mehr als die Deckung dieser Kosten nicht erwarten läßt.[2]

Durch die Pfändung erlangt der Gläubiger ein Pfandrecht an dem gepfändeten Gegenstande, welches einem durch Vertrag erworbenen Faustpfandrechte rechtlich gleichsteht.[3] Es geht daher Pfand= und Vorzugsrechten vor, welche im Concurse den Faustpfandrechten nachstehen.[4] Ferner geht das durch eine frühere Pfändung begründete Pfandrecht demjenigen vor, welches durch eine spätere Pfändung begründet wird.[5] Dagegen steht das durch Pfändung begründete Pfandrecht denjenigen Faustpfandrechten und im Concurse gleichgestellten Vorzugsrechten nach, welche zur Zeit der Pfändung bereits erworben waren.[6] Jedoch kann auf Grund eines solchen Faustpfandrechtes oder Vorzugsrechtes ein Dritter, welcher die Sache nicht in seinem Gewahrsam hat, der Pfändung derselben nicht widersprechen,[7] sondern er muß seinen Anspruch auf vorzugs= weise Befriedigung aus dem Erlöse mittels Klage bei dem Vollstreckungsgerichte oder, falls der Streitgegenstand nicht zur Zuständigkeit der Amtsgerichte gehört, bei dem Landge=

---

[2] CP. §. 708.
[3] CP. §. 709 Abs. 1, 2, Conc. O. §. 41 Nr. 9. Andere Gläubiger, welche den Faust= pfandgläubigern gleichstehen, s. Conc. O. §. 41 Nr. 1—8. S. auch noch EG. z. Conc. O. §§. 14 bis 17, ferner Conc. O. §. 117.
[4] CP. §. 709 Abs. 2. Vgl. Conc. O. §. 40.
[5] CP. §. 709 Abs. 3.
[6] Folgt aus dem allgemeinen Grundsatze. — S. auch noch Conc. O. §§. 11, 23 Nr. 1, 28, 98. Ueber das Verhältniß des durch Pfändung entstehenden Pfandrechtes zu Pfand= oder Vorzugsrechten, welche schon vor dem Inkrafttreten der Civil= prozeßordnung entstanden sind, s. EG. z. CP. §. 23. Vgl. EG. z. Conc. O. §§. 12, 13.
[7] So z. B. der Vermiether nicht auf Grund von Conc. O. §. 41 Nr. 4 der Pfändung ein= gebrachter Sachen des Miethers, wenn diese sich im Gewahrsam des letzteren befinden, u. dgl.

richte geltend machen, in dessen Bezirke das Vollstreckungs=
gericht seinen Sitz hat; er kann dieses aber ohne Rücksicht
darauf, ob seine Forderung fällig ist oder nicht.[8] Wird der
Anspruch glaubhaft gemacht, so hat das Gericht die Hinter=
legung des Erlöses anzuordnen, wobei die in CP. §§. 688,
689 enthaltenen Vorschriften zu entsprechender Anwendung
kommen.[9]

II. Hat eine stattgehabte Pfändung nicht zu einer voll=
ständigen Befriedigung des Gläubigers geführt, oder macht
dieser glaubhaft, daß er durch Pfändung seine Befriedigung
nicht vollständig erlangen werde, so ist auf seinen Antrag
der Schuldner gehalten, ein Verzeichniß seines gesammten
(beweglichen und unbeweglichen) Vermögens vorzulegen, in
Betreff seiner Forderungen den Grund und die Beweismittel
zu bezeichnen und den Offenbarungseid dahin zu leisten, „daß
er sein Vermögen vollständig angegeben und wissentlich nichts
verschwiegen habe."[10] Hat aber der Schuldner diesen Eid
einmal geleistet, so ist er zur nochmaligen Leistung desselben,
selbst einem anderen Gläubiger gegenüber, nur verpflichtet,
wenn glaubhaft gemacht wird, daß er später neues Vermögen
erworben habe.[11] Auch kann er, selbst auf Antrag eines an=

---

[8] CP. §. 710 Abs. 1, 2. Vgl. CP. §. 690 Abs. 1. Wird die Klage gegen den Gläubiger und den Schuldner gerichtet, so er=scheinen dieselben als Streitge=nossen: CP. §. 710 Abs. 3. Vgl. CP. §. 690 Abs. 2.

[9] CP. §. 710 Abs. 4. Vgl. CP. §. 690 Abs. 3. (Die „Hin=terlegung des Erlöses" in CP. §. 710 Abs. 4 entspricht der „Einstellung der Zwangsvoll=streckung und Aufhebung der bereits erfolgten Vollstreckungs=maßregeln" in CP. §. 690 Abs. 3, und, wie nach CP. §. 690 Abs. 3 bei dieser, so finden da=her nach CP. §. 710 Abs. 4 auch bei jener die Vorschriften in CP. §§. 688, 689 entsprechende An=wendung.)

[10] CP. §. 711. Vbd. CP. §§. 780—783. S. unt. §. 90.

[11] CP. §. 784.

deren Gläubigers, nur unter der gleichen Voraussetzung zur Leistung dieses Eides von Neuem durch Haft angehalten werden, wenn gegen ihn wegen Verweigerung desselben bereits eine Haft von sechs Monaten vollstreckt ist.[12]

### §. 81.
### 2. Zwangsvollstreckung in körperliche Sachen.

I. Die Pfändung körperlicher Sachen, welche sich im Gewahrsam des Schuldners oder des Gläubigers oder eines zur Herausgabe bereiten Dritten befinden, geschieht dadurch, daß sie der Gerichtsvollzieher in Besitz nimmt.[1] Die gepfändeten Sachen dürfen nur, wenn der Gläubiger einwilligt oder wenn ein anderes Verfahren mit erheblichen Schwierigkeiten verbunden ist, im Gewahrsam des bisherigen Inhabers (Schuldners, Gläubigers oder Dritten) belassen werden; die Wirksamkeit der Pfändung ist dann aber dadurch bedingt, daß sie mittels Anlegung von Siegeln oder auf andere Weise ersichtlich gemacht ist.[2] In jedem Falle muß der Gerichtsvollzieher den Schuldner von der geschehenen Pfändung in Kenntniß setzen.[3]

Früchte können auch noch vor der Trennung von dem Boden gepfändet werden; jedoch darf eine solche Pfändung nicht früher als einen Monat vor der gewöhnlichen Zeit der Reife erfolgen.[4]

Gewisse Sachen sind aus Rücksichten theils der Schonung

---

[12] CP. §. 795. Vgl. CP. §. 794. S. auch unt. §. 91 a. E.
[1] CP. §§. 712 Abs. 1, 713.
[2] CP. §§. 712 Abs. 2, 713.
[3] CP. §§. 712 Abs. 3, 713 vbd. §. 683 (ob. §. 76. II. a. E.).
[4] CP. §. 714. Sog. Pfändung von Früchten auf dem Halm. Ueber die Versteigerung gepfändeter Früchte auf dem Halm s. CP. §. 725.

des Schuldners, theils des öffentlichen Wohls der Pfändung entzogen, nämlich:[5]

1) die Kleidungsstücke, die Betten, das Haus- und Küchengeräth, insbesondere die Heiz- und Kochöfen, soweit diese Gegenstände für den Schuldner, seine Familie und sein Gesinde unentbehrlich sind;
2) die für den Schuldner, seine Familie und sein Gesinde auf zwei Wochen erforderlichen Nahrungs- und Feuerungsmittel;
3) eine Milchkuh oder nach der Wahl des Schuldners statt einer solchen zwei Ziegen oder zwei Schafe nebst dem zum Unterhalte und zur Streu für diese Thiere auf zwei Wochen erforderlichen Futter und Stroh, falls dieselben für die Ernährung des Schuldners, seiner Familie und seines Gesindes unentbehrlich sind;
4) bei Künstlern, Handwerkern, Hand- und Fabrikarbeitern sowie bei Hebammen die zur persönlichen Ausübung des Berufes unentbehrlichen Gegenstände;
5) bei Personen, welche Landwirthschaft betreiben, das zum Wirthschaftsbetriebe unentbehrliche Geräth, Vieh- und Feldinventarium nebst dem nöthigen Dünger, sowie die zur Fortsetzung der Wirthschaft bis zur nächsten Ernte unentbehrlichen landwirthschaftlichen Erzeugnisse;
6) bei Officieren, Deckofficieren, Beamten, Geistlichen, Lehrern an öffentlichen Unterrichtsanstalten, Rechtsanwälten, Notaren und Aerzten die zur Verwaltung des Dienstes oder Ausübung des Berufes erforderlichen Gegenstände sowie anständige Kleidung;
7) bei Officieren, Militärärzten, Deckofficieren, Beamten,

---

[5] CP. §. 715.

Geistlichen und Lehrern an öffentlichen Unterrichtsanstalten ein Geldbetrag, welcher dem der Pfändung nicht unterworfenen Theil des Diensteinkommens oder der Pension⁶ für die Zeit von der Pfändung bis zum nächsten Termin der Gehalts- oder Pensionszahlung gleichkommt;

8) die zum Betriebe einer Apotheke unentbehrlichen Geräthe, Gefäße und Waaren;
9) Orden und Ehrenzeichen;
10) die Bücher, welche zum Gebrauche des Schuldners und seiner Familie in der Kirche oder Schule bestimmt sind.⁷

II. Gepfändetes Geld hat der Gerichtsvollzieher an den Gläubiger abzuliefern. Die Wegnahme desselben durch den Gerichtsvollzieher gilt als Zahlung von Seite des Schuldners, falls nicht dem letzteren die Abwendung der Vollstreckung durch Sicherheitsleistung oder Hinterlegung nachgelassen ist.⁸

Andere gepfändete Sachen sind von dem Gerichtsvollzieher öffentlich zu versteigern.⁹ Die Versteigerung darf in der Regel nur in der Gemeinde, in welcher die Pfändung geschehen ist, und erst nach Ablauf einer Woche seit der Pfändung nach vorgängiger öffentlicher Bekanntmachung erfolgen. Der Zuschlag muß an den Meistbietenden, die Ablieferung einer

---

⁶ S. CP. §. 749 Abs. 1 Nr. 8, Abs. 2, 4, 5 (s. unt. §. 83. VIII.).
⁷ Außerdem ist das Inventarium der Posthaltereien der Pfändung entzogen: Reichs-Postgesetz vom 28. Okt. 1871 §. 20 vbd. EG. z. CP. §. 13 Abs. 1. Auch kann ein segelfertiges, d. h. zum Abgehen fertiges, Schiff wegen anderer als der zum Behufe der anzutretenden Reise gemachten Schulden nicht mit Beschlag belegt werden: Handelsgesetzbuch §. 446 Abs. 1.
⁸ CP. §. 716 Abs. 2. Vbd. CP. §. 677. Ist dem Schuldner die Abwendung der Zwangsvollstreckung durch Sicherheitsleistung oder Hinterlegung nachgelassen, so ist das gepfändete Geld zu hinterlegen: CP. §. 659.
⁹ CP. §. 716 Abs. 1.

geschlagenen Sache darf aber nur gegen baare Zahlung geschehen. Hat der Meistbietende die Ablieferung gegen Zahlung nicht rechtzeitig verlangt, so wird unter Aufhebung des ersten Zuschlages die Sache von Neuem versteigert. Jener darf dabei nicht mitbieten und hat auf den Mehrerlös keinen Anspruch, haftet aber für den Ausfall. Die Versteigerung ist einzustellen, sobald der Erlös zur Befriedigung des Gläubigers und zur Deckung der Kosten der Zwangsvollstreckung hinreicht.[10] Die Empfangnahme des Erlöses durch den Gerichtsvollzieher gilt als Zahlung von Seite des Schuldners, falls nicht dem letzteren die Abwendung der Vollstreckung durch Sicherheitsleistung oder Hinterlegung nachgelassen ist.[11]

Auf Antrag des Gläubigers oder des Schuldners kann das Vollstreckungsgericht anordnen, daß die Verwerthung einer gepfändeten Sache in anderer Weise oder an einem anderen Orte, als die gesetzlichen Regeln vorschreiben, stattzufinden habe, oder daß die Versteigerung durch eine andere Person als den Gerichtsvollzieher vorzunehmen sei.[12]

III. Die Pfändung bereits gepfändeter Sachen (sog. Anschlußpfändung) geschieht durch die Erklärung des damit beauftragten Gerichtsvollziehers in seinem Protokoll, daß er die Sachen für seinen Auftraggeber pfände. Diese Erklärung

---

[10] Näheres über das Verfahren bei der Versteigerung s. CP. §§. 716 Abs. 1, 717—719. Besondere Regeln 1) über die Behandlung gepfändeter Gold- und Silbersachen: CP. §. 721 vbd. §. 716 Abs. 1; 2) über die Behandlung gepfändeter Werthpapiere: CP. §§. 722—724; 3) über die Versteigerung gepfändeter Früchte auf dem Halm: CP. §. 725.

[11] CP. §. 720. Vbd. CP. §. 677. Ist dem Schuldner die Abwendung der Zwangsvollstreckung durch Sicherheitsleistung oder Hinterlegung nachgelassen, so ist der Erlös der gepfändeten Sachen zu hinterlegen: CP. §. 659.

[12] CP. §. 726.

ist hinreichend, wenn die erste Pfändung durch den nämlichen Gerichtsvollzieher bewirkt ist. Ist dagegen die erste Pfändung durch einen anderen Gerichtsvollzieher bewirkt, so wird die Anschlußpfändung erst durch die Zustellung einer Abschrift des Protokolls an den letzteren wirklich vollzogen.[13] Der Schuldner ist von jeder Anschlußpfändung in Kenntniß zu setzen.[14]

Die weitere Ausführung der Vollstreckung, insbesondere die Versteigerung, geschieht für die sämmtlichen betheiligten Gläubiger immer nur durch Einen Gerichtsvollzieher, der kraft Gesetzes als Beauftragter aller gilt; und zwar durch denjenigen, welcher die erste Pfändung bewirkt hat, falls nicht auf Antrag eines der Gläubiger oder des Schuldners das Vollstreckungsgericht einen anderen bezeichnet.[15] Reicht der Erlös zur Deckung der sämmtlichen Forderungen nicht aus, so muß, wenn einer der betheiligten Gläubiger Widerspruch gegen die Vertheilung nach der Reihenfolge der Pfändungen erhebt und eine Einigung über die Art der Vertheilung nicht zu Stande kommt, der Gerichtsvollzieher den Erlös hinterlegen und die Sachlage mit Beifügung der das Verfahren betreffenden Schriftstücke dem Vollstreckungsgerichte anzeigen, von welchem alsdann das Vertheilungsverfahren eingeleitet wird.[16] Das Gleiche gilt, wenn die Pfändung für mehrere Gläubiger gleichzeitig bewirkt ist und diese sich bei Unzulänglichkeit des Erlöses über die Art der Vertheilung nicht einigen können.[17]

---

[13] CP. §. 727 Abs. 1, 2 und Begr. z. CP. Entw. §§. 675, 676.
[14] CP. §. 727 Abs. 3.
[15] CP. §. 728 Abs. 1.
[16] CP. §. 728 Abs. 2. Vbd. CP. §§. 758 ff. S. unt. §. 87.
[17] CP. §. 728 Abs. 3.

### 3. Zwangsvollstreckung in Forderungen und andere unkörperliche Vermögensstücke.

#### §. 82.
##### a. Allgemeine Vorbemerkung.

Die Zwangsvollstreckung in Forderungen und andere nicht körperliche Stücke des beweglichen Vermögens (wie z. B. Nießbrauch, Erfindungspatent u. dgl.) geschieht durch Vermittelung des Vollstreckungsgerichtes. Vollstreckungsgericht ist aber hier dasjenige Amtsgericht, bei welchem der Schuldner seinen allgemeinen Gerichtsstand oder, wenn es an einem solchen im Deutschen Reiche fehlt, einen Gerichtsstand des Vermögens (CP. §. 24: ob. S. 32 Nr. 4) hat.[1]

#### §. 83.
##### b. Zwangsvollstreckung in Geldforderungen.

I. Soll eine Geldforderung gepfändet werden, so hat das Gericht auf das Pfändungsgesuch des Gläubigers ohne vorgängiges Gehör des Schuldners[1] dem Drittschuldner, d. h. dem Schuldner des Schuldners, die Zahlung an den letzteren, zugleich aber diesem selbst jede Verfügung über die Forderung, insbesondere ihre Einziehung, zu verbieten.[2] Diesen Beschluß muß der Gläubiger dem Drittschuldner zustellen lassen,[3] und mit dieser Zustellung gilt dann die Pfändung als bewirkt.[4] Geschieht die Zustellung, sei es unter Vermittelung oder ohne Vermittelung des Gerichtschreibers, durch einen Gerichtsvollzieher, so hat dieser alsbald nach der Ausführung derselben auch dem Schuldner den Beschluß nebst

---

[1] CP. §. 729.
[1] CP. §. 735.
[2] CP. §. 730 Abs. 1.
[3] CP. §. 730 Abs. 2.
[4] CP. §. 730 Abs. 3.

### Vollstreckung in Geldforderungen. §. 83.

einer Abschrift der Zustellungsurkunde zuzustellen; geschieht sie unter Vermittelung des Gerichtsschreibers durch die Post, und zwar in der Weise, daß die Post von dem Gerichtsschreiber unmittelbar angegangen wird (CP. §. 179: ob. §. 29. II.), so hat dieser auch für die Zustellung an den Schuldner zu sorgen. Nach dem Auslande (CP. §§. 182—185) geschieht die Zustellung an den Schuldner durch Aufgabe zur Post. Wo die Zustellung an den Schuldner in Gestalt einer öffentlichen Zustellung erfolgen müßte (CP. §. 186), ist sie nicht erforderlich.[5]

Eine Ausnahme von der Regel macht die Pfändung von Forderungen aus Wechseln und anderen durch Indossament (d. h. Vermerk auf der Rückseite) übertragbaren Papieren. Sie geschieht, wie die Pfändung körperlicher Sachen, dadurch, daß im Auftrage des Gläubigers der Gerichtsvollzieher diese Papiere in Besitz nimmt.[6]

II. Das Pfandrecht, welches der Gläubiger durch die Pfändung einer Gehaltsforderung oder einer ähnlichen auf fortlaufende Bezüge gehenden Forderung (z. B. Leibrentenforderung u. dgl.) erwirbt, erstreckt sich auch auf die Beträge, welche erst nach der Pfändung fällig werden.[7] Ferner wird durch die Pfändung eines Diensteinkommens auch dasjenige Einkommen ergriffen, welches der Schuldner bei Gleichbleiben des Dienstherrn zufolge einer Gehaltserhöhung oder der Ver=

---

[5] CP. §. 730 Abs. 2 und R. C. Prot. S. 397 folg. Ob die Pfändung einer Forderung (wie z. B. einer hypothekarischen Forderung) auch in das Hypothekenbuch einzutragen sei, bemißt sich nach den Landesgesetzen: CP. §. 731. S. auch EG. z. Conc. O. §. 15 Nr. 3, §. 16.

[6] CP. §. 732. Vgl. Wechselordnung Art. 9 ff., Handelsgesetzbuch Art. 301, 302, 304.

[7] CP. §. 733.

setzung in ein anderes Amt oder endlich der Uebertragung eines neuen Amtes zu beziehen hat.[8]

III. Schon vor der Pfändung kann der Gläubiger auf Grund eines vollstreckbaren Schuldtitels dem Drittschuldner und dem Schuldner durch einen Gerichtsvollzieher eine Benachrichtigung von der bevorstehenden Pfändung zustellen lassen mit der Aufforderung an den Drittschuldner, nicht an den Schuldner zu zahlen, und mit der Aufforderung an den Schuldner, sich jeder Verfügung über die Forderung, insbesondere ihrer Einziehung, zu enthalten. Die Benachrichtigung an den Drittschuldner hat die Wirkung eines Arrestes (CP. §. 810), falls innerhalb der nächsten drei Wochen seit der Zustellung derselben die Pfändung der Forderung wirklich erfolgt.[9]

IV. Auf Verlangen des Gläubigers muß der Drittschuldner, bei Vermeidung der Haftung für den durch die Unterlassung dem Gläubiger entstehenden Schaden, innerhalb zweier Wochen seit der an ihn geschehenen Zustellung des Pfändungsbeschlusses dem Gläubiger erklären:

1) ob und inwieweit er die Forderung als begründet anerkenne und zur Zahlung bereit sei;
2) ob und welche Ansprüche andere Personen an die Forderung machen;
3) ob und wegen welcher Ansprüche die Forderung schon für andere Gläubiger gepfändet sei.

Die Aufforderung zu diesen Erklärungen muß in die Urkunde über die Zustellung des Pfändungsbeschlusses aufgenommen werden. Sie können an den zustellenden Gerichtsvollzieher erfolgen. Geschieht dieses bei der Zustellung, so sind

---

[8] CP. §. 734.    |    [9] CP. §. 744.

sie in die Zustellungsurkunde aufzunehmen und von dem Drittschuldner zu unterschreiben.[10]

V. Auf Gesuch des Gläubigers, welches sogleich mit dem Pfändungsgesuche verbunden werden kann, ist durch Beschluß des Vollstreckungsgerichtes, welches ohne vorgängiges Gehör des Schuldners erlassen und mit dem Pfändungsbeschlusse verbunden werden kann, die gepfändete Geldforderung dem Gläubiger nach seiner Wahl entweder zur Einziehung oder zum Nennwerthe an Zahlungsstatt zu überweisen.[11] Im ersten Fall wird seine Forderung nur so weit getilgt, als ihm die Einziehung der überwiesenen Forderung Befriedigung verschafft; im zweiten dagegen geht die überwiesene Forderung mit der Wirkung auf ihn über, daß er, soweit dieselbe besteht, für seine Forderung als befriedigt gilt, ohne Rücksicht darauf, ob es möglich ist, jene zu ihrem vollen Nennwerthe beizutreiben oder nicht.[12] Der Ueberweisungsbeschluß ist dem Drittschuldner und sodann dem Schuldner auf gleiche Art wie der Pfändungsbeschluß zuzustellen.[13] Die Ueberweisung ersetzt die förmlichen Erklärungen des Schuldners, von denen nach den Vorschriften des bürgerlichen Rechtes die Berechtigung zur Einziehung der Forderung abhängig ist. Der Schuldner ist zur Herausgabe der über die Forderung vorhandenen Urkunden an den Gläubiger verpflichtet, und dieser kann die Herausgabe nöthigenfalls im Wege der Zwangsvollstreckung (CP. §. 769) erwirken.[14]

Ist gemäß CP. §. 652 Abs. 2 (ob. §. 73. II. C.) dem Schuldner die Abwendung der Vollstreckung durch Sicher-

---

[10] CP. §. 739.
[11] CP. §. 736 Abs. 1. Vgl. Begr. z. CP. Entw. §. 683 und §§. 684—689.

[12] CP. §. 736 Abs. 2.
[13] CP. §. 736 Abs. 3. S. ob. I.
[14] CP. §. 737.

heitsleistung oder Hinterlegung nachgelassen, so darf eine gepfändete Geldforderung dem Gläubiger nur zur Einziehung überwiesen werden und nur in dem Sinne, daß der Drittschuldner den Schuldbetrag zu hinterlegen habe.[15]

Wenn der Gläubiger die ihm, sei es zur Einziehung oder an Zahlungsstatt, überwiesene Forderung einklagt, so ist er zur gerichtlichen Streitverkündung an den Schuldner verpflichtet, falls nicht zur Ausführung derselben eine Zustellung im Auslande oder eine öffentliche Zustellung erforderlich wäre.[16] Ferner ist der Gläubiger, welchem eine Forderung nur zur Einziehung überwiesen ist, dem Schuldner gegenüber zur Sorgfalt verpflichtet und haftet ihm daher namentlich für den Schaden, welcher durch nachlässige Verzögerung der Beitreibung entsteht.[17]

VI. Auf die durch die Pfändung und durch die Ueberweisung zur Einziehung erworbenen Rechte kann der Gläubiger unbeschadet seines Anspruches wieder verzichten. Der Verzicht geschieht durch Zustellung der Erklärung desselben an den Schuldner. Diese Erklärung soll aber auch dem Drittschuldner zur Nachricht zugestellt werden.[18]

VII. Ist die gepfändete Forderung eine bedingte oder eine betagte (d. h. erst zu einem späteren Zeitpunkte zahlbare), oder ist ihre Einziehung wegen der Abhängigkeit von einer Gegenleistung oder aus anderen Gründen mit Schwierigkeiten

---

[15] CP. §. 738. Vgl. CP. §. 659.

[16] CP. §. 740. Wenn der Schuldner in Folge der Streitverkündung dem Gläubiger beitritt, so ist er nach CP. §. 71 vbd. §. 66 als Streitgenosse desselben zu betrachten.

[17] CP. §. 741 und Begr. z. CP. Entw. §§. 684—689 gegen Ende.

[18] CP. §. 742 und Begr. z. CP. Entw. §§. 684—689 a. E.

verbunden, so kann das Gericht auf Antrag des Gläubigers oder des Schuldners anstatt der Ueberweisung an jenen eine andere Art der Verwerthung, namentlich die Verwerthung durch Versteigerung, anordnen. Vor dem Beschlusse, durch welchen dem Antrage stattgegeben wird, ist jedoch der Gegner zu hören, falls nicht zu diesem Ende eine Zustellung im Auslande oder eine öffentliche Zustellung erforderlich wäre.[19]

VIII. Gewisse Forderungen sind aus Rücksichten theils der Schonung des Schuldners, theils des öffentlichen Wohls der Pfändung entzogen; nämlich:[20]

1) der noch unverdiente oder noch nicht fällige Arbeits- oder Dienstlohn nach Maßgabe des Reichsgesetzes vom 21. Juni 1869;
2) die auf gesetzlicher Vorschrift beruhenden Alimentenforderungen;
3) die fortlaufenden Einkünfte, welche der Schuldner aus Stiftungen oder sonst auf Grund der Fürsorge und Freigebigkeit eines Dritten bezieht, insoweit er derselben zur Bestreitung des nothdürftigen Unterhaltes für sich, seine Ehefrau und seine noch unversorgten Kinder bedarf;
4) die aus Kranken-, Hülfs- oder Sterbekassen, insbesondere aus Knappschaftskassen und Kassen der Knappschaftsvereine zu beziehenden Hebungen;
5) der Sold und die Invalidenpension der Unterofficiere und der Soldaten;
6) das Diensteinkommen der Militärpersonen, welche zu einem mobilen Truppentheil oder zur Besatzung eines in Dienst gestellten Kriegsfahrzeuges gehören;

---

[19] CP. §. 743. Vgl. CP. §. 726.

[20] CP. §. 749 Abs. 1.

7) die Pensionen der Wittwen und Waisen und die Bezüge, welche denselben aus Wittwen- oder Waisenkassen zukommen, die Erziehungsgelder und die Studienstipendien sowie die Pensionen invalider Arbeiter;
8) das Diensteinkommen der Officiere, Militärärzte und Deckofficiere, der Beamten, der Geistlichen und der Lehrer an öffentlichen Unterrichtsanstalten; die Pension dieser Personen nach ihrer Versetzung in einstweiligen oder dauernden Ruhestand, sowie der nach ihrem Tode den Hinterbliebenen zu gewährende Sterbe- oder Gnadengehalt.

Wenn in den Fällen der Nr. 7 und 8 das Diensteinkommen, die Pension oder die sonstigen Bezüge mehr als 1500 Mark für das Jahr betragen, so ist der dritte Theil dieses Mehrbetrages der Pfändung unterworfen.[21]

Der Gehalt und die Dienstbezüge der im Privatdienste dauernd, d. h. mindestens auf ein Jahr oder auf unbestimmte Zeit mit mindestens dreimonatlicher Kündigung, angestellten Personen sind der Pfändung nur für den Betrag unterworfen, um welchen ihr Gesammtbetrag 1500 Mark für das Jahr übersteigt.[22]

Sowohl in diesem Fall als in den vorher besprochenen Fällen der Nr. 7 und 8 ist aber die Pfändung ausnahmsweise ohne Rücksicht auf den Betrag zulässig, wenn sie zur Befriedigung der Ehefrau oder der ehelichen Kinder des Schuldners wegen solcher Alimente beantragt wird, welche für die Zeit nach der Erhebung der Klage und für das vorhergehende letzte Vierteljahr zu entrichten sind.[23]

---

[21] CP. §. 749 Abs. 2.
[22] CP. §. 749 Abs. 3 vbd. Reichsgesetz vom 21. Juni 1869 §. 4 Nr. 4.
[23] CP. §. 749 Abs. 4. Ueber den Begriff der Alimente s. ob. §. 73. II. A. Nr. 6.

Vollstreckung in Ansprüche auf körperliche Sachen. §. 84.

Diejenigen Einkünfte, welche zur Bestreitung eines Dienstaufwandes bestimmt sind (wie z. B. Reisekosten und Tagegelder für Dienstreisen, Umzugsgelder bei Versetzungen u. dgl.), sind weder der Pfändung unterworfen, noch auch zur Entscheidung der Frage, ob und zu welchem Betrage ein Diensteinkommen der Pfändung unterliege, mit in Rechnung zu bringen. Dasselbe gilt von dem Servis der Officiere, Militärärzte und Militärbeamten.[24]

### §. 84.
c. Zwangsvollstreckung in Ansprüche auf die Herausgabe oder die Leistung körperlicher Sachen.

Die Zwangsvollstreckung in Ansprüche, welche die Herausgabe[1] oder die Leistung[2] körperlicher Sachen zum Gegenstande haben, geschieht nach den gleichen Regeln, wie die Zwangsvollstreckung in Geldforderungen, mit folgenden Abweichungen:[3]

1) Eine Ueberweisung an Zahlungsstatt ist unzulässig.[4]

2) Bezieht sich der Anspruch auf eine bewegliche Sache, so ist in dem Pfändungsbeschlusse anzuordnen, daß sie von dem Drittschuldner an einen von dem Gläubiger zu beauftragenden Gerichtsvollzieher herauszugeben sei. Die Verwerthung der Sache geschieht sodann nach Maßgabe der Vorschriften über die Verwerthung gepfändeter Sachen.[5]

3) Bezieht sich der Anspruch auf eine unbewegliche Sache, so ist in dem Pfändungsbeschlusse anzuordnen, daß sie von dem Drittschuldner an einen Sequester[6] heraus-

---

[24] CP. §. 749 Abs. 5.
[1] S. CP. §. 769.
[2] S. CP. §. 770.
[3] CP. §. 745.
[4] CP. §. 748. S. ob. §. 83. V.

[5] CP. §. 746. S. ob. §. 81. II.
[6] Sequester ist der Verwahrer und Verwalter streitigen oder in Beschlag genommenen Gutes.

zugeben sei, welchen das Amtsgericht, in dessen Bezirke die Sache liegt, auf Antrag des Gläubigers zu bestellen hat.⁷ Die Zwangsvollstreckung in die herausgegebene Sache geschieht sodann nach Maßgabe der (landesgesetzlichen) Vorschriften über die Zwangsvollstreckung in unbewegliche Sachen.⁸

### §. 85.

**d. Mehrheit von Gläubigern bei der Zwangsvollstreckung in Geldforderungen oder Ansprüche auf die Herausgabe oder die Leistung körperlicher Sachen.**

I. Ist eine Geldforderung für mehrere Gläubiger gepfändet, so kann der Drittschuldner an einen derselben allein nicht mit Sicherheit zahlen. Er ist daher berechtigt und auf Verlangen, b. h. auf zugestellte Aufforderung eines Gläubigers, welchem die Forderung überwiesen ist, auch verpflichtet, unter Anzeige der Sachlage und Aushändigung der ihm zugestellten Beschlüsse an dasjenige Amtsgericht, dessen Pfändungsbeschluß ihm zuerst zugestellt worden ist, den Schuldbetrag (bei Gericht oder der sonstigen landesgesetzlich bestimmten Stelle) zu hinter=
legen.¹

Ist ein Anspruch auf Herausgabe oder Leistung einer be=
weglichen körperlichen Sache für mehrere Gläubiger gepfändet, so ist der Drittschuldner berechtigt und auf Verlangen eines Gläubigers, welchem der Anspruch überwiesen ist, auch ver=
pflichtet, die Sache unter Anzeige der Sachlage und Aushändi=
gung der ihm zugestellten Beschlüsse an denjenigen Gerichtsvoll=
zieher herauszugeben, welcher zufolge des dem Drittschuldner zuerst zugestellten Pfändungsbeschlusses zur Empfangnahme der

---

⁷ CP. §. 747 Abs. 1. Vgl. CP. §. 755.
⁸ CP. §. 747 Abs. 2 vbb. §. 757 Abs. 1.

¹ CP. §. 750.

Sache ermächtigt ist. Ist von dem Gläubiger, auf dessen Gesuch dieser Beschluß erlassen ist, ein solcher Gerichtsvollzieher nicht bezeichnet, so wird er auf Antrag des Drittschuldners von dem Amtsgerichte des Ortes, wo die Sache herauszugeben ist, ernannt.[2] Reicht der Erlös der Sache zur Deckung der sämmtlichen Forderungen nicht aus, so muß, wenn einer der betheiligten Gläubiger Widerspruch gegen die Vertheilung nach der Reihenfolge der Pfändungen erhebt und eine Einigung über die Art der Vertheilung nicht zu Stande kommt, der Gerichtsvollzieher den Erlös hinterlegen und die Sachlage mit Beifügung der das Verfahren betreffenden Schriftstücke demjenigen Amtsgerichte anzeigen, dessen Pfändungsbeschluß dem Drittschuldner zuerst zugestellt worden ist. Das Gleiche gilt, wenn die Pfändung für mehrere Gläubiger gleichzeitig bewirkt ist und diese sich bei Unzulänglichkeit des Erlöses über die Art der Vertheilung nicht einigen können.[3] Das Amtsgericht leitet alsdann das Vertheilungsverfahren ein.[4]

Bezieht sich der für mehrere Gläubiger gepfändete Anspruch auf eine unbewegliche Sache, so ist der Drittschuldner berechtigt und auf Verlangen eines Gläubigers, welchem der Anspruch überwiesen ist, auch verpflichtet, die Sache unter Anzeige der Sachlage und Aushändigung der ihm zugestellten Beschlüsse an den Sequester herauszugeben, welchen das Amtsgericht, in dessen Bezirke die Sache liegt, bereits bestellt oder, wenn dies noch nicht geschehen ist, auf Antrag des Drittschuldners zu bestellen hat.[5]

---

[2] CP. §. 751 Abs. 1 vgl. §. 746.
[3] CP. §. 751 Abs. 2, 3. Vgl. CP. §. 728 Abs. 2, 3 (s. ob. §. 81. III. a. E.).
[4] CP. §§. 758 ff.
[5] CP. §. 752. Vgl. CP. §. 747 (s. ob. §. 84 Nr. 3).

II. Auf Erfüllung der genannten Verpflichtungen (CP. §§. 750—752) kann jeder der mehreren Gläubiger, wenn ihm die gepfändete Geldforderung oder der gepfändete sonstige Anspruch überwiesen ist, für sich allein gegen den Drittschuldner Klage erheben.[6] Da man aber dem letzteren nicht zumuthen kann, mit jedem Gläubiger einen besonderen Proceß zu führen, so ist die Entscheidung, welche auf jene Klage ergeht, für und gegen sämmtliche betheiligte Gläubiger wirksam.[7] Um gegenüber den übrigen Gläubigern jede Unbilligkeit zu verhüten, darf sich nicht allein jeder Gläubiger, für welchen der Anspruch gepfändet ist, dem Kläger in jeder Lage des Rechtsstreites als Streitgenosse anschließen,[8] sondern der Drittschuldner ist auch gehalten, diejenigen Gläubiger, welche weder die Klage erhoben noch sich dem Kläger angeschlossen haben, seinerseits zu der mündlichen Verhandlung zu laden.[9] Gegen einen Gläubiger, welchen er zu derselben nicht geladen hat, obwohl er ihn hätte laden sollen, kann er sich auf die ihm günstige Entscheidung nicht berufen.[10]

---

[6] CP. §. 753 Abs. 1.
[7] CP. §. 753 Abs. 4.
[8] CP. §. 753 Abs. 2. Vgl. CP. §§. 63, 66. Da das streitige Rechtsverhältniß (die Verpflichtung des Drittschuldners zu der geforderten Leistung) allen Gläubigern gegenüber nur einheitlich festgestellt werden kann, so sind die Vorschriften in CP. §§. 59, 434 anzuwenden.
[9] CP. §. 753 Abs. 3. Die Pflicht zur Beiladung erstreckt sich auch auf diejenigen Gläubiger, für welche die Forderung nur mit Arrest belegt ist, und welche deshalb ein Recht zur Klage nicht haben: Begr. z. CP. Entw. §. 700.
[10] CP. §. 753 Abs. 5. Wohl aber der Gläubiger gegen den Drittschuldner auf die für diesen ungünstige.

## §. 86.

**e. Zwangsvollstreckung in sonstige Ansprüche und unkörperliche Vermögensstücke.**

Die Zwangsvollstreckung in Ansprüche, welche sich nicht auf Geldzahlung noch auf Herausgabe oder Leistung körperlicher Sachen beziehen, oder in sonstige nicht körperliche Stücke des beweglichen Vermögens geschieht nach den gleichen Regeln wie die Zwangsvollstreckung in Geldforderungen und Ansprüche auf Herausgabe oder Leistung körperlicher Sachen, soweit diese Regeln auf den Fall passen.[1]

Ist kein Drittschuldner vorhanden,[2] so gilt die Pfändung als bewirkt, sobald dem Schuldner das gerichtliche Verbot jeder Verfügung über das Recht auf Betreiben des Gläubigers zugestellt ist.[3]

Bei der Zwangsvollstreckung in Rechte, welche, wie z. B. der Nießbrauch, nur in Ansehung der Ausübung veräußerlich sind, kann das Vollstreckungsgericht besondere Anordnungen erlassen. Insbesondere kann es bei der Zwangsvollstreckung in einen Nießbrauch oder ein anderes Nutzungsrecht eine Verwaltung anordnen. In diesem Falle wird die Pfändung jedenfalls durch die Uebergabe der dem Nutzungsrechte unterworfenen Sache an den bestellten Verwalter bewirkt, wenn sie nicht schon vorher durch die Zustellung des Pfändungsbeschlusses an den Drittschuldner oder in Ermangelung eines solchen an den Schuldner bewirkt war.[4]

---

[1] CP. §. 754 Abs. 1.
[2] Wie z. B. wenn der Schuldner die Sache, an welcher ihm der Nießbrauch zusteht, selbst inne hat und benutzt. Dagegen wäre ein Drittschuldner vorhanden, wenn z. B. die genannte Sache von dem Schuldner vermiethet oder verliehen wäre, oder wenn der Schuldner nur erst einen Anspruch auf Bestellung des Nießbrauches gegen einen Anderen hätte u. dgl.
[3] CP. §. 754 Abs. 2 vbb. §. 730 Abs. 1, 2.
[4] CP. §. 754 Abs. 3.

Ist die Veräußerung des gepfändeten Rechtes selbst zulässig, wie z. B. bei Erfindungspatenten, so kann das Vollstreckungsgericht auch diese Veräußerung anordnen.⁵

§. 87.
#### 4. Vertheilungsverfahren.

Das Vertheilungsverfahren tritt ein, wenn bei der Zwangsvollstreckung in bewegliches Vermögen ein Geldbetrag hinterlegt ist, welcher zur Befriedigung der betheiligten Gläubiger, d. h. derjenigen, für welche die Pfändung, sei es zum Zwecke der Vollstreckung, sei es zum Zwecke des Arrestes, erfolgt ist, nicht ausreicht.¹ Es wird von dem je nach Bewandtniß des Falles zuständigen Amtsgerichte² von Amtswegen eingeleitet und betrieben.

I. Dieses Amtsgericht hat nach Eingang der Anzeige von der Sachlage zunächst an jeden der betheiligten Gläubiger die Aufforderung zu erlassen, innerhalb zweier Wochen eine Berechnung seiner Forderung an Capital, Zinsen, Kosten und sonstigen Nebenforderungen einzureichen.³ Nachdem diese Frist für jeden der Gläubiger abgelaufen ist, wird von dem Gerichte ein Theilungsplan angefertigt. Die Forderung eines Gläubigers, welcher bis zur Anfertigung des Theilungsplans die erwähnte Berechnung nicht eingereicht hat, wird dabei lediglich und mit Ausschluß jeder nachträglichen Ergänzung nach der von dem Gerichtsvollzieher oder dem Drittschuldner erstatteten Anzeige und ihren Unterlagen berechnet. Die Kosten des

---

⁵ CP. §. 754 Abs. 4. Vgl. CP. §§. 743, 746 Abs. 2.
¹ CP. §. 758 vbd. §§. 728 Abs. 2, 3 (s. ob. §. 81. III. a. E.), 750, 751 Abs. 2, 3 (s. ob. §. 85. I.), 810.

² CP. §§. 728 Abs. 2, 750, 751 Abs. 2. S. ob. §. 81. III. a. E., §. 85. I.
³ CP. §. 759.

Vertheilungsverfahrens sind vorweg von der Masse in Abzug zu bringen.⁴

Zur Erklärung über den Theilungsplan und zur Ausführung der Vertheilung ist von dem Gerichte ein Termin zu bestimmen, und spätestens drei Tage vor demselben ist der Theilungsplan auf der Gerichtsschreiberei zur Einsicht der Betheiligten niederzulegen. Zu dem Termine muß auch der Schuldner geladen werden, wenn nicht für diese Ladung eine Zustellung im Auslande oder eine öffentliche Zustellung erforderlich wäre.⁵

II. Wird vor oder in dem Termine kein Widerspruch gegen den Theilungsplan erhoben, so ist dieser zur Ausführung zu bringen. Erfolgt ein Widerspruch, so hat sich jeder dabei betheiligte Gläubiger sofort zu erklären. Wird der Widerspruch von den Betheiligten als begründet anerkannt, oder kommt sonst eine Einigung zu Stande, so ist der Theilungsplan entsprechend zu berichtigen. Erledigt sich ein Widerspruch nicht auf diese Weise, so wird der Theilungsplan wenigstens insoweit ausgeführt, als er durch den Widerspruch nicht betroffen wird.⁶

Gegen einen Gläubiger, welcher weder vor dem Termin bei dem Gerichte Widerspruch erhoben hat noch in dem Termin erschienen ist, wird angenommen, daß er mit der Ausführung des Theilungsplans einverstanden sei. Ist ein nicht erschienener Gläubiger bei dem von einem anderen Gläubiger erhobenen Widerspruche betheiligt, so wird angenommen, daß er denselben nicht als begründet anerkenne.⁷

---

⁴ CP. §. 760.
⁵ CP. §. 761.
⁶ CP. §. 762 vbb. §. 763 Abs. 1. — Die auf Gläubiger, für welche die Pfändung zum Zwecke des Arrestes erfolgt ist, treffenden Beträge werden hinterlegt: CP. §. 810 Abs. 2 (s. unt. §. 92. V. Nr. 3).
⁷ CP. §. 763.

III. Besteht ein in dem Termine nicht erledigter Widerspruch, so muß der Gläubiger, welcher ihn erhoben hat, ohne vorherige Aufforderung gegen die dabei betheiligten Gläubiger zur Anfechtung des Theilungsplanes Klage erheben und die geschehene Klageerhebung dem Vertheilungsgerichte innerhalb eines Monates seit dem Terminstage nachweisen. Widrigenfalls wird die Ausführung des Theilungsplans ohne Rücksicht auf den Widerspruch angeordnet. Dadurch verliert jedoch der Gläubiger, der ihn erhoben hat, nicht die Befugniß, gegen den anderen, welcher durch jene Ausführung des Theilungsplanes dem Widerspruche zuwider einen Geldbetrag erhält, ein besseres Recht im Wege einer selbständigen, mit dem Vertheilungsverfahren nicht mehr zusammenhängenden Klage geltend zu machen, für welche sich die Zuständigkeit nach den gewöhnlichen Grundsätzen bemißt.[8] Für die oben genannte Klage zur Anfechtung des Theilungsplanes (CP. §. 764 Abs. 1) dagegen ist das Vertheilungsgericht oder, wenn der Streitgegenstand nicht zur sachlichen Zuständigkeit der Amtsgerichte gehört, das Landgericht, in dessen Bezirke das Vertheilungsgericht seinen Sitz hat, ausschließlich zuständig.[9] Bestehen mehrere nicht erledigte Widersprüche, und gehört

---

[8] CP. §. 764.
[9] CP. §. 765 Abs. 1 vbd. §. 707. Nach Rücksichten bloß des sprachlichen Zusammenhanges könnte man geneigt sein, den Ausdruck „die Klage" in CP. §. 765 Abs. 1 auch und sogar nur auf die in CP. §. 764 Abs. 2 genannte Klage zu beziehen; allein nach dem sachlichen Zusammenhange (s. namentlich CP. §. 766) und nach der Begründung (z. CP. Entw. §§. 711—715) darf er vielmehr nur auf die in CP. §. 764 Abs. 1 genannte Klage bezogen werden. Die in §. 764 Abs. 2 genannte macht juristisch einen ganz neuen, erst durch die Ausführung des Theilungsplans entstehenden Anspruch geltend und hat mit dem Vollstreckungsverfahren gar nichts zu thun.

auch nur eine der Klagen, welche nunmehr zur Anfechtung des Theilungsplans erforderlich sind, zur sachlichen Zuständigkeit des Landgerichtes, so ist dieses für alle jene Klagen zuständig, falls nicht die sämmtlichen betheiligten Gläubiger vereinbaren, daß das Vertheilungsgericht über alle Widersprüche entscheiden solle.[10]

IV. In dem Urtheil, durch welches über einen Widerspruch entschieden wird, ist zugleich zu bestimmen, an welche Gläubiger und in welchen Beträgen der streitige Theil der Masse auszuzahlen sei, oder, wenn dieses nicht für angemessen erachtet wird, die Anfertigung eines neuen Theilungsplans und ein anderweites Vertheilungsverfahren anzuordnen.[11] Das Versäumnißurtheil gegen einen Gläubiger, welcher Widerspruch erhoben hat, ist dahin zu erlassen, daß der Widerspruch als zurückgenommen anzusehen sei.[12]

Auf Grund des ergangenen Urtheils wird die Auszahlung oder das anderweite Vertheilungsverfahren von dem Vertheilungsgerichte angeordnet.[13]

### §. 88.
**B. Zwangsvollstreckung in unbewegliches Vermögen.**

Für die Zwangsvollstreckung in ein Grundstück ist als Vollstreckungsgericht dasjenige Amtsgericht zuständig, in dessen Bezirke das Grundstück liegt.[1] Es ordnet die Vollstreckung auf Antrag des Gläubigers an.[2]

Ist es mit Rücksicht auf die Grenzen verschiedener Amtsgerichtsbezirke ungewiß, welches Amtsgericht zuständig sei,

---

[10] CP. §. 765 Abs. 2.
[11] CP. §. 766.
[12] CP. §. 767.
[13] CP. §. 768.

[1] CP. §. 755 Abs. 1 vbd. §. 707.
[2] CP. §. 755 Abs. 2.

oder liegt das Grundstück in den Bezirken verschiedener Amts=
gerichte, so ist auf Antrag eines Betheiligten, sei es eines der
betheiligten Gläubiger oder des Schuldners, von demjenigen
Gerichte, welches für jene sämmtlichen Amtsgerichte gemeinsam
das zunächst höhere ist, eines derselben zum Vollstreckungs=
gerichte zu bestellen.[3] Das Gleiche kann nach Ermessen des
gemeinsamen höheren Gerichtes auf Antrag geschehen, wenn
die Zwangsvollstreckung in mehrere, in verschiedenen Amts=
gerichtsbezirken liegende Grundstücke desselben Schuldners
beantragt wird.[4]

Im Uebrigen richtet sich die Zwangsvollstreckung in das
unbewegliche Vermögen einschließlich des mit derselben ver=
bundenen Aufgebots= und Vertheilungsverfahrens nach den
Landesgesetzen. Auch bestimmt sich nach denselben, welche
Sachen und Rechte in Ansehung der Zwangsvollstreckung zum
unbeweglichen Vermögen gehören, inwiefern der Gläubiger
berechtigt ist, seine Forderung in das Hypothekenbuch (Grund=
buch, Hypothekenregister) eintragen zu lassen, und wie die
Eintragung zu bewirken ist.[5] Die Erledigung derjenigen Rechts=
streitigkeiten, welche in dem Vollstreckungsverfahren entstehen
und in einem besonderen Processe zu erledigen sind, geschieht
jedoch nach den Vorschriften der Civilproceßordnung. Insbe=
sondere kommen bei Streitigkeiten, welche im Vertheilungs=
verfahren entstehen und in einem besonderen Processe zu er=
ledigen sind, die §§. 765—768 der Civilproceßordnung (ob.
§. 87. II. III.) zu entsprechender Anwendung.[6]

---

[3] CP. §. 756 Abs. 1. Vgl. CP.
§. 36 (s. ob. §. 13). Ueber das
Verfahren s. CP. §. 37. (Die=
ser Paragraph ist ohne Zweifel
anstatt des in CP. §. 756 Abs. 1
genannten §. 36 gemeint.)

[4] CP. §. 756 Abs. 2.
[5] CP. §. 757 Abs. 1, 2.
[6] CP. §. 757 Abs. 3.

## §. 89.

**II. Zwangsvollstreckung zur Erwirkung der Herausgabe von Sachen und zur Erwirkung von Handlungen oder Unterlassungen.**

I. Hat der Schuldner eine in seinem Gewahrsam befindliche bestimmte bewegliche Sache (z. B. ein bestimmtes Pferd) herauszugeben, so geschieht die Zwangsvollstreckung in der Weise, daß ihm der Gerichtsvollzieher die Sache wegnimmt und sie dem Gläubiger übergibt. Gleiches gilt, wenn der Schuldner von bestimmten beweglichen in seinem Gewahrsam befindlichen Sachen eine gewisse Menge (z. B. 20 Hektoliter von dem auf seinem Speicher lagernden Weizen, zwei von den Pferden in seinem Stall) herauszugeben hat.[1] Wird die herauszugebende Sache, oder werden die Sachen, von denen eine gewisse Menge herauszugeben ist, bei dem Schuldner nicht vorgefunden, so muß er auf Antrag des Gläubigers den Offenbarungseid dahin leisten, „daß er die Sache (beziehungsweise „die Sachen") nicht besitze, auch nicht wisse, wo die Sache sich befinde."[2]

Durch Wegnahme und Uebergabe an den Gläubiger geschieht die Zwangsvollstreckung auch dann, wenn der Schuldner eine bestimmte Menge vertretbarer Sachen oder

---

[1] CP. §. 769 Abs. 1. Die Auswahl unter den Sachen, von denen eine gewisse Menge herauszugeben ist, steht also, sobald es einmal zur Zwangsvollstreckung kommt, stets dem Gläubiger zu, auch wenn sie ursprünglich dem Schuldner zustand. S. auch R. C. Prot. S. 572—581, 604—606.

[2] CP. §. 769 Abs. 2. S. auch Abs. 3. Der Schuldner ist jedoch verpflichtet, alles anzugeben, was ihm über den Verbleib der Sache bekannt ist: Begr. z. CP. Entw. §§. 715—718. — Nach Maßgabe von CP. §. 769 geschieht die Zwangsvollstreckung auch bei einer Verpflichtung zur Herausgabe von Personen: R.C. Prot. S. 414.

Werthpapiere³ zu leisten hat und dergleichen Sachen oder Werthpapiere sich bei ihm vorfinden.⁴

Hat der Schuldner eine unbewegliche Sache oder ein bewohntes Schiff herauszugeben, zu überlassen oder zu räumen, so geschieht die Zwangsvollstreckung in der Weise, daß der Gerichtsvollzieher den Schuldner aus dem Besitze setzt und den Gläubiger in den Besitz einweist.⁵ In dem Grundstücke oder Schiffe befindliche bewegliche Sachen, welche nicht als Zubehörungen von der Zwangsvollstreckung mit ergriffen werden, werden von dem Gerichtsvollzieher weggeschafft und dem Schuldner oder, wenn dieser abwesend ist, einem Bevollmächtigten desselben oder einer zu der Familie des Schuldners gehörigen oder in derselben dienenden erwachsenen Person übergeben. Ist weder der Schuldner noch eine der genannten Personen anwesend, so hat der Gerichtsvollzieher die Sachen auf Kosten des Schuldners in das Pfandlocal zu schaffen oder sonst in Verwahrung zu bringen. Verzögert der Schuldner die Abforderung, so kann das Vollstreckungsgericht auf Antrag des Verwahrers oder auch von Amtswegen den Verkauf der Sachen und die Hinterlegung des Erlöses anordnen.⁶

---

³ Ueber den Begriff s. ob. §. 60 Anm. 1.

⁴ CP. §. 770. Diese Vorschrift ist auch auf den Fall anzuwenden, wenn der Schuldner eine gewisse Menge nicht vertretbarer aber nur der Gattung nach bestimmter Sachen (z. B. zwei Kutschpferde von bestimmter Rasse) zu liefern hat, weil auch in dem verwandten Fall des §. 769, sobald es zur Zwangsvollstreckung kommt, jedesmal dem Gläubiger die Auswahl zusteht. Ueberdies steht zur Erwirkung solcher Leistungen ein anderes Vollstreckungsmittel wegen CP. §. 773 Abs. 3 gar nicht zu Gebote. S. auch R. C. Prot. S. 576, 577, 579, 581, 605. — Zur Leistung eines Offenbarungseides ist der Schuldner in den Fällen von CP. §. 770 nicht verpflichtet: R. C. Prot. S. 604—606.

⁵ CP. §. 771 Abs. 1.

⁶ CP. §. 771 Abs. 2—4. S. auch R.C. Prot. S. 412.

Befindet sich eine herauszugebende bewegliche oder unbewegliche Sache im Gewahrsam eines Dritten, gegen welchen aus dem Schuldtitel eine unmittelbare Zwangsvollstreckung nicht zulässig,[7] und der auch nicht freiwillig zur Herausgabe der Sache bereit ist,[8] so muß sich der Gläubiger den Anspruch des Schuldners auf die Herausgabe der Sache nach den Regeln über die Pfändung von Ansprüchen überweisen lassen.[9]

II. Ist der Schuldner zu einer anderen Handlung als Herausgabe oder Leistung von Sachen verpflichtet, und ist die Handlung von der Art, daß es für den Gläubiger gleichgültig sein muß, ob sie durch den Schuldner selbst oder durch einen Dritten vorgenommen wird (z. B. Beseitigung eines Bauwerkes, Straßenreinigung u. dgl.): so geschieht die Zwangsvollstreckung in der Weise, daß das Proceßgericht erster Instanz den Gläubiger auf seinen Antrag ermächtigt, die Handlung auf Kosten des Schuldners vornehmen zu lassen. Der Gläubiger kann zugleich eine Verurtheilung des Schuldners zur Vorauszahlung der muthmaßlichen Kosten beantragen, unbeschadet des Rechtes auf eine Nachforderung, wenn die Vornahme der Handlung mehr Kosten verursacht.[10]

Ist die Handlung nicht von der Art, daß sie auch durch einen Dritten vorgenommen werden kann, so kommt es darauf an, ob ihre Vornahme ausschließlich von dem Willen des Schuldners abhängt oder nicht. Im letzten Fall ist jeder auf Vornahme der Handlung selbst gerichtete Zwang un-

---

[7] S. CP. §.665 (ob. §.74. I.).
[8] Vgl. CP. §. 713.
[9] CP. §. 772 vbb. §§. 745—748. S. ob. §. 83. V. vbb. §. 84 Nr. 1. Auch die Vorschriften in CP. §§. 751—753 (ob. §. 85. I.) sind anwendbar.

[10] CP. §. 773. Die Entscheidung kann ohne vorgängige mündliche Verhandlung, jedoch nur nach schriftlichem oder mündlichem Gehör des Schuldners erfolgen: CP. §. 776. S. auch CP. §. 777 (unt. III. a. E.).

zulässig.¹¹ Im ersten Fall dagegen (wie z. B. bei einer Verpflichtung zu Rechnungslegung) hat das Prozeßgericht erster Instanz auf Antrag des Gläubigers zu erkennen, daß der Schuldner zur Vornahme der Handlung durch Geldstrafe, die bis zur Erreichung eines Gesammtbetrages von 1500 Mark nöthigenfalls wiederholt werden kann, oder durch Haft anzuhalten sei.¹² Zur Eheschließung darf jedoch ein Zwang nicht angewendet werden und zur Herstellung des ehelichen Lebens nur so weit, als ihn die Landesgesetze für zulässig erklären.¹³

III. Ist der Schuldner zur Unterlassung einer Handlung (z. B. des Fahrens über ein Grundstück des Gläubigers) oder zur Duldung der Vornahme einer Handlung (z. B. des Wasserholens an seinem Brunnen) verpflichtet, so ist ihm auf Antrag des Gläubigers¹⁴ in dem Urtheil, welches die Verpflichtung ausspricht, zugleich für jede Zuwiderhandlung eine Geldstrafe bis zu 1500 Mark oder die Strafe der Haft bis zu sechs Monaten anzudrohen. Ist dieses nicht geschehen, so ist die Strafandrohung auf Antrag des Gläubigers von dem Prozeßgerichte erster Instanz nachträglich zu erlassen.¹⁵ Handelt der Schuldner trotzdem seiner Verpflichtung zuwider, so ist er wegen einer jeden Zuwiderhandlung auf Antrag des Gläubigers von dem Prozeßgerichte erster Instanz zu der angedrohten Strafe zu verurtheilen; jedoch

---

¹¹ Begr. z. CP. Entw. §§. 719 bis 722, 725 in Abs. 4. Vgl. Reichsgesetz vom 29. Mai 1868.
¹² CP. §. 774 Abs. 1. Vbd. CP. §. 776 (ob. Anm. 10). S. auch CP. §. 794 (unt. §. 91. II. a. E.).
¹³ CP. §. 774 Abs. 2 vbd. §. 779 Abs. 2. S. auch EG. z. CP. §. 16 Nr. 6. Wird trotz der Verurtheilung zur Eingehung der Ehe die Eheschließung verweigert, so kann bloß auf Leistung des Interesse nach CP. §. 778 geklagt werden. S. Begr. z. CP. Entw. §§. 719—722, 725 gegen Ende.
¹⁴ CP. §. 279.
¹⁵ CP. §. 775 Abs. 2 vbd. §. 776 (ob. Anm. 10).

Erzwingung von Unterlaſſungen. §. 89.

darf wegen mehrerer gleichzeitig zu beſtrafender Zuwiderhand=
lungen nie auf eine höhere Geſammtſtrafe als zwei Jahre
Haft erkannt werden.[16] Daneben kann der Schuldner auf
Antrag des Gläubigers zur Beſtellung einer Sicherheit für
den durch fernere Zuwiderhandlung entſtehenden Schaden auf
beſtimmte Zeit verurtheilt werden.[17]

Leiſtet der Schuldner Widerſtand gegen die Vornahme
einer Handlung, welche er zu dulden hat (CP. §§. 773 Abſ. 1,
775 Abſ. 1), ſo kann der Gläubiger zur Beſeitigung des
Widerſtandes einen Gerichtsvollzieher zuziehen, welcher nach
CP. §. 678 Abſ. 3 (ob. S. 250) zu verfahren hat.[18]

IV. Durch die bisher in dieſem Paragraphen dargeſtellten
Vorſchriften wird das nach den Vorſchriften des bürgerlichen
Rechtes begründete Recht des Gläubigers, anſtatt der wirk=
lichen Erfüllung der Verpflichtung die Leiſtung ſeines Intereſſe,
d. h. Erſatz des Werthes, welcher ſeinem Vermögen in Folge
der Nichterfüllung abgeht, zu fordern, nicht berührt. Der
Anſpruch auf Leiſtung des Intereſſe iſt im Wege einer be=
ſonderen Klage geltend zu machen, für welche das Proceß=
gericht erſter Inſtanz ausſchließlich zuſtändig iſt.[19]

---

[16] CP. §. 775 Abſ. 1 vbd. §. 776 (ob. Anm. 10). Vgl. Strafgeſetzbuch §§. 74, 79 und R. C. Prot. S. 414 folg.

[17] CP. §. 775 Abſ. 3 vbd. §. 776 (ob. Anm. 10). — CP. §. 775 hat zunächſt nur den Fall im Auge, wenn die Verpflichtung zu der Unterlaſſung oder zu der Duldung auf einem verurthei=lenden Erkenntniſſe beruht. Be=ruht ſie auf einer anderen voll=ſtreckbaren Entſcheidung (CP. §. 702 Nr. 3: ob. S. 240 Nr. 3) oder auf einem vollſtreckbaren Vergleiche (CP. §. 702 Nr. 1, 2: ob. S. 240 Nr. 1, 2), ſo müſſen aber die Vorſchriften in CP. §. 775 zu entſprechender Anwen=dung kommen. (Durch die in CP. §. 702 Nr. 4, 5 genannten Schuld=titel kann eine vollſtreckbare Ver=pflichtung zu einer Unterlaſſung oder zu einer Duldung über=haupt nicht begründet werden.)

[18] CP. §. 777.

[19] CP. §. 778 vbd. §. 707.

V. Ist der Schuldner zur Abgabe einer Willenserklärung (z. B. zur Bewilligung einer Eintragung oder Löschung im Hypothekenbuche, zur Antretung einer Erbschaft u. dgl.) verurtheilt, so gilt die Erklärung als abgegeben, sobald das Urtheil rechtskräftig geworden ist. Ist die Willenserklärung von einer Gegenleistung abhängig gemacht, so gilt sie als abgegeben, sobald nach den Vorschriften in CP. §§. 664, 666 (ob. §. 74. I.) eine vollstreckbare Ausfertigung des rechtskräftigen Urtheils ertheilt ist.[20] Im Fall der Verurtheilung zur Eingehung einer Ehe sind diese Vorschriften nicht anwendbar.[21]

### §. 90.
### III. Offenbarungseid.

Für die Abnahme des Offenbarungseides[1] ist als Vollstreckungsgericht dasjenige Amtsgericht zuständig, in dessen Bezirke der Schuldner seinen Wohnsitz oder, wenn es an einem solchen im Deutschen Reiche fehlt, seinen, wenn auch nur vorübergehenden, Aufenthalt hat.[2]

Das Verfahren beginnt damit, daß der Gläubiger den Schuldner zur Leistung des Offenbarungseides in einem durch das Vollstreckungsgericht bestimmten Termine ladet.[3] Bestreitet der Schuldner die Verpflichtung zur Leistung des Eides, so hat das Gericht durch Urtheil über den Widerspruch zu entscheiden. Der Schuldner braucht den Eid erst dann zu leisten, wenn er durch rechtskräftiges Urtheil dazu für schuldig erkannt ist.[4]

---

[20] CP. §. 779 Abs. 1. S. ob. §. 74 Anm. 3.
[21] CP. §. 779 Abs. 2. S. ob. Anm. 13.
[1] S. CP. §§. 711, 769 Abs. 2, 3, Conc. O. §. 115, EG. z. CP. §. 16 Nr. 3.
[2] CP. §. 780. Vgl. CP. §. 18 und ob. §. 11 Nr. 1.
[3] CP. §. 781 Abs. 1 vbd. §§. 782, 191. S. aber auch CP. §. 461.
[4] CP. §. 781 Abs. 2. Der Gläubiger muß dann den Schuld=

Wenn der Schuldner in dem zur Leistung des Eides bestimmten Termine nicht erscheint oder ohne Grund die Leistung des Eides verweigert, so hat das Gericht zur Erzwingung desselben auf Antrag des Gläubigers die Haft anzuordnen.[5] Der verhaftete Schuldner kann dann zu jeder Zeit bei dem Amtsgerichte des Haftortes beantragen, ihm den Eid abzunehmen, und diesem Antrage muß ohne Verzug stattgegeben werden. Nach Leistung des Eides wird der Schuldner aus der Haft entlassen und davon der Gläubiger in Kenntniß gesetzt.[6]

## §. 91.
### IV. Haft.

I. Die Haft als Mittel zur Erzwingung von Handlungen[1] wird in einem Raume vollstreckt, in welchem sich nicht zugleich Untersuchungs- oder Strafgefangene befinden.[2]

Sie ist aus Rücksichten des öffentlichen Wohls unstatthaft:[3]
1) gegen Mitglieder einer deutschen gesetzgebenden Versammlung während der Sitzungsperiode, falls nicht die Versammlung die Vollstreckung genehmigt;[4]
2) gegen Militärpersonen, welche zu einem mobilen Truppen-

---

ner unter Zustellung des Urtheils (CP. §. 671 Abs. 1) von Neuem zur Leistung des Eides laden.

[5] CP. §. 782 vbd. §. 794. CP. §. 774.

[6] CP. §. 783.

[1] S. CP. §§. 355 Abs. 2, 774 Abs. 1, 782. Diese Zwangshaft ist wohl zu unterscheiden von der Strafe der Haft, von welcher in CP. §§. 345 Abs. 1, 355 Abs. 1, 775 Abs. 1 die Rede ist. Letztere steht nicht unter den Vorschriften in CP. §§. 785—794, sondern fällt unter §. 18 des Strafgesetzbuches und ist demgemäß zu beurtheilen.

[2] CP. §. 788.

[3] CP. §. 785.

[4] Vgl. Reichsverfassung Art. 31 Abs. 2.

theil oder zu der Besatzung eines in Dienst gestellten Kriegsfahrzeuges gehören;
3) gegen den Schiffer, die Schiffsmannschaft und alle übrigen auf einem Seeschiffe angestellten Personen, wenn dieses segelfertig, d. h. fertig zum Abgehen, ist.[5]

Die Haft wird unterbrochen:[6]
1) gegen Mitglieder einer deutschen gesetzgebenden Versammlung für die Dauer der Sitzungsperiode, wenn die Versammlung die Freilassung verlangt;[7]
2) gegen Militärpersonen, welche zu einem mobilen Truppentheil oder auf ein in Dienst gestelltes Kriegsfahrzeug einberufen werden, für die Dauer dieser Verhältnisse.

Gegen einen Schuldner, dessen Gesundheit durch die Vollstreckung der Haft einer nahen und erheblichen Gefahr ausgesetzt werden würde, darf, so lange dieser Zustand dauert, die Haft nicht vollstreckt werden.[8]

II. Das Gericht, welches die Haft anordnet,[9] hat gleichzeitig einen Haftbefehl zu erlassen, worin der Gläubiger, der Schuldner und der Grund der Verhaftung zu bezeichnen sind.[10] Die Verhaftung geschieht durch einen vom Gläubiger beauftragten Gerichtsvollzieher, welcher dabei dem Schuldner den Haftbefehl vorzeigen und auf Begehren abschriftlich mittheilen muß.[11] Vor der Verhaftung eines Beamten, eines Geistlichen oder eines Lehrers an einer öffentlichen Unterrichtsanstalt hat der Gerichtsvollzieher der vorgesetzten Dienstbehörde

---

[5] Vgl. Handelsgesetzbuch Art. 445, 446 Abs. 3.
[6] CP. §. 786.
[7] Vgl. Reichsverfassung Art. 31 Abs. 3.
[8] CP. §. 787.
[9] S. CP. §§. 355 Abs. 2, 774 Abs. 1, 782. S. auch CP. §. 812.
[10] CP. §. 789.
[11] CP. §. 790.

Anzeige zu machen und darf die Verhaftung erst vornehmen, nachdem jene für die dienstliche Vertretung des Schuldners gesorgt hat.[12]

Die Kosten, welche durch die Haft entstehen, einschließlich der Verpflegungskosten, muß der Gläubiger von Monat zu Monat vorauszahlen, und der Schuldner darf in das Gefängniß nicht aufgenommen werden, wenn die Zahlung nicht mindestens für einen Monat geleistet ist. Wird die Zahlung nicht spätestens bis zum Mittage des letzten Tages, für den sie geleistet ist, erneuert, so wird der Schuldner von Amtswegen aus der Haft entlassen. Gegen den Schuldner, welcher aus diesem Grunde oder ohne sein Zuthun auf Antrag des Gläubigers entlassen ist, ist auf Antrag desselben Gläubigers eine Erneuerung der Haft aus dem nämlichen Haftgrunde unzulässig.[13]

Soll die Haft gegen eine dem activen Heer oder der activen Marine angehörende Militärperson vollstreckt werden, so hat das Gericht die vorgesetzte Militärbehörde um die Vollstreckung zu ersuchen.[14]

Die Haft darf aus dem nämlichen Haftgrunde und auf Antrag des nämlichen Gläubigers die Dauer von sechs Monaten nicht übersteigen. Nach Ablauf dieser Zeit wird der Schuldner von Amtswegen entlassen.[15]

---

[12] Näheres CP. §. 791.
[13] CP. §. 792.
[14] CP. §. 793. Vgl. CP. §. 699 (ob. §. 76. IV.). S. aber CP. §. 785 Nr. 2 (ob. I. Nr. 2).

[15] CP. §. 794. Auch auf Antrag eines anderen Gläubigers darf eine neue Haft nicht angeordnet werden im Fall von CP. §. 795 (s. ob. §. 80. II. a. E.).

### Drittes Capitel.
## Sicherung der zukünftigen Zwangsvollstreckung.

### §. 92.
#### I. Arrest.

Arrest ist die Beschränkung Jemandes in seiner freien persönlichen Bewegung (**persönlicher Arrest**) oder in der freien Verfügung über Vermögensstücke (**dinglicher Arrest**). Der Arrest in dieser allgemeinen Bedeutung dient entweder als **Vollstreckungsarrest** zur Ausführung einer Zwangsvollstreckung, oder er dient als **Sicherheitsarrest** zur bloßen Sicherung einer Zwangsvollstreckung. Die Civilproceßordnung versteht unter Arrest nur den Sicherheitsarrest.

I. Der Arrest in diesem Sinn ist zulässig zur Sicherung einer zukünftigen Zwangsvollstreckung in bewegliches oder unbewegliches Vermögen wegen einer Geldforderung oder wegen eines Anspruches, welcher in eine Geldforderung übergehen kann, für den Fall, daß er in eine solche übergehen sollte.[1] Daß die Geldforderung oder der sonstige Anspruch ein betagter ist, d. h. erst in einem späteren Zeitpunkte geltend gemacht werden kann, schließt die Zulässigkeit des Arrestes nicht aus.[2]

Der dingliche Arrest findet statt, wenn zu besorgen ist, daß ohne seine Verhängung die Vollstreckung des (schon erlassenen oder erst noch zu erlassenden) Urtheils vereitelt

---

[1] CP. §. 796 Abs. 1. Vbd. CP. §. 778 (ob. §. 89. IV.).

[2] CP. §. 796 Abs. 2.

oder wesentlich erschwert werden würde (wie z. B. wegen verschwenderischer Lebensweise des Schuldners, Flucht oder Fluchtverdächtigkeit desselben u. dgl.). Insbesondere ist als ein zureichender Arrestgrund stets der Umstand anzusehen, daß das Urtheil im Auslande vollstreckt werden müßte.[3]

Der persönliche Arrest findet nur statt, wenn er erforderlich ist, um die gefährdete Zwangsvollstreckung in das Vermögen des Schuldners zu sichern,[4] d. h. wenn die Annahme begründet ist, daß der Schuldner Vermögen habe, in welches die Zwangsvollstreckung geschehen könnte, gleichwohl aber ein dinglicher Arrest (z. B. wegen Unbekanntheit der Bestandtheile jenes Vermögens oder des Ortes, wo sich dieselben befinden) nicht oder wenigstens nicht mit genugsam sicherndem Erfolge ausführbar ist und überdies die Gefahr besteht, daß der Schuldner seine persönliche Freiheit zur Vereitelung oder wesentlichen Erschwerung der Zwangsvollstreckung in jenes Vermögen (wie z. B. zur Verbringung desselben in das Ausland) benutzen würde.[5]

II. Für die Anordnung des Arrestes ist sowohl das Gericht der Hauptsache zuständig, als dasjenige Amtsgericht, in dessen Bezirke der mit dinglichem Arreste zu belegende Ge-

---

[3] CP. §. 797.
[4] CP. §. 798.
[5] Begr. z. CP. Entw. §. 743 und R. C. Prot. S. 425—427. Hierher gehört nach der Begründung auch der Fall, wenn es sich darum handelt, durch den persönlichen Arrest die künftige Leistung oder Erzwingung des Offenbarungseides (CP. §§. 711, 782) zu sichern. Dagegen ist die Verhängung des persönlichen Arrestes unzulässig zu dem Zwecke, den Schuldner zur Herbeischaffung im Auslande befindlicher Deckungsmittel zu nöthigen; denn der Arrest darf nach CP. §§. 796—798 überhaupt immer nur stattfinden, um zu verhüten, daß der Gläubiger in eine ungünstigere Lage als die gegenwärtig bestehende komme, nicht aber, um ihn in eine günstigere zu bringen.

genstand oder die mit persönlichem Arreste zu belegende Person sich befindet.⁶ Als Gericht der Hauptsache ist hier dasjenige Gericht anzusehen, bei welchem die Klage wegen des Hauptanspruches (d. h. des zu sichernden Anspruches) in erster Instanz anhängig gemacht werden kann oder zur Zeit anhängig ist oder früher anhängig war, falls aber die Hauptsache zur Zeit in der Berufungsinstanz anhängig ist, das Berufungsgericht.⁷ Das Gericht, welches den Arrest im einzelnen Fall anordnet, heißt das **Arrestgericht**.⁸

Das Arrestgesuch des Gläubigers, welches vor dem Gerichtsschreiber zu Protokoll erklärt werden kann,⁹ soll die Bezeichnung des Hauptanspruches unter Angabe seines Geldbetrages oder Geldwerthes und die Bezeichnung des Arrestgrundes (CP. §§. 797, 798) sowie die Angabe, ob dinglicher oder persönlicher Arrest beantragt wird, enthalten.¹⁰

---

⁶ CP. §. 799.
⁷ CP. §. 821.
⁸ Vgl. CP. §§. 806, 810 Abs. 1, 812.
⁹ CP. §. 800 Abs. 3. Vbd. CP. §. 74 Abs. 2.
¹⁰ CP. §. 800 Abs. 1. Das „soll" ist hier aber nur so gemeint, daß der Richter das unvollständige Gesuch nicht ohne Weiteres zurückweisen muß, sondern die Ergänzung desselben verlangen kann: R. C. Prot. S. 427 (zu §. 745). — Ob dinglicher oder persönlicher Arrest beantragt wird, muß angegeben werden, weil der persönliche Arrest ganz besondere Voraussetzungen hat. (Ein Antrag schlechthin auf „Arrest" wäre jedoch als Antrag auf dinglichen Arrest zu verstehen.) Dagegen ist bei einem Antrag auf dinglichen Arrest die Bezeichnung eines bestimmten Gegenstandes nur nothwendig, wenn das Arrestgesuch bei einem anderen Gerichte als demjenigen der Hauptsache angebracht wird, weil dann die Zuständigkeit des Gerichtes dadurch bedingt ist, daß sich der Arrestgegenstand in seinem Bezirke befindet. Das Gericht der Hauptsache kann den dinglichen Arrest allgemein für das Vermögen des Schuldners anordnen, so daß daraufhin der Arrest in jedes Vermögensstück desselben vollzogen werden kann. S. Begr. z. CP. Entw. §§. 745, 746.

Der Anspruch und der Arrestgrund sind glaubhaft zu machen.[11] Doch kann das Gericht oder in dringenden Fällen der Vorsitzende[12] den Arrest nach Ermessen auch ohne Glaubhaftmachung des Anspruches oder des Arrestgrundes gegen Bestellung einer nach freiem Ermessen zu bestimmenden Sicherheit wegen der dem Schuldner drohenden Nachtheile anordnen. Auf der anderen Seite kann es, selbst wenn beides glaubhaft gemacht ist, die Anordnung des Arrestes von einer solchen Sicherheitsleistung abhängig machen.[13]

Die Entscheidung über das Arrestgesuch kann ohne vorgängige mündliche Verhandlung erfolgen und geschieht dann durch Beschluß. Geht ihr dagegen eine mündliche Verhandlung voraus, so geschieht sie durch Endurtheil.[14] Den Beschluß, durch welchen ein Arrest angeordnet wird, muß der Gläubiger, dem er von Amtswegen zugestellt wird (CP. §. 294 Abs. 3), dem Schuldner zustellen lassen.[15] Dagegen wird der Beschluß, welcher das Arrestgesuch zurückweist oder vorgängige Sicherheitsleistung für erforderlich erklärt, dem Schuldner nicht mitgetheilt.[16]

Wird der Arrest angeordnet, so ist in dem Arrestbefehl, d. h. dem Endurtheil oder Beschlusse, welcher ihn anordnet, immer zugleich ein Geldbetrag festzustellen, dessen Hinterlegung die Vollziehung des Arrestes hemmt oder, wenn dieser schon vollzogen ist, dem Schuldner das Recht gibt, die Aufhebung desselben zu verlangen.[17]

III. Ist der Arrestbefehl ein Beschluß, so kann der

---

[11] CP. §. 800 Abs. 2.
[12] CP. §. 822.
[13] CP. §. 801 Abs. 2.
[14] CP. §§. 801 Abs. 1, 802 Abs. 1.
[15] CP. §. 802 Abs. 2. Vgl. CP. §§. 152 Abs. 2, 154.
[16] CP. §. 802 Abs. 3.
[17] CP. §. 803 vbd. §. 813 Abs. 1.

Schuldner bei dem Arrestgerichte Widerspruch gegen denselben erheben, wodurch aber die Vollziehung des Arrestes nicht gehemmt wird.[18] Die Erhebung des Widerspruches geschieht dadurch, daß der Schuldner den Gläubiger zur mündlichen Verhandlung ladet und dabei die Gründe angibt, aus denen er die Aufhebung des Arrestes beantragen will.[19] Als Aufhebungsgrund kann aber nur der Mangel eines der Erfordernisse der Arrestverhängung, sei es eines genügenden Arrestgrundes (CP. §§. 797, 798), sei es der Glaubhaftmachung des Arrestgrundes oder des Hauptanspruches (CP. §. 800 Abs. 2), geltend gemacht werden; Einwendungen, welche den Hauptanspruch selbst betreffen, sind unzulässig.[20]

Ist Widerspruch erhoben, so hat das Gericht durch Endurtheil über die Rechtmäßigkeit des Arrestes zu entscheiden. Es kann den Arrest ganz oder theilweise bestätigen, abändern oder aufheben, auch jede dieser Maßregeln von einer nach freiem Ermessen zu bestimmenden Sicherheitsleistung abhängig machen.[21]

IV. Ist die Hauptsache nicht anhängig, so hat das Arrestgericht auf Antrag des Schuldners ohne vorgängige mündliche Verhandlung anzuordnen, daß der Gläubiger innerhalb einer zu bestimmenden Frist Klage wegen des Hauptanspruches zu erheben habe. Leistet er dieser Anordnung nicht Folge, so ist auf Antrag des Schuldners, jedoch nur nach vorgängiger

---

[18] CP. §. 804 Abs. 1, 3.
[19] CP. §. 804 Abs. 2. Vgl. CP. §§. 120, 462.
[20] Begr. z. CP. Entw. §§. 749, 750 in Abs. 4, 5.
[21] CP. §. 805. Ueber die Verbindlichkeit des Gläubigers zur Entschädigung des Schuldners, die sich nach den Vorschriften des bürgerlichen Rechtes bemißt, wird im Fall der Aufhebung des Arrestes nicht mit entschieden: Begr. z. CP. Entw. §§. 749, 750 a. E.

mündlicher Verhandlung, die Aufhebung des Arrestes durch
Endurtheil auszusprechen.²²

Ferner kann die Aufhebung des Arrestes jederzeit, auch
nach rechtskräftiger Anordnung oder Bestätigung des Arrestes,
wegen veränderter Umstände, insbesondere wegen Wegfalls
des Arrestgrundes, oder auf Grund des Erbietens zu einer
nach freiem Ermessen zu bestimmenden Sicherheitsleistung
beantragt werden. Die Entscheidung erfolgt dann stets durch
Endurtheil, und zwar, falls die Hauptsache anhängig ist, durch
das Gericht der Hauptsache, anderenfalls durch das Arrest=
gericht.²³

Jedes Endurtheil, durch welches ein Arrest aufgehoben
oder zu Gunsten des Schuldners abgeändert wird (CP.
§§. 805—807), ist von Amtswegen für vorläufig vollstreckbar
zu erklären.²⁴

V. Der Arrest erscheint als vorgreifender Beginn der
Zwangsvollstreckung zur Sicherung künftiger Durchführung
derselben. Er wird daher nach Maßgabe der Vorschriften
über die Zwangsvollstreckung in gleicher Form wie diese und
unter gleichen Beschränkungen vollzogen²⁵ mit folgenden Ab=
weichungen:

1) Ein Arrestbefehl bedarf der Vollstreckungsclausel nur
dann, wenn nach seiner Erlassung eine Rechtsnachfolge auf
Seite des Gläubigers oder des Schuldners eingetreten ist.²⁶

2) Die Vollziehung des Arrestbefehls ist unstatthaft, wenn

---

²² CP. §. 806 und Begr. z.
CP. Entw. §. 751.
²³ CP. §. 807.
²⁴ CP. §. 648 Nr. 5 (ob. §. 73.
II. A. Nr. 5). Vgl. Begr. z. CP.
Entw. §. 752 in Abs. 2.

²⁵ CP. §.808. S. auch Conc.O.
§. 11.
²⁶ CP. §. 809 Abs. 1. Vgl.
CP. §. 704 Abs. 1 (s. ob. §. 74.
II. a. E.).

seit dem Tage, an welchem er (als Endurtheil) verkündet oder (als Beschluß) dem Gläubiger zugestellt ist (s. ob. S. 297), zwei Wochen verstrichen sind.[27]

3) Die Vollziehung des Arrestes in bewegliches Vermögen geschieht zwar gleich der Zwangsvollstreckung in solches Vermögen und in der nämlichen Form durch Pfändung; auch erzeugt diese Pfändung ein Pfandrecht von gleicher Wirkung, wie die zum Zwecke der Zwangsvollstreckung erfolgte (CP. §. 709: ob. §. 80. I.). Allein, da der Arrest dem Gläubiger keine Befriedigung sondern nur Sicherung verschaffen soll, so bleibt einstweilen und so lange nicht durch Verurtheilung des Schuldners wegen des Hauptanspruches die Voraussetzungen wirklicher Zwangsvollstreckung eingetreten sind, das Verfahren bei der Pfändung stehen. Einstweilen werden also weder die gepfändeten Sachen versteigert, noch die gepfändeten Forderungen dem Gläubiger überwiesen; gepfändetes Geld und der im Vertheilungsverfahren auf den Gläubiger fallende Theil des Erlöses werden hinterlegt. Nur dann, wenn eine gepfändete bewegliche körperliche Sache der Gefahr einer beträchtlichen Werthverringerung ausgesetzt ist oder ihre Aufbewahrung unverhältnißmäßige Kosten verursachen würde, kann das Vollstreckungsgericht auf Antrag eines der Betheiligten die Versteigerung derselben und die Hinterlegung des Erlöses anordnen.[28]

Vollstreckungsgericht für die Pfändung einer Forderung ist hier das Arrestgericht.[29]

4) Die Vollziehung des Arrestes in unbewegliches Vermögen bemißt sich nach den Landesgesetzen.[30]

---

[27] CP. §. 809 Abs. 2.
[28] CP. §. 810.
[29] CP. §. 810 Abs. 1 a. E.

[30] CP. §. 811. Vbd. §. 757 Abs. 1, 2.

5) Die Vollziehung des persönlichen Arrestes geschieht, wenn sie durch Haft erfolgt, nach Maßgabe der Vorschriften über die Haft als Mittel der Zwangsvollstreckung (CP. §§. 785—794: ob. §. 91), also in gleicher Weise und mit den gleichen Beschränkungen wie diese. Sie kann aber auch durch mildere Maßregeln erfolgen, z. B. durch Verhängung von Stadt- oder Hausarrest, Beschlagnahme von Reisepässen und sonstigen Legitimationspapieren u. dgl. Dann sind die besonderen Anordnungen des Arrestgerichtes maßgebend, welche jedoch ebenfalls den Beschränkungen der Haft, insbesondere der Beschränkung der Dauer auf höchstens sechs Monate, unterliegen.[31]

6) Nach Hinterlegung des in dem Arrestbefehl festgestellten Geldbetrages (CP. §. 803: ob. S. 297) muß das Vollstreckungsgericht auf Antrag des Schuldners die Aufhebung des vollzogenen Arrestes anordnen.[32] Es kann dieselbe von Amtswegen anordnen, wenn die Fortdauer des Arrestes besondere Aufwendungen erfordert und der Gläubiger den nöthigen Geldbetrag nicht vorschießt.[33] In beiden Fällen kann die Entscheidung ohne vorgängige mündliche Verhandlung erfolgen. Der Beschluß, durch welchen der Arrest aufgehoben wird, ist mit sofortiger Beschwerde anfechtbar.[34]

## §. 93.
### II. Einstweilige Verfügungen.

I. Einstweilige Verfügungen in Betreff des Streitgegenstandes sind zuvörderst zulässig, wenn ohne dieselben

---

[31] CP. §. 812. Vgl. Begr. z. CP. Entw. §§. 754—758 Nr. 6.
[32] CP. §. 813 Abs. 1 vbd. §§. 684, 707.
[33] CP. §. 813 Abs. 2. Vbd. CP. §. 792, auf welchen auch die Begründung (z. CP. Entw. §§. 754—758 unter Nr. 7) verweist.
[34] CP. §. 813 Abs. 3, 4. Vgl. CP. §. 701.

eine Veränderung des bestehenden Zustandes zu besorgen ist, durch welche die Verwirklichung des Rechtes einer Partei auf den Streitgegenstand oder an demselben vereitelt oder wesentlich erschwert werden würde.[1]

Einstweilige Verfügungen sind aber ferner auch zulässig, um hinsichtlich eines streitigen Rechtsverhältnisses einen einstweilen maßgebenden Zustand herzustellen, so oft dies, besonders bei dauernden Rechtsverhältnissen, zur Verhütung wesentlicher Nachtheile oder zur Verhinderung drohender Gewalt oder aus anderen Gründen als nothwendig erscheint.[2]

Endlich sind einstweilige Verfügungen zulässig in den Fällen, in welchen sie durch besondere Vorschriften der Civilprozeßordnung[3] oder durch Vorschriften des bürgerlichen Rechtes für zulässig erklärt sind.[4]

II. Welche Maßregeln zur Erreichung des Zweckes getroffen werden sollen, hat das zuständige Gericht nach freiem Ermessen zu bestimmen. Insbesondere kann Sequestration, d. h. Stellung der streitigen Sache unter die Obhut eines Dritten, angeordnet werden; ferner kann dem Gegner eine Handlung (z. B. Stützung eines Gebäudes) geboten oder umgekehrt eine Handlung (z. B. Benutzung eines Weges) ver=

---

[1] CP. §. 814. Z. B. der Besitzer eines kostbaren Steins, auf dessen Herausgabe geklagt ist oder geklagt werden soll, trifft Anstalten zur Veräußerung oder Wegschaffung desselben; der Eigenthümer eines Waldes, an welchem ein Anderer eine Hypothek hat, fängt an denselben abzuholzen u. dgl.

[2] CP. §. 819. So z. B. einstweilige Feststellung des streitigen Besitzstandes bei drohender Gefahr von Gewaltthätigkeiten, einstweiliges Verbot des Weiterbauens, wenn das Recht zu dem Bauwerke bestritten wird, u. dgl. m.

[3] CP. §§. 584, 613. Nicht hierher gehören die „einstweiligen Anordnungen", von denen in CP. §§. 535 Abs. 3, 668 Abs. 2 die Rede ist.

[4] EG. z. CP. §. 16 Nr. 4.

boten, namentlich die Veräußerung, Belastung oder Verpfän=
dung eines Grundstückes untersagt werden. Auch sind zur
Erzwingung der gebotenen Handlung oder Unterlassung die
zulässigen Vollstreckungsmaßregeln und folglich, wenn die
Handlung von der Art ist, daß sie nur von dem Gegner
vorgenommen werden kann, sogar die Haft anwendbar.[5]

III. Für die Erlassung einstweiliger Verfügungen ist an
sich nur das Gericht der Hauptsache zuständig, d. h. dasjenige
Gericht, bei welchem die Hauptsache in erster Instanz an=
hängig gemacht werden kann oder zur Zeit anhängig ist oder
früher anhängig war, falls aber die Hauptsache zur Zeit in
der Berufungsinstanz anhängig ist, das Berufungsgericht.[6]
In dringenden Fällen kann es auch ohne vorgängige münd=
liche Verhandlung entscheiden;[7] ja in solchen Fällen kann sogar
der Vorsitzende anstatt des Gerichtes entscheiden.[8]

In dringenden Fällen kann aber ferner ausnahmsweise
auch das Amtsgericht, in dessen Bezirke der Streitgegenstand
sich befindet, eine einstweilige Verfügung erlassen. Doch hat
es dann von Amtswegen immer zugleich eine Frist zu be=
stimmen, innerhalb welcher Derjenige, der die einstweilige
Verfügung nachgesucht hat, den Gegner zur mündlichen Ver=
handlung über die Rechtmäßigkeit derselben vor das Gericht
der Hauptsache laden muß. Ist dies nicht geschehen, so hat
das Amtsgericht auf Antrag des Gegners die einstweilige Ver=
fügung wieder aufzuheben. Die Erlassung wie die Aufhebung
der einstweiligen Verfügung kann von dem Amtsgerichte ohne
vorgängige mündliche Verhandlung erfolgen.[9]

---

[5] CP. §. 817. Vgl. Begr. z. CP. Entw. §. 762.
[6] CP. §. 816 Abs. 1 vbd. §. 821.
[7] CP. §. 816 Abs. 2.
[8] CP. §. 822.
[9] CP. §. 820.

Im Uebrigen sind in Betreff der Anordnung einstweiliger Verfügungen und des weiteren Verfahrens die Vorschriften über das Arrestverfahren (CP. §§. 796—813) maßgebend.[10] Jedoch darf die Aufhebung einer einstweiligen Verfügung gegen Sicherheitsleistung nur unter besonderen Umständen und nur auf Antrag gestattet werden.[11]

---

[10] CP. §. 815. S. auch CP. §. 648 Nr. 5 (ob. §. 73. II. A. Nr. 5).

[11] CP. §. 818 vgl. §§. 803, 805 Abs. 2, 807, 813 Abs. 1.

# Vierter Theil.
# Proceßkosten und Sicherheitsleistungen.

## I. Proceßkosten.
### §. 94.
#### 1. Verschiedene Arten der Proceßkosten.

Die Proceßkosten zerfallen in gerichtliche Kosten oder Gerichtskosten, d. h. solche, welche an die Gerichtskasse (d. h. die Staatskasse) zu zahlen sind, und außergerichtliche Kosten, d. h. alle anderen Proceßkosten.

I. Gerichtskosten dürfen in den Rechtsstreitigkeiten, welche vor die ordentlichen Gerichte gehören, nur nach Maßgabe des Gerichtskostengesetzes erhoben werden.[1] Sie bestehen danach theils aus Gebüren, d. h. Beträgen, welche dem Staate für die Thätigkeit des Gerichtes oder der Gerichtspersonen entrichtet werden müssen,[2] theils aus Auslagen, welche in Folge des Rechtsstreites von der Gerichtskasse gemacht und ihr wieder zu ersetzen sind.[3]

Die Gebüren bemessen sich theils nach dem Umfange der

---

[1] GKostenG. §. 1. S. auch GKostenG. §. 4.

[2] Andere Abgaben als die Gebüren dürfen nicht erhoben werden. Namentlich fällt die Stempelsteuer weg: GKostenG. §. 2. S. aber GKostenG. §. 100.

[3] Ueber die Auslagen s. GKostenG. §§. 79, 80. Zu denselben gehören namentlich auch die gesetzlichen Gebüren der Zeugen und Sachverständigen: GKostenG. §. 79 Nr. 4. S. auch ob. §. 45. V., §. 46. IV.

gerichtlichen Thätigkeit als **Verhandlungsgebür**, d. h. Gebür für eine contradictorische mündliche Verhandlung,⁴ **Beweisgebür**, d. h. Gebür für die Anordnung einer Beweisaufnahme, und **Entscheidungsgebür**, d. h. Gebür für eine andere Entscheidung,⁵ theils nach dem Werthe des Streitgegenstandes,⁶ theils endlich nach der Verschiedenheit der Instanzen.⁷

Ueber Erinnerungen gegen den Ansatz von Gebüren oder Auslagen entscheidet das Gericht der Instanz gebürenfrei. Die Entscheidung kann mit Beschwerde nach Maßgabe von CP. §§. 531—538 angefochten, aber auch schon von Amtswegen sowohl von dem Gerichte, von welchem sie erlassen ist, als von dem Gerichte der höheren Instanz geändert werden.⁸

---

⁴ Ueber den Begriff derselben im Sinn des Gerichtskostengesetzes s. GKostenG. §§. 19—21.

⁵ GKostenG. §. 18. Jede dieser Gebüren wird in jeder Instanz nur Einmal erhoben: GKostenG. §. 28. Im Uebrigen s. GKostenG. §§. 19—48. S. auch noch Ger.KostenG. §. 7 und §. 101.

⁶ GKostenG. §. 8. Ueber die Werthberechnung s. GKostenG. §§. 9—13. Bei jedem Antrage ist der Werth des Streitgegenstandes anzugeben, wenn er nicht in einer bestimmten Geldsumme besteht oder aus früheren Anträgen hervorgeht: GKostenG. §. 14. Die zum Zwecke der Entscheidung über die Zuständigkeit des Prozeßgerichtes oder die Zulässigkeit der Revision erfolgte Festsetzung des Werthes ist für die Berechnung der Gebüren maßgebend: GKostenG. §. 15. Wo für diese Berechnung eine besondere Festsetzung des Werthes erforderlich wird, geschieht sie gebürenfrei durch Beschluß des Prozeßgerichtes, bei der Zwangsvollstreckung durch Beschluß des Vollstreckungsgerichtes: Ger.KostenG. §. 16. S. auch Ger.KostenG. §. 17.

⁷ GKostenG. § 49 (Erhöhung der Gebürensätze um ein Viertheil in der Berufungsinstanz, um die Hälfte in der Revisionsinstanz).

⁸ GKostenG. §. 4. Die Einlegung von Erinnerungen oder Beschwerden kann durch Erklärung zum Protokoll des Gerichtsschreibers oder schriftlich ohne Mitwirkung eines Anwaltes geschehen: GKostenG. §. 4 Abs. 3.

Eine Nachforderung von Gerichtskosten wegen irrigen Ansatzes ist nur bis zum Ablaufe des nächsten Kalenderjahres nach rechtskräftiger oder sonstiger endgültiger Erledigung des Verfahrens zulässig.[9]

Die Gerichte können Gebüren, welche durch eine unrichtige Behandlung der Sache ohne Schuld der Betheiligten entstanden sind, niederschlagen und für abweisende Bescheide, wenn der Antrag auf nicht anzurechnender Unkenntniß der Verhältnisse oder auf Unwissenheit beruht, Gebürenfreiheit gewähren.[10]

Eine allgemeine Gebürenfreiheit steht dem Reiche in dem Verfahren vor den Landesgerichten und den Bundesstaaten in dem Verfahren vor dem Reichsgerichte zu. Ferner kann Gebürenfreiheit für gewisse Rechtssachen oder Personen in dem Verfahren vor den Landesgerichten durch landesgesetzliche Vorschriften, in dem Verfahren vor dem Reichsgerichte durch Kaiserliche Verordnung mit Zustimmung des Bundesrathes gewährt werden.[11]

II. Für jede Instanz[12] kann die Gerichtskasse von dem Antragsteller, d. h. Demjenigen, welcher die Instanz durch seinen Antrag herbeiführt, einen Gebürenvorschuß erheben im Betrage der vollen Entscheidungsgebür, welche für die Instanz in Ansatz kommt.[13] Außerdem kann sie bei jedem An-

---

[9] Genaueres GKostenG. §. 5.
[10] GKostenG. §. 6.
[11] GKostenG. §. 98.
[12] Ueber den Begriff der Instanz für die Gebürenberechnung s. GKostenG. §§. 28—33.
[13] GKostenG. §. 81 und die Motive zu dem Entwurfe dieses Gesetzes S. 100. Ausländer, welche als Kläger auftreten, müssen unter den gleichen Voraussetzungen, unter welchen sie zur Bestellung einer Sicherheit für die Processkosten verbunden sind, den dreifachen Betrag des gewöhnlichen Gebürenvorschusses zahlen: GKostenG. §. 85. Vgl. unt. §. 96.

trage auf Vornahme einer mit Auslagen verbundenen Handlung von derjenigen Partei, welche denselben gestellt hat, einen zur Deckung der Auslagen hinreichenden Vorschuß erheben.[14]

Abgesehen von dem Rechte dieser Vorschußerhebung darf die Erhebung der Gebüren und Auslagen in der Regel erst geschehen, wenn das Verfahren oder die Instanz durch unbedingte Entscheidung über die Kosten, durch Vergleich, Zurücknahme oder auf andere Weise beendigt ist.[15] Und zwar ist zur Zahlung derselben der Gerichtskasse gegenüber Derjenige verpflichtet, dem die Kosten des Verfahrens durch gerichtliche Entscheidung auferlegt sind, oder der sie durch eine dem Gerichte mitgetheilte Uebereinkunft der Parteien übernommen hat.[16] Wo aber die Verpflichtung zur Kostenzahlung auf gerichtlicher Entscheidung beruht, erlischt sie durch Aufhebung oder Abänderung der letzteren.[17] Wo sie auf Uebereinkunft der Parteien beruht, kann sich die Gerichtskasse auch an jede Partei für je eine Hälfte der Kosten halten; an den Gegner des Zahlungspflichtigen jedoch erst, wenn eine Zwangsvollstreckung in das bewegliche Vermögen des letzteren erfolglos gewesen ist.[18] Ferner kann, soweit die oben erwähnte Vorschußpflicht reicht, die Gerichtskasse sich jedesmal auch an Denjenigen halten, dem diese Pflicht obliegt, selbst wenn die

---

[14] GKostenG. §. 84 Abs. 1. Vbd. CP. §§. 344, 813 Abs. 2. Vgl. auch CP. §. 792.
[15] GKostenG. §. 93.
[16] GKostenG. §. 86 Abs. 1. Die Schreibgebür für Ausfertigungen und Abschriften, welche nicht von Amtswegen zu ertheilen sind, hat Derjenige zu entrichten, welcher sich die Ausfertigung oder Abschrift ertheilen läßt: GKostenG. §. 86 Abs. 2.
[17] GKostenG. §. 87 Abs. 1. Bereits bezahlte Beträge werden, soweit der Gebürenansatz bestehen bleibt, nicht zurückgezahlt: GKostenG. §. 87 Abs. 2.
[18] GKostenG. §. 88.

Arten der Proceßkosten. §. 94.

Kosten des Verfahrens einem Anderen auferlegt oder von einem Anderen übernommen sind.[19] Fehlt es an einem anderen Schuldner, so ist Derjenige, welcher die Instanz durch seinen Antrag herbeigeführt hat, der Gerichtskasse gegenüber zur Zahlung der Gerichtskosten verpflichtet. Jedoch sind Auslagen, für welche der Gegner Vorschuß zu leisten verpflichtet war, von diesem zu erheben.[20]

Als Ausnahme von der Regel sind schon vor der Beendigung der Instanz mit dem Ablaufe eines Jahres seit der Bestimmung des ersten Termins oder in Ermangelung einer solchen seit der Stellung des ersten Antrages die bis dahin entstandenen Gebüren und Auslagen zu erheben; und zwar nach dem so eben angegebenen Grundsatze (GKostenG. §. 89) von Demjenigen, welcher die Instanz durch seinen Antrag herbeigeführt hat, soweit es nicht Auslagen sind, für welche der Gegner Vorschuß zu leisten verpflichtet war und daher seinerseits zahlungspflichtig ist. Die einjährige Frist kann auf Antrag von dem Gerichte verlängert werden.[21]

Als fernere Ausnahme kann eine nach GKostenG. §. 47 Abs. 2 oder §. 48 zur Strafe muthwilliger Proceßführung oder verschuldeter Proceßverzögerung vom Gerichte beschlossene besondere Gebür sofort nach dem Beschlusse von der darin

---

[19] GKostenG. §. 90.
[20] GKostenG. §. 89. — Wenn eine zur Zahlung von Kosten verpflichtete Partei aus mehreren Personen besteht, so haften diese in Ermangelung einer gerichtlichen Entscheidung über die Kostenvertheilung zu gleichen Theilen: GKostenG. §. 91. Vgl. CP. §. 95 Abs. 1. Eine nach den Vorschriften des bürgerlichen Rechtes oder nach CP. §. 697 begründete Verpflichtung zur Zahlung entstandener Gebüren und Auslagen wird durch die Vorschriften in GKostenG. §§. 81—91 nicht berührt: Ger.-KostenG. §. 92. Vgl. CP. §. 95 Abs. 4.
[21] GKostenG. §. 94 Nr. 1.

310 Th IV. Proceßkosten und Sicherheitsleistungen.

bezeichneten Partei erhoben werden ohne Anrechnung eines ihr obliegenden Vorschusses.[22]

Im Fall einer Widerklage oder wechselseitig eingelegter Rechtsmittel kann jede Partei, wenn sie das durch ihren Antrag herbeigeführte Verfahren durch Zurücknahme des Antrages fallen läßt, die getrennte Berechnung der Gebüren und Auslagen für dasselbe und die Zurückzahlung des von ihr gezahlten Vorschusses fordern, soweit dieser noch nicht verbraucht ist.[23]

III. Die außergerichtlichen Proceßkosten bestehen hauptsächlich in den gesetzlichen Gebüren und Auslagen der Rechtsanwälte und der Gerichtsvollzieher.[24] Außerdem aber können zu denselben gehören Reise- und Zehrungskosten der Parteien,[25] Kosten der Beglaubigung von Urkunden,[26] Kosten von Brief- und anderen Sendungen u. dgl. m.

### §. 95.
#### 2. Verpflichtung zur Kostentragung.

I. Wer im Laufe des Rechtsstreites gerichtliche oder außergerichtliche Proceßkosten bezahlt hat, braucht dieselben nicht immer auch wirklich zu tragen, sondern Regel ist, daß die sämmtlichen Kosten des Rechtsstreites derjenigen Partei zur Last fallen, welche in der Hauptsache unterliegt. Diese muß also der obsiegenden Gegenpartei die für dieselbe entstandenen Kosten zurückerstatten, soweit sie nach freiem Ermessen des Gerichtes zur zweckentsprechenden Rechtsverfolgung oder Rechts-

---

[22] G.KostenG. §. 94 Nr. 3. Vgl. ob. §. 35 Anm. 1, §. 36 Anm. 16.

[23] G.KostenG. §. 94 Nr. 2. Vgl. G.KostenG. §§. 11, 81 Abs. 2.

[24] S. ob. §. 17 und §. 18. II.

[25] Vgl. C.P. §§. 132, 268 Abs. 2, 579 u. a.

[26] Vgl. C.P. §§. 76 Abs. 2, 403 Abs. 2.

vertheidigung nothwendig waren.[1] Dahin sind stets, und selbst in Parteiprocessen, die Gebüren und Auslagen eines von der obsiegenden Partei bestellten Rechtsanwaltes zu rechnen. Die Kosten mehrerer gleichzeitig oder nach einander bestellter Rechtsanwälte dagegen sind nur insoweit zu erstatten, als sie die Kosten Eines Rechtsanwaltes nicht übersteigen, falls nicht nach dem Ermessen des Gerichtes ein Wechsel in der Person des Rechtsanwaltes nothwendig war. Ob und inwieweit Reisekosten eines auswärtigen Rechtsanwaltes zu erstatten sind, hängt gleichfalls von dem Ermessen des Gerichtes ab.[2] Ferner hat dieses nach seinem Ermessen zu beurtheilen, ob für Streitgenossen eine genügende Veranlassung zur Bestellung mehrerer Anwälte bestand, ob die Partei Grund hatte, neben dem Proceßbevollmächtigten im Verhandlungstermine zu erscheinen, ob die Kosten der Beweisaufnahme, z. B. des Zeugenbeweises, sämmtlich erforderlich waren u. dgl. m.

Wenn jede Partei theilweise obsiegt, theilweise unterliegt, so sind die Kosten gegen einander aufzuheben, so daß jede Partei die von ihr aufgewendeten Kosten selbst zu tragen und keine gegen die andere einen Anspruch auf Erstattung hat (sog. Kostencompensation); oder die Kosten sind verhältnißmäßig zu theilen, so daß z. B. jede Partei die Hälfte sämmtlicher Proceßkosten tragen muß, oder die eine drei Viertheile, die andere einen Viertheil derselben, oder die eine eine bestimmte Summe, die andere den Rest der Kosten u. dgl. m.[3] Das Gericht kann jedoch ausnahmsweise der einen Partei die sämmtlichen Proceßkosten auferlegen, wenn die Zuvielforderung, wodurch das theilweise Unterliegen der

---

[1] CP. §. 87 Abs. 1.
[2] CP. §. 87 Abs. 2. — S. auch CP. §. 180.

[3] CP. §. 88 Abs. 1 vbd. §. 100.

anderen herbeigeführt ist, eine verhältnißmäßig geringfügige war und keine besonderen Kosten veranlaßt hat, oder wenn sie schwer zu vermeiden war, weil der Betrag der Forderung von der Festsetzung durch richterliches Ermessen, von der Ausmittelung durch Sachverständige oder von einer gegenseitigen Berechnung abhing.⁴

Dem Kläger fallen trotz seines Obsiegens sämmtliche Proceßkosten zur Last, wenn der Beklagte den Anspruch desselben sofort (bei der mündlichen Verhandlung) anerkennt und nicht durch sein Verhalten (z. B. durch Bestreitung, Verzug, Vorenthaltung der Sache) zu der Erhebung der Klage Veranlassung gegeben hat.⁵

II. Jede Partei, welche mit oder ohne Verschulden einen Termin oder eine Frist versäumt, oder welche durch ihr Verschulden eine Verzögerung des Processes veranlaßt, muß die dadurch, sei es für sie selbst, sei es für die Gegenpartei, entstandenen besonderen Kosten ohne Rücksicht auf ihr schließliches Unterliegen oder Obsiegen tragen.⁶ Das Gericht kann nach Ermessen auch die besonderen Kosten eines erfolglos gebliebenen Angriffs- oder Vertheidigungsmittels derjenigen Partei, die es geltend gemacht hat, trotz ihres Obsiegens in der Hauptsache auferlegen.⁷

III. Die Kosten eines ohne Erfolg eingelegten Rechtsmittels fallen in Gemäßheit der allgemeinen Regel (CP. §. 87 Abs. 1) derjenigen Partei zur Last, welche es eingelegt hat.⁸ Wird dagegen in Folge des Rechtsmittels das angefochtene Urtheil abgeändert, so kommt damit auch die Entscheidung

---

⁴ CP. §. 88 Abs. 2.
⁵ CP. §. 89.
⁶ CP. §. 90. Besondere Anwendungen: CP. §§. 216 Abs. 3, 309. S. auch CP. §§. 251 Abs. 2, 256 Abs. 2, GKostenG. §. 48.
⁷ CP. §. 91.
⁸ CP. §. 92 Abs. 1.

desselben über den Kostenpunkt in Wegfall, und es ist daher über die sämmtlichen Kosten des Rechtsstreites, d. h. nunmehr über die Kosten aller Instanzen zusammengenommen, von Neuem nach Maßgabe der dargestellten gesetzlichen Vorschriften (CP. §§. 87, 88, 90, 91) zu erkennen.[9] Die Kosten der Berufungsinstanz können jedoch der obsiegenden Partei ganz oder theilweise auferlegt werden, wenn sie auf Grund eines neuen Vorbringens obsiegt, welches sie nach freiem Ermessen des Gerichtes in erster Instanz hätte geltend machen können.[10]

IV. Die Kosten eines abgeschlossenen Vergleiches werden, wenn nicht die Parteien ein Anderes verabredet haben, als gegen einander aufgehoben angesehen. Dasselbe gilt von den Kosten des durch den Vergleich erledigten Rechtsstreites, soweit nicht über dieselben bereits rechtskräftig erkannt ist.[11]

V. Sind Streitgenossen zur Erstattung von Kosten verpflichtet, so haftet in der Regel jeder für einen Kopftheil, d. h. für denjenigen Bruchtheil des zu erstattenden Betrages, welcher sich mittels Theilung desselben durch die Zahl der verpflichteten Streitgenossen ergibt.[12] Ist jedoch die Betheiligung der Streitgenossen am Rechtsstreite eine erheblich verschiedene, so kann ihnen das Gericht nach seinem Ermessen die Kosten nach Verhältniß dieser Betheiligung auferlegen.[13] Hat ein Streitgenosse ein besonderes Angriffs- oder Ver-

---

[9] Begr. z. CP. Entw. §. 90 Abs. 1. S. auch GKostenG. §. 87 Abs. 1.

[10] CP. §. 92 Abs. 2. Ueber den Begriff des neuen Vorbringens s. ob. §. 66. III. Vgl. CP. §§. 251 Abs. 2, 256 Abs. 2. — Eine besondere Vorschrift in Betreff der Kosten der Revisionsinstanz s. in CP. §. 92 Abs. 3 vbd. GV. §. 70 Abs. 2, 3.

[11] CP. §. 93. Vbd. GKostenG. §§. 21, 23, 41, 101.

[12] CP. §. 95 Abs. 1 vbd. Begr. z. CP. Entw. §. 93. Vgl. Ger.-KostenG. §. 91.

[13] CP. §. 95 Abs. 2.

theidigungsmittel geltend gemacht, so sind für die dadurch ver=
anlaßten Kosten die übrigen Streitgenossen nicht verhaftet.[14]
Solidarisch, d. h. so, daß einer von ihnen herausgegriffen
und für den ganzen ungetheilten Betrag in Anspruch genom=
men werden kann, haften mehrere Streitgenossen für die
Kosten nur da, wo die Vorschriften des bürgerlichen Rechtes
eine solidarische Haftung mit sich bringen.[15]

Diese Regeln sind auch dann maßgebend, wenn ein Neben=
intervenient als Streitgenosse der Hauptpartei gilt.[16] Wenn
dieses nicht der Fall ist, so sind die durch die Nebeninter=
vention verursachten Kosten selbständig und nach den allge=
meinen Grundsätzen (CP. §§. 87—93) zu beurtheilen.[17] Sie
sind daher im Fall der Zurückweisung der Intervention
beiden Hauptparteien vom Intervenienten zu erstatten. Im
Fall der Zulassung der Intervention sind sie, wenn die von
dem Intervenienten unterstützte Hauptpartei obsiegt, dem In=
tervenienten von der unterliegenden Gegenpartei, wenn jene
dagegen unterliegt, der obsiegenden Gegenpartei von dem In=
tervenienten zu erstatten.[18]

VI. Gerichtsschreiber, Gerichtsvollzieher, gesetzliche Ver=
treter, Rechtsanwälte und andere Bevollmächtigte können von
dem Proceßgerichte auf Antrag oder auch von Amtswegen
zur Tragung derjenigen Kosten verurtheilt werden, welche sie
durch grobes Verschulden veranlaßt haben. Die Entscheidung

---

[14] CP. §. 95 Abs. 3.
[15] CP. §. 95 Abs. 4. Vgl. GKostenG. §. 92.
[16] CP. §. 96 Abs. 2 vbb. §. 66.
[17] CP. §. 96 Abs. 1. Gleiches gilt nach CP. §§. 71, 73 in An=
sehung der Kosten, welche in Folge einer Streitverkündung oder einer Benennung des Auc=
tors durch den Beitritt des Drit=
ten, dem der Streit verkündet
ist, oder des Benannten entstehen:
Begr. z. CP. Entw. §. 94. Be=
sondere Vorschrift: CP. §. 72.
[18] Begr. z. CP. Entw. §. 94.
S. auch R. C. Prot. S. 34.

kann ohne mündliche Verhandlung, jedoch nur nach Anhörung des Betheiligten erfolgen. Sie kann mit sofortiger Beschwerde angefochten· werden.[19]

VII. Ueber die Verpflichtung der Parteien zur Tragung der Proceßkosten hat das Gericht in dem Endurtheil über die Hauptsache auch ohne darauf gerichteten Antrag zu erkennen.[20] Diese Entscheidung kann nur dann angefochten werden, wenn gegen die Entscheidung in der Hauptsache, sei es von derselben Partei oder von der Gegenpartei, ein Rechtsmittel eingelegt wird.[21]

VIII. Der Anspruch auf Erstattung von Proceßkosten kann nur geltend gemacht werden, wenn er durch einen vollstreckbaren Schuldtitel, also namentlich eine rechtskräftige oder für vorläufig vollstreckbar erklärte Verurtheilung zur Tragung der Proceßkosten, begründet ist.[22] Weil dadurch aber in der Regel nur erst die Verpflichtung zur Kostenerstattung an und für sich feststeht, so bedarf es noch einer gerichtlichen Festsetzung des zu erstattenden Betrages. Das Gesuch um dieselbe ist auf Grund des vollstreckbaren Schuldtitels unter Beifügung der Kostenrechnung, einer für den Gegner bestimmten Abschrift derselben und der zur Rechtfertigung der einzelnen Ansätze dienenden Belege bei dem Proceßgerichte erster Instanz anzubringen und kann vor dem Gerichtsschreiber zu Protokoll erklärt werden.[23] Zur Berücksichtigung eines Ansatzes genügt seine Glaubhaftmachung.[24] Die Entscheidung

---

[19] CP. §. 97.
[20] CP. §§. 292 Abs. 1, 279 Abs. 2.
[21] CP. §. 94 vbd. §§. 482, 518. S. ob. §. 65 Anm. 1 und Anm. 14.
[22] CP. §. 98 Abs. 1 vbd. §§. 644, 648—650, 660, 702 Nr. 1 bis 4, 868. S. ob. §. 73. Ausnahmen: CP. §§. 632, 697.
[23] CP. §. 98 Abs. 2. Vbd. CP. §. 74 Abs. 2.
[24] CP. §. 99 Abs. 2.

kann ohne vorgängige mündliche Verhandlung erfolgen.[25] Gegen den Festsetzungsbeschluß ist sofortige Beschwerde zulässig.[26] Auf Grund einer vollstreckbaren Ausfertigung desselben kann die Zwangsvollstreckung stattfinden.[27]

IX. Außer diesen allgemeinen enthält die Civilproceßordnung noch vielfache besondere Vorschriften über die Verpflichtung zur Tragung von Proceßkosten.[28]

§. 96.
## II. Sicherheitsleistungen.

Eine processualische, d. h. nach den Vorschriften der Civilproceßordnung[1] zu leistende, Sicherheit muß durch

---

[25] CP. §. 99 Abf. 1. Vbd. CP. §. 294.

[26] CP. §. 99 Abf. 3. — Ueber die Behandlung des Falls, wenn die Proceßkosten ganz oder theilweise nach Bruchtheilen vertheilt sind, s. CP. §. 100.

[27] CP. §§. 702 Nr. 3, 703 vbd. §. 662. S. ob. §. 74. II.

[28] S. CP. §§. 72 (Streitverkündung an einen Dritten, der die eingeklagte Forderung für sich in Anspruch nimmt), 180 (Zustellung durch Gerichtsvollzieher statt durch die Post), 216 Abf. 3 (Wiedereinsetzung gegen Fristversäumung), 309 (Versäumniß eines Verhandlungstermins), 251 Abf. 2, 256 Abf. 2 (schuldhafte Zurückhaltung von Angriffs-, Vertheidigungs- oder Beweismitteln), 243 Abf. 3, 476 Abf. 3, 529 (Zurücknahme von Klagen oder Rechtsmitteln), 345, 355, 374 (Nichterscheinen oder Weigerung eines Zeugen oder Sachverständigen), 467 Abf. 2 (Verweisung eines Rechtsstreites an das Landgericht wegen nachträglich eingetretener sachlicher Unzuständigkeit des Amtsgerichtes), 471 Abf. 3 (Erfolglosigkeit des amtsgerichtlichen Sühneverfahrens), 563 Abf. 2 (Urkunden- und Wechselproceß), 591, 601, 614, 618, 622 (Ehe- und Entmündigungssachen), 632, 638, 639 Abf. 1 (Mahnverfahren), 697, 708, 719, 760 Abf. 2, 771 Abf. 3, 773 (Kosten der Zwangsvollstreckung).

[1] S. CP. §§. 85 Abf. 1 (Stellvertreter einer Partei ohne Vollmacht), 102—105 (Sicherheit für die Proceßkosten), 647, 650, 652, 657, 668 Abf. 2, 688, 689, 690 Abf. 3, 775 Abf. 3 (Zwangsvollstreckung), 801 Abf. 2, 803, 805 Abf. 2, 807, 818 (Arrest und einstweilige Verfügungen).

pfandweise Hinterlegung baaren Geldes oder solcher Werth=
papiere bestellt werden, welche nach richterlichem Ermessen
eine genügende Deckung gewähren. Eine andere Art der
Sicherheitsleistung ist nur statthaft, wenn die Parteien sie
vereinbart haben, oder wenn die Civilprocebordnung eine
„nach freiem Ermessen des Gerichtes zu bestimmende Sicher=
heit" zuläßt.²

Unter den processualischen Sicherheiten ist von besonderer
Bedeutung die Sicherheit für die Proceßkosten, d. h.
eine Sicherheit, welche der Kläger dem Beklagten für die
Erstattung der Proceßkosten leistet auf den Fall, daß er dazu
verurtheilt werden sollte. Die Bestellung derselben kann der
Beklagte, sei er In= oder Ausländer, durch Geltendmachung
einer processhindernden Einrede verlangen, wenn der Kläger
ein Ausländer ist.³ Ausnahmen treten ein:⁴

1) wenn nach dem Rechte des Staates, welchem der Klä=
ger angehört, ein Deutscher in gleichem Falle nicht zur
Sicherheitsleistung verpflichtet ist;
2) im Urkunden= und Wechselprocesse;
3) bei Widerklagen;
4) bei Klagen, welche in Folge einer öffentlichen Auf=
forderung (CP. §. 823) angestellt werden;
5) bei Klagen aus Ansprüchen, welche in das Hypotheken=
oder Grundbuch einer deutschen Behörde eingetragen
sind;
6) wenn dem Kläger das Armenrecht bewilligt ist.

---

² CP. §. 101. Eine nach freiem Ermessen zu bestimmende Sicherheit ist zugelassen in CP. §§. 801 Abs. 2, 805 Abs. 2, 807.
³ CP. §. 102 Abs. 1 vbd.
§. 247 Nr. 4. S. ob. §. 39. II., §. 40. II., §. 58. IV.
⁴ CP. §§. 102 Abs. 2, 107 Nr. 2.

Wenn zur Zeit der Klageerhebung der Kläger ein Deutscher war oder einer der angegebenen Befreiungsgründe bestand, so kann der Beklagte die Sicherheitsleistung verlangen, sobald im Laufe des Rechtsstreites der Kläger die Eigenschaft eines Deutschen verloren hat oder der Befreiungsgrund weggefallen ist, falls nicht ein zur Deckung des Beklagten ausreichender Theil des erhobenen Anspruches unbestritten ist.[5]

Die Höhe der zu leistenden Sicherheit hat nach vorgängiger Verhandlung[6] das Gericht nach freiem Ermessen festzusetzen mit Rücksicht auf den Kostenbetrag, welchen der Beklagte in dem Rechtsstreite wahrscheinlich aufzuwenden hat. Dabei sind jedoch die durch eine Widerklage erwachsenden Kosten außer Ansatz zu lassen. Stellt sich im Laufe des Rechtsstreites die geleistete Sicherheit als unzureichend heraus, so kann der Beklagte die Leistung einer weiteren Sicherheit verlangen, falls nicht ein zu seiner Deckung ausreichender Theil des erhobenen Anspruches unbestritten ist.[7]

Bei der Anordnung der Sicherheitsleistung hat das Gericht dem Kläger eine Frist für dieselbe zu bestimmen. Nach Ablauf der Frist ist auf Antrag des Beklagten, falls die Sicherheit nicht noch nachträglich vor der Entscheidung geleistet wird, die Klage für zurückgenommen zu erklären[8] oder, wenn der Rechtsstreit in einer Rechtsmittelinstanz schwebt, das Rechtsmittel des Klägers als unzulässig zu verwerfen.[9]

---

[5] CP. §. 103. Vgl. CP. §§. 247 Abs. 3 a. E., 490 Abs. 1, 529.
[6] S. CP. §. 248.
[7] CP. §. 104.
[8] Ueber die Wirkung s. CP. §. 243 Abs. 3, 4 (ob. §. 38. IV.)
[9] CP. §. 105. Vgl. ob. §. 66. V.

## §. 97.
### III. Armenrecht.

I. Armenrecht ist die einstweilige Befreiung von der Bezahlung der Proceßkosten wegen Armuth. Auf Bewilligung desselben hat Jeder Anspruch, der zur Bezahlung der Proceß= kosten ohne Beeinträchtigung des nothwendigen Unterhaltes für sich und seine Familie nicht im Stande ist, vorausgesetzt daß die von ihm beabsichtigte Rechtsverfolgung oder Rechts= vertheidigung nach dem Ermessen des Gerichtes nicht als muthwillig oder aussichtslos erscheint. Ausländer haben auf das Armenrecht nur Anspruch, wenn es in dem Staate, dem sie angehören, auch den Deutschen bewilligt wird.[1]

Die Bewilligung des Armenrechtes verschafft der Partei:
1) die einstweilige Befreiung von der Bezahlung der rück= ständigen und künftig erwachsenden Gerichtskosten (Ge= büren und Auslagen),
2) die Befreiung von der Sicherheitsleistung für die Pro= ceßkosten,
3) das Recht auf Beiordnung eines Gerichtsvollziehers und in Anwaltsprocessen eines Rechtsanwaltes mit einstweiliger Befreiung von der Bezahlung der Gebüren und Auslagen derselben.[2]

Die Partei ist aber zur Nachzahlung der Gerichtskosten sowie der Gebüren und Auslagen ihres Gerichtsvollziehers

---

[1] CP. §. 106.
[2] CP. §. 107. Auch in Partei= processen kann der Partei auf ihren Antrag ein Rechtsanwalt zu vorläufig unentgeltlicher Wahr= nehmung ihrer Rechte von dem Processgerichte beigeordnet wer= den: RAO. §. 34. S. ob. §. 26. I. (S. 63).

und ihres Anwaltes verpflichtet, sobald sie zu besseren Vermögensumständen gelangt.³

Aus Billigkeitsrücksichten bewirkt das dem Kläger, dem Berufungskläger oder dem Revisionskläger bewilligte Armenrecht, so lange es dauert, auch die einstweilige Befreiung des Gegners von der Bezahlung der Gerichtskosten.⁴

Auf die Verpflichtung zur Erstattung der dem Gegner erwachsenden Kosten hat das Armenrecht keinen Einfluß.⁵

II. Das Gesuch um Bewilligung des Armenrechtes ist bei demjenigen Gerichte anzubringen, bei welchem der Rechtsstreit anhängig ist oder anhängig gemacht werden soll. Es kann vor dem Gerichtsschreiber zu Protokoll erklärt werden.⁶ Das Streitverhältniß ist darin unter Angabe der Beweismittel darzulegen.⁷ Ferner ist ein obrigkeitliches Armuthszeugniß beizufügen.⁸ Die Entscheidung kann ohne vorgängige mündliche Verhandlung erfolgen.⁹

Das Armenrecht muß für jede Instanz besonders nachgesucht und bewilligt werden; die Bewilligung für die erste Instanz gilt aber auch für die Zwangsvollstreckung.¹⁰

III. Das Armenrecht kann zu jeder Zeit schon von Amtswegen und ohne vorgängige mündliche Verhandlung wieder entzogen werden, wenn sich herausstellt, daß eine Voraussetzung der Bewilligung nicht vorhanden war oder nicht mehr

---

³ CP. §. 116 Abs. 1. Vbd. CP. §§. 117, 118.
⁴ CP. §. 111 vbd. §§. 114 Abs. 2, 116 Abs. 2.
⁵ CP. §. 108.
⁶ CP. §. 109 Abs. 1 vbd. §. 74 Abs. 2.
⁷ CP. §. 109 Abs. 3.
⁸ Näheres CP. §. 109 Abs. 2.
⁹ CP. §. 117. Ueber die dagegen zulässigen Rechtsmittel s. CP. §. 118.
¹⁰ CP. §. 110 Abs. 1. Ueber die Prüfung des Gesuches in der höheren Instanz s. CP. §. 110 Abs. 2. Ueber die Ausdehnung einer Instanz s. CP. §. 163.

vorhanden ist.[11] Es erlischt von selbst mit dem Tode der Person, welcher es bewilligt ist, und die Erben müssen es also wieder selbständig nachsuchen.[12]

IV. Soweit der Gegner der armen Partei in die Proceß=
kosten rechtskräftig verurtheilt ist, sind sowohl diejenigen Ge=
richtskosten, von deren Bezahlung die arme Partei, als die=
jenigen, von deren Bezahlung er selbst einstweilen befreit
war, von ihm einzuziehen. In Ansehung der letzteren muß
dieses auch dann geschehen, wenn der Rechtsstreit ohne Urtheil
über die Kosten beendigt ist.[13] Soweit der Gegner der armen
Partei in die Proceßkosten rechtskräftig verurtheilt ist, können
ferner auch die für die arme Partei bestellten Gerichtsvoll=
zieher und Rechtsanwälte ihre Gebüren und Auslagen von
ihm beitreiben.[14]

Soweit die arme Partei in die Proceßkosten rechtskräftig
verurtheilt ist, muß sie im Fall der Verbesserung ihrer Ver=
mögensumstände auch diejenigen Gerichtskosten nachzahlen,
von deren Bezahlung der Gegner einstweilen befreit war.[15]

---

[11] CP. §. 112 vbb. §. 117. Ueber die zulässigen Rechtsmittel s. CP. §. 118.

[12] CP. §. 113.

[13] CP. §. 114 vbb. GKostenG. §§. 86, 87 Abs. 1, 88, 89, 90, 93, 94 Nr. 1. S. auch CP. §§. 117, 118.

[14] CP. §. 115. Soweit die Auslagen des Gerichtsvollziehers von dem Gegner oder von der armen Partei selbst (CP. §. 116) nicht beigetrieben werden können, werden sie ihm von der Staats= kasse ersetzt: Geb. O. f. GVollz. §. 21 und Motive dazu. S. auch ob. §. 18. II. a. E.

[15] CP. §. 116 Abs. 2 vbb. GKostenG. §§. 86, 87 Abs. 1. S. auch CP. §§. 117, 118.

# Anhang.
# Aufgebotsverfahren und schiedsrichterliches Verfahren.

## I. Aufgebotsverfahren.

### §. 98.

#### 1. Im Allgemeinen.

Gerichtliches Aufgebot ist eine öffentliche gerichtliche Aufforderung an unbestimmte Gegner oder unbekannte Betheiligte zur Anmeldung von Ansprüchen oder Rechten bei Vermeidung eines Rechtsnachtheils (in der Regel des Ausschlusses fernerer Geltendmachung jener Ansprüche oder Rechte). In welchen Fällen und unter welchen Voraussetzungen ein solches Aufgebot zulässig ist, wer es beantragen kann und welchen Rechtsnachtheil die Nichtanmeldung nach sich zieht, bemißt sich nach den betreffenden Reichs- oder Landesgesetzen.[1] Die Civilproceßordnung gibt Bestimmungen hierüber nur in Ansehung des Aufgebotes zum Zwecke der Kraftloserklärung (Amortisation) eines Wechsels oder einer der in Art. 301 und

---

[1] CP. §. 823 Abs. 1. Reichsgesetzliche Vorschriften, durch welche ein gerichtliches Aufgebotsverfahren für zulässig erklärt ist, finden sich abgesehen von den in CP. §. 837 bezeichneten Fällen in §. 6 des Bundesgesetzes vom 9. Nov. 1867, §. 3 des Bundesgesetzes vom 21. Juli 1870, §. 2 Abs. 4 des Reichsgesetzes vom 26. April 1871 und im Reichsgesetze vom 12. Mai 1873.

## Aufgebotsverfahren im Allgemeinen. §. 98.

302 des Handelsgesetzbuches bezeichneten Urkunden.² Auch schreibt sie das Verfahren bloß für diesen Fall in unbedingt maßgebender Weise vor.³ Für die übrigen Fälle bestimmt sie zwar das Verfahren ebenfalls; jedoch gehen die besonderen Vorschriften anderer Reichsgesetze vor,⁴ und ferner ist es der Landesgesetzgebung gestattet, in den nicht durch Reichsgesetz bestimmten Aufgebotsfällen die Anwendung der Vorschriften der Civilproceßordnung über das Aufgebotsverfahren auszuschließen oder diese Vorschriften durch andere zu ersetzen, soweit nicht CP. §. 849 entgegensteht.⁵

Die Civilproceßordnung enthält nun zunächst Bestimmungen über das gerichtliche Aufgebotsverfahren im Allgemeinen und sodann noch besondere Vorschriften über das Aufgebotsverfahren zum Zwecke der Kraftloserklärung von Urkunden.

Jene allgemeinen Vorschriften sind die folgenden:

1) Das Aufgebotsverfahren gehört zur sachlichen Zuständigkeit der Amtsgerichte.⁶ Die örtliche Zuständigkeit bemißt sich nach dem (bestehenden oder zukünftigen) Reichs= oder Landesgesetze, auf welchem der betreffende Aufgebotsfall beruht.⁷

---

² Vgl. Wechselordnung Art. 73, Handelsgesetzbuch Art. 305.
³ S. unt. §. 99.
⁴ EG. z. CP. §. 13 Abs. 1. S. ob. Anm. 1.
⁵ EG. z. CP. §. 11. Die bisher bestehenden landesgesetzlichen Bestimmungen über das gerichtliche Aufgebotsverfahren werden durch die Civilproceßordnung aufgehoben, soweit nicht in dieser die Fortgeltung derselben ausdrücklich vorbehalten ist: EG. z. CP. §. 14 Abs. 1. Vbd. CP. §§. 825, 827, 837 Abs. 2, 849 Abs. 2.

⁶ GV. §. 23 Nr. 2 a. E. (s. ob. §. 9. I. A. Nr. 2. g.). In den nicht durch Reichsgesetz bestimmten Aufgebotsfällen kann jedoch die Landesgesetzgebung auch andere Gerichte, z. B. die Landgerichte, für zuständig erklären: EG. z. GV. §. 3 Abs. 3 vbd. EG. z. CP. §. 11.
⁷ CP. §. 823 Abs. 2. — Das zuständige Gericht kann die Verbindung mehrerer Aufgebote auch ohne die nach CP. §. 138 erforderlichen Voraussetzungen anordnen: CP. §. 836.

2) Der Antrag auf Erlassung des Aufgebotes kann schriftlich oder durch mündliche Erklärung zum Protokoll des Gerichtsschreibers gestellt werden, und die Entscheidung kann ohne vorgängige mündliche Verhandlung erfolgen.[8] Ist der Antrag zulässig, so wird das Aufgebot von dem Gerichte erlassen. Es muß insbesondere die Bezeichnung des Antragstellers, die Bestimmung eines Aufgebotstermins, die Aufforderung, die Ansprüche und Rechte spätestens in demselben anzumelden, endlich die Bezeichnung der Rechtsnachtheile der Nichtanmeldung enthalten.[9]

3) Die öffentliche Bekanntmachung des Aufgebotes wird durch den Gerichtsschreiber von Amtswegen besorgt. Sie geschieht durch Anheftung an die Gerichtstafel und mindestens einmalige Einrückung in den Deutschen Reichsanzeiger, außerdem aber, falls nicht das betreffende besondere Gesetz etwas Anderes vorschreibt, durch mindestens zweimalige Einrückung eines Auszuges in das amtliche Verkündigungsblatt des Gerichtsbezirkes.[10] Zwischen dem Tage der ersten Einrückung in den Reichsanzeiger und dem Aufgebotstermine muß, falls nicht das betreffende besondere Gesetz etwas Anderes vorschreibt, eine Frist von wenigstens sechs Wochen liegen.[11]

4) Wenn vor oder in dem Aufgebotstermin keine Anmeldung erfolgt ist, so kann der Antragsteller noch in dem Termin den Antrag auf Erlassung des Ausschlußurtheils stellen, d. h. des Urtheils, welches die Rechtsnachtheile der Nichtanmeldung verhängt.[12] Ist er in dem Termine nicht er-

---

[8] CP. §. 824 Abs. 1.
[9] CP. §. 824 Abs. 2.
[10] CP. §. 825 vbb. §. 187. S. auch CP. §. 826 vbb. §. 189 Abs. 3.
[11] CP. §. 827.
[12] CP. §. 829 Abs. 1. Vgl. CP. §. 296.

schienen, so ist auf seinen Antrag, der aber nur innerhalb der nächsten sechs Monate seit dem Aufgebotstermine zulässig ist, ein neuer Termin zu bestimmen.[13]

5) Das Ausschlußurtheil ist in öffentlicher Sitzung zu verkünden.[14] Vor seiner Erlassung kann das Gericht noch eine nähere Ermittelung anordnen, insbesondere die eidliche Versicherung der Wahrheit einer Behauptung des Antragstellers fordern.[15] Auch wird eine Anmeldung, welche vor der Erlassung des Ausschlußurtheils, wenngleich nach dem Schlusse des Aufgebotstermins, erfolgt, noch als rechtzeitig angesehen.[16] Ist eine Anmeldung erfolgt, durch welche das von dem Antragsteller zur Begründung seines Antrages auf Erlassung des Aufgebotes behauptete Recht bestritten wird, so ist nach Beschaffenheit des Falls entweder das Aufgebotsverfahren bis zur endgültigen Entscheidung über das angemeldete Recht auszusetzen, oder das letztere in dem Ausschlußurtheil vorzubehalten.[17] Das Gericht kann die öffentliche Bekanntmachung des wesentlichen Inhaltes des Ausschlußurtheils durch einmalige Einrückung in den Deutschen Reichsanzeiger anordnen.[18]

6) Die Zurückweisung des Antrages auf Erlassung des Ausschlußurtheils erfolgt durch Beschluß. Gegen denselben ist sofortige Beschwerde zulässig. Ebenso gegen Beschränkungen oder Vorbehalte, die dem Ausschlußurtheil beigefügt sind.[19]

---

[13] CP. §. 831. S. auch CP. §. 832. Nach Ablauf der sechs Monate müßte der Erlaß eines neuen Aufgebotes beantragt werden: Begr. z. CP. Entw. §§. 774, 776, 777 in Abs. 3.

[14] CP. §. 829 Abs. 1 vbd. §. 835 Abs. 2.

[15] CP. §. 829 Abs. 2.

[16] CP. §. 828. Vgl. CP. §. 209 Abs. 2.

[17] CP. §. 830.

[18] CP. §. 833.

[19] CP. §. 829 Abs. 3. Vgl. CP. §. 301. Ueber die Berechnung der Nothfrist für die Einlegung der sofortigen Beschwerde s. CP. §. 540 Abs. 2 (ob. §. 70 Nr. 1).

7) Gegen das Ausschlußurtheil selbst ist weder ein Rechts=
mittel noch der Einspruch statthaft.[20] Nur im Wege einer
Klage gegen den Antragsteller kann es aus bestimmten Grün=
den angefochten werden; nämlich:[21]

a) wenn in Fällen, wie der vorliegende, ein Aufgebots=
verfahren gesetzlich nicht zulässig ist;

b) wenn die öffentliche Bekanntmachung des Aufgebotes
oder eine gesetzlich vorgeschriebene Art der Bekannt=
machung unterblieben ist;

c) wenn die vorgeschriebene Aufgebotsfrist[22] nicht gewahrt ist;

d) wenn der erkennende Richter kraft Gesetzes von der Aus=
übung des Richteramtes ausgeschlossen war;

e) wenn ein Anspruch oder ein Recht trotz der erfolgten
Anmeldung nicht dem Gesetze gemäß in dem Urtheil
berücksichtigt ist;

f) wenn die Voraussetzungen bestehen, unter welchen die
Restitutionsklage wegen einer strafbaren Handlung statt=
findet.[23]

Die Anfechtungsklage ist bei dem Landgerichte, in dessen
Bezirke das Aufgebotsgericht seinen Sitz hat,[24] und innerhalb
einer Nothfrist von einem Monate zu erheben. Die Noth=
frist läuft von dem Tage, an dem der Kläger von dem Aus=
schlußurtheil Kenntniß erhalten hat; hat er aber in den
Fällen unter d. und f. von dem Anfechtungsgrunde erst an
einem späteren Tage Kenntniß erhalten, so läuft sie von
diesem letzteren an. Nach Ablauf von zehn Jahren seit dem

---

[20] CP. §. 834 Abs. 1 und Begr. z. CP. Entw. §§. 779, 780 in Abs. 1.

[21] CP. §. 834 Abs. 2.

[22] S. CP. §§. 827, 843—847.

[23] S. CP. §. 543 Nr. 1—5 (ob. §. 71. III. Nr. 1—5).

[24] CP. §. 834 Abs. 2.

Tage der Verkündung des Ausschlußurtheils ist die Klage überhaupt nicht mehr statthaft.[25]

## §. 99.
### 2. Kraftloserklärung von Urkunden.

I. Abhanden gekommene oder vernichtete Wechsel können zufolge Art. 73 der Wechselordnung nach einem vorgängigen Aufgebotsverfahren amortisirt, d. h. für kraftlos erklärt werden. Dasselbe gilt zufolge Art. 305 Abs. 2 des Handelsgesetzbuches in Ansehung derjenigen von Kaufleuten über die Zahlung einer bestimmten Geldsumme oder die Leistung einer bestimmten Menge anderer vertretbarer Sachen oder Werthpapiere[1] ausgestellten Anweisungen oder Verpflichtungsscheine, ferner derjenigen Conossemente von Seeschiffern, Ladescheine von Frachtführern, Auslieferungsscheine (Lagerscheine) über Waaren und andere bewegliche Sachen, Bodmereibriefe und Seeassecuranzpolicen, welche gleich den Wechseln durch Indossament, d. h. Vermerk auf der Rückseite, übertragbar sind.[2]

Die Civilproceßordnung gibt sowohl über die Voraussetzungen der Kraftloserklärung der Wechsel und der genannten anderen Urkunden, als über das dabei einzuhaltende Verfahren genauere und für die Landesgesetzgebung schlechthin bindende Vorschriften.[3] In Ansehung anderer Urkunden, deren Kraftloserklärung nach Reichs- oder Landesgesetzen zulässig

---

[25] CP. §. 835. Vgl. CP. §. 549 Abs. 1, 2 (s. ob. §. 71. V.). — Ueber die Kosten des Aufgebotsverfahrens s. GKostenG. §§. 44, 89.

[1] Ueber den Begriff der vertretbaren Sachen und Werthpapiere s. ob. §. 60. Anm. 1.

[2] Dieses ist dann der Fall, wenn die genannten Urkunden „an Order" lauten: Handelsgesetzbuch Art. 301, 302.

[3] CP. §. 837 Abs. 1.

ist, sind dieselben nur maßgebend, insoweit das betreffende besondere Gesetz nicht abweichende Vorschriften enthält.[4] Wenn jedoch solche Urkunden auf den Inhaber lauten oder durch Indossament übertragbar und mit einem Blancoindossamente, d. h. einem die Person des Erwerbers unbestimmt lassenden Indossamente, versehen sind, und wenn nicht der Anspruch, über welchen die Urkunde ausgestellt ist, in ein Hypotheken- oder Grundbuch eingetragen ist, so sind wenigstens die Vorschriften in CP. §§. 843—848 in der Weise bindend, daß sie das geringste zulässige Maß von Förmlichkeiten darstellen. Die Vorschriften der betreffenden besonderen Gesetze behalten daher ihre Geltung nur insoweit, als sie außerdem noch andere oder als sie schwerere Voraussetzungen aufstellen.[5]

II. Bei der Kraftloserklärung von Urkunden gelten aber nach der Civilproceßordnung folgende besondere Vorschriften:

1) Für das Aufgebotsverfahren ist das Amtsgericht desjenigen Ortes zuständig, welchen die Urkunde als den Erfüllungsort bezeichnet. Enthält sie keine Bezeichnung eines Erfüllungsortes, so ist dasjenige Amtsgericht zuständig, bei welchem der Aussteller seinen allgemeinen Gerichtsstand hat, oder, wenn es an einem solchen zur Zeit des Aufgebotes fehlt, zur Zeit der Ausstellung der Urkunde gehabt hat.[6] Ist der Anspruch, über welchen die Urkunde ausgestellt ist, in ein Hypotheken- oder Grundbuch eingetragen, so ist das Amtsgericht, in dessen Bezirke die von dem Anspruche betroffene Sache liegt, ausschließlich zuständig.[7]

---

[4] CP. §. 837 Abs. 2. Reichsgesetzliche Vorschriften dieser Art finden sich in den ob. §. 98 Anm. 1 angeführten Reichsgesetzen.

[5] CP. §. 849.

[6] CP. §. 839 Abs. 1 vbd. GB. §. 23 Nr. 2 a. E. Vgl. Wechselordnung Art. 73.

[7] CP. §. 839 Abs. 2. Vgl. CP. §. 25.

Kraftloserklärung von Urkunden. §. 99.

2) Zu dem Antrage auf Erlassung des Aufgebotes ist jedesmal Derjenige berechtigt, welcher das Recht aus der Urkunde geltend machen kann, also bei Papieren, welche auf den Inhaber lauten, oder welche durch Indossament übertragbar und mit einem Blancoindossamente versehen sind, der letzte Inhaber.[8]

3) Zur Begründung des Antrages hat der Antragsteller
a) entweder eine Abschrift der Urkunde beizubringen oder den wesentlichen Inhalt der Urkunde nebst allem Anderen anzugeben, was zur vollständigen Erkennbarkeit derselben erforderlich ist,
b) den Verlust der Urkunde und diejenigen Thatsachen, von denen seine Berechtigung zu dem Antrage abhängt, glaubhaft zu machen,
c) sich zur eidlichen Versicherung der Wahrheit seiner Angaben zu erbieten.[9]

4) In dem Aufgebote ist der Inhaber der Urkunde aufzufordern, spätestens in dem Aufgebotstermin seine Rechte bei dem Gerichte anzumelden und die Urkunde vorzulegen, widrigenfalls die Kraftloserklärung der Urkunde erfolgen werde.[10]

5) Die öffentliche Bekanntmachung des Aufgebotes geschieht durch Anheftung an die Gerichtstafel und in dem Local der Börse, wenn eine solche am Sitze des Aufgebotsgerichtes besteht, sowie durch dreimalige Einrückung in den Deutschen Reichsanzeiger und in das amtliche Verkündigungsblatt des Gerichtsbezirkes. Das Gericht kann die Einrückung auch noch in andere Blätter und zu mehreren Malen anordnen.[11]

---

[8] CP. §. 838. Vgl. Wechselordnung Art. 9, 10, 12, 13, 36, Handelsgesetzbuch Art. 303, 304, 305 Abs. 1.
[9] CP. §. 840.
[10] CP. §. 841.
[11] CP. §. 842.

Zwischen dem Tage der ersten Einrückung in den Reichsanzeiger und dem Aufgebotstermine muß eine Frist von wenigstens sechs Monaten liegen.¹²

6) In dem Ausschlußurtheil ist die Urkunde für kraftlos zu erklären. Es muß seinem wesentlichen Inhalte nach durch den Deutschen Reichsanzeiger bekannt gemacht werden. Desgleichen das auf die Anfechtungsklage ergangene Urtheil, wenn es die Kraftloserklärung aufhebt, nach dem Eintritte seiner Rechtskraft.¹³

7) In Folge des Ausschlußurtheils ist Derjenige, welcher es erwirkt hat, dem durch die Urkunde Verpflichteten gegenüber berechtigt, die Rechte aus derselben geltend zu machen, wie wenn er sie besäße. Dritten gegenüber wird an den bestehenden Rechtsverhältnissen nichts geändert.¹⁴ Nur kann natürlich der Inhaber der für kraftlos erklärten Urkunde keine Ansprüche mehr aus dieser geltend machen.

§. 100.
## II. Schiedsrichterliches Verfahren.

Das schiedsrichterliche Verfahren beruht in der Regel auf einem **Schiedsvertrage**, d. h. einer Vereinbarung, daß eine Rechtsstreitigkeit zwischen den Parteien durch eine oder mehrere Privatpersonen als Schiedsrichter entschieden werden solle. Ob es auch durch letztwillige oder andere nicht ver-

---

¹² CP. §. 847. Besondere Vorschriften über die Bestimmung des Aufgebotstermins 1) bei Werthpapieren, für welche Zinsscheine (Coupons) oder Gewinnantheilscheine (Dividendenscheine) ausgegeben sind: CP. §§. 843— 845, 2) bei Schuldurkunden, in denen eine Verfallzeit angegeben ist: CP. §. 846.
¹³ CP. §. 848.
¹⁴ CP. §. 850 und Begr. z. CP. Entw. §§. 786, 790, 791.

Schiedsrichterliches Verfahren. §. 100.

tragsweise Verfügung, z. B. Stiftung u. dgl., angeordnet werden kann, bemißt sich nach dem bürgerlichen Rechte.[1]

I. Ein Schiedsvertrag kann mit rechtlicher Wirksamkeit nur unter denselben Voraussetzungen geschlossen werden, unter welchen die Parteien nach Maßgabe des bürgerlichen Rechtes über den Gegenstand des Streites einen rechtswirksamen Vergleich schließen könnten.[2] Ferner ist ein Schiedsvertrag über künftige Rechtsstreitigkeiten nur dann rechtlich wirksam, wenn er sich auf Rechtsstreitigkeiten aus einem bestimmten Rechtsverhältnisse bezieht.[3] Ist nach den Vorschriften des bürgerlichen Rechtes ein mündlich abgeschlossener Schiedsvertrag gültig, so kann jede Partei die Errichtung einer Urkunde über denselben verlangen.[4]

II. Ist in dem Schiedsvertrage nichts Anderes bestimmt, so wird von jeder Partei ein Schiedsrichter ernannt.[5] Steht aber, sei es nach dieser Rechtsvorschrift, sei es nach dem Schiedsvertrage, beiden Parteien die Ernennung von Schiedsrichtern zu, so hat die betreibende Partei dem Gegner den ihrerseits ernannten Schiedsrichter schriftlich zu bezeichnen mit der Aufforderung, seinerseits innerhalb der nächsten Woche ein Gleiches zu thun. Nach fruchtlosem Ablaufe dieser Frist wird der Schiedsrichter auf den in Form einer Klage zu stellenden Antrag der betreibenden Partei von dem zuständigen Gerichte ernannt.[6]

Jede Partei ist an die ihrerseits erfolgte Ernennung eines Schiedsrichters dem Gegner gegenüber gebunden, sobald dieser die Anzeige von der Ernennung erhalten hat.[7]

---

[1] CP. §. 872.
[2] CP. §. 851.
[3] CP. §. 852. Vgl. CP. §. 40 Abs. 1 (s. ob. §. 14).
[4] CP. §. 853.
[5] CP. §. 854.
[6] CP. §. 855 vbb. §. 871.
[7] CP. §. 856.

III. Ein Schiedsrichter kann aus denselben Gründen und unter denselben Voraussetzungen abgelehnt werden wie ein Richter.[8] Ferner können abgelehnt werden Frauen, Minderjährige, Taube, Stumme und Personen, denen die bürgerlichen Ehrenrechte aberkannt sind.[9] Endlich kann ein nicht in dem Schiedsvertrage ernannter Schiedsrichter abgelehnt werden, wenn er die Erfüllung seiner Pflichten ungebührlich verzögert.[10] Die Ablehnung kann entweder vor dem Schiedsgerichte selbst,[11] oder im Wege der Klage bei dem zuständigen Gerichte geltend gemacht werden.[12]

IV. Wenn ein nicht in dem Schiedsvertrage ernannter Schiedsrichter stirbt oder aus einem anderen Grunde, wie z. B. wegen Geisteskrankheit oder erfolgreicher Ablehnung, wegfällt, oder wenn er die Uebernahme oder die Ausführung des Schiedsrichteramtes verweigert, so hat die Partei, von welcher oder für welche er nach CP. §§. 855 Abs. 2, 857 a. E. vom Gerichte ernannt ist, auf Aufforderung des Gegners innerhalb einer Woche einen anderen Schiedsrichter zu ernennen. Nach fruchtlosem Ablaufe dieser Frist wird der Schiedsrichter auf Antrag der betreibenden Partei von dem zuständigen Gerichte ernannt.[13]

Wenn dagegen eine in dem Schiedsvertrage selbst, sei es allein oder neben Anderen, zum Schiedsrichter ernannte bestimmte Person stirbt oder aus einem anderen Grunde wegfällt oder die Uebernahme oder die Ausführung des Schiedsrichteramtes verweigert oder auch die Erfüllung ihrer Pflichten

---

[8] CP. §. 858 Abs. 1 vbd. §§. 41—43, 44 Abs. 4 (s. ob. §. 5).
[9] CP. §. 858 Abs. 3 vbd. Strafgesetzbuch §. 32.
[10] CP. §. 858 Abs. 2.
[11] CP. §. 863 a. E.
[12] CP. §. 871.
[13] CP. §. 857 vbd. §. 871. Vgl. CP. §. 855 Abs. 2 (ob. II.).

ungebürlich verzögert, so verliert der Schiedsvertrag seine Kraft, wenn nicht für den betreffenden Fall die Parteien durch Vereinbarung Vorsorge getroffen haben.[14]

V. Die Art des Verfahrens ist, wenn nicht die Parteien darüber eine Vereinbarung getroffen haben, dem freien Ermessen der Schiedsrichter überlassen. Nur müssen sie vor der Erlassung des Schiedsspruches die Parteien hören und das Sachverhältniß, welches dem Streite zu Grunde liegt, so weit ermitteln, als sie dieses für erforderlich halten.[15] Sie können Zeugen und Sachverständige vernehmen, welche freiwillig vor ihnen erscheinen; zur Beeidigung derselben sowie zur Abnahme eines Parteieides sind sie aber nicht befugt.[16] Solche und andere richterliche Handlungen, welche sie für erforderlich erachten, zu deren Vornahme sie aber nicht befugt sind, wie namentlich auch die Ladung und Vernehmung nicht vor ihnen erscheinender Zeugen und Sachverständigen, sind jedoch auf Antrag einer Partei von dem zuständigen Gerichte vorzunehmen, falls dieses nicht aus besonderen Gründen den Antrag für unzulässig erachtet.[17]

Wenn die Unzulässigkeit des schiedsrichterlichen Verfahrens behauptet wird, z. B. und insbesondere deshalb, weil kein rechtsgültiger Schiedsvertrag bestehe, oder weil sich der Schiedsvertrag auf den zu entscheidenden Streit nicht beziehe, oder weil ein Schiedsrichter (namentlich wegen eines Ablehnungsgrundes) zu den schiedsrichterlichen Verrichtungen nicht befugt sei: so können die Schiedsrichter nach ihrem Ermessen ent=

---

[14] CP. §. 859 Nr. 1.
[15] CP. §. 860 vbd. §. 867 Abs. 1 Nr. 4. S. aber auch CP. §. 867 Abs. 2.
[16] CP. §. 861.
[17] CP. §. 862 Abs. 1. S. auch Abs. 2. Ueber den Begriff des „zuständigen Gerichtes" in diesem Paragraphen s. Anm. 36.

weder bis zur Entscheidung dieser Frage durch das zuständige
Gericht das Verfahren aussetzen oder trotz des Einwandes
dasselbe fortsetzen und den Schiedsspruch erlassen, so daß die
Frage erst nachträglich zur Entscheidung des genannten Ge=
richtes kommt.[18]

Ist der Schiedsspruch von mehreren Schiedsrichtern zu
erlassen, so entscheidet, wenn nicht der Schiedsvertrag etwas
Anderes bestimmt, die absolute Mehrheit der Stimmen.[19]
Ergibt sich Stimmengleichheit, oder wird sonst eine absolute
Stimmenmehrheit nicht erreicht, so verliert der Schiedsvertrag
seine Kraft, wenn nicht für diesen Fall die Parteien durch
Vereinbarung Vorsorge getroffen haben.[20]

Die Schiedsrichter müssen den Schiedsspruch unter Angabe
des Tages der Abfassung unterschreiben. Sodann müssen sie
ihn in einer von ihnen unterschriebenen Ausfertigung den
Parteien zustellen lassen und ihn endlich unter Beifügung der
Zustellungsurkunde auf der Gerichtsschreiberei des zuständigen
Gerichtes niederlegen.[21]

VI. Der gehörig zugestellte Schiedsspruch hat unter den
Parteien die Wirkungen eines rechtskräftigen gerichtlichen
Urtheils.[22] Seine Aufhebung kann daher nicht durch ein
Rechtsmittel oder durch Einspruch herbeigeführt werden, son=
dern nur durch eine der Nichtigkeits= und Restitutionsklage
entsprechende Klage bei dem zuständigen Gerichte[23] und nur
aus folgenden Gründen:[24]

---

[18] CP. §. 863 vbd. §§. 867 Abs. 1 Nr. 1, 868 Abs. 2. S. auch Begr. z. CP. Entw. §. 804.
[19] CP. §. 864. Vgl. ob. §. 4 a. E.
[20] CP. §. 859 Nr. 2.
[21] CP. §. 865 vbd. §. 871.
[22] CP. §. 866. Vbd. CP. §. 293. S. ob. §. 56.
[23] S. CP. §. 871.
[24] CP. §. 867 Abs. 1.

Schiedsrichterliches Verfahren. §. 100.

1) wenn das schiedsrichterliche Verfahren unzulässig war;[25]
2) wenn der Schiedsspruch eine Partei zu einer verbotenen Handlung verurtheilt hat;[26]
3) wenn die Partei in dem Verfahren nicht nach Vorschrift der Gesetze vertreten war, vorausgesetzt, daß sie nicht die Proceßführung ausdrücklich oder stillschweigend genehmigt hat;[27]
4) wenn der Partei in dem Verfahren das rechtliche Gehör nicht gewährt war;[28]
5) wenn der Schiedsspruch nicht mit Gründen versehen ist;[29]
6) wenn die Voraussetzungen vorliegen, unter welchen in den Fällen von CP. §. 543 Nr. 1—6 die Restitutionsklage stattfindet.[30]

Aus den unter Nr. 4 und 5 genannten Gründen kann jedoch der Schiedsspruch nicht aufgehoben werden, wenn die Gewährung des rechtlichen Gehörs oder die Beifügung von Gründen zu dem Schiedsspruche in Gemäßheit einer Vereinbarung der Parteien unterblieben ist.[31]

VII. Die Zwangsvollstreckung kann aus einem Schiedssspruche nur stattfinden, wenn ihre Zulässigkeit nach vorgängiger Verhandlung durch ein Vollstreckungsurtheil ausgesprochen ist. Auf die Erlassung desselben ist bei dem zuständigen Gerichte Klage zu erheben. Es darf nicht erlassen werden, wenn einer der Gründe vorliegt, aus denen die Auf=

---

[25] Vgl. CP. §§. 861 Abf. 2, 863.
[26] Vgl. CP. §. 661 Nr. 2 (f. ob. §. 73. III. Nr. 2).
[27] Vgl. CP. §. 513 Nr. 5 (ob. §. 67. II. Nr. 5), §. 542 Nr. 4 (ob. §. 71. II. Nr. 4).
[28] Vgl. CP. §. 860 Abf. 1. S. auch ob. §. 67 Anm. 19, §. 71 Anm. 3.
[29] Vgl. CP. §. 513 Nr. 7 (f. ob. §. 67. II. Nr. 7.).
[30] S. ob. §. 71. III. Nr. 1—6.
[31] CP. §. 867 Abf. 2.

hebung des Schiedsspruches beantragt werden kann.³² Nach seiner Erlassung kann die Aufhebung des Schiedsspruches nur noch aus den unter VI. Nr. 6 bezeichneten Gründen und auch aus diesen bloß dann beantragt werden, wenn die Partei glaubhaft macht, daß sie zur Geltendmachung des Grundes in dem früheren Verfahren ohne ihr Verschulden außer Stande gewesen sei.³³ Die Aufhebungsklage ist in diesem Fall innerhalb einer Nothfrist von einem Monate zu erheben, welche von dem Tage, an welchem die Partei von dem Aufhebungsgrunde Kenntniß erhalten hat, frühestens aber von dem Eintritte der Rechtskraft des Vollstreckungsurtheils an läuft. Nach Ablauf von zehn Jahren seit dem Eintritte der Rechtskraft dieses Urtheils ist die Klage überhaupt nicht mehr statthaft.³⁴ Wird der Schiedsspruch aufgehoben, so ist zugleich die Aufhebung des Vollstreckungsurtheils auszusprechen.³⁵

VIII. Für die Klagen, zu denen der Schiedsvertrag oder das schiedsrichterliche Verfahren Anlaß geben kann,³⁶ ist das-

---

³² CP. §. 868 vbd. §. 871. Vgl. CP. §§. 660, 661 (f. ob. §. 73. III.).

³³ CP. §. 869. Vgl. CP. §. 545.

³⁴ CP. §. 870 Abs. 1, 2. Vgl. CP. §. 549 Abs. 1, 2 (f. ob. §. 71. V.).

³⁵ CP. §. 870 Abs. 3.

³⁶ Ausdrücklich genannt sind die Klagen, "welche die Ernennung oder Ablehnung eines Schiedsrichters (CP. §§. 855 Abs. 2, 857, 858), das Erlöschen eines Schiedsvertrages (CP. §. 859), die Unzulässigkeit des schiedsrichterlichen Verfahrens (CP. §. 863), die Aufhebung eines Schiedsspruches (CP. §§. 867, 869, 870) oder die Erlassung des Vollstreckungsurtheils (CP. §. 868) zum Gegenstande haben." Gewiß ist aber der Begriff des "zuständigen Gerichtes" in CP. §§. 862, 865 ebenfalls nach den Vorschriften in CP. §. 871 zu bestimmen, theils weil dieselben im Wesentlichen mit den allgemeinen Grundsätzen über die Zuständigkeit übereinkommen, theils weil in §. 871 Abs. 2 auf §. 865 ausdrücklich hingewiesen wird.

jenige Amtsgericht oder Landgericht zuständig, welches in einem schriftlichen Schiedsvertrage als zuständig bezeichnet ist, in Ermangelung einer solchen Bezeichnung aber dasjenige, welches nach den gesetzlichen Zuständigkeitsregeln für die Klage wegen des Anspruches selbst zuständig sein würde.[37] Unter mehreren hienach zuständigen Gerichten ist und bleibt dasjenige zuständig, welches zuerst, sei es von einer Partei oder von dem Schiedsgerichte (CP. §. 865), angegangen worden ist.[38]

---

[37] CP. §. 871 Abs. 1. Nach der Fassung dieses Absatzes muß das in einem schriftlichen Schiedsvertrage bezeichnete Gericht als ausschließlich zuständig betrachtet werden; auch muß dabei die Beschränkung in CP. §. 40 Abs. 2 außer Anwendung bleiben. Fehlt es an einem schriftlichen Schiedsvertrage oder an der Bezeichnung eines zuständigen Gerichtes in demselben, so kommen dann erst die gewöhnlichen Regeln über den gesetzlichen und den vereinbarten Gerichtsstand (CP. §§. 38—40: f. ob. §. 14) in Betracht.

[38] CP. §. 871 Abs. 2.

# Register.

Die Zahlen verweisen auf die Seiten, diejenigen mit vorgesetztem A. auf die Anmerkungen.

Abkürzung von Fristen 84.
Ablehnung: von Gerichtspersonen 18, 19, von Sachverständigen 130, von Schiedsrichtern 332.
Abweisung der Klage: endgültige oder einstweilige 160, angebrachter Maßen 160 A. 10.
Accessorische Intervention s. Nebenintervention.
Adhäsion s. Anschließung.
Alimente 234, 273, 274.
Amortisation von Wechseln und anderen Urkunden 327.
Amtsgerichte: sachliche Zuständigkeit 25; Zuständigkeit: für das Mahnverfahren 183, im Entmündigungsverfahren 192, für das Aufgebotsverfahren 323; als Vollstreckungsgerichte 251. Verfahren vor den Amtsg. 171 ff.
Anerkenntniß 105, 161, 179, 188, 196, 233, 312.
Anfechtungsklage s. Klage.
Anschließung: an die Berufung 201, an die Revision 214.
Anträge sind in Anwaltsprocessen zu verlesen: 109, 203, 216.
Antretung des Beweises s. Beweis.
Anwalt s. Rechtsanwalt.
Anwaltskammer 44.
Anwaltsprocesse 62.
Anwaltszwang 62.
Appellation s. Berufung.
Armenrecht 319.
Arrest: Voraussetzungen 294, Zuständigkeit 295, Verfahren 296, Aufhebung 298, 301, Vollziehung 299.
Auctor: Benennung des A. 55, 60.
Aufgebot, gerichtliches: Fälle der Zulässigkeit 322, 327; was ein A. enthalten muß 324, 329; Form der öffentlichen Bekanntmachung des A. 324, 329.
Aufgebotstermin 324, 330.
Aufgebotsverfahren: im Allgemeinen 322; zur Kraftloserklärung von Wechseln und anderen Urkunden 327.
Aufnahme des Verfahrens 67, 69.
Augenschein 121; kann auch vom Gerichte angeordnet werden 97, 121.
Auseinandersetzungen 175.
Ausfertigung: Begriff 98.
    Vollstreckbare A.: wann und von wem sie ertheilt wird 241 ff.; weitere 244, 245.
Ausländer: Proceßfähigkeit 50.
Auslagen: des Gerichtes 305, der Rechtsanwälte 46, der Gerichtsvollzieher 48.
Ausnahmegerichte 13.
Ausschließung, gesetzliche: der Gerichtspersonen 17, der Gerichtsvollzieher 47.
Ausschlußurtheil 324, 330, Anfechtbarkeit desselben 326.
Aussetzung des Verfahrens: Wirkungen 100; A. d. V. bis zur Erledigung eines anderen Rechtsstreites oder sonstigen Verfahrens 97, wegen Militärdienstes einer Partei oder Aufenthaltes an einem von dem Processgerichte abgeschnittenen Orte 69, in Ehesachen 190.

Beauftragter Richter: Begriff 16.
Beistände 66.
Benennung des Auctors 55, 60.
Berufung: Voraussetzungen 199; Einlegungsfrist 200; Zurücknahme 201; Wirkungen 201; Anschließung an die

## Register.

B. 201; Form der Einlegung 202; wiederholte Verhandlung des Rechtsstreites in der Berufungsinstanz 204; Zulässigkeit neuen Vorbringens 205; proceßhindernde Einreden 205; Zurückverweisung der Sache an das Gericht erster Instanz 207; Versäumnißverfahren 209.
Beschluß: Unterschied von dem Urtheil und der Verfügung 80.
Beschwerde 221 ff., weitere 221.
   Sofortige B. 224.
Beschwerdegegenstand bei der Revision 210.
Beweis: Begriff 113; freie Beweiswürdigung 114, insbesondere bei Ansprüchen auf Schadensersatz 115; B. von Rechtssätzen 116; Sicherung des B. (B. zum ewigen Gedächtnisse) 153.
   Antretung des Beweises: im Allgemeinen 111, 112; durch Augenschein 121, durch Zeugen 121, durch Sachverständige 129, durch Urkunden 139, durch Eideszuschiebung 147.
Beweisaufnahme: allgemeine Regeln 118 ff.
Beweisbeschluß 119; Anordnung einer Eidesleistung durch B. 148, 151, 178.
Beweiseinreden 111.
Beweispflicht 116.
Beweisverbindung 89, 111.

Cabinetsjustiz 13.
Cautionen siehe Sicherheitsleistungen.
Cession des rechtshängigen Anspruches 69.
Citationen s. Ladungen.
Civilkammern der Landgerichte 15, als Gerichte erster Instanz 20, als Gerichte zweiter Instanz 21.
Civilsenate: der Oberlandesgerichte 21, des Reichsgerichtes 21.
Collegialgerichte: Verfassung 14, Geschäftsgang 16.
Commissär 175 ff.
Competenz s. Zuständigkeit.
Competenzconflicte zwischen Gerichten und Verwaltungsbehörden 12.
Concurs über das Vermögen einer Partei: Einfluß auf den Proceß 69.
Consortium litis s. Streitgenossenschaft.
Contumacialverfahren s. Versäumnißverfahren.
Cumulation von Klagen s. Klagenhäufung.

Decrete s. Entscheidungen.
Denunciatio litis s. Streitverkündung.
Deputirter Richter s. Beauftragter Richter.
Drittschuldner 268.
Dupliken 108.

Editionseid 140.
Editionspflicht 137.
Ehesachen 187. Urtheile in E. dürfen nicht für vorläufig vollstreckbar erklärt werden 236.
Ehescheidungsklage 187.
Eheschließung: ein Zwang zur E. ist unstatthaft 288, 290.
Ehrengericht der Rechtsanwälte 44.
Ehrengerichtshof 45.
Eid: im Allgemeinen 142, Wahrheitseid 143, Ueberzeugungseid 144; E. als Mittel der Glaubhaftmachung 114 (nicht zulässig 19, 211); E. zur Schätzung eines Schadens 115; Editionseid 140;
   Zugeschobener E. s. Eideszuschiebung.
   Richterlicher E. 151.
Eidesformel 142.
Eidesleistung: Form 142.
Eidesnorm 142, 151.
Eideszuschiebung: Zulässigkeit 145, Beschränkung der Zulässigkeit in Ehesachen 188, Unzulässigkeit in Entmündigungssachen 196, zum Beweise eines Restitutionsgrundes 228.
   Form und Wirkung der E. 147; Zurückschiebung 145; Widerruflichkeit der Zuschiebung und Zurückschiebung 147, 149; Auferlegung durch bedingtes Urtheil oder Beweisbeschluß 148; Wirkung der Leistung, Erlassung oder Verweigerung des Eides 149. Protokollirung der Annahme oder Zurückschiebung eines Eides 109, 174.
Einlassung, verneinende 106.
Einlassungsfrist: im Allgemeinen 81, Abkürzung 84. E. im landgerichtlichen Verfahren 101, im amtsgerichtlichen Verfahren 171, im Wechselprocesse 182, in der Berufungsinstanz 202, in der Revisionsinstanz 216.
Einreden: die Hauptsache betreffende verzögerliche und zerstörliche 106.
   Proceßhindernde E.: Begriff und Fälle 107, der Rechtshängigkeit 103, der mehreren Streitgenossen 107

**A. 1.** Behandlung: im landgerichtlichen Verfahren 109, im amtsgerichtlichen Verfahren 172, im Urkundenprocesse 178, in der Berufungsinstanz 205, in der Revisionsinstanz 217.
**Einspruch** gegen Versäumnißurtheile 167.
**Endurtheil**: Begriff 158, Inhalt 159, bedingtes E. 148, 152, 158; wann ein E. zu erlassen ist 160; Ergänzung durch nachträgliche Entscheidung 162; Rechtskraft 163. S. auch Urtheil.
**Entmündigungssachen** 192 ff.
**Entscheidungen** 80.
**Erkenntniß** s. Urtheil.
**Erstattung** der Proceßkosten s. Kostenerstattung.
**Ersuchter Richter**: Begriff 23.
**Execution** s. Zwangsvollstreckung.
**Executions-Intervention** 256.
**Executionsproceß** s. Urkundenproceß.
**Experten** s. Sachverständige.
**Exterritorialität** befreit von der inländischen Gerichtsgewalt 23; allgemeiner Gerichtsstand des Wohnsitzes der exterritorialen Deutschen 29; E. ist ohne Einfluß auf den ausschließlichen dinglichen Gerichtsstand 35. Art der Zustellung an exterritoriale Deutsche 78 A. 17.

**Feriensachen** 83.
**Feststellungsklagen** 102; Incident-F. 165.
**Formvorschriften**: Verletzung derselben kann nicht mehr gerügt werden, wenn dies nicht bei nächster Gelegenheit geschehen ist 111, 206, 217.
**Forum** s. Gerichtsstand.
**Fragerecht** des Gerichts 96.
**Fristen**: Arten 81, Beginn 82, Berechnung 83, Verlängerung und Abkürzung 84.

**Gebüren**: der Rechtsanwälte 46, der Gerichtsvollzieher 48, der Zeugen 128, der Sachverständigen 131. Gerichtsgebüren s. Gerichtskosten.
**Gegenausführung**, rechtliche 106.
**Gehör**, wechselseitiges: Grundsatz des w. G. 71, 213 A. 20, 226 A. 3.
**Gerichte**: ordentliche 11, besondere 11 A. 2; Besetzung 14, Gliederung 19.
**Gerichtsbarkeit**: freiwillige und streitige, ordentliche und außerordentliche 11.
**Gerichtsferien** 83.

**Gerichtsgewalt**: Ausdehnung 22.
**Gerichtskosten**: zerfallen in Gebüren und Auslagen 305; Gebürenfreiheit 307; Gebürenvorschuß 307; Fälligkeit der G. 308; einstweilige Befreiung von den G. durch das Armenrecht 319.
**Gerichtspersonen** 14; Ausschließung einer G. kraft Gesetzes 17, Ablehnung wegen Besorgniß der Befangenheit 18.
**Gerichtsschreiber**: Aufgabe 14; Ausschließung und Ablehnung s. Gerichtspersonen.
**Gerichtssprache** 92.
**Gerichtsstand**: allgemeiner und besonderer 25, abgeleiteter 30, vereinbarter 37; G. im Mahnverfahren 183, 185, 186, in Ehesachen 187.

Allgemeine G.: des Wohnsitzes 28, des Aufenthaltes 30, der Gemeinden, Corporationen, Vereine, Stiftungen u. dgl. 30, der Gewerkschaften 31, der Behörden 31, des Fiscus 31.

Besondere G.: des dauernden Aufenthaltsortes 31, der Niederlassung 31, für Streitigkeiten aus gemeindlichen, gesellschaftlichen und genossenschaftlichen Verhältnissen 32, des Vermögens 32, der Erbschaft 33, des Vertrages 33, für Meß- und Marktsachen 33, für Wechselprocesse 181, der Vermögensverwaltung 33, der unerlaubten Handlung 34, der Widerklage 34, des sachlichen Zusammenhanges 34, binglicher G. 35.
**Gerichtsstandsfähigkeit** s. Proceßfähigkeit.
**Gerichtsstillstand** 99.
**Gerichtsvollzieher**: Ausschließung kraft Gesetzes 47; Verhältniß zum Auftraggeber 47; Anspruch auf Gebüren und Erstattung der Auslagen 48. G. als Organe der Zwangsvollstreckung 249.
**Gesandte** 23, 29. S. auch Exterritorialität.
**Geständniß**: gerichtliches 117, ist auf Antrag zu protokolliren 109, 174, sog. qualificirtes 117; außergerichtliches 117 A. 7, 136. G. in Ehesachen 188, in Entmündigungssachen 196.
**Glaubhaftmachung** 113.
**Grund** des erhobenen Anspruches 102.

**Haft** 291, als Gestalt des persönlichen Arrestes 301.
**Handacten** 46.
**Handelsrichter** 21.

Handelssachen 28, 101 A. 7, 173 A. 16.
Hauptintervention 55.
Hauptverfahren: im Allgemeinen 89, im landgerichtlichen Verfahren 111.

Incident-Feststellungsklage 165.
Insinuation f. Zustellungen.
Instanzen 20.
Instanzenzug 20.
Intervention: Haupt- und Neben-J. 55; Vollstreckungs-J. 256.

Kammern der Landgerichte 15.
K. f. Handelssachen 15, 20; sachliche Zuständigkeit 28, insbesondere für Wechselprocesse 181 A. 21; Einlassungsfrist im Verfahren vor den K. f. H. 101 A. 7.
Klage: Art der Erhebung: vor den Landgerichten 100, im Urkundenprocesse 178, im Wechselprocesse 181, vor den Amtsgerichten 171, 175. Zurücknahme 104, Abweisung 159, 160.
Kl. auf Feststellung 102, 165.
Kl. zur Anfechtung eines Entmündigungsbeschlusses 195, auf Wiederaufhebung eines solchen Beschlusses 197; zur Anfechtung eines Ausschlußurtheils 326, eines Schiedsspruches 334.
Klageänderung 103, in der Berufungsinstanz unzulässig 205.
Klageantrag 102.
Klagebeantwortung 105.
Klagegesuch 102.
Klagegrund: Begriff 102, Aenderung 103.
Klagenhäufung: objective 102, subjective f. Streitgenossenschaft.
Klageschrift 100.
Kosten: durch Versäumung verursachte 86, 312, der Wiedereinsetzung gegen Fristversäumung 88, durch Proceßverzögerung veranlaßte 91, 105, 109, 203, K. des Versäumnißverfahrens 170, des amtsgerichtlichen Sühneverfahrens 175, des Urkundenprocesses 180, des Mahnverfahrens 183, 184, 185 A. 16, 186, 186 A. 20, der Zwangsvollstreckung 241, des Vertheilungsverfahrens 281, der Haft 293, eines Vergleiches 313.
Kostencaution 317.
Kostencompensation 311.
Kostenerstattung: die Verpflichtung zu derselben kann nur auf Grund eines vollstreckbaren Schuldtitels geltend gemacht werden 315. S. noch Kostentragung.
Kostenfestsetzung 315.
Kostentragung: im Allgemeinen 310, bei Zurücknahme der Klage 104, bei Zurücknahme der Berufung 201, bei Erledigung des Rechtsstreites durch Vergleich 313. Pflicht zur Tragung gewisser besonderer Kosten 312, 314. K. durch Streitgenossen 313. K. im Fall der Nebenintervention 314.
Kraftloserklärung von Wechseln und anderen Urkunden 327.
Kunstverständige f. Sachverständige.

Ladungen 78, im amtsgerichtlichen Verfahren 172.
Ladungsfristen 81, Abkürzung 84; L. im Mahnverfahren 185.
Landesgericht, oberstes 21.
Landgerichte: sachliche Zuständigkeit 27, ausschließliche Zuständigkeit für Ehesachen 187.
Laudatio auctoris 55, 60.
Legitima persona standi in iudicio f. Proceßfähigkeit.
Legitimatio ad processum 51, 64.
Litis consortes f. Streitgenossen.
Litis denunciatio f. Streitverkündung.
Litispendenz f. Rechtshängigkeit.
Litis reassumptio 67, 69.

Mahnverfahren 182.
Manifestationseid f. Offenbarungseid.
Manualacten f. Handacten.
Mehrheit, absolute 16.
Meß- und Marktsachen: Gerichtsstand für M. 33, Ladungsfristen in M. 82, Einlassungsfristen in M. 101, 171, 202, 216.
Militärperson: Gerichtsstand d. Wohnsitzes einer M. 29, Gerichtsstand des dauernden Aufenthaltsortes einer M. 31, Aussetzung des Verfahrens gegen eine M. 69, Zustellungen an eine M. 74 A. 2, 78 A. 17, Zwangsvollstreckung gegen eine M. 247, 252, 291, 293.
Mündliche Verhandlung: im Allgemeinen 92; diejenige m. V., auf welche das Urtheil ergeht, ist grundsätzlich die allein entscheidende 95; m. V. im landgerichtlichen Verfahren 109, in der Be-

rufungsinstanz 203, in der Revisions-
instanz 216.
**Mündlichkeit:** Grundsatz der M. der
Verhandlung 72.
**Mutatio libelli** s. **Klageänderung**.

**Nachverfahren** 89.
**Nebenintervention** 55, 56, 59; Kosten
der N. 314.
**Nichtigkeitsklage** zur Wiederaufnahme
des Verfahrens 225.
N. in Ehesachen: Begriff 187,
Eigenthümlichkeiten 191.
**Nominatio auctoris** 55, 60.
**Nothfristen** 82, 84.
**Notorische Thatsachen** 116, 118.

**Oeffentlichkeit:** Grundsatz der Ö. der
Verhandlung 73.
**Offenbarungseid:** Fälle, in denen er
geleistet werden muß 262, 285, Ver-
fahren bei der Abnahme des O. 290.
**Offenkundige Thatsachen** 116, 118.

**Parteien:** Parteifähigkeit 49. Die P.
können persönlich vor Gericht erscheinen
63; müssen neben ihrem Anwalte gehört werden 94; können Geständnisse
und andere Erklärungen ihrer Bevollmächtigten oder Beistände widerrufen
66, 67; können zum persönlichen Erscheinen aufgefordert werden 63, 96,
113, in Ehesachen bei Vermeidung der
Nachtheile, welche einen ausbleibenden
Zeugen treffen 188.
**Parteiprocesse** 62.
**Petitum** s. **Klageantrag**.
**Pfändung:** im Allgemeinen 260.
Pf. körperlicher Sachen: wie
sie geschieht 263; Pf. von Früchten
auf dem Halm 263; der Pf. entzogene
Sachen 264; Versteigerung gepfändeter
Sachen 265; Anschlußpfändung 266.
Pf. von Geldforderungen:
wie sie geschieht 268; vorläufige Benachrichtigung von derselben 270; Verpflichtung des Drittschuldners zur Aus-
kunftsertheilung 270; Ueberweisung der
gepfändeten Forderung an den Gläubiger 271; der Pfändung entzogene
Forderungen 273.
Pfändung von Ansprüchen
auf Herausgabe oder Leistung
körperlicher Sachen 275.
Mehrheit von Gläubigern
bei der Pf. von Geldforde-

rungen oder Ansprüchen auf
Sachen 276.
Pf. sonstiger Ansprüche und
unkörperlicher Vermögens-
stücke 279.
Vertheilungsverfahren 280.
**Plenarversammlung** eines Collegial-
gerichtes 15.
**Präjudicial-Incidentklage** 165.
**Präjudicial-Incidentwiderklage** 165.
**Präsidium** 15, 41.
**Praesumptio iuris** s. **Rechtsver-
muthung**.
**Principalintervention** s. **Hauptin-
tervention**.
**Processacten**, gerichtliche 98, Befugniß
zu ihrer Einsicht 98.
**Processbetrieb** geschieht in der Regel
unmittelbar durch die Parteien 73, 248.
**Processbevollmächtigte** 62, müssen
schriftliche Vollmacht beibringen 64.
**Processfähigkeit** 49; Mangel derselben
ist von Amtswegen zu berücksichtigen
51; Einfluß des Verlustes derselben
auf den Proceß 68.
**Processhindernde Einreden** s. **Einreden**.
**Processkosten:** Arten 305. S. auch
Auslagen, Gebüren, Gerichtskosten und Kosten.
Verpflichtung zur Tragung
der P. 310. S. auch Kostentragung.
Sicherheit für die P. 317.
**Processlegitimation** 51, 64.
**Processleitungsamt** des Gerichtes 96.
**Processvollmacht:** welche Befugnisse sie
gibt 65.
**Protokoll** über die mündliche Verhandlung 98, über das vorbereitende Verfahren in Rechnungssachen ic. 176,
des Gerichtsvollziehers über Voll-
streckungshandlungen 250.
**Prorogirter Gerichtsstand** 37.
**Publication** s. **Verkündung**.

**Qualificirtes Geständniß** 117.

**Reassumtion des Processes** 67, 69.
**Rechnungssachen** 175.
**Rechtsanwälte:** werden bei bestimmten
Gerichten zugelassen 39, 41; müssen
beeidigt werden und einen bestimmten
Wohnsitz nehmen 40; Stellvertretung
bei zeitweiser Verhinderung 41; Rechte
42; Pflichten 43; Aufsicht über die

# Register.

R. 44; Verhältniß zum Auftraggeber 45; Haftung für die durch grobes Verschulden veranlaßten Kosten 46, 314; Anspruch auf Gebüren und Erstattung von Auslagen 46; Beiordnung durch das Gericht 63.

**Rechtsanwaltschaft:** Zulassung zu derselben 38, Zurücknahme der Zulassung 41. R. bei dem Reichsgerichte 41.

**Rechtshängigkeit** der Streitsache 103; Einrede der R. 103.

**Rechtshülfe** 23.

**Rechtskraft** der Urtheile 163.

**Rechtsmittel** 198.

**Rechtssätze:** wieweit sie des Beweises bedürfen 116.

**Rechtsvermuthung** 115.

**Reconvention** s. Widerklage.

**Recusation** s. Ablehnung.

**Reichsgericht** 21.

**Repliken** 108.

**Requirirter Richter** s. Ersuchter Richter.

**Requisit** 74.

**Restitutio in integrum** s. Wiedereinsetzung in den vorigen Stand.

**Restitutionsklage** 225.

**Revision:** Voraussetzungen 210; Zweck 212; Einlegungsfrist, Zurücknahme, Anschließung an die R. 214; Form der Einlegung 214; prozeßhindernde Einreden 217; Zulässigkeit neuen Vorbringens 218; Zurückverweisung der Sache an das Berufungsgericht 220; Versäumnißverfahren 220.

**Richter:** Ausschließung und Ablehnung s. Gerichtspersonen. Beauftragter R. 16; ersuchter R. 23; gesetzlicher R. 24.

**Rüge** der Verletzung einer das Verfahren betreffenden Vorschrift ist ausgeschlossen, wenn sie nicht bei der nächsten Gelegenheit erfolgt ist 111, 206, 217.

**Ruhen** des Verfahrens 99.

**Sachverständige** 129; Begutachtung durch S. kann auch vom Gerichte angeordnet werden 97, 129; Ernennung der S. 129; Verpflichtung zur Erstattung des Gutachtens 130; Beeidigung 131; Anspruch auf Gebüren 131.

**Schadenersatzansprüche** unterliegen der freien Würdigung des Gerichtes 115.

**Schiedsrichterliches Verfahren:** kann auf einem Schiedsvertrage oder einer anderen gültigen Verfügung beruhen 330; Ernennung der Schiedsrichter 331, 332; Ablehnung der Schiedsrichter 332; Erlöschen des Schiedsvertrages 332, 334; Art des Verfahrens 333; Erlassung des Schiedsspruches 334.

**Schiedsspruch:** Wirkung 334; Anfechtbarkeit 334; Zwangsvollstreckung aus einem Sch. ist bedingt durch ein Vollstreckungsurtheil 335.

**Schiedsvertrag** 330.

**Schriftsätze,** vorbereitende 91.

**Schriftvergleichung** 134.

**Schuldtitel,** vollstreckbarer: rechtskräftiges Endurtheil 232, für vorläufig vollstreckbar erklärtes Endurtheil 233 (S. Vollstreckbarerklärung), ausländisches Urtheil 238, Schiedsspruch 239, 335, andere v. Sch. 239.

**Senate** der Oberlandesgerichte und des Reichsgerichtes 15.

**Sequester** 275, 277.

**Sequestration** 302.

**Sicherheitsleistungen,** processualische: Art der Bestellung 316; S. für die Prozeßkosten 317.

**Sicherung** des Beweises 153.

**Sitzungsprotokoll** 98, 174.

**Staatsanwaltschaft:** ihre Mitwirkung in Ehesachen 187, in Entmündigungssachen 193 ff.

**Stillstand** des Verfahrens 99.

**Strafrichterliches Urtheil** s. Urtheil.

**Streitgenossen** 87, 52, 55, 152, 196, 256, 262 A. 8, 272 A. 16, 278, 309 A. 20, 313, 314. Einrede der mehreren St. 107 A. 4.

**Streitgenossenschaft:** Fälle der Zulässigkeit 52, nothwendige St. 53, 107 A. 4.

**Streitverkündung** 55, 58.

**Sühneverfahren,** amtsgerichtliches 174.

**Sühneversuch** 113, 174, in Ehesachen 189.

**Termine** 85.

**Terminsbestimmung** 79, 85, 101.

**Thatbestand** der Urtheile 156, 210, Berichtigung desselben 157.

**Theilurtheil:** Begriff 158; wann ein Th. zu erlassen ist 161, 177.

**Tod** einer Partei hebt die Prozeßvollmacht nicht auf 66; sein Einfluß auf das Verfahren 67, 68. Einfluß des T. des Anwaltes einer Partei auf das Verfahren 68.

Ueberzeugungseid 144.
Ungehorsamsbeschuldigung 86.
Ungültigkeitsklage in Ehesachen 187.
Unmittelbarkeit: Grundsatz der U. der Verhandlung 72.
Unterbrechung des Verfahrens: Begriff 99, Wirkung 100. U. d. V. durch Tod einer Partei 67, durch Verlust der Proceßfähigkeit oder Wegfall des gesetzlichen Vertreters 68, durch Wegfall des Anwaltes einer Partei 68, durch Eröffnung des Concurses über das Vermögen einer Partei 69.
Urkunden: Arten 133; äußere Beweiskraft 133; innere Beweiskraft 135; Verbindlichkeit zur Vorlegung von U. 137; Verfahren beim Urkundenbeweise 139. U., worauf sich eine Partei erst nach Erlassung des Beweisbeschlusses bezieht, und die erst herbeigeschafft werden sollen, können zurückgewiesen werden 113.
Vollstreckbare U. 240, 245, 254.
Amortisirbare U. 327.
Urkundenproceß 177.
Urtheil: Unterschied von dem Beschlusse und der Verfügung 80; Bestandtheile 156; Verkündung 157; Berichtigung 157; Ergänzung durch nachträgliche Entscheidung 162; Rechtskraft 163; Einfluß auf den Nebenintervenienten 58; Wirksamkeit gegen den Bellagten, der seinen Auctor benannt hat 61, gegen den besonderen Rechtsnachfolger 70; contradictorisches und Versäumnißurtheil 167.
Bedingtes Urtheil 148, 151, 152, 158.
Urtheile, welche in Ansehung der Rechtsmittel den Endurtheilen gleichstehen 110, 162, 180, 208.
Strafrichterliches Urtheil: sein Einfluß auf dasjenige des Civilrichters 115.
S. auch Endurtheil, Theilurtheil, Zwischenurtheil.
Urtheilsformel 156.

Veränderungen auf Seite der Parteien 67.
Veräußerung des Streitgegenstandes 69.
Vereinbarung der Zuständigkeit 37.
Verfahren: leitende Grundsätze 71; Gang des V. im Allgemeinen 88; ordentliches und besonderes V. 90. V. vor den Landgerichten 100, vor den Amtsgerichten 171. Besondere Arten des V. 175.
Vorbereitendes V. in Rechnungssachen ꝛc. 175.
V. in Ehesachen 187.
V. in Entmündigungssachen 192.
Verfügung: Unterschied vom Urtheil und Beschlusse 80.
Verfügungen, einstweilige: Fälle der Zulässigkeit 301, insbesondere in Entmündigungssachen 197; Maßregeln 302; Zuständigkeit 303; Verfahren 304.
Vergleiche, gerichtliche: sind zu protokolliren 98, gehören zu den vollstreckbaren Schuldtiteln 240, 244, 253. S. auch Sühneversuch.
Verhandlung, mündliche s. Mündliche Verhandlung.
Verhandlung zur Hauptsache 89, 111.
Verhandlungsmaxime 72.
Verkündung: der Entscheidungen im Allgemeinen 80, der Urtheile insbesondere 157.
Verlängerung von Fristen 84.
Verlegung von Terminen 85.
Verletzung des Gesetzes: Fälle, in denen sie stets angenommen wird 212.
Versäumnißurtheil: wann es beantragt werden kann 166; Inhalt 167; Form der Verkündung 157; wann der Antrag auf ein V. zurückgewiesen werden muß 168; Beseitigung durch Einspruch 169; zweites oder ferneres V. ist von Amtswegen für vorläufig vollstreckbar zu erklären 171, 233; wie weit ein V. angefochten werden kann: durch Berufung 200, durch Revision 212. V. wegen Nichterscheinens des Schwurpflichtigen im Schwurtermin 150.
Versäumnißverfahren: im Allgemeinen 166, im Urkundenprocesse 180, 181, in Ehesachen 189, in Entmündigungssachen 196, in der Berufungsinstanz 209, in der Revisionsinstanz 220, im Vertheilungsverfahren 281, 283.
Versäumung von Proceßhandlungen 85; Beseitigung der Rechtsnachtheile derselben 87.
Vertheidigungsmittel: nachträglich vorgebrachte können zurückgewiesen werden 112, 208.

**Vertreter:** Bestellung eines besonderen V. für eine nicht prozeßfähige Partei 51. Gesetzlicher V. 50; Mangel seiner Legitimation ist von Amtswegen zu berücksichtigen 51; Zuschiebung oder Zurückschiebung des Eides an einen g. V. 146; Auferlegung des richterlichen Eides bei einer Mehrheit gesetzlicher V. 152.
**Verurtheilung** 159.
**Verzicht** auf den Anspruch 161.
**Verzögerung des Processes:** Strafe derselben durch Auferlegung von Kosten 91, 95.
**Vollmacht** zur Prozeßführung 64, wird durch Tod des Vollmachtgebers und durch Veränderung in der Prozeßfähigkeit oder der gesetzlichen Vertretung der Partei nicht aufgehoben 66.
**Vollstreckbarerklärung,** vorläufige eines Urtheils: im Allgemeinen 233, des Urtheils der früheren Instanz, soweit es in der höheren nicht angefochten wird 204, 218.
**Vollstreckung** s. Zwangsvollstreckung.
**Vollstreckungsbefehl** im Mahnverfahren 182, 185, bedarf in der Regel keiner Vollstreckungsclausel 245.
**Vollstreckungs-Intervention** 256.
**Vollstreckungsurtheil** zur Vollstreckbarerklärung eines ausländischen Urtheils 238, eines Schiedsspruches 239, 335.
**Vorbereitende Schriftsätze** 91; wesentliche Abweichungen von denselben sind auf Antrag durch das Protokoll festzustellen 109.
**Vorsitzender:** bestimmt in der Regel die Termine 79, 85, 101; leitet die mündliche Verhandlung 93, 94; sein Fragerecht 96.
**Vorstand** der Anwaltskammer 44.
**Vorverfahren** 88, 110.

**Wahrheitseid** 143.
**Wechsel:** Kraftloserklärung eines W. 327.
**Wechselproceß** 181.
**Widerklage:** Begriff 34; Gerichtsstand der W. 34; processualische Behandlung 107; in der Berufungsinstanz unstatthaft 205 A. 22.
**Widerspruch:** gegen den Zahlungsbefehl im Mahnverfahren 184, gegen den Arrestbefehl 297.

**Wiederaufhebungsklage** in Betreff der Entmündigung 197.
**Wiederaufnahme des Verfahrens:** Voraussetzungen 226; Zuständigkeit 229; Frist für die Erhebung der Klage zur W. d. V. 230; Verfahren 230.
**Wiedereinsetzung in den vorigen Stand** gegen die Versäumung von Nothfristen 87.
**Winkeladvocatur** 94.
**Wohnsitz:** Allgemeiner Gerichtsstand des W. 28.

**Zahlungsbefehl** im Mahnverfahren 182, 184.
**Zeugen** 121; Verpflichtung zur Ablegung des Zeugnisses 122; Beeidigung 125; Art der Vernehmung 126; Anspruch auf Gebüren 128. Nach Erlassung des Beweisbeschlusses benannte Zeugen können zurückgewiesen werden 113.
Sachverständige Z. 129.
**Zurücknahme:** der Klage 104, der Berufung 201, der Revision 214.
**Zurückschiebung des Eides** s. Eideszuschiebung.
**Zuschiebung des Eides** s. Eideszuschiebung.
**Zuständigkeit:** Begriffe 24. Die zur Zeit der Klageerhebung begründete Z. dauert bis zum Ende des Rechtsstreites fort 103.
Sachliche Z.: der Amtsgerichte 25, der Landgerichte 27, der Kammern für Handelssachen 28.
Oertliche Z. s. Gerichtsstand.
Richterlich bestimmte Z. 36.
Vereinbarte Z. 37.
**Zustellungen:** an eine nicht prozeßfähige Partei 74; Formen der Z. im Deutschen Reiche 75, der Z. im Auslande 77; öffentliche Z. 78. Z. von Amtswegen bei nicht verkündeten Beschlüssen und Verfügungen 80.
**Zustellungsbevollmächtigter:** eines Rechtsanwaltes 40, einer Partei 75.
**Zwangsvollstreckung im Allgemeinen:**
Voraussetzungen: vollstreckbarer Schuldtitel 232 (S. Schuldtitel), vollstreckbare Ausfertigung desselben 241, weitere Voraussetzungen 246.
Organe der Z.: Gerichtsvollzieher 249, Vollstreckungsgericht 251.
Einwendungen im Vollstreckungsverfahren: gegen die

Zulässigkeit der Vollstreckungsclausel 243, 245; hinsichtlich der Art des Verfahrens 252; in Betreff des Anspruches 253; E. Dritter 256.

Einstellung und Beschränkung der Z. 257.

Z. gegen eine Militärperson des activen Heeres 247, 252, 291, 293.

**Zwangsvollstreckung:** Arten und Mittel:

Z. wegen Geldforderungen: in bewegliches Vermögen 260 (S. Pfändung); in unbewegliches Vermögen 283.

Z. zur Erwirkung der Herausgabe von Sachen 285.

Z. zur Erzwingung anderer Handlungen 287.

Z. zur Erzwingung von Unterlassungen 288.

**Zwischenstreit** 89, 148, 150 A. 30, 162, 167, 168 A. 12, 177.

**Zwischenurtheil:** Begriff 158; wann ein Z. erlassen werden kann 162; bedingtes Z. 148, 152, 158; Versäumniß-Z. 168. Zwischenurtheile, welche in Ansehung der Rechtsmittel den Endurtheilen gleichstehen 110, 162, 180, 208.

---

Buchdruckerei von Gustav Schade (Otto Francke) in Berlin N.

**Verlag von J. Guttentag (D. Collin) in Berlin.**

(Zu beziehen durch alle Buchhandlungen.)

# Allgemeines Landrecht

für die

## Preußischen Staaten

unter Andeutung der obsoleten oder aufgehobenen Vorschriften und Einschaltung der jüngeren noch geltenden Bestimmungen.

Herausgegeben

### mit Kommentar in Anmerkungen

von

### Dr. C. F. Koch.

Nach des Verfassers Tode bearbeitet

von

**Dr. Franz Förster,**  **Dr. P. Hinschius,**  **R. Johow,**
Ministerial-Direktor.   ordentl. Professor der Rechte.   Obertribunals-Rath.

**A. Achilles,**  **A. Dalcke,**
Stadtgerichts-Rath in Berlin.   Ober-Staatsanwalt in Marienwerder.

**Erster bis dritter Band. Siebente/sechste Ausgabe.**

Lex. 8°. Preis 58 Mark.

Kochs Kommentar zum Allgemeinen Landrecht ist zu einem der Rechtspraxis unentbehrlichen Hülfsbuche geworden.

Es war Kochs Bestreben, in diesem Werke außer der Erläuterung des Landrechtstextes „eine möglichst vollständige Statistik des gegenwärtig bestehenden Rechtszustandes zu geben"; er sagt in der Vorrede zur letzten Ausgabe: „Die Gesetzgebung und die Rechtsfortbildung durch die Praxis ist in einem solchen Flusse, daß sowohl der Theoretiker, wie besonders der Praktiker, dessen Zeit und Kräfte meistens durch die ermüdenden Dienstverrichtungen verzehrt werden, sich nur mit Aufmerksamkeit und Mühe auf der Höhe der Lage des augenblicklich geltenden Rechtsstandes halten kann. Dabei Hülfe zu leisten, war der Zweck dieses Werkes von Anfang an."

Die Bearbeiter der neuen Ausgabe glaubten bei der Würdigung dieses Zweckes von dem bisherigen Plane des Werkes insoweit abgehen zu sollen, als die größeren, eine ganze Rechtsmaterie erschöpfenden Gesetze der Neuzeit auszuscheiden, jedoch selbstständige Kommentar-Ausgaben derselben dem Hauptwerke in gleichem Formate zur Ergänzung anzuschließen seien. Dem werthvollsten Theile des Koch'schen Kommentars, den jeder Kenner in der Erläuterung des noch in Geltung stehenden Landrechtstextes und der älteren Ergänzungen erblicken wird, geschieht hierdurch nicht nur kein Abbruch, derselbe gewinnt vielmehr an Uebersichtlichkeit, und auch jene neueren Gesetzeswerke kommen bei dieser Einrichtung besser zu ihrem Rechte.

Ausgeschieden ist ferner mancherlei Beiwerk von Verwaltungs-Reglements, Instruktionen u. dergl., welches ohne entsprechenden Nutzen den Umfang und Preis der letzten Ausgaben vergrößert hatte.

Im Uebrigen ist die Arbeit in dem Sinne Kochs fortgeführt. Der Inhalt seiner Anmerkungen ist, abgesehen von der Ausscheidung des inzwischen Veralteten und von formalen Aenderungen (durch Kürzung, Zusammenziehung, Umstellung u. dergl., wo solches durch sachliche Gründe geboten schien), durchweg konservirt worden. Die neuen Zusätze sind durch 6. u. 7. A. — d. h. sechste und siebente Ausgabe — kenntlich gemacht, dagegen die bisher den neuen Zusätzen der zweiten bis fünften Ausgabe vorangestellten Ausgabezahlen als entbehrlich fortgelassen. Die hiermit in Verbindung stehende Weise Kochs, die Numerirung der älteren Anmerkungen durch alle Ausgaben beizubehalten und neu eingeschobene Anmerkungen mit der voranstehenden Nummer und hinzugefügten Buchstaben zu bezeichnen, erwies sich als eine der Sache nachtheilige Fessel und hat deshalb einer neuen Numerirung Platz gemacht.

Bei dem Citiren mehrbändiger Werke ist die Bandzahl in der Regel nicht, wie bisher, in römischen, sondern in arabischen Ziffern ausgedrückt. Den Hinweisungen auf Erkenntnisse des Ober-Tribunals und des Reichs-Ober-Handelsgerichts ist, soweit dies aus den betreffenden Sammelwerken zu ersehen war, die Nummer des Senats in römischen Ziffern hinzugefügt. Das von Striethorst herausgegebene „Archiv für Rechtsfälle, die zur Entscheidung des K. Ober-Tribunals gelangt sind," ist der Kürze halber mit „Str. Arch." bezeichnet. Sonstige Kürzungen dürften ohne Weiteres verständlich sein.

Man hat es nicht für die Aufgabe dieses Kommentars erachtet, eine Uebersicht der auf die Rechtsgebiete des Landrechts bezüglichen Literatur zu geben, und demzufolge die ohnedies unvollständigen Literaturnotizen, welche Koch in der letzten Auflage hinter die Ueberschriften der einzelnen Titel gestellt hat, fortgelassen. Es ist aber in den Anmerkungen auf die einschlagende Spezialliteratur Rücksicht genommen.

Während des Druckes eintretende erhebliche Neuerungen werden am Schlusse des Werkes ihre Berücksichtigung finden.

Wie die letzte, schnell vergriffene Auflage wird auch diese neue Ausgabe von Kochs Kommentar zum Allgemeinen Landrecht unter Weglassung der großen kodifizirten Gesetze der Neuzeit (Allg. Deutsche Wechselordnung — Allg. Deutsches Handelsgesetzbuch — Strafgesetzbuch für das Deutsche Reich — Preuß. Berggesetz — Grundbuchgesetze vom 5. Mai 1872) 4 Bände umfassen und schnell hintereinander erscheinen. Das ganze Werk wird im Laufe d. J. 1879 vollständig in den Händen der Abonnenten sein und 80 Mark kosten. Der vierte Band befindet sich unter der Presse und wird noch im Jahre 1879 erscheinen.

Die genannten kodifizirten Gesetze können denjenigen geehrten Abonnenten des Koch'schen Landrechts, welche dies wünschen, als **Supplemente** geliefert werden in selbstständigen kommentarischen Bearbeitungen, und zwar

das **Allgemeine Deutsche Handelsgesetzbuch** von **Makower**, 7. Aufl. 15 ℳ.
das **Deutsche Strafgesetzbuch** von **Rüdorff**, 2. Aufl. 10 ℳ.
das **Preußische Berggesetz** von Dr. **Klostermann**, 3. Aufl. 9 ℳ.
die **Preuß. Grundbuchgesetze** von **Achilles**, 3. Aufl. (in Vorbereitung).

**Verlag von J. Guttentag (D. Collin) in Berlin.**

(Zu beziehen durch alle Buchhandlungen.)

# Die Strafprozeßordnung

für das Deutsche Reich

nebst dem

## Gerichtsverfassungsgesetz

und den

das Strafverfahren betreffenden Bestimmungen

der

### übrigen Reichsgesetze.

Mit Kommentar

von

### E. Löwe,

Appellations-Gerichts-Rath zu Frankfurt a. d. O.

**Gr. 8°. 18 Mark.**

  Das Werk giebt in der Form von Anmerkungen zu dem Gesetzestext eine eingehende Erläuterung der Strafprozeßordnung und aller das Strafverfahren betreffenden reichsgesetzlichen Vorschriften, unter Berücksichtigung der Motive und der Verhandlungen der Reichstagskommission und des Reichstages.

  Der Strafprozeßordnung vorausgeschickt ist das Gerichtsverfassungsgesetz; dasselbe ist insoweit erläutert, als seine Bestimmungen eine Bedeutung für das Strafverfahren haben.

  Nachdem nun der Löwe'sche Kommentar vollständig vorliegt, hat sich die Kritik bereits in der anerkennendsten Weise über denselben ausgesprochen. Das literarische Centralblatt vom 1. März cr. sagt u. A.:

  „Der Verfasser hat sich nicht damit begnügt, die in den Gesetzen befolgten Grundgedanken klarzustellen, sondern er hat auch ̦die Detailbestimmungen´ in der eingehendsten Weise erörtert und dabei auf die zahllosen Schwierigkeiten, welche die sehr complicirte Strafproceßordnung bei ihrer Anwendung verursachen wird, aufmerksam gemacht. Der Fleiß, der Scharfsinn und die Kombinationsgabe, mit der dies geschehen, verdienen die höchste Anerkennung. Mit einem Worte, der Verfasser hat einen Kommentar geliefert, der den strengsten Anforderungen, die man stellen kann, vollständig genügt."

**Verlag von J. Guttentag (D. Collin) in Berlin.**

(Zu beziehen durch alle Buchhandlungen.)

# Die Civilprozeßordnung

nebst den auf den Civilprozeß bezüglichen Bestimmungen des Gerichtsverfassungsgesetzes und den Einführungsgesetzen

erläutert von

**J. Struckmann,**   und   **R. Koch,**
Ober-Verwaltungs-Gerichts-Rath.      Kais. Geh. Ober-Finanzrath.

Zweite, bedeutend vermehrte und verbesserte Auflage.

**I. Hälfte. 9 Mark.**

1879. gr. 8.

Nicht viel über ein Jahr ist vergangen, seit die erste Auflage der Civilprozeßordnung ꝛc. von Struckmann und Koch vollendet wurde. Wenn in dieser kurzen Zeit und noch ehe das Werk die Feuerprobe der Praxis bestanden hat, eine zweite Auflage nothwendig geworden ist, so beweist dies am besten seine Vorzüge vor anderen Büchern ähnlichen Inhalts. Einstimmig hat aber auch die Kritik die praktische Brauchbarkeit des vorliegenden Commentars anerkannt, welchem namentlich Klarheit, Bestimmtheit und gedrängte Kürze bei aller Reichhaltigkeit des Inhalts nachgerühmt werden; in allen seither erschienenen Arbeiten über Gegenstände der Civilprozeßordnung wird dasselbe vielfach benutzt und allegirt. Während nun ein großer Theil der übrigen Commentare (Petersen, Endemann, Hellmann, Sarwey ꝛc.) noch nicht einmal vollendet sind, bietet die 2. Auflage von Struckmann und Koch's Commentar bereits eine eingehende Berücksichtigung der inzwischen erschienenen Ergänzungsgesetze (Rechtsanwaltsordnung, Gerichtskostengesetz, Gebührenordnung ꝛc., preußische Ausführungsgesetze) und zugleich an den geeigneten Punkten Uebersichten der verschiedenen Ansichten in den anderen Commentaren, wodurch die Benutzung der letzteren wesentlich erleichtert und zum Theil erübrigt wird. Auch die Verbindung mit der älteren Prozeßrechtswissenschaft ist noch in größerem Umfange aufgesucht und manche prinzipielle Auffassung näher begründet worden. In der Hauptsache aber haben die Verfasser ihre in der ersten Auflage befolgte Methode einer kurzen, sich von allen theoretischen Excursen freihaltenden, wesentlich für die Praxis bestimmten Erläuterung festgehalten. Um so eher wird sich ihr Werk dadurch in der ihm so überraschend schnell zu Theil gewordenen Gunst der Praktiker erhalten. Druck und Ausstattung sind ebenfalls verbessert. Mit Rücksicht auf den wesentlich vermehrten Inhalt ist das Format erheblich vergrößert.

Die vorliegende erste Hälfte (Preis 9 Mark) umfaßt das erste und zweite Buch (allgemeine Bestimmungen und Verfahren in erster Instanz) und von dem dritten Buche (Rechtsmittel) die Abschnitte von der Berufung und Revision, also den praktisch wichtigsten Theil der ganzen Civilprozeßordnung. Die zweite Hälfte mit der geschichtlichen Einleitung und dem Register erscheint in wenigen Monaten. Sie hat bisher nicht abgeschlossen werden können, weil manche landesgesetzliche Ausführungsbestimmungen, welche noch der gesetzlichen Sanction harren, bei den weiteren Abschnitten, insbesondere dem Gerichtsverfassungsgesetze, noch Berücksichtigung finden sollen.

Der Preis der zweiten Hälfte wird ebenfalls 9 Mark sein.

Fortsetzung der „Ankündigung".

durch Vermittelung des Gerichtsschreibers bewirkt werden, und eine Vorbereitung der Verhandlung durch Austausch von Schriftsätzen ist den Parteien nicht vorgeschrieben. Im Gegensatz zu den Amtsgerichten besteht für das Verfahren vor den Landgerichten und den Gerichten höherer Instanz der Anwaltszwang.

Den Amtsgerichten sind zugewiesen alle Streitigkeiten über vermögensrechtliche Ansprüche, deren Gegenstand den Werth von 300 Mark nicht übersteigt; ferner, ohne Rücksicht auf den Werth, gewisse, einer schleunigen Erledigung bedürfende, oder erfahrungsmäßig einfache Streitigkeiten, z. B. zwischen Vermiethern und Miethern, zwischen Dienstherrschaft und Gesinde, zwischen Arbeitgebern und Arbeitern, zwischen Reisenden und Wirthen, wegen Mängel beim Viehkauf, Wildschaden 2c. 2c.

Besondere Bestimmungen trifft die Civilprocetzordnung bezüglich der Vorbereitung von Rechnungssachen, Auseinandersetzungen und ähnlichen Processen; ferner für das Verfahren im Urkunden- und Wechselproceß, in Ehe- und Entmündigungssachen und für das Aufgebotsverfahren. Von großer praktischer Bedeutung ist endlich das gerichtliche Mahnverfahren, nach welchem das Amtsgericht (bei dem ohne Anwalt processirt werden kann) auf das, wenn auch nur mündliche, Gesuch des Gläubigers an den Schuldner einen Zahlungsbefehl, und, wenn nach zwei Wochen der Schuldner keinen Widerspruch erhoben hat, auf Antrag den Vollstreckungsbefehl erläßt.

Aus dem Gesagten erhellt, wie äußerst wichtig es auch für den Nichtjuristen und namentlich für jeden Geschäftsmann ist, sich eine genaue Kenntniß des neuen Civilprocesses anzueignen. Denn nur durch gründliche Kenntniß desselben ist man im Stande, sich vor Nachtheil zu schützen. Die unterzeichnete Verlagsbuchhandlung glaubt, daß es an der Hand des vorliegenden Lehrbuches möglich sein wird, sich ohne besondere Mühe diese Kenntniß zu erwerben. Sie hält überhaupt die Idee des Verfassers, aus welcher dieses Buch hervorgegangen ist, für eine so durchaus glückliche und zeitgemäße, daß sie demselben noch weitere, in dem gleichen Geiste gehaltene Lehrbücher des neuen Reichsrechtes folgen lassen wird.

Demnächst erscheint

## Der Reichs-Strafprozeß.

Systematisch dargestellt

von

**Dr. A. Dochow,**

ordentl. Professor in Halle a. S.

8°. In Leinen gebunden 4 Mark 50 Pf.

Die Verlagsbuchhandlung:

Berlin, April 1879. **J. Guttentag (D. Collin).**

www.ingramcontent.com/pod-product-compliance
Lightning Source LLC
Chambersburg PA
CBHW030743250426
43672CB00028B/386